F. L. Rumpler de Rorbach.

HISTOIRE VÉRITABLE

DE LA VIE ERRANTE

ET DE LA MORT SUBITE

D'UN CHANOINE QUI VIT ENCORE;

ÉCRITE A PARIS PAR LE DÉFUNT LUI-MEME:

Dieu lui fasse paix.

PUBLIÉE A MAYENCE DEPUIS SA RÉSURRECTION

AVEC LA FILIATION DES PIÈCES QUE SA
FERMETÉ A FAIT NAITRE:

LE TOUT POUR L'INSTRUCTION
DES JUGES DU RÉVÉRENDISSIME
CONSISTOIRE MÉTROPOLITAIN.

*Sans avertissement ni avant-propos, ni préface
quelconque, par déférence pour les lecteurs qui
ne les aiment pas.*

———————

M DCC LXXXIV.

Opinantur de te homines malé, sed mali; displicere enim malis laudabile est.

SENECA.

HISTOIRE VÉRITABLE.

LIVRE PREMIER.

———

Que le mensonge un instant vous outrage,
Tout est en feu soudain pour l'appuyer :
La vérité perce enfin le nuage ;
Tout est de glace à vous justifier.
V . . . . . .

IL est fort peu intéressant au maintien de l'harmonie universelle d'un royaume très-chrétien, ou d'une de ses provinces limitrophes, même d'un diocèse quelconque seulement, que le doyen d'une collégiale, fut-elle *insigne*, convoque annuellement ou ne convoque pas ces assemblées solemnelles connues dans l'église sous le nom de *chapitres généraux*, & prescrites aux fins d'y communiquer les règles, & d'en redresser les infractions ; mais il l'est beaucoup pour des chanoines en âge d'émancipation (qu'un doyen *recteur* exclusif, ou moteur arbitraire, tient abusivement sous sa tutèle) de connoître, pour leur salut, des réglemens qu'ils n'ont jamais vus, quoique tous en aient formellement juré la religieuse observance.

Considérations générales.

Il leur importe sans contredit d'entendre, sinon une fois l'an, suivant qu'il est prescrit ;

du moins une fois en leur vie, le texte de ces ſtatuts, qui doivent, en les dirigeant pour l'ordre des devoirs, diſtinguer les limites de leurs droits reſpectifs, & manifeſter à leur chef les bornes de ſa préſidence.

Il eſt de même très-indifférent, pour le bien de la choſe publique, qu'un capitulaire, ſur vingt refus éprouvés de la part de ſon doyen, ſe ſoit ſervi, dans ſa requête à l'évêque, de termes plus ou moins expreſſifs, pour obtenir enfin la célébration de ces aſſemblées annuelles, interrompues dans ſa collégiale depuis près de trente ans; mais il ne l'eſt pas abſolument pour l'honneur & la ſûreté du clergé en général, ni pour la tranquillité de chaque individu en particulier, qu'un promoteur, à la faveur de ſon miniſtère, ôſe pourſuivre pour pareil fait, un prêtre ſans reproche; qu'il parvienne, en abuſant contre lui, ſur le dire de quelques calomniateurs, de l'autorité de ſa charge à le flétrir *par proviſion*; & qu'il réuſſiſſe à le faire priver, par les juges, clandeſtinement de ſon état, en leur déférant, comme un délit public, une faute imaginaire, qui, fût-elle auſſi réelle qu'elle eſt démontrée chimérique, n'étoit pas plus du reſſort de ſes réquiſitions vengereſſes, que ne l'eût été l'ergotage de deux docteurs pointilleux, diviſés d'opinions ſur une queſtion de *rubriques*.

C'eſt cependant ſur un pareil délit qu'on a

cru pouvoir établir une procédure contre l'honneur d'un capitulaire de 25 ans de réception, dont la conduite avoit toujours été irréprochable ; contre la réputation d'un ancien officier du Roi, décoré par son souverain *pour services rendus* ; contre la possession d'état d'un ministre du culte public, qui n'avoit fait autre chose que demander en vain, depuis quinze ans, à connoître ses devoirs, pour les remplir avec fidélité ; c'est, dis-je, pour un fait semblable, qu'on n'a pas hésité d'instruire en secret, une procédure sérieuse, dont le résultat funeste a été de punir, sans l'entendre, ce même capitulaire, avec autant de précipitation & de rigueur, que si, de sa punition eût dépendu le salut de tout son corps ; ou comme si l'on eût prouvé contre lui des crimes dont la prompte vengeance pût intéresser tout un peuple ; tandisque dans le vrai il n'existoit de preuves que celles de son zèle, de son amour pour l'ordre, & de sa fermeté à poursuivre le rétablissement d'une règle sacrée, qu'on s'est vu forcé par la suite de remettre en vigueur, malgré toute la résistance qu'on avoit mise à le faire.

Il faut que le plaisir de pouvoir humilier notre frère, qui semble nous mépriser, ait dans notre saint état, un attrait bien victorieux sur les ames célestes qui le composent ; puisque le soupçon seul de ce mépris, qu'on m'a supposé, a suffi à mes persécuteurs, tous ministres de l'évangile d'un Dieu de paix, pour les porter à me déclarer une guerre aussi injuste, en essayant de flétrir mon honneur par des actes publics & judiciaires, sous le prétexte également faux & puérile, de *termes despectueux*, prétendus employés dans une requête où personne ne les a su trouver depuis.

Thémistocles s'attristoit de n'avoir point d'ennemis: il prétendoit que c'étoit une marque qu'il n'avoit point fait d'actions assez glorieuses pour mériter d'en avoir.... Je n'ai point, graces à Dieu & au prévôt de mon église, sujet de m'affliger avec ce célèbre grec.

Si, loin de me trouver dans pareille position, j'ai été dans ma vie quelquefois entiché d'amour-propre ou de vanité, c'étoit principalement à la vue du nombre de ces êtres malfaisans, qui, sur la foi d'autrui, me déchiroient de gaieté de cœur, sans me connoître, & qui par leur acharnement à me dénigrer sur des fables, faisoient véritablement soupçonner en moi, aux esprits sensés, quelque mérite réel, digne de l'envie des sots ou de la haine des méchans.

C'est assez communément l'homme le plus sincère, le plus droit, le plus ferme, qui sera le plus haï. Celui qui a l'ame vile, rampante, & fourbe, aura d'autant plus d'amis qu'il aura plus de complices.

Tous mes ennemis en sous-ordre, rangés sous la banniere d'un *vétéran*, étoient sans doute intérieurement convaincus que ma conduite se trouvoit sans reproche. Passionnés comme ils ont paru l'être, s'ils avoient pu troubler mon repos par des imputations fondées, ils n'auroient certainement pas invoqué la calomnie, pour masquer les motifs de leurs procédés à mon égard, ou pour justifier en apparence leurs procédures vexatoires.

Ce n'est donc pas dans la vue de les persuader que je vais, en opposant à leurs détractions le tableau de la vérité, entrer dans le détail des insinuations & des faits qui ont amené les condamnations, dont je n'ai que trop véritablement à me plaindre. Je le dois pour instruire les ames honnêtes ; sur-tout mes juges, surpris les uns & les autres par ces délations scandaleuses. Pour le faire avec quelque clarté, je suis forcé de remonter à des époques un peu reculées ; afin de montrer l'homme tel qu'il a été & tel qu'il est, en rappellant en ordre les anecdotes de ma vie, qui ont insensiblement préparé la masse d'opprobres, dont enfin est parvenu à me couvrir ce seul adversaire ancien qui à su m'en susciter tant d'autres par son infatigable persévérance à me calomnier. Et comme, pour être en règle, il faut nécessairement diviser ; par respect pour la méthode suivie, je partagerai mon histoire en trois livres.

Division. Le premier renfermera les faits principaux de ma vie, jusqu'à la prise de possession de mon canonicat de St. Pierre :

Le second comprendra l'intervalle depuis cette époque, jusqu'à celle de ma mort :

Le troisieme exposera ma résurrection & ses suites.

Les titres & les pieces justificatives feront un volume à part.

Naissance. IL est en Alsace, au pied de la montagne de Sainte-Odile, une des dix villes ci-devant impériales, nommée Ober-Ehnheim, ou communément Oberné. Elle n'est pas des plus distinguées par l'élégance des formes extérieures, quoiqu'elle fût dès le septieme siècle de l'ére chrétienne, la résidence des ducs de la province ; mais un fond de vertu & de mœurs antiques s'y est heureusement conservé, même dans ces temps de dépravation presque universelle, que le philosophisme moderne à répandue sur notre continent.

C'est là ; c'est dans cette cité, près des Vôges, qui ne connoît de *négoce* que celui des *bœufs* & d'un mauvais vin, que j'ai pris naissance ; ainsi que la glorieuse Aveugle-née, persécutée dans son temps tout comme moi, par gens qui y voyoient encore moins qu'elle.

Il seroit peut-être ridicule de m'étendre ici sur mon extraction & sur ma généalogie. Un prêtre doit être de la famille de Melchisédec : il est fort indifférent de savoir quels étoient ses ancêtres, s'il a personnellement les vertus de son état. Plût à Dieu que, dans le sacerdoce, incapable de produire légitimement des descendans directs, on ne connût pas même le népotisme ! Mais j'ai pour parler des miens, notamment de feu mon père, des raisons si plausibles, que l'on n'attribuera pas à nne vaine gloriole des épisodes, dont la nécessité sera reconnue, lorsqu'on saura que c'est originairement à mon respectable auteur que je dois les humiliations dont on à cherché à m'accabler, dix ans après sa mort.

Cependant mes aïeux possédoient depuis plusieurs siècles les titres les plus authentiques de leur ancienne *illustration* ; quoique depuis la fin du dernier, ils se fussent bornés, faute de fiefs ou de moyens suffisans pour vivre de leurs rentes, à remplir modestement, dans la ville d'Oberné, des offices de judicature municipale, connus sous le nom de charges de Bourg-Maîtres.

Trois freres Rumpler, Jean-Henry, Jean-George, & Jean-Michel, dont les prédécesseurs, avoient été anoblis en 1490, ont cru devoir demander en 1693, la confirmation de leur diplôme à l'Empereur Léopold, qui, d'autant plus volontiers, a eu égard à leur prière, que tout récemment, au siége de Vienne, un de leurs parens, ingénieur en chef, grand-oncle de mon père, venoit de donner à l'auguste maison d'Autriche, des preuves non suspectes de sa fidélité; en sacrifiant sa vie pour le salut de la ville, qu'il a défendue en héros *par l'épée & par le compas* suivant l'expression de l'abbé Coyer.

<small>Histoire de Jeansobiefky. Edit. de Wars. 1761. Page 95, du 2. vol.</small>

Ce diplôme impérial, toujours conservé dans la famille, de père en fils, se trouve à la suite de ces mémoires Nº. 2.

Nº. 2.

Depuis ce temps là, comme avant, mes ancêtres ont été constamment à la tête du Magistrat de leur ville. Les préteurs royaux, établis de nos jours, n'y étant venus pour y présider que du vivant de mon père, qui, mort en 1755, y avoit exercé depuis 1705, avec la plus scrupuleuse probité, les fonctions de notaire royal & apostolique, conjointement avec celles de trésorier (*Rentmeister*) des deniers royaux & patrimoniaux de la ville. V. Nº. 3. le certificat que j'ai demandé à MM. du Magistrat en 1765, lorsque je suis allé à Versailles pour y être aumônier du Roi, T. S. R.

Nº. 3.

Il étoit petit-fils de Jean Rumpler, Bourg-

GÉNÉALOGIE.

Maître, & le sixième fils de Nicolas qui avoit rempli une pareille charge pendant 30 ans. Des cinq autre, ses frères, quatre se sont consacrés à l'état ecclésiastique ; l'aîné de tous est mort notaire à Strasbourg.

On voit à Oberné l'épitaphe de ce Nicolas, mon aïeul, composé par Nicolas son fils, près de celle, qu'à l'exemple de celui-ci, j'ai faite également à la mémoire de mon père, & qui, enchassée dans le mur, se trouve gravée au-dessous de ses armoiries, confirmées à mes ayeux par Louis XIV, vers la fin du siècle précédent. Voyez l'une & l'autre N°s. 4 & 5.

N°s. 4 & 5.

Quand cet homme intègre, généralement estimé & pleuré de tous ses concitoyens, n'auroit eu, aux yeux de la patrie, d'autre mérite que celui d'avoir élevé, dans les principes de la religion & de l'honneur, une famille des plus nombreuse ; il semble qu'on auroit dû respecter au moins sa cendre ; & que loin de la remuer pour imprimer une sorte de tache à son nom, à propos d'un fait instantané, remontant à 1712, & ignoré de toute la province, ont eût été plus équitable, en récompensant ses vertus par un peu plus d'indulgence envers ses descendans.

Ce notaire, de 50 ans d'exercice, a eu quatre femmes. La première étoit veuve, & mère de feu M. Dorsener, receveur de la chartreuse, qu'il a élevé & mis aux études, &

dont les fils font tous placés honorablement à Strasbourg.

La feconde étoit une demoifelle Fischer, fille du bailli d'Andlau, Niderné, &c. Il en a eu deux fils & quatre filles. L'un de ceux-là a été reçu avocat au Confeil fouverain, & fait greffier du bailliage de Dorlisheim : l'autre s'eft voué au cloître. Celles-ci ont toutes été mariées à des juges & à des greffiers.

La troifième étoit encore une veuve, née Falck; délaiffée par le fieur Pimpel, médecin de la ville. Elle avoit trois filles de fon premier mari, qui ont pris le voile dans l'ordre de la Congrégation, de même que l'unique enfant que mon pere avoit eu avec elle, & qui a rempli dignement, une quarantaine d'années, la place de préfète des penfionnaires au couvent de Ste. Barbe, pendant qu'une de fes fœurs utérines gouvernoit la communauté, en qualité de fupérieure, immédiatement avant madame la baronne de Zugmantel, qui la dirige actuellement.

La quatrième enfin, ma mère, étoit de la famille de Mader, petite fille de M. le bailly de Keftler ; coufine germaine de madame Poirot, mère des deux confeillers à Colmar, iffue de germaine des Gelb ; & conféquemment trèsproche parente des familles de Spon, de Laurier, de Cointoux, de Gainville, &c.

Deux fils & deux filles ont été le fruit de ce

dernier mariage, fait en 1724. L'aîné, mort depuis peu à Paris, après une vie vraiment exemplaire, étoit ci-devant recteur & chanoine à Haguenau, où il avoit été appelé par feu M. de Cointoux, le prêteur ; magistrat sensible & vertueux ; bon ami, bon parent ; mort lui-même dans l'état ecclésiastique, plein de bonnes œuvres & de mérite.

L'aînée des filles, après trente ans de profession, à fini saintement sa carrière dans le monastère des dames de la Visitation à Saint-Étienne, où elle est encore regrettée.

La Cadette, qui avoit refusé différens partis, entre autres, feu M. le baron d'Ichtratzheim, trop disproportionné d'âge, à épousé M. Laquiante, président de la maréchaussée, juge royal des forts & citadelle, & notaire royal à Strasbourg.

Enfin le dernier rejeton du dernier lit, rejeté en derniere instance ou en dernier ressort, comme le dernier des hommes ; même en dernier lieu, par un des derniers de son corps ; c'est moi, mis au monde une vingtaine d'années après 1712, où à paru sur notre horison un feu-folet ardent, sorti de la côte de Martin Rech, originaire du pays aux jambons, que mon père a très-bien connu, avant l'union des deux noms.

Caractère. Né confiant, d'un commerce facile, quoique d'humeur vive ; incapable d'adulation, de bassesse, de duplicité ; étranger aux intrigues ; passionné pour l'ordre ; ferme par principes & franc par caractére ; fier du sentiment intime d'une droiture naturelle ; ne connoissant de vraie noblesse que dans la force de l'ame, de véritable grandeur que dans la vigueur de la pensée, de solide gloire que dans la sagesse ; je trouve la source de mon malheur (si c'en est un d'avoir des ennemis injustes) dans l'ensemble de ces mêmes dispositions de l'esprit & du cœur, qui auroient dû, ce semble, me frayer une voie fleurie à la vie la plus douce & la plus heureuse.

Mais la providence à ses vues. . . . . Guéri des préjugés, je voulois, loin des hommes, couler des jours sereins avec les bêtes fauves de mes bois : j'étois au moment de m'ensévelir pour toujours dans les vallons de ma petite terre d'Allemagne ; mes caisses de livres & d'équipage étoient emballées, mes affaires presqu'arrangées : & voilà que des sentences, culbutant mes projets, sont venues m'attacher de plus belle à l'espèce humaine, par des liens tout aussi forts que le sont ceux qui tiennent l'honneur ancré dans mon ame.

Je voulois herboriser dans la retraite, consoler le cultivateur, contempler la nature, bénir son auteur ; & me voici réduit à débrouiller des actes, à repousser mes détracteurs, à griffonner contre la chicanne, à maudir son inventeur.

Je voulois, en un mot, estimé de mes amis, vivre en paix dans les champs; & je me vois, hélas! (détesté de mes ennemis) condamné à mourir en guerre dans la ville.

Providence admirable! Vous savez du mal même faire naître les plus grands biens. Vous tournerez tout à votre gloire en m'accordant la patience: Reprenons.

Dès ma plus tendre enfance je me souviens *Enfance.* qu'à peine savois-je m'expliquer, que déjà une passion marquée pour l'ordre & pour l'exactitude me brouilloit avec ma gouvernante. Si en m'habillant elle négligeoit de donner de la simétrie aux rubans de mon collier; si elle s'avisoit de me mettre mon bonnet un peu de travers; je jetois les hauts cris, pour en avoir *justice* de ma mère, qui me la rendoit quelquefois, en me montrant la *verge*, ou en *m'interdisant* pour *six heures* le boire & le manger, par la privation du déjeûner ou du goûter.

Une tache, un acroc dans mon fourreau me désoloit aux larmes; je n'étois pas en repos qu'on n'y eût remédié. Voilà comme dèslors mon caractère perçoit déjà, pour m'annoncer de loin, que, dans ma seconde enfance, je retrouverois encore & des *verges* & des *inter-*

dictions, si je ne m'accoutumois de bonne heure à me familiariser avec le renversement des règles, & à souffrir en silence le désordre qui régloit les choses dans ce vicieux bas monde.

J'ai reçu dans ma jeunesse l'éducation comme on la donne aux écoles & dans les colléges : c'est-à-dire qu'il a fallu deviner ce que c'étoit, & *m'éduquer* de moi-même.

J'ai été pendant deux ans à Blâmont, en pension chez un curé, qui, parce que je voulois *argumenter*, me fouettoit ; pendant que sa sœur me donnoit des dragées, trouvant que j'argumentois bien.

Je dois à la défunte société de Strasbourg, où j'ai étudié, le peu de latin que j'ai retenu de huit mortelles années de leçons.

Ruses de régents. Je me rappelle qu'étant en sixième, étroitement lié d'amitié avec un étudiant de cinquième, j'ambitionnois, avec passion, de me voir dans la même classe que lui, pour être son égal. Je me croyois humilié aux yeux de mon ami, en paroissant si petit relativement à lui, car un cinquième, comme on sait, regarde un sixième de son haut ; tel qu'un doyen de chapitre envisage un chanoine.

J'ai fait part de mon chagrin à ma mère. Elle étoit bien avec le préfet, qui venoit souvent en vendange chez elle. On s'intéressa à mon sort.

Dès que les vacances furent finies, on me fit composer à l'ouverture des classes avec mon ami & ses camarades. Le préfet lui-même me glissa, tout fait, le thême que le régent lui avoit communiqué en secret ; & je me vis tout le premier pour cette fois, par la composition de ma mère.

Un marquisat sans dettes ne m'auroit pas fait autant de plaisir, que de me voir sauter de sixième en quatrième, & de me trouver de pair avec le cher Laq^{te}., devenu dèslors le compositeur complaisant de tous mes thêmes, & par la suite le professeur habile, & le fidèle mari de ma jeune sœur.

J'avois, à la suite d'une retraite, prêchée par un jésuite plein d'onction & de zèle, après une fervente communion, & bien des larmes répandues pour des péchés que je n'avois jamais commis, promis à Dieu, par un vœu sincére, de ne jamais me marier. J'étois pour lors âgé de 13 à 14 ans. J'ignorois tout autant ce que c'étoit que le mariage, que je me doutois peu des conséquences d'un vœu. Il n'en est pas moins vrai que cette promesse sacrée, fermentant dans ma jeune tête, a décidé seule ma vocation. L'idée de m'en faire relever ne m'étoit même jamais venue ; quoique l'exemple de ma sœur, qui en avoit fait un semblable, eût pu m'y engager, à la vue des dispenses qu'elle avoit obtenues en

B

cour de Rome ; difpenfes tellement efficaces, que, malgré fon vœu de virginité, elle s'eft vue depuis lors dix-fept fois mère dans l'efpace de dix-fept ans.

Mes différens régens, tous bien venus chez mes parens, avoient pour moi des bontés, qui fouvent me défefpéroient. Leur prédilection les portoit toujours à me diftinguer aux dépens de mon goût pour la diffipation. Ils fatiguoient ma mémoire pour me faire prononcer publiquement des prologues, des difcours, des poëmes entiers, qu'ils avoient foin d'annoncer, *proprio marte*, fur les programmes, comme fi j'en euffe été l'auteur certain ; tandifque cependant je n'y avois jamais mis une fyllabe du mien.

En me rappelant ces rufes de *collége*, je me confole un peu de toutes celles que je vois pratiquer fans ceffe par les régens de ma *collégiale*; dans la fuppofition que peut-être elles tiennent par elles-mêmes à la nature du mot. En tout cas le fens moral, qui manifeftement y éclate, c'eft qu'en petit comme en grand, ce n'eft pas toujours la juftice qui fait agir ou faire, c'eft fouvent le commérage.

<small>Adolefcence.</small> J'étois à l'âge de vingt ans plus novice qu'on ne l'eft aujourd'hui à dix. Toujours bonace & toujours dupe, à peine ai-je ouvert les yeux á quarante, fur la candeur & fur la bonne foi

qui règnent si généralement ici bas dans ce *meilleur* des mondes.

Mes études finies j'aurois de suite pris parti dans l'église, si mon père, âgé & infirme, ne m'eût témoigné le besoin qu'il avoit de mon assistance. Il auroit voulu d'ailleurs que, de préférence, je me fixasse dans le monde, peiné, comme il l'étoit, de voir que la plupart des siens lui ressemblassent si peu, du côté de cette émulation patriotique de peupler & d'enrichir l'état de sujets utiles.

Pour condescendre à ses vues, j'ai pris les degrés en droit civil & canonique.

Ma sœur me permettra-t-elle de rapporter, de ce temps-là, un petit trait d'espiéglerie, qui a failli de me faire dévisager par elle, par ma belle-sœur, chez qui j'étois logé, & par ma nièce; toutes trois furieuses d'abord, mais riant ensuite, à gorge déployée, quand elles surent que ce n'étoit qu'un poisson d'avril?

Ces jeunes filles avoient vu souvent entrer chez moi des juristes qui leur eussent convenus. Elles m'avoient grondé quelquefois, en badinant, de ce que je ne leur procurois pas des maris, pour les consoler de leurs 18 ans. Un jour la fantaisie me prit de leur faire pièce. Je fis imprimer un avis au public, dont il n'y eut en tout que trois épreuves de tirées. N°. 6.

J'en remis une, enduite de colle, à un

ami de la maifon, qui feignant de l'avoir arrachée du coin de la rue, vint la préfenter toute fraîche à nos dames, avec cet air de furprife & d'indignation que peut exciter une femblable extravagance.

On conçoit qu'à cette vue les fillettes fe crurent véritablement affichées dans tous les quartiers de la ville. Elles alloient me tomber fur la figure, ou me déclarer fou à lier, fi je n'euffe révélé tout le myftère de la niche, qui n'étoit connue que de l'imprimeur, du confident, & de moi.

Reçu avocat au Confeil fouverain de Colmar, où j'avois, comme tant d'autres, fuivi un peu le barreau & les bals, j'ai, de retour chez mon père, barbouillé du papier dans fon étude, pendant 15 à 18 mois. J'ai chaffé, j'ai joué, j'ai ri, fuivant les circonftances; toujours faifant quelques folies pour, en m'amufant, amufer un peu les autres.

Animal-bête. Je me remets qu'un jour me promenant à cheval, avec ma fœur cadete, & lui faifant voir de loin, fur la chauffée, un âne qui venoit à nous; je lui dis, en badinant, que j'allois faire fauter mon cheval pardeffus l'âne & par deffus l'ânier; & auffi-tôt, fans penfer que je le ferois, j'y vole au grand galop. La roffinante de ma fœur me fuit, malgré elle, du même train. Je vife droit à l'âne, qui, en fa qualité de bête, ne fe détournoit pas plus que s'il n'y avoit eu que lui fur le grand-chemin. Au premier coup d'éperon, mon cheval fait leftement le faut : il auroit à coup fûr franchi le groupe du même élan, fi les deux crochets du bât, trop faillans fur le dos de *l'animal-bête*, n'euffent rencontré en l'air les quatre fers de mon fauteur, pour aller s'y prendre mal-à-propos & me faire tomber avec lui, en ligne perpendiculaire, fur le corps du patient, fuffoqué fous le poids, d'autant plus preftement, que la roffe de ma fœur, (qui, comme une autre bête, avoit cru devoir me fuivre de file), étoit venue au même inftant fe confondre avec nous, pour ne former qu'un feul tout d'un âne, de deux chevaux, & de trois autres perfonnages ; tous tellement entortillés & entaffés les uns fur les autres, qu'il a fallu & du fecours & du temps pour fe débaraffer ; l'âne feul reftant fur la place.

J'en fus quitte pour la peur & pour un louis, que, de fon vivant, valoit le mort : louis qui, à mon avis, n'étoit rien moins que perdu : indemnifant l'ânier, il étoit en même-temps le prix modique de la leçon merveilleufe donnée ainfi à ma fœur ; qui, de poltronne qu'elle étoit, avoit ôfé dèslors prendre du cœur dans l'occafion, & ne s'épouvanter plus du bruit, telle chofe qui pût arriver.

Toujours je faifois des équipées dans ce goût là ; mais toujours follicitant en vain, de mon père, la permiffion de me faire tonfurer pour devenir fage.

Ce bon père, qui avoit une confcience délicate, ne prétendoit point s'oppofer directement à ma vocation, quelqu'envie qu'il eût de me marier à d'excellents partis, dont l'un, de condition noble, devoit m'apporter une dot confidérable. Il vouloit fimplement s'affurer fi c'étoit l'efprit de Dieu qui m'appeloit au fervice des autels. Il a cru en conféquence pouvoir me permettre de fuivre un autre penchant qu'il avoit remarqué en moi ; le goût pour les voyages.

Cependant je n'ai pu me réfoudre à abandonner, fans prendre quelques précautions, un vieillard fi cher à ma tendreffe. Il n'aimoit plus des occupations devenues trop pénibles pour lui. N'ayant, pour le foulager, qu'un clerc peu expérimenté, il fe feroit vu privé de mon fecours dans le temps même où il en auroit eu le plus grand befoin. Ces confidérations, jointes à mon défir de voir du pays, m'ont porté à lui faire donner la démiffion de fon état en faveur de M. Hirfinger, beau-frère de M. le Préteur Müller, qui, en reconnoiffance, s'eft rendu au vœu de MM. du Magiftrat, pour folliciter, de concert avec eux, l'agrément de

M. l'Intendant, à l'effet d'une penfion viagère, dont la ville avoit cru devoir récompenfer fes anciens fervices, en lui confervant en outre tout l'honorifique & tous les émolumens des charges qu'il venoit de réfigner. No. 7.

No. 7.
Voyages.

Ces difpofitions faites en 1753. Je me fuis pourvu d'une bonne voiture, &, accompagné d'un domeftique fidèle, attaché depuis long-temps à la maifon, j'ai commencé mes courfes par voir la capitale du royaume. Delà je me fuis rendu à Londres, où la différence des ufages, comparés aux nôtres, me perfuadoit quelquefois que j'étois à deux mille lieues de ma patrie.

Je me fuis trouvé un foir, au fpectacle du *Covent-Garden* placé dans l'amphitéatre, à côté d'un *gentelman*, qui, incommodé de la chaleur, ôta fa perruque & la mit fans façon devant moi, pour régaler mon nez & ma vue de fes exhalaifons, ainfi que des vapeurs que pouffoit fa tête fraîchement tondue & toute fumante ; en même-temps qu'il offroit à mes autres fens du tabac à mâcher, d'une bourfe qu'il ouvroit à chaque inftant ; & qu'il me fendoit les oreilles par les éclats continuels d'un rire glapiffant, excité par des farces qui me faifoient pitié. Il eft à préfumer que ma patience, à fupporter fes politeffes, m'avoit mis dans fes bonnes graces ; car au fortir de la falle, prêt à monter en voiture, il me fit

Boire ou fe battre.

non seulement honnêteté, mais violence, pour m'entraîner, malgré moi, souper chez lui. Au dessert, voyant que je ne buvois pas, comme un allemand eut pu faire, il reprit le ton de ses complimens fougueux, pour me dire très-sérieusement: *or baft*, *or drink*; qu'il falloit *boire ou me battre* avec lui. Il étoit homme à me rosser pour m'honorer, tout comme il le promettoit. Je bûs un coup; je sortis, sous prétexte de faire un petit tour; & je fis le tour si grand, que je n'ai plus rencontré depuis le bon *gentelman*.

Après avoir parcouru une partie de l'Angleterre je me suis embarqué sur la Tamise pour retourner en France. Je venois d'acheter un singe, qui me faisoit compagnie en route. Arrivé à Dieppe, le *paquebot*, fin grivois, vouloit me faire payer sa place, comme celle d'un passager de nature humaine. J'eus beau lui représenter que c'étoit un petit animal sans conséquence qui remplaçoit à ma suite un épagneul que j'avois perdu; il n'y voyoit qu'un être raisonnable, sujet à la taxe. Ce ne fut que par faveur, & après bien des raisons données de part & d'autre, qu'il me quitta pour 12 liv., *For to drink*; à condition que je n'en dirois rien, & que la race des *monkys* n'en pût dans la suite tirer aucun avantage contre lui au préjudice de ses intérêts.

Préteur à imiter. Peu après j'ai fait différentes excursions dans plusieurs des plus belles provinces de France, retournant toujours à Paris, où je fuivois les leçons de phyfique de l'abbé Nollet & celles de quelques autres profeffeurs des fciences & arts. Recommandé aux maifons de Beaufremont, de Sommery, de Francès, &c. ; je n'y avois vu habituellement que la meilleure compagnie. Feue S. A. E. Monfeigneur le cardinal de Soubize, que je voyois fouvent, & chez lui & dans des fociétés particulières, daignoit fur-tout me témoigner des bontés & m'accorder fa haute protection. Lié plus étroitement que jamais avec feu mon coufin le préteur d'Haguenau, qui pour lors follicitoit en cour des dédommagemens pour les pertes que fon état lui avoit fait éprouver dans la guerre des *Pandours*. J'allois prefque tous les jours, avec lui, d'une églife à l'autre, entendre des conférences & des fermons ; vifiter des hôpitaux ; faire des retraites & aux Jéfuites & à St. Lazare. Sans ceffe il me prêchoit lui-même & par le débit d'une morale pure, & par l'exemple de fa fidélité à la pratiquer. Des diffipations de cette efpèce, dans le féjour des plaifirs, n'étoient fans doute guère propres à me faire paffer mon averfion pour le monde, non plus que mon goût pour un état, que mon père auroit voulu voir pour toujours banni de ma penfée. J'en étois venu au point, graces aux leçons de mon mentor, de commencer à fermoner moi-même, dès que je voyois les intérêts de Dieu trop compromis par la diffolution des mœurs publiques.

Prédicateur du coin. Plusieurs fois j'ai fait des tableaux pittoresques d'un enfer à venir aux élégantes beautés qui me proposoient de goûter ici bas les joies d'un paradis présent. Je m'étois rendu, dans mon quartier, tellement recommandable, par mes exhortations, que je n'ôsois plus, sur la brune, y passer dans les rues, sans risques d'être montré au doigt. Souvent, du haut des fenêtres, on crioit à ma vue : „ place au prédicateur !.... gare ! le chevalier „ convertisseur. ...„

Mains refusées. Pour être moins exposé aux différens dangers & sur-tout à la mauvaise compagnie que l'on trouve souvent dans les hôtels garnis, je m'étois logé dans un collége borgne, où j'avois pris un petit appartement de trois pièces, que j'ai meublé à mes frais. J'y ai passé 18 mois, ami intime du principal, bon gentilhomme du Languedoc & parent de M. d'Argenson, pour lors ministre de la guerre. Nous sympathisions si bien, que toutes nos soirées, nous les passions ensemble à folâtrer. Pétillant d'esprit, il étoit d'une gaieté d'humeur à désopiler la rate de tel président à mortier, ou de tel *major de place*, qui de sa vie n'auroit ri. Si n'eût été mon vœu, je crois que j'aurois fini mes jours avec lui. Il me connoissoit à fond ; & il m'avoit pris en amitié au point, de vouloir me marier presque de force

à fa fœur *Babé*, belle demoifelle, alors âgée
de 15 ans; établie depuis dans fa province,
d'où elle s'eft retirée à Paris, après la mort
tragique de fon mari, affaffiné à table par un
capitaine de cavalerie, fon ennemi; chez un
commandant qui les avoit invité tous deux à
dîner, dans la vue de les réconcilier.

Sans doute que mon petit établiffement au
collége de Narbonne m'avoit donné la réputation d'un jeune homme rangé; puifque vers le
même temps un américain, qui, dans un
commerce immenfe, avoit amaffé de grands
biens, me fit offrir, par un ami commun, la
main de fa fille avec une dot de cinquante mille
écus. C'étoit toujours mon vœu, dû à l'onction
de la morale du P. Grangier, qui m'éloignoit
de toutes ces mains là.

je n'oublierai jamais qu'un jour allant faire
vifite, en cabriolet, à mon prétendu beau-
père, j'eus la mal-adreffe d'acrocher un porteur
d'eau, que j'ai traîné fur le pavé dans l'efpace
de 15 à 20 pas, en lui fracaffant un de fes
feaux. Dans moins d'une minute je me vis entouré d'une douzaine de fes camarades qui,
arrêtant le cheval, alloient engager une bataille
férieufe avec mon domeftique, fi je n'y euffe
mis ordre. Je leur avois propofé 12 livres pour
le dommage. Ils vouloient quatre louis, parce
que le porteur s'étoit fait une légère égratignure

à la joue. Je crois que, pour me tirer de ce mauvais pas, je les aurois donnés, si je les avois eus sur moi. Ne les ayant pas, il fallut aller, suivi de toute la cohue, chercher crédit chez le commissaire.

Commissaire honnête. Ce juge, d'une politesse à ravir, après avoir entendu les plaidoiries respectives, me dit avec douceur : „ Monsieur, comme vous occupez, „ avec votre voiture, un espace plus considé- „ rable dans la voie publique, que ne fait ce „ pauvre homme avec ses seaux, il est juste que „ vous répondiez du tort occasionné, sur votre „ passage, par les frottemens inévitables dans la „ foule ; „ & à l'instant, deux porteurs d'eau mandés, ayant estimé à 40 sous le seau brisé, le commissaire me pria de les payer au plaignant, pour son indemnité. Je voulus lui donner six livres au moins ; mais le juge me fit les plus fortes instances, pour que je m'en tinsse aux 40 sous, ajoutant qu'il connoissoit ces malotrus ; que s'ils savoient trouver dix sous de plus seulement, que ne valoient leurs ustenciles, ils seroient les premiers à les mettre en pièces, au moindre accident, pour venir l'importuner à toute heure, & vexer la société.

Perte douloureuse. Enfin, sur diverses lettres, qui m'étoient venues de la famille, pour m'annoncer que la santé de notre vieux père déclinoit à vue d'œil, & qu'il souhaitoit de me revoir, j'ai cherché à me rapprocher de mes dieux pénates. De retour dans la réfidence du père de Ste. Odile, j'y ai trouvé le mien mourant. J'ai pleuré en l'embraffant; j'ai fangloté un quart-d'heure, fans pouvoir proférer une parole. Mes larmes avoient attendri fon excellent cœur. Il n'a pu s'empêcher d'y mêler les fiennes. Ma mère, mes fœurs, s'étoient de même laiffées aller à leur fenfibilité; & toutes ces ames réunies & confondues n'ont pu, pendant tout le refte de la journée, s'expliquer mutuellement que par des pleurs entrecoupés de monofillabes.

Le troifième jour depuis mon arrivée, comme fi elle eut été attendue à cet effet, j'ai eu la douleur qui peut fe fentir, mais qui ne peut fe rendre, de voir expirer dans mes bras cet objet chéri de mon amour, au moment même où je tenois mes lèvres collées fur les fiennes. Je pafferai fur les jours & fur les nuits de défefpoir qui ont immédiatement fuivi cette cataftrophe. Religion fainte! amis vertueux! que vous me fûtes dans ces inftans d'accablement d'une puiffante reffource! Cher préteur! que vos maximes confolantes me revinrent pour-lors à propos!

J'avois 25 ans accomplis. J'allois recueillir une fucceffion honnête. A peine y penfois-je! On partagea amicalement la fubftance paternelle. J'entrepris d'accomoder quelques procès de famille. Je parvins à les terminer pour peu de chofe, à la fatisfaction des miens. Premier coup d'effai dans ce qu'on appelle *NÉGOCIation* : mot, dont les fyllabes initiales, devenues célèbres, imprimées pour jamais dans ma frêle mémoire, ont fait depuis, les fondemens des procédures, qui, par un enchaînement fuivi de caufes fecondes, m'ont mis forcément dans la néceffité d'écrire des volumes, fi je ne voulois pas mourir déshonoré.

Libre & jouiffant de la plénitude des droits de majorité, j'ai repris le fil de mes réfolutions primitives. Je m'étois décidé pour la vie la plus féqueftrée du refte des humains. Celle des chartreux m'avoit tenté ; mais un médecin renommé, ami & confeil de ma famille, membre du collége des XV, citoyen vraiment eftimable par les qualités de fon cœur, autant que par fes connoiffances profondes, s'oppofa vivement à mon projet. Il foutenoit que le phyfique de ma foible conftitution ne répondroit jamais à la morale fublime des conftitutions de St. Bruno. Il garantiffoit avec affurance que la contemplation continue, jointe à des auftérités de tout genre, détruiroit dans moins d'un an ma trop petite fanté. Ses avis triomphèrent de mon inclination.

Séminaire. Après avoir, dans l'intervalle de vingt-quatre heures, propofé & conclu le mariage de ma sœur avec mon ancien condisciple, & pris congé à Fribourg de cette demoiselle aimable notre alliée, à laquelle mes parens auroient voulu unir mon fort, (mariée aujourd'hui au baron de Lœvenberg, qui elle-même vient de marier tout récemment sa nièce Rumpler au baron de Harsch,) je me suis rendu au séminaire, pour y confirmer mon vœu, sous les auspices de M. l'évêque d'Arath, qui pour-lors, & pendant les trente années qui ont suivi cette époque, n'a cessé de m'honorer d'une bienveillance toute particulière; & qui ne l'a interrompue sans doute, à l'avant-veille de ma fin, que pour épurer ma vertu, & pour la rendre, par cette épreuve, (un peu forte, mais salutaire,) moins indigne des miséricordes du Seigneur.

Ce respectable prélat m'a ordonné prêtre au bout de l'an; & comme il s'étoit trouvé, en même temps que moi, au séminaire deux autres anciens avocats, même conseillers du roi, MM. de Cointoux & Goujon; l'un préteur royal honoraire, l'autre général provincial des monnoies; ils m'ont engagé à célébrer ma première messe avec solemnité, afin qu'en m'y assistant, comme diacre & sous-diacre, ils donnassent à la ville le rare spectacle de trois déserteurs du barreau ensemble à l'autel.

J'aurois préféré certainement de dire une messe basse dans quelque chapelle à l'écart; mais c'étoient des amis qui me prioient; c'étoient mes sœurs qui, jointes à eux, me faisoient les mêmes instances; j'aurois eu mauvaise grace de me refuser à leurs vœux.

On commanda donc grande musique, avec timbales & trompettes, au monastère de la Congrégation, où la messe solemnelle fut chantée; & ma sœur fit une espèce de noce, qui réunissant chez elle une cinquantaine de parens ou amis, & le double de flacons, mit fin à la fête par des libations du *meilleur*, suivant la pratique de nos pères.

Fat puni. Avant de m'éloigner des séminaristes je dirai en deux lignes seulement, qu'à une comédie qu'ils ont joué en carnaval, sur la création d'Adam, on avoit donné le rôle d'Eve à un fat qui, par son ton de suffisance, étoit, sans s'en douter, le ridicule objet des railleries de tout le séminaire. Cet imbécile, affublé des cotillons d'une servante, (lorsque le Créateur l'eut tiré de la côte du père des humains), débuta par sortir de sa poche graisseuse, des brosses plus sâles encore, pour se mettre en devoir d'en épousseter les souliers du Père Eternel, en lui débitant quelques bétifes, en guise de gentillesses; ce que voyant le père directeur, scandalisé, de même que toute l'assemblée, il fit cesser le spectacle à l'instant, & interdit à jamais le bouffon femelle de tout rôle quelconque, hormis de celui de

fat,

fat, qu'il a confervé, & qu'il confervera jufqu'à fa fin, s'il vit encore. C'eft un travers dont on ne fe corrige que dans l'autre monde.

Je fus mis au noviciat du facré miniftère chez un vieux gentil-homme, curé de Lièvre M. Joly de Moré, homme plein de piété & de fentimens généreux ; mais dont les vicaires mes prédéceffeurs avoient cruellement déchiré la réputation ; parce qu'eux-mêmes, fans éducation & fans vertus fociales, n'avoient pu vivre avec lui 15 jours en paix.

J'y ai paffé fix mois dans les délices d'une ferveur, dont la volupté ne peut être conçue que par un cœur qui aime. *Da amantem & fentit.* . . . . . .

J'allois par les neiges & par les glaçons adminiftrer, pendant la nuit, à deux lieues dans les bois, des malheureux qui n'avoient pour eux, pour leurs enfans & pour leurs chèvres, qu'une baraque de madriers pourris, dont tout le plain-pied formoit une forte d'écurie, où la petite famille bipède & quadrupède mangeoit d'un même plat, qui leur fervoit également en commun aux autres befoins de la nature. Ce plat étoit tout fimplement le fol de leur réduit infect.

Quelquefois mon vénérable curé, par un mouvement de fa bonne ame, cherchoit à m'épargner ces fatigues nocturnes. Lorfqu'on venoit de la *Hingrie*, (pays perdu dans des vallons fur les confins de la Lorraine), appeler à minuit quelqu'un au presbitère, il y recommandoit avec foin le plus grand filence ; fe levoit tout doucement ; prenoit fes fouliers dans fes mains, & paffoit devant ma porte, fans chauffure, dans la crainte de me réveiller, pour remplir par lui-même une fonction, dévolue par-tout ailleurs aux vicaires, comme leur légitime appanage.

Deux fois il étoit parvenu à me priver ainfi d'une jouiffance, dont rien au monde, de tout ce que j'ai éprouvé d'agréable depuis, n'a jamais approché ; mais j'ai fi bien pris mes précautions ; j'ai fi fouvent enfeigné aux paroiffiens la manière dont ils devoient s'y prendre eux-mêmes pour m'avertir tout feul, dans ces cas preffans, que M. le Recteur n'a plus pû me me trouver endormi.

Je crois que de mes jours je n'aurois penfé à quitter Lièvre ; pas même mon pofte de vicaire, fi Monfeigneur ne m'eût envoyé, au nom de Dieu, une obédience pour Phalsbourg. À cette voix, on abandonneroit les jardins d'Eden, pour courir au défert ; à plus forte raifon les forêts d'Allemand-Rombach pour habiter une ville.

Cependant la nouvelle m'avoit affecté, ainfi que mon cher pafteur. Les témoins de notre douleur refpective couloient abondamment de nos yeux. Mille embraffemens, mille proteftations accompagnèrent notre féparation. Et me voilà prédicateur françois dans une ville de guerre.

J'y étois à peine depuis deux mois, que le *Chapitre d'Haguenau* me nomma à un canonicat dans fon églife, au moment, où, fans ombre d'ambition, ignorant même qu'il y en eût un de vacant, je ne penfois qu'à faire des prônes. Je le devois à l'amitié qu'avoient les chanoines pour feu mon frère, qui a cru devoir me forcer ainfi à me rapprocher de lui, peiné de ce que j'euffe réfifté jufques là à toutes les inftances qu'il m'avoit faites, de venir exercer les fonctions du faint miniftère dans fa paroiffe.

Chanoine à Haguenau.

Rendu à mes nouveaux devoirs, mes confrères m'honorèrent tellement de leur confiance, qu'ils me donnèrent, dès la première année, l'adminiftration de leurs caves & de leurs greniers avec la qualité de cellerier. Ils me chargèrent enfuite de foigner des réparations à faire dans deux maifons canoniales. On vouloit qu'elles fuffent reftaurées pour *un millier d'écus* chacune. L'envie que j'avois d'être logé commodément & à ma fantaifie, m'a porté à prendre fur moi ces réparations pour la bagatelle offerte; & au lieu de rapiècer, de recrépir des mafures, j'ai rafé les deux maifons, & je les ai rétablies totalement en pierres, à 44 croifées les deux.

Maifon à mille écus.

J'obferverai à cette occafion une petite particularité affez remarquable, pour avoir fait fenfation dans le temps : c'eſt que, par un efprit prophétique, ou par tel autre qu'on voudra, j'ai fait murer, dans l'épaiſſeur du pignon de mon habitation future, une pierre quadrangulaire où étoit gravé en grands caractères : SCRUTABUNTUR DOMUM TUAM. *Reg.* 3. Et ſix mois après, ma prédiction s'eſt ſi bien accomplie, que non feulement on a critiqué ma *maifon* canoniale pour quelques ſculptures & parquets qu'elle avoit de plus que celle de mon voiſin ; mais on a *ſcruté* encore, & fans la moindre équité, ma *maifon* paternelle, comme je le dirai bientôt dans mon hiſtoire fecrète de Colmar.

Enfin j'ai de même reconſtruit à neuf des buanderies, des remiſes, des écuries & dépendances. L'entreprife n'étoit pas peu hardie ; & c'eſt ce qui m'en plaifoit, dans la perfpective d'un réſultat plus furprenant encore, qui étoit d'obliger un chapitre. Je l'ai fait ; & par un *négoce* d'autant plus *canonique*, qu'il m'avoit coûté près du double de ma poche, malgré toutes mes fpéculations économiques ; mais en revanche j'ai acquis quelques petites connoiſſances en général fur les manœuvres de chaque métier en particulier, dont les pratiques *occultes* m'ont fait voir *à découvert*, combien il importoit aux corps, chargés d'entretiens confidérables, d'avoir un membre inftruit qui furveillât la rufe & le grapillage. Connoiffances utiles, que je me trouve à même de faire valoir dans ce moment-ci, où mon chapitre actuel vient de me nommer *prefqu'*unanimement à la direction de fes bâtimens. Je dis *prefque*, parce qu'une voix de plus, (celle du neveu de fon cher oncle), je les aurois eues toutes; l'oncle n'allant plus en chapitre.

Pendant qu'à Haguenau je m'occupois pour le profit de la menfe, de ma petite architecture, mon frère le chanoine-recteur étoit allé admirer les grands chefs-d'œuvres de l'art, dans les monumens de Rome. Notre père, dans fa jeuneffe, avoit fait ce pélerinage. Groupés à fes genoux, au coin de fon foyer, nous goûtions, dans l'enfance, pendant les longues foirées d'hiver, le doux plaifir de l'entendre raconter merveilles de cette capitale du monde. Nos têtes s'exaltoient; nos défirs s'enflammoient; & la dévotion venant à fe mettre de la partie, dans un âge plus avancé, rien n'étoit plus naturel que de voir courir aux tombeaux des apôtres les fils majeurs d'un père pélerin: auffi verra-t-on que j'y fus à mon tour.

C'étoit dans le filence du plus profond fecret que mon frère avoit conçu & exécuté fon projet. Il ne s'en étoit ouvert au feigneur évêque que la veille ; & à la famille que le jour même de son départ. Il craignoit avec raison qu'on n'y mit obstacle. Et en effet, ma sœur a tenté vainement l'impossible pour le détourner d'un dessein, dont l'exécution paroissoit être au-dessus de ses forces & contraire à sa santé, alors plus qu'équivoque.

Administration de cure. L'absence devoit être longue. Il a fallu pourvoir la *cure* d'un *administrateur*. M. l'évêque d'Arath vouloit que ce fut un chanoine, & les magistrats de la ville, collateurs nés, prétendoient y nommer un desservant à leur choix, qui n'eut absolument rien de commun avec le chapitre. Patrons jaloux de la conservation de leurs droits, ils lisoient dans l'avenir ; prévoyoient des suites, & se méfioient des conséquences. Grands débats là-dessus entre le seigneur ordinaire & les sieurs municipaux...... Cependant nommé par mon évêque à la direction des vicaires, tous deux également fondés par MM. du magistrat, j'ai fait les fonctions de curé-recteur pendant les dix mois du séjour de mon frère en Italie, où il étoit tombé malade ; & j'ai eu par-là, pour exercer ma patience, des occasions d'autant plus fréquentes, que quelques-uns de ces messieurs, attentifs à les faire naître, m'en ont voulu personnellement de ce que, pour leur complaire, je n'avois pas jugé à propos de résister aux ordres de mon supérieur qui, malgré mes repréfentations, avoit perfifté dans fon choix. En tout cas, je dois au digne chef qui préfide, au nom du roi, ce corps de magiftrature, un témoignage folemnel de ma vive reconnoiffance pour la tendre amitié dont il m'a conftamment honoré ; quoiqu'il fût plein de zèle, comme il eft notoire, pour l'honneur & pour la dignité de fa compagnie, dont il n'avoit pas cru pouvoir, par fon attachement privé, compromettre les intérêts.

En exerçant les fonctions du miniftère paftoral, j'avois eu occafion d'alimenter le zèle que je me fentois pour la prédication. Je faifois, trois fois par mois, des fermons françois, qui vraifemblablement ont été goûtés, puifqu'à la fuite de ces miffions, l'on étoit venu me prier pour prêcher à des profeffions de religieufes & à des fêtes titulaires d'églifes diftinguées. Un jour entr'autres, à la folemnité de S. François de Sales, célébrée par les dames de la vifitation de Strasbourg, nous avons fait, à nous deux, mon frère & moi, les honneurs de la chaire, en y prêchant, lui le matin en allemand, moi l'après dîné en françois, en préfence de l'évêque & d'un auditoire très confidérable.

Voyant dans la paroiffe, pendant mon adminiftration, un imprimeur & un relieur, qui quelquefois venoient me demander de l'affiftance, je m'avifai un jour de m'ériger en auteur, pour les faire vivre. Je fis un petit traité fur les prières & les cérémonies de la Meffe; & un recueil de maximes des Saints, tirées de leurs écrits. Je fis préfent à mon typographe & à mon *feuillo-broche* d'une partie de l'édition, imprimée à mes frais; & du reftant, à différentes écoles & maifons de penfionnats, pour l'inftruction de la jeuneffe.

Voilà comme *j'intriguois*, comme je *négociois* à Haguenau, où j'ai eu le plaifir tout nouvellement de voir fubfifter une pratique que j'y avois introduite, pour l'entretien de la bonne harmonie & de l'union fraternelle, qui doivent régner entre les membres d'un même corps. C'étoit que chaque chanoine, caporal ou fantaffin, régaleroit fes camarades à tour de rôle; de manière qu'il y eût régulièrement un repas par femaine, où tout le collége des douze fe trouvât réuni.

Le chapitre venoit de me nommer *fede vacante* pour faire les fonctions de doyen le jour du jeudi faint. J'avois eu le bonheur de préfenter, à l'églife, l'agneau fans tache à tous mes frères, je croyois qu'il étoit de convenance, le jour de la cène, de leur donner auffi l'agneau de Pâques à la table pro-décanale. Tous me firent l'honneur de s'y rendre; & ce fut au deffert qu'on adopta l'établiffement des chambrées hebdomadales, qui n'allant guère qu'à quatre dîners pour chacun par an, tinrent d'autant mieux, & jufqu'à ce moment-ci, qu'il avoit été arrêté, fous peine d'amende, qu'on fe borneroit à un nombre de plats déterminé, pour contenir la vaine gloriole de ceux qui, ne fachant fe diftinguer plus canoniquement, auroient voulu fe piquer de donner plus que leurs confrères, & faire manquer ainfi le but de l'inftitution.

Je ne fais fi ce n'eft pas cette pratique, qui m'a fait conferver par la fuite dans mes repas la modeftie, critiquée depuis par un amateur de mets fins, gourmet des miens fur oui-dire, ou peut-être par un rêve, n'y ayant jamais goûté, pas plus que moi des fiens. Que ce foit cette pratique, que ce foit fobriété; efprit d'épargne, *avarice* fi l'on veut. Je fuis *prêtre*; je m'y tiendrai.

Mais il eft temps de paffer à l'époque du malheur de ma vie; à l'origine de la haine injufte de mon diffamateur; à la fource des procès variés qui en font les fuites.

En 1764 je me trouvois à Colmar député du chapitre pour affaires du corps. Feu M. Golbery, qui me combloit de bontés, auroit voulu que je m'y fixaffe par état, & que je m'y rendiffe utile par des fonctions honorables, que fon indulgence & fon amitié pour moi lui avoient perfuadé me convenir.

Il favoit que M. de Regemorte, prévôt de Caftor refufé.

S. Pierre le jeune, cherchoit à traiter pour sa charge de conseiller-clerc. Il fut le trouver; & d'accord sur les conditions, il en rédigea lui-même l'acte N°. 8, qui fut signé le lendemain avec promesse formelle, de la part dudit sieur de Regemorte, de me présenter incessamment à MM. les présidens & de me donner sa procuration *ad resignandum*, dès que j'aurois fait la remise des 12000 liv. stipulées pour premier payement, au désir de notre contrat.

N°. 8.

Cependant M. le prévôt de S. Pierre, curieux d'ailleurs de passer pour un homme désintéressé & qui plus est, pour un *prêtre généreux*, brûloit intérieurement de l'envie de tirer, pour son compte, quelque profit pécuniaire d'une charge, dont la propriété appartenoit à M. son frère le préteur de Strasbourg, & dont il n'étoit, lui personnellement, que le titulaire. Il m'a proposé après coup de lui donner une trentaine de louis pour ce qu'il appelloit un *castor* : & sur le refus que je lui ai fait d'augmenter la somme portée par notre traité, non seulement il ne voulut plus faire la moindre démarche en ma faveur ; mais il fit au contraire toutes les résistances qui dépendoient de lui, afin de rendre inutile l'acte que nous venions de signer. Étoit-ce humeur ? étoit-ce vengeance ? étoit-ce justice ? Je ne veux point pénétrer dans ses motifs. Toutefois est-il que, sans donner de raisons, il prit ce même contrat, qui étoit fur fa table ; qu'il y raya de fa main différentes claufes en ma faveur, auxquelles il avoit précédemment confenti ; & qu'il n'a ceffé depuis ce temps de travailler à me nuire de toutes les manières poffibles.

J'avois beau lui repréfenter, quinze jours après, à mon fecond voyage, que nos conventions étoient fimples & claires ; Nº. 9. que M. le premier préfident venoit de m'annoncer que, fur les informations qu'il avoit prifes à mon fujet, il rendroit un témoignage favorable de ma perfonne & de mes qualités à M. le Chancelier &c. Nº. 10; que j'avois configné chez le notaire les 12000 liv. convenues ; que je ferois, dès que j'aurois fa procuration, mes démarches près de la compagnie pour obtenir fon agrément, quoique cet agrément ne fut entré pour rien dans nos conditions, ni verbalement ni par écrit, &c. M. de Regemorte ne vouloit entendre à rien : il avoit toujours fur le cœur fon caftor, ou mes trente louis, qui vraifemblablement auroient applani toutes difficultés ; mais que de mon côté je m'obftinois d'autant plus à lui refufer, que, ne les ayant pas promis, & déteftant dans l'ame toute exaction, toute contrainte injufte, je ne voulois pas être forcé, par de mauvais procédés, à un don de pure générofité.

À ces obftacles il s'étoit joint des bruits que

Nº. 9.

Nº. 10.

le sieur de Regemorte avoit fait répandre avec affectation, pour ternir la mémoire de mon père, quoiqu'elle fût en haute vénération dans l'esprit de tous ses concitoyens, & qu'elle eût dû l'être dans le sien, à plus d'un titre.

<small>Huissier non exploitant.
* V. *les arrêts notables.* Tome II, page 281.</small>

On débitoit publiquement que ce père, notaire royal depuis 1705,* avoit exercé, vers la fin de l'année 1712, une charge d'huissier royal à la résidence de Rosheim. Il s'est fait en conséquence des informations sur les lieux, par l'autorité du juge, & on y fut convaincu que de sa vie il n'avoit résidé à Rosheim, ni fait par-tout ailleurs le moindre acte qui eût rapport aux fonctions de cet état, dont il n'avoit momentanément possédé le titre, où la propriété, que comme un effet de commerce qu'il avoit revendu presqu'aussitôt. Dans le vrai, il ne l'avoit acheté, de l'avis de M. Herrenberger son proche parent, pour lors prévôt royal à Oberné, que pour jouir de ses franchises, dans un intervalle de quelques mois, où sa charge de notaire venoit de lui être remboursée, en vertu de l'arrêt du conseil d'état, rendu en faveur des villes d'Alsace: car en janvier 1713 il fut appelé à S. Léonard pour y rétablir une bonne administration dans les revenus de la collégiale, négligés depuis du temps ; & le 4 février suivant le

<small>N°. 11.</small> chapitre lui remit les provisions, N°. 11.

Il est rentré peu après dans son premier

état de notaire royal, que la ville lui avoit recédé, & qu'il a conservé jusqu'à sa mort, quoiqu'il en eût abandonné les fonctions à son résignataire, 20 mois auparavant, ainsi que je l'ai rapporté plus haut.

Pour faire tomber ces bruits défavorables, j'ai présenté dans le temps à M. le premier président un acte de notoriété, signé de tous les vieillards des deux villes d'Ober-Ehnheim & de Rosheim. C'étoit par eux que j'avois appris, ainsi que mes frères & sœurs, les particularités relatives à cette possession instantanée de notre auteur, antérieure de plus de douze ans au mariage de notre mère. Cet acte, dont je n'ai pas gardé copie, doit être encore entre les mains de M. le grand vicaire de Klinglin, qui, pendant qu'il étoit mon confrère, m'a dit l'avoir trouvé parmi les papiers de feu M. son père. Par ledit acte de notoriété il constoit que ni en 1712, ni avant, ni après, mon père n'avoit fait le moindre exploit d'huissier. Vouloir, après cela, soupçonner le contraire, c'est prétendre dire que peut-être il exerçoit ce ministère public dans le secret des ténèbres & à l'insçu de tous ses contemporains, au mépris de l'ordonnance, qui veut le grand jour & des témoins. Et dans ce cas même, s'il étoit permis de le supposer avec quelque apparence de probabilité, la précaution qu'il auroit prise de cacher son ignoble jeu, eût fait elle-même l'éloge de la nobleſſe de ſes ſentimens, tranſmis ſans doute à ſes enfans de préférence à ſa honte, qu'ils ignoroient tous, ainſi que leur mère, au moment où à Colmar on avoit fait la belle découverte de cette acquiſition funeſte; datée au ſurplus, pour ſurcroît de ſingularité, du jour de la naiſſance de celui qui, pour un *caſtor*, me l'a reprochoit à moi, né encore une vingtaine d'années plus tard que lui. V. *Eſope*.

Marquis Sommiers. Cependant j'ai paſſé près de dix années de ma vie à Verſailles. J'y ai vu des *marquis*, ſeigneurs de 17 paroiſſes, acheter, au grand commun du roi, des charges de *ſommiers* de broches, dont les fonctions éclatantes ſe réduiſoient à recurer ces uſtenciles, pour leur donner du luſtre, & à les charger pour les voyages de S. M. J'y ai vu appeler ces marquis pour y être reçus, & pour prêter leurs ſermens aux fins de jouir des privilèges de commenſalité, de *committimus*, &c. Mais ce que je n'ai pas vu, c'eſt que perſonne leur eût jamais reproché, moins encore à leurs deſcendans, la baſſeſſe de leur état financé, parce qu'en effet perſonne ne les avoit ſurpris à recurer des broches.

Rebuté néanmoins par le nombre & par la diverſité d'intrigues, dont mon adverſaire uſoit conſtamment pour me traverſer, comme je le démontrerai ailleurs, j'ai cedé, en renonçant à mon acquiſition, aux inſtances de ma famille,

& principalement à celles de feue ma mère, qui, fe méfiant des défaites obliques & des machinations fourdes de mon vendeur, ne vouloit abfolument pas qu'avant que j'euffe fa procuration, je follicitaffe l'agrément du confeil.

Elle étoit liée de très ancienne date avec les Regemorte en général, ainfi que l'avoit été feu mon père. Tous deux leur avoient rendus des fervices effentiels dans des circonftances critiques. Elle n'attendoit rien de leur reconnoiffance; mais elle s'attendoit à tout du reffentiment de M. le prévôt, qui, du tempérament dont il étoit, digéroit difficilement, difoit-elle, toutes efpèces de refus, duffent-ils même n'avoir pour objet que trente miférables louis, fur lefquels il auroit calculé, ou qu'il auroit tant fait que de demander.

J'ai compris la fageffe de fes confeils; & au lieu d'actionner mon co-traitant en exécution de fes engagemens, & de conclure aux dommages-intérêts qui m'étoient dûs, j'ai abandonné le tout à la délicateffe de fa confcience, & je n'ai fait au Confeil aucune démarche pour un agrément qui, fans celui de mon réfignant, ne m'eût fervi de rien, dès que je répugnois à plaider.

Vers ce temps-là différens médecins avoient obfervé que ma fanté exigeoit, pour fon foutien, beaucoup plus de mouvement que n'en comportoient les obligations habituelles de mon état de chanoine. Des essais variés m'avoient appris d'ailleurs que le changement d'air, ou de local, étoit le seul remède qui convint aux maux multipliés qu'une résidence trop suivie me faisoit éprouver. Excité par ces motifs & pour me distraire un peu des tracasseries que je venois d'essuyer, je fus à *Francfort* assister au couronnement du roi des Romains, aujourd'hui empereur régnant.

J'étois parti de Manheim avec des seigneurs de la cour qui m'honoroient de leur amitié, & qui, pour me le prouver, étoient venus quelquefois me faire visite à Haguenau. Je devois leur connoissance à feue Made. la baronne de Streit, née comtesse de Wiser, dame d'une vertu rare & d'un mérite éminent, ma société journalière pendant dix ans, & l'objet de mes regrets pour le reste de mes jours. Mesdames ses filles, avec qui j'ai tenu des enfans sur les Sts. Fonts, & MM. ses fils, continuent encore, pour ma consolation, à me témoigner les sentimens dont m'honoroit leur respectable mère.

Ma table à Francfort étoit celle de la cour de S. A. S E. Palatine, qui m'avoit fait la grace de me prendre sous sa protection pour le temps de la cérémonie, N°. 12, & je logeois en ville dans une petite chambre, à un louis par jour, tant les quartiers étoient rares par l'affluence d'étrangers, accourus des quatre coins de l'Europe.

N°. 12.

l'Europe. M. le marquis du Châtelet payoit 40000 livres de loyer, pour fix femaines, ou pour le temps de la durée des cérémonies.

Tous les jours il y avoit affemblée à l'hôtel de l'un des miniftres plénipotentiaires. Chez les princes de Lichtenftein & d'Efterhazi, où j'allois comme ailleurs, faire ma petite partie, avec les dames à des jeux de commerce, j'ai vu jufqu'à des 150 tables garnies d'acteurs, & deux mille ames qui fucceffivement fe promenoient à l'entour, dans des enfilades de falles, formées de plufieurs belles maifons, qu'on avoit percées & difpofées pour recevoir tant de monde.

La foule étoit telle partout, & les *filoux* y trouvoient fi bien à faire leurs coups, qu'on n'entendoit continuellement que des récits de vols & d'efcroqueries. La police ramaffoit ces gens par douzaines, & nos bons barons à feize quartiers calculoient chaque fois à table, pleins de bourgogne & de champagne, le nombre de ces *marquis* du jour, qu'on avoit pris la veille. „ *Geftern*, difoient-ils, *haben wir abermahlen* „ *fünffzehen Franzofen gefangen*. „ Tout comme fi ces efcrocs n'euffent pu être que des François; & comme fi le génie de la filouterie étoit incompatible avec celui qui avoit inventé la poudre & l'imprimerie.

Une dame de qualité entre autres s'eft vue fendre l'oreille & arracher fes pendans, au

<small>Filouteries de Germanie.</small>

D

moment qu'elle gagnoit sa voiture, à la sortie du spectacle. Ses cris perçans ayant porté le voleur, tout chamaré d'or, à lui offrir la main & à ouvrir la portière, personne ne se seroit douté qu'il eût lui-même dans sa poche les brillans enlevés; si, pris pour un autre fait, & nanti de ces bijoux, il n'eût tout avoué.

Il m'est arrivé à mon tour de me voir escamoter une boîte d'or; voici comment : je me trouvois à pied dans la rue, au passage d'un de ces cortèges brillans, qui tous les matins montoient au *Rœmer*, précédés de 60, de 80 domestiques couverts de velours & de broderies d'or. Il y avoit devant moi une figure de femme en manteau de taffetas noir. Je m'étois apperçu que le derrière de ce manteau faisoit constamment un mouvement, quoiqu'il ne fût agité par aucun courant d'air. La curiosité m'y fit porter la main, sans me douter un instant que je pusse être l'objet de ces vacillations, qui m'avoient paru heurter les loix de la bonne physique. Mais quelle fut ma surprise d'y rencontrer les doigts crochus de la dame au manteau, tenant ma boîte, qu'ils venoient de déloger de la poche de ma veste, où je l'avois mise de préférence pour ne pas la perdre! Je la repris bien vîte, comme on peut le croire, & le filou au beau masque n'attendit pas que je lui demandasse son nom.

Un jour, que je dînois chez S. A. E. de Mayence, qui m'avoit fait la haute faveur de m'inviter elle-même; & qui, par parenthèse, ne vouloit pas que je me miſſe à la table du maréchal, où j'allois me placer modeſtement, *eu égard à* 1712, je vis un domeſtique qui venoit de conquérir loyalement une bonne montre d'or pour une mauvaiſe d'argent. qu'on lui avoit gauchement dérobée. Le ſoi-diſant marquis pris ſur le fait, vite en tira une, au hazard, de ſa collection de la matinée; &, pour gagner le large, la remit ſi précipitamment au domeſtique ému, que celui-ci n'eut pas même un inſtant pour lui faire connoître ſa mépriſe.

Pardon, je m'oubliois : car n'eſt-ce pas faire un peu la commère d'aller conter à ſes juges des tours de paſſe-paſſes, des hiſtoires de riens, à propos d'*interdits* pour des *termes deſpectueux*, qui certes, ainſi punis, auroient bien dû m'apprendre une bonne fois à me taire, ou à être plus circonſpect? Il ne manqueroit plus, pour compléter mon apologie, que d'y faire intervenir des *revenans* & des vampires, comme il en étoit apparu dans mon chapitre pour me le faire déſerter : mais laiſſons-là ces contes de vieilles, pour retourner en Alſace.

Après avoir été admis gracieuſement aux baiſemains de l'empereur & de ſon auguſte fils couronné roi, j'aurois repris ſans délai le chemin de ma réfidence, fi, pour avoir des chevaux de pofte, je n'euffe été forcé, comme fix mille autres, de refter encore quelques jours à Francfort, pour y attendre mon tour, muni d'un ordre de la part du prince de Taxis.

Aumônier du roi. A peine étois-je réuni à mes confrères d'Haguenau, que, perfuadé plus que jamais de la folidité des raifonnemens de la faculté, fur le régime convenable à mon tempérament; & plein du défir d'être encore de quelqu'utilité, dans ma vie vagabonde, j'ai traite, de l'agrément du roi, pour la charge d'aumônier de la maifon de S. M.

Quatre mille écus étoient reftés dépofés chez un notaire depuis que j'avois commencé à marcharder avec M. le prévôt Regemorte, pour le porter à me livrer par *procuration*, ce qu'il m'avoit vendu en perfonne. J'y en ai ajouté quelqu'autres mille qui devoient former la finance de ma nouvelle charge.

J'arrivois d'Haguenau à Strasbourg ; où ne trouvant point dans le moment à convertir toute la fomme en lettres de change à vue, & preffé, comme je l'étois, de partir pour Paris, j'ai fait porter une dixaine de facs chez M. Meyer, le receveur du grand chœur, au *Gürtlerhoff*. Les chevaux, attelés depuis une heure, m'y attendoient, pendant que les poftillons juroient.

La dame son épouse & M. le recteur son beau-frère devoient partir avec moi, ou moi avec eux ; car c'étoit à frais communs. A la vue de mes sacs tous se mirent à crier qu'immanquablement on nous couperoit le cou en route, si l'on nous voyoit avec tant d'argent ; qu'on nous taxeroit d'avoir pillé l'église pour enlever une belle, &c. Et sur le champ l'honnête receveur me donna tout ce qu'il avoit d'or chez lui, pour diminuer mon volume. Mon beau-frère y joignit le sien ; & les frayeurs se calmèrent. J'avois ainsi ramassé 300 *louis*, lorsque M. Dorsner le XV, est venu y en ajouter treize, pour être remis à son correspondant. Mais mieux auroit-il valu que j'eusse tout bonnement gardé tout mon argent blanc ; car, sans expérience pratique sur le resultat des frottemens de l'or, ma malle étant faite, j'ai glissé simplement, comme un idiot, mon petit trésor en sac, dans un coin de cette malle, qui, balottée par le train de la poste & les cahots de la voiture, s'est fendue juste tout autant qu'il en falloit, pour laisser couler un à un, dans un espace de 30 lieues, ces chers louis, dont le poids considérable & les secousses réitérées avoient si bien haché le sac en poussière, qu'il n'en étoit resté que le goulot & la ficelle.

Ce fut à Dombale en *Lorraine* que, pendant qu'on changeoit de chevaux, le maître de poste vint à la portière me préfenter un louis, qu'il avoit retiré de la fente où il s'étoit montré. Je ne mis pas une minute à prendre mon parti, & auſſi-tôt de defcendre de voiture, de vifiter la malle, de n'en trouver qu'une douzaine, de faire courir un poſtillon après les fuyards, d'écrire aux curés fur la route, de dîner, (ce que je n'oublie pas fouvent) de rire en un mot, pendant que la bonne dame Meyer & la maîtreſſe de poſte pleuroient amèrement d'une perte qui, difoient-elles, auroit fait la fortune à tant de malheureux; & tandis que cette perte n'étoit au fond qu'une vraie trouvaille, ménagée par la Providence pour ces mêmes malheureux, qui jamais n'en auroient rien eu, s'il n'y eût eu rien de perdu; & qui, depuis Saverne jufqu'à Dombale, béniſſent encore à l'heure qu'il eſt le très bienfaifant *aumônier*, qui leur avoit donné & des champs & des vignes, & des bœufs & des chevaux, fans y faire la moindre attention, fuivant toute la rigueur du texte facré; & dans le tems où il n'avoit pas même d'idée de l'extrême mifère, qui les réduifoit à chercher leur pitoyable vie dans les fumiers épars fur les grands chemins.

Auſſi n'ai-je pas tardé à être défabufé, & à louer Dieu de bon cœur de ma méfaventure.

Dès que j'eus gagné fur notre hôteſſe de lui faire accepter le payement de fon dîner, dont absolument elle ne vouloit rien , tant elle étoit compâtissante, je lui ai recommandé de publier par-tout que je ne répétois rien non plus pour le petit service que je venois de rendre à sa patrie, afin de rassurer les consciences timorées de nos pauvres Lorrains. J'ai écrit la même chose à quelques curés que j'avois, dans un premier mouvement d'avarice, priés de prôner ma perte.; Et , arrivé à Toul , j'ai soupé comme quatre, dormi comme dix , & dit la messe le lendemain, comme si je fusse sorti, de la veille , d'une retraite de S. Lazare, allégé, pour le bien de mon ame, non seulement de ces 30 maudits louis , que j'avois défendus à Colmar avec un courage digne du fils d'un h.... à beaux *exploits ;* mais encore d'un superflu dangereux, de 270 en sus, qui en valut 300, calcul fait, à gens trop contens d'avoir le nécessaire.

Et en effet, le Curé de Lunéville me manda peu après à Paris, en m'envoyant 5 louis ramassés, sur le pavé , par des bourgeois, assez honnêtes & assez à leur aise pour ne pas vouloir les garder, que grand nombre de paysans & de journaliers, du côté de Blâmont, avoient trouvé l'un 3, l'autre 6, quelques-uns jusqu'à 10 & 12 de ces pièces rares dans le pays ; qu'ils en avoient acheté du grain , des terres & des bestiaux, & qu'enfin l'on faisoit généralement des vœux pour mon heureux retour.

Les gazetiers, qui, pour amuſer leurs con-
tribuables, ſavent tirer parti de tout, s'étoient
également emparés de mon *aumône*, faite à
l'inſçu de ma main droite, comme à l'inſçu de
ma main gauche. Ils en avoient fait un article
de rempliſſage dans leurs variétés ; & tout le
public auguroit favorablement de mes heureu-
ſes diſpoſitions prochaines au nouvel état que
j'allois embraſſer à la cour.

Lorſque je fus pour prêter au roi mon ſerment de fidélité, S. A. S. Mgr. le prince de
Condé, inſtruit de ma munificence, m'accueillit
ſi obligeamment qu'il me fit expédier, en faveur
de ma famille, un brevet de retenue, ſur ma
charge, de toute la ſomme que j'avois financée ;
grace d'autant plus généreuſe de ſa part, que,
ſi je fuſſe mort dans ma place, c'eût été autant
de pris ſur des parties caſuelles, qui lui revenoient de droit.

Louis Dorfe-
ner.

Il n'y avoit pas huit jours depuis mon arrivée
à Paris, que, ne penſant plus à la commiſſion
de M. *Dorſener*, je vis arriver chez moi un
fabriquant de bas de ſoie, pour me répéter 13
louis que je devois avoir à lui remettre. Pareille
ſomme étoit effectivement reſtée dans le fond
du coffre : je n'aurois pu aſſurer en conſcience
ſi c'étoient les miens ou les ſiens qui euſſent
gagné les champs ; j'avois eu les mêmes ſoins
pour les uns comme pour les autres. Réflexion

faite, j'ai payé le fabriquant ; dans la suppofition bienveillante que des pièces d'or, agiffant, fur les parois d'une malle cahotée, en raifon directe de leur gravité, les plus lourdes devoient naturellement être paffées les premières. Il fembloit même qu'un génie tutélaire eût veillé de préférence à la confervation des efpèces de mon cher coufin ; puifque le maître de Dombale étoit venu m'avertir précifément à la minute, où elles alloient indubitablement, fans cela, fuivre leurs camarades dans la pouffière.

Et comme fi de néceffité il falloit que les défaf- tres fuffent toujours accompagnés de quelque malencontre de leur efpèce, pour leur faire fociété ; pendant que j'étois occupé à refaire de nouveaux fonds pour remplir le vuide que venoient d'éprouver mes finances, un juif converti, que j'avois bâtifé à Haguenau, & auquel j'avois prêté un millier d'écus pour fon établiffement, apprenant ma difgrace, & craignant que je ne lui redemandaffe mes avances, prit le parti de faire une *banqueroute*, conforme à celles qu'il avoit vu profpérer à d'autres *chrétiens* de plus vieille date que lui ; en paffant, comme eux, le pont du rhin pour être quitte, & ne plus voir que de loin, tous ces créanciers importuns, qui, comme des enfans, voudroient ravoir le leur. Ce néophite eft encore de l'autre côté du pont, où fans doute il fait des vœux pour le

Banqueroute d'un chrétien.

falut de celui qui lui a doublement procuré les moyens de faire le ſien.

Mais ſi je continue à m'appéſantir ainſi ſur chaque anecdote de ma vie ambulante, j'en aurai pour des volumes in-folio ; & je ne veux faire qu'un in-8°.

Je paſſerai donc légérement ſur mon exiſtence à la cour, pour revenir plus vîte à Strasbourg rejoindre mon vieil antagoniſte.

Je dirai cependant avant de quitter Verſailles que dans ce pays *aux mémoires*, où tout le monde court, où perſonne ne dort, où chacun cherche, où pluſieurs trouvent, je n'ai pas même eu la penſée jamais de rien demander pour moi, quoique j'euſſe eu le bonheur d'approcher ſouvent S. M. & de lui parler quelquefois.

Amis de vue. Accablé de commiſſions par grand nombre *d'amis*, que, pour la plupart je ne connoiſſois que *de vue* ; mais qui m'étoient d'autant plus *intimement* dévoués qu'ils avoient plus véritablement beſoin de mes petits ſervices gratuits ; je paſſois, pour leurs affaires, comme tant d'autres honnêtes ſolliciteurs, du cabinet d'un miniſtre, dans l'antichambre de ſon premier commis, méditer pendant deux heures ſur la délicateſſe du burin de *Balechou*, en peſtant intérieurement contre l'ambition ou la cupidité de tous ces bons amis de la veille, qui avoient la dureté de me faire faire un métier auſſi rebutant.

J'allois plus gaiement chez M. le Chancelier obtenir grace pour des prisonniers & pour des malheureux confinés dans des maisons de force. Ce ministère étoit plus analogue à mon état & plus conforme à mon goût. Je me suis même quelquefois mêlé de faire révoquer de ces lettres épouvantables, dites *de cachet*. Une entre autres qu'on avoit surprise, pour enfermer une femme respectable à tous égards, je parvins à la faire supprimer sur les preuves que j'ai fournies de l'innocence de la victime & du complot d'iniquité formé contre elle ; &, pour ne pas l'humilier, j'ai eu la discrétion de laisser ignorer, même à sa famille, cette odieuse tentative d'un mari rustaud & jaloux.

Graces infinies soient rendues au sage monarque qui nous gouverne, pour la tendre sollicitude qui le fait veiller, & par lui-même & par ses vertueux ministres, à toutes injustes entreprises contraires à la liberté & à la sureté de ses sujets, foibles ou puissans, dont, dès son enfance, il s'est indistinctement déclaré le père !

On auroit tort cependant de croire que mes occupations habituelles fussent tellement uniformes & monotones, que je consumasse tous mes jours dans les bureaux. Souvent je parcourois la galerie & les appartemens du château, pour y *racrocher* l'une ou l'autre de mes connoissances, disposée à dîner avec moi, à la table des aumôniers, où chacun avoit droit d'inviter un ami. J'allois aussi de temps en temps visiter & secourir les habitans de la geole. J'ai eu même à cette occasion des remontrances à faire à M. le gouverneur, sur un abus provenant de la cruauté, assez commune à presque tous les geoliers ,. de faire payer à ces infortunés captifs les comestibles & les boissons, au double du prix de leur valeur hors des prisons ; de lever un impôt, qui plus est, au passage du guichet, sur tel restaurant que, par charité, un pauvre manant fera porter à son compère malade, hélas ! plus pauvre que lui.

Joueuse dormante.

Tout cela ne m'empêchoit pas de faire encore ma petite partie de trictrac de *Wisth*, &c. dans les bonnes maisons au château & en ville, principalement chez Mesdames la duchesse de Villars, la comtesse d'Allegrin, la marquise de Prix, de Bannières, de Chénevières, &c. Le *dévôt* François de Sales étoit saint, & en faisoit autant. L'une de ces dames, (dont le mari, la meilleure ame du monde, tenoit table ouverte chez lui, pour tous les habitués de *l'œil de bœuf* qui, à 3 heures, ne savoient où dîner, & pour toutes ces baronnes de la capitale, qui ne connoissoient personne à la cour), s'obstinoit toujours, dans nos parties de soirées, à vouloir être ma *partenère*, quoiqu'en me faisant perdre mon argent elle perdit, de même, constamment le sien, d'autant plus étrangère aux combinaisons du *Wisth*, qu'elle étoit sujète à s'y *livrer au sommeil*. Elle savoit que je m'amusois quelquefois à rimer avec M. de Chénevières, ami des lettres, auteur de certains *loisirs* ; & que je venois tout récemment de faire un poëme burlesque pour la baronne de Krutner, dame flamande pleine d'esprit. Elle voulut à toute force que je lui fisse aussi des vers, quelque mauvais ou quelque *méchans* qu'ils pussent être. Et sans me déplacer j'ai, sous les auspices de ma pauvre muse, crayonné ceux qu'on peut voir N°. 13, & que j'ai trouvés parmi mes vieilles paperasses en y cherchant un extrait d'arrêté capitulaire qui s'étoit dérobé à ma vue, ou qui s'étoit caché de honte. Je ne les rapporte au reste qu'en témoignage de ma modestie, autant que de ma sincérité, dans la *confession générale* que mes procès *despectueux* me donnent occasion de faire.

N°. 13.

Non seulement je jouois pendant mon séjour à Versailles, & quoiqu'*aumônier* j'y rimois comme un *chapelain* ; mais encore j'y *pippois* ; j'y attrappois des merles. Divertissement unique, que personne avant moi n'avoit vu, ni osé prendre dans le parc. La quantité de grives, de pinçons & d'autres espèces que la sureté & la beauté du lieu avoient attirés aux bosquets, dont j'avois la clef, par une faveur spéciale, &

Pippeur à la cour.

où souvent j'allois me promener, de compagnie avec mon bréviaire, m'avoit fait naître l'idée d'en déloger une partie de ces oiseaux par le jeu des gluaux. Mon projet fut agréé par le gouverneur du château M. le comte de Noailles, qui me donna sa permission, N°. 14. Et la loge construite, les branches d'arbres élaguées, les gluettes tendues, je fis un essai si satisfaisant, que bientôt j'eus dans ma cabane plusieurs dames de la cour qui, curieuses & enchantées d'assister à une chasse qu'on pouvoit faire dans sa bergère, ne cessoient de crier au miracle, à la vue de ces familles emplumées, qu'elles alloient ramasser par douzaines à leurs pieds.

N°. 14.

Si l'on trouvoit qu'il fût imprudent, ou pis encore, d'abuser de l'indulgence de ses juges au point de leur faire lire des histoires de jeux & d'amusettes de cette espèce, sur-tout après avoir promis d'abréger & d'éviter les détails, je supplierois mes censeurs de daigner observer que ceux-ci ne sont point indifférens à ma cause, & qu'un chanoine qui, dans le centre du rendez-vous de toutes les passions humaines, s'occupe, après sa Messe, à faire des ingrats, à dépeupler les prisons, à jouer au *Wisth*, à forger des vers, à pipper des oisillons, n'est vraiment pas homme à intriguer, à remuer, à brouiller; bien moins à mettre le trouble par-tout ailleurs que dans la république aîlée ; ainsi que mes adverfaires l'ont malignement infinué pour détourner d'eux le blâme d'avoir agi à mon égard fans motifs, qu'il fût permis d'avouer ; car enfin on ne peut, en bonne règle, battre les gens, fans dire au moins que ces gens là ont tort, ou par eux-mêmes, ou par leurs *pères*.

Le loup d'Efope n'a croqué l'agneau qui fe méloit de *troubler* le courant, qu'en donnant fes raifons ; malgré qu'étant le plus fort, il en fut difpenfé, fuivant le code des loups.

Bref, j'ai rempli les devoirs de ma charge d'aumônier, à la fuite de la cour, de même que ceux d'un prêtre féculier qui, dans le fiècle, vit avec des hommes ; le tout *en confcience* & de mon mieux jufqu'en 1767.

A cette époque un chanoine de S. Pierre le jeune, chapelain du roi, homme eftimable, mon ami & mon allié, venoit à mon infçu, & en quelque manière contre mon gré, de difpofer un de fes confrères à *permuter*. Celui-ci étoit tellement tourmenté par les chefs & autres de fon vénérable chapitre de Strasbourg, qu'il annonçoit à fon ami le chapelain, qu'inceffamment il alloit fe *tuer*, s'il ne parvenoit à le débaraffer de la vue de fes *horribles confrères*.... Ce font fes propres termes, employés dans plufieurs lettres, dont je n'ai pas cru devoir furcharger ce volume. Deux fuffiront. Nºs. 15 & 16.

Ces démonftrations de dégoût & de défefpoir

Permutation canonique.

Nºs. 15. & 16.

n'étoient pas engageantes. Elles me donnoient peu d'empreffement pour occuper la place du défefpéré. Je menois une vie paifible & tranquille dans le cercle de mes liaifons à Verfailles : je n'étois pas mécontent de mes confrères d'Haguenau, qui encore aujourd'hui me comblent d'amitiés : j'ignorois abfolument à quoi je devois m'attendre de la part de ceux de Strasbourg, fi mal recommandés. D'ailleurs la différence du plus ou du moins de revenu, n'étoit pas de nature à me féduire facilement. Partagé, fuivant toute la portée de mes vœux, de ce qu'on appelle fortune, j'en ai toujours eu de refte; & je n'ai jamais vifé directement à l'augmenter ; très-peu *d'argent* m'ayant toujours fuffi pour fatisfaire à tous mes goûts. Joint à ce qu'il s'agiffoit dans la permutation propofée, de quitter de ma part mon rang d'ancien dans un corps, où l'on me flattoit de l'efpoir d'une dignité à mon tour ; pour être le dernier dans un autre, qui, pendant trois ans me priveroit, par abus, de la moitié des fruits de mon futur bénéfice, & me logeroit pendant dix dans la rue *au bivouac*, quoique fa menfe fût graffement fournie, & qu'il louât fes maifons fuperflues à des *profanes* étrangers, au préjudice des *adeptes* fes enfans.

Toutes ces confidérations m'avoient porté à mettre de la réfiftance aux follicitations fuivies

de

de mon parent le chapelain du roi, qui ne s'étoit prêté si charitablement aux instances réitérées de son ami le désespéré, que pour le tirer de son *enfer*, en m'y précipitant, pour me rendre service.

Il parvint nonobstant à me déterminer, & à me faire partir à cet effet pour l'Alsace sans lui ; quoiqu'il m'eût promis de m'y accompagner : mais on m'a tant promis dans ma vie sans jamais me rien tenir, qu'il suffisoit qu'on me fît des promesses pour que je n'y comptasse plus.

Fin du premier Livre.

J'Avoue ici, hors de la confession, que j'ai la manie de vouloir mettre tout à profit.

A la vue de cette demi-feuille, laissée en blanc par mon typographe, fidèle aux règles de son art, pour passer élégamment d'un livre à l'autre ; l'idée m'est venue de lui jouer un tour, en y plaçant l'épigraphe suivante. Je ne me rappelle pas où je l'ai lue : elle n'en sera pas moins bonne pour servir d'entr'acte ; annoncer ce qui va venir, & faire utilement les fonctions d'un cul-de-lampe.

> Le mérite a seul droit aux fureurs de l'envie ;
> C'est un poison heureux, qui conserve la vie.
> Quand la haine se tait, on demeure oublié ;
> Et malheur à celui qui n'est point envié.

E

LIVRE DEUXIEME.

Permutation. SI je me suis étendu un peu sur les détails des motifs que nous avions, M. de B...... & moi ; l'un de presser l'affaire vivement, l'autre de délibérer avec circonspection ; c'est qu'ayant appris à connoître la forte tendance du cœur humain vers le mal, par le spectacle habituel de ce qui se passoit journellement, même aux pieds du trône, je me défiois prudemment des apparences avantageuses, & je n'y voyois de certain que leur instabilité. Je savois que c'étoit une des imperfections de notre nature, d'interpréter malignement tout ce qui pouvoit être interprété, & de vouloir décrier tout ce qui avoit du succès. Quelqu'un, n'ayant pas d'ennemis, veut-il en avoir ? qu'il soit à la veille de se marier ou de s'établir, il en trouvera de reste.

Je devois donc m'attendre à rencontrer dans ma province, comme il s'en trouve ailleurs, de ces êtres malheureux, envieux du bonheur d'autrui ; des raisonneurs à perte de vue, jaloux de ma permutation.

Il est vrai que peu m'importoit ce qu'on penseroit ou ce qu'on diroit de moi ; sur-tout après ce qu'on en avoit dit déjà, lorsque j'avois traité pour une charge au conseil ; mais il m'importoit beaucoup de me rendre compte à moi-même de ce qu'on en devoit penser & dire. Règle qui, en portant mon esprit dans le sein de la Divinité, a toujours dirigé les actions de ma vie. Et quelle que fût la délicatesse de mon procédé à l'égard de M. de B......; de mon scrupule même à éloigner de lui toute idée d'attachement ou de reconnoissance, soit envers mon parent, soit envers moi; en le priant derechef, en présence des notaire & témoins à la passation de l'acte, de n'agir, dans le choix de son successeur qu'en vue de la seule gloire de Dieu; sans me donner de préférence que celle qui seroit fondée sur l'utilité de son église : il n'en est pas moins constant que quelques esprits corrompus, qui ne connoissoient de Divinité que l'or, voyant un revenu plus considérable d'un côté que de l'autre, n'ont pas manqué de supposer qu'il y avoit eu du retour de donné ; & qu'ils m'ont mis ainsi dans le cas d'exposer fidèlement à l'évêque, par une impulsion libre de mes sentimens d'honneur, toute ma conduite avec mon co-permutant ; & de l'assurer, de même que tous mes amis, conformément à la vérité pure, que non seulement il n'y avoit pas eu une obole de promise ou de donnée ; mais que si l'on m'eût proposé un archévêché de cinquante mille écus de rente, pour la somme de cinquante sols une fois payée, j'aurois, de l'humeur dont j'étois, à coup sûr, préféré en bon chrétien de mourir de faim fur le fumier de Job, plutôt que d'ofer, en franc mécréant, faire, pour vivre, le facré *négoce* d'un maudit magicien. Il faut en vérité avoir la rage de douter, pour n'être pas perfuadé que j'étois bien decidément d'un caractère très peu donnant. Qui refufe de donner un *caftor* pour une des premières charges de fa province, ne donnera certes, pas même une *calotte*, fut-ce pour une prévôté ; à moins que l'on ne veuille fuppofer que, contre le cri de la vraifemblance, le donneur de calottes eût une paffion de frénétique pour fe rapprocher, à tel prix, du demandeur de caftors ; aux rifques d'en être toujours, plus furement & de plus près, vexé, calomnié, diffamé, vilipendé.

Retraite de la cour. À peine étois-je inftallé à S. Pierre, que M. Lantz, vice-gérent du diocèfe & doyen du chapitre, parvint à me perfuader de *quitter la cour*, pour réfider à Strasbourg.

Il avoit étalé, pour m'y difpofer, cette brillante rhétorique, qui lui eft fi naturelle. Des démonftrations d'une bienveillance fans égale de la part de tout le corps ; une amitié tendre & fidèle de la fienne, devoient être le fruit permanent du facrifice qu'il exigeoit de ma complaifance, au nom, difoit-il, de la compagnie, qui peut-être ignoroit pour-lors tout ce qui fe paffoit entre nous ; à en juger par la manière dont j'ai vu depuis que M. le doyen faifoit agir

& parler fon chapitre, au gré de fes vues particulières, ou de fon petit intérêt quelconque.

Pour lui prouver toute ma déférence à fes volontés, je lui ai donné ma foumiffion de me défaire de ma charge d'aumônier dans le courant de l'année; & je lui ai tenu parole, quoique j'euffe la plus belle perfpective pour obtenir, à la formation très prochaine, qui alloit fe faire, de trois maifons pour les enfans de France, une charge, d'autant plus agréable, que, n'étant point financée, elle m'eût permis de vendre la mienne & d'en placer utilement le prix, fans me mettre dans le cas de quitter la cour. Auffi mon fucceffeur, le chanoine de Borderouffe, mieux avifé que moi, a-t-il, au bout de deux années de fervice, non feulement obtenu fans finance une de ces charges de nouvelle création; mais il a eu encore le fecret de tirer de celle qu'il tenoit de ma démiffion, quatre bonnes mille livres de plus qu'il ne m'en avoit donné; parce qu'il avoit été affez heureux pour rencontrer un M. l'abbé d'Audiffret, chanoine de la cathédrale de Meaux, qui, jouiffant de quarante mille livres de rente, n'y regardoit pas de fi près.

Il y a plus: c'eft que fi, en réfiftant à l'éloquence de M. Lantz, j'euffe confervé mon état feulement jufqu'à la réforme des tables, faite fous M. Necker, j'aurois profité des deux mille livres d'émolumens, dont cette opération a augmenté le revenu de la charge que je poffédois; & qui feule, par l'objet de fon inftitution, donnoit au titulaire bouche à cour pendant toute l'année.

Mais j'étois, en vérité, fi crédule, fi confiant; j'étois fi fenfible à tous ces témoignages d'affection dont il me flattoit; j'avois avec cela, une fi haute idée de la candeur d'un vice-gérent ; que s'il m'eût demandé encore tout le produit comptant de mon traité à faire, pour prix de la bienveillance promife au nom du chapitre, je crois de bonne foi que je le lui aurois donné.

Eft-on curieux d'apprendre maintenant comment à la fin de mes trois années de carence M. le doyen a cru devoir répondre à la nobleffe de mon procédé envers lui ? comment, infpiré par l'efprit de M. le prévôt, il dirigeoit, avant que j'y fuffe, fon vénérable chapitre ; ce *bâton du vieillard* entre fes mains ? comment, depuis que j'y fuis, il l'a mené, fans difcontinuer, jufqu'à la tenue de cette fameufe affemblée folemnelle, qui a rétabli un peu les capitulaires dans leurs droits, & qui, parce que j'ai infifté à fa célébration, a foulevé contre moi toutes les puiffances du royaume, de Strasbourg à Colmar, de Colmar à Paris ? (car tous les chefs fe tenant par la main, qui en attaque un, a néceffairement à faire à tous:) je fupplie le lecteur, en attendant d'autres traits, & plus récens & plus surprenans, de vouloir bien parcourir quelques actes qui me sont restés de ces temps là. Ils sont sous les Nos. 17. 18. 19. 20. & 21.

Nos. 17. 18. 19. 20. & 21.

On y verra d'abord à quoi se réduisit la promesse des bons traitemens, annoncés avec tant de *magnificence* par M. le doyen sous le nom du corps; combien, loin d'avoir un denier de trop, ainsi qu'il le prétendoit, j'ai eu à *argumenter* avec lui, toujours soi-disant au nom du corps, pour arracher seulement une foible partie de ce qui m'étoit légitimement dû; comment enfin il s'y est pris de finesse, de concert avec son *génie* moteur, pour *m'exclure*, pendant quatre ans & deux mois, de toutes les délibérations capitulaires, & pour me priver de mon droit de suffrage dans les collations de bénéfices, au mépris de mes privilèges, confirmés par arrêts sans nombre, rendus en faveur des officiers ecclésiastiques commensaux de S. M., & malgré les assurances réitérées qu'il m'avoit données, que je n'y perdrois rien, si je renonçois à ma charge; que je serois très content de la manière d'agir du chapitre, & que je devois m'attendre à tout de sa reconnoissance.

Génie excluant.

Des débuts si désobligeans; des traitemens si opposés aux preuves de cette bienveillance singulière dont on m'avoit bercé; des tracasseries si peu méritées par ma condescendance, m'avoient si vivement affecté, que ma santé s'en étoit altérée.

Docteurs en ac.

Certains accès de misantropie, auxquels j'étois sujet, provenants de ce que je voyois tous les jours dans la vie, étoient venus la détraquer. À Versailles déjà trois célèbres *docteurs*, que j'y avois consultés, MM. de Sénac, Bouillac & Chirac, après de grands raisonnements *& ab hoc & ab hâc*, avoient conclu *unâ voce*, que j'étois hypocondriaque ; ou que si je ne l'étois pas encore *in esse*, je menaçois grandement de l'être *in fieri* ; que je rimerois bientôt avec eux.....
J'ai ri de la rime & j'ai conservé ma raison.

Docteurs désobstruans.

Quatre médecins de Strasbourg, que j'ai choisis, dans le cas particulier où je me trouvois, pour me juger en dernier ressort, m'ont condamné, au nom d'Hypocrate, par une sentence de deux pages, à reprendre, pendant six mois mon ancien régime de commotion, & de changement de climat ; afin de rendre, par les secousses des voitures & par l'influence de l'air, du ton au genre nerveux, de porter le sang dans les vaisseaux capillaires & de dissiper ainsi les *obstructions morbifiques*.

Il ne s'agissoit pas là d'en *appeler* ; bien m'en a pris au contraire d'avoir aussi-tôt exécuté *par provision* le jugement salutaire de ces arbitres terribles de la vie & de la mort, & de m'être soumis à subir sans délai *l'interdit de 6 mois*, de toutes les fonctions canoniales, qu'ils avoient prononcé ; car j'ai tout lieu de croire que si j'eusse résisté à leur décret, mon doyen n'auroit pas manqué, en sa qualité de curé, de me chanter plutôt que je n'aurois voulu, un beau *Libera* en *faux* bourdon, au nom de tout le chapitre réuni, qui, en reconnoissance des bons procédés du défunt, auroit fourni le luminaire aux dépens de la *masse* commune.

Mais, graces à mon bon ange, qui m'avoit dit de croire à la faculté, j'ai différé mon enterrement, pour prendre le chemin de Rome, que père & frère m'avoient frayé ; & afin d'être en règle, j'ai demandé au roi un brevet de permission, pour servir comme de lettres-d'attache au jugement de mes quatre experts, N°. 22. N°. 22. Frustré de mon entrée aux chapitres pendant quatorze mois en récompense de mon attention complaisante, j'ai eu la consolation d'en rabattre ainsi près de la moitié, passés loin d'un clocher dont la vue m'humilioit.

Je pourrois peut-être me dispenser de m'étendre ici sur quelques particularités de ce *voyage*; & dire, en deux lignes, qu'ayant traversé la Suisse & la Lombardie pour gagner la Toscane & la Romagne, j'étois revenu par le Padouan & le Tirol pour me rendre à mon église. Les six mois seroient remplis, & mes juges n'auroient pas eu à s'ennuyer des détails d'un journal ; cependant tout bien considéré, quelques pages de lecture de plus ou de moins ne les indispo-

Voyage en Italie.

feront point contre mon bavardage. Il eft effentiel qu'ils fachent que pendant mon féjour en *Italie* je n'ai pas plus intrigué ni inquiété qui que ce fût, que dans Paris ou ailleurs ; quoique *Mons* doyen m'eût, à mon retour, demandé d'un air piqué, *ſi j'avois pris les devants pour m'affurer la prévôté*. Par ce foupçon il révéloit fon fecret, en me laiffant lire diftinctement dans fon ame ce qu'il auroit dû y tenir plus caché. En tout cas je lui donne ma voix. Je n'ambitionne pas d'être honoré, mais feulement de n'être pas *déshonoré*. Je penfois à Rome aux bénéfices, tout comme j'y penfois aux ballons de Montgolfier, rangés alors encore dans la cathégorie aërienne des futurs contingens.

C'eft donc par Bâle que j'ai pris ma route. J'irai un peu vîte pour arriver plutôt à mon but. J'ai paffé trois jours à Notre Dame des hermites, le refuge des foibles, le falut des infirmes. J'ai imploré avec ferveur la protection de cette puiffante patrone, qui ne m'a jamais abandonné dans les différens dangers où je me fuis trouvé, ayant toujours mis, après Dieu, toute ma confiance en elle. Oui, je peux dire que j'ai dans ma vie échappé, par fon affiftance, à bien des périls, que je m'abftiens de retracer ici pour ne pas outre-paffer les bornes que je me fuis prefcrites.

Comblé d'honnêtetés par le prince abbé, qui

m'a donné un domestique de sa livrée pour me conduire, par les bois, à six lieues de distance, jusqu'à Schweitz, je me suis rendu à Altorff, où arrivé, j'étois si malade qu'après deux jours de halte, j'avois pris la ferme résolution de m'en retourner en Alsace ; lorsque je vis arriver à l'auberge où je logeois, un seigneur Milanois, avec une suite de trente chevaux, qui le lendemain devoient franchir le mont S. Gothard.

Ce pélerin, qui venoit ainsi que moi de Notre Dame des Hermites, étoit M. *le comte Longhi*, ayant avec lui M. le chanoine Maraviglia son neveu. Tous deux me firent des instances pour souper en leur compagnie ; & sur ce que je dis à table que j'avois commandé des chevaux pour reprendre la route de Strasbourg, ils firent si bien, pour me détourner de mon projet, qu'ils parvinrent à remonter mon courage, & à me faire suivre avec eux l'horrible chemin de Milan, à travers des montagnes percées de part en part; ou par des sentiers taillés dans les rocs, qui d'un côté cachoient leurs pointes glacées dans les nues, tandis que de l'autre ils laissoient voir à découvert des torrens impétueux, roulants leurs eaux écumantes dans des précipices de 300 pieds de profondeur.

<small>Comte véritable.</small>

J'ai surmonté toute ma répugnance avec une fermeté intrépide. Je reprenois des forces à mesure que j'avançois ; & j'ai remercié mille fois la bonne vierge de l'heureuse rencontre d'un seigneur, sans lequel très certainement je laissois là & les Alpes & Milan, & Rome & ma santé.

L'aimable comte Longhi ! c'étoit bien le caractère le plus doux, le plus sociable que j'eusse jamais connu. Aussi m'a-t-il un peu réconcilié avec l'espèce humaine, en rendant à mon humeur cette gaieté qui aime à se répandre. Nous étions inséparables ; toujours raisonnants des beaux arts, qu'il cultivoit avec goût. Je dois à ces conversations d'avoir pu ensuite m'expliquer assez en italien, pour me tirer d'affaire tant bien que mal, durant le sémestre que j'ai passé au-delà des Alpes.

J'ai éventé, dans cette traversée, une petite friponnerie suisse, qui, suivant qu'on me l'a assuré, n'est pas rare dans le pays ; mais qui pourroit le devenir, si mes mémoires étoient lus par tous ceux qui auroient à y passer.

<small>Courtier de chevaux.</small> Mon hôte d'Altorff m'avoit loué, pour quatre louis, payés d'avance, trois chevaux, qui devoient me transporter jusqu'à Côme, avec mon domestique et le guide. Il n'avoit pas plus de qualité pour me les louer, que je n'en aurois eu pour les lui vendre. Ils appartenoient à un muletier de Belinzone logé chez lui, où il attendoit un retour. Arrivé dans sa résidence, ce maître aux rosses, que je croyois un valet, me souhaita un bon voyage, sans s'inquiéter en rien

comment je le ferois. Explication prife, j'ai fu que le fripon d'Altorff avoit prélevé, pour fes droits de courtage, trois louis, fur le total des quatre, et qu'il n'en avoit donné qu'un à mon conducteur, fans lui dire le mot de nos conventions pour Côme.

Tout autre que moi auroit pris cela pour un tour de cabaretier, bon à oublier, ou à raconter pour en rire ; mais j'ai le malheur que toute iniquité m'enflamme la bile, & qu'à fa vue la fureur de faire la police me prend, par une impulfion irréfiftible, tout comme la rage de fe battre prenoit à Dom Quichotte, de redreffante mémoire. J'ai écrit à l'heure même au père gardien des capucins, que je léguois à fon couvent tout le produit de la reftitution à faire, & que je lui donnois plein pouvoir de harceler, en mon nom, fon voifin le *courtier de chevaux*, pour lui faire relacher une partie des droits perçus. L'événement a prouvé que l'idée étoit bonne. Le Révérend, à la fuite de diverfes incurfions fur le brigand, en a arraché une groffe mefure de vin vieux *pro redimendù venâ*, que nos pères ont bu à la fanté du pélerin ; ainfi qu'il me l'a mandé lui-même à l'adreffe que je lui avois donnée.

Il Signor Conte faifoit tout autrement les honneurs de fon équipage. J'avois à Milan, (pendant la quinzaine que j'y fuis refté à vifiter St. Charles,

les églifes & les hôpitaux fuperbes) tous les jours fa voiture à ma porte, pour mon ufage particulier. Souvent il venoit me chercher lui-même pour dîner, ou pour me mener voir les riants jardins des environs.

Un jour il m'a fait voler à fix chevaux, en 50 minutes, dans une de fes terres, nommée *Via alba;* campagne magnifique & délicieufe, diftante de 4 lieues de la ville. Il y avoit fait préparer un repas délicat & friand, auquel on a fervi pour entremêt une forte de beignets, que nous avions trouvés excellens à Altorff. Curieux de favoir comment il avoit pu *tantò preftò* faire réuffir fon cuifinier auffi parfaitement, dans la compofition de ce plat helvétique, je lui ai demandé où il avoit puifé les principes de fa théorie fublime ; & à l'inftant il fit paroître dans la falle la cuifinière de notre auberge d'Altorff. Il avoit fçu la faire fouffler par fes gens au pillard des 3 louis, au moment même que celui-ci exerçoit à mon égard fon œuvre d'hofpitalité, en me louant officieufement pour fon compte les bêtes d'autrui. Cette fille avoit été envoyée en avant par le *Signor* Longhi, qui lui triploit fes gages, pour le plaifir unique de pouvoir plus fouvent goûter de fes *fritture*.

Une autre fois il m'a mené à la Chartreufe ; enfuite à la cour, & dans les meilleures maifons, où lui-même me préfentoit. De-là à l'opéra, dont il me faifoit remettre, lorfqu'il ne pouvoit m'y accompagner, des billets de premières loges, à chaque repréfentation. Enfin ce généreux comte a porté fes attentions jufqu'à m'envoyer, par fon fecrétaire, le jour de mon départ, quelques livres de chocolat, pour me réconforter pendant la route; avec une lettre obligeante par laquelle il m'invitoit à venir paffer l'été fuivant avec lui à fa campagne.

Que les grands font vraiment grands aux yeux des vrais grands, plus encore aux yeux des petits, quand ils daignent quelquefois oublier leur grandeur!

C'eft une réflexion que j'ai eu lieu de faire plus d'une fois à Rome, où mon chétif perfonnage, fi peu confidéré dans ma province, fe voyoit journellement accueilli, avec la plus aimable affabilité, par les princes de l'églife & de l'art.

Je *brûlerai* Parme, Florence & Bologne pour avoir le loifir de faire plus vîte rendre compte à ma mémoire d'un dépôt que ma reconnoiffance lui a confié pour la vie. C'eft le fouvenir toujours préfent des honnêtetés & des faveurs dont m'a comblé S. E. Monfeigneur le Cardinal de Bernis, qui, me protégeant fpécialement, fe plaignoit avec bonté de ce qu'il ne me voyoit pas chez lui plus fouvent. Il m'avoit dit qu'il me prévenoit une fois pour toutes, que, pendant mon féjour à Rome, je devois regarder comme la mienne fa table, toujours garnie de la première nobleffe; & où quelquefois il me faifoit l'honneur, quoique je ne fuffe ni marquis, ni baron, de me placer à fes côtés.

J'avois porté à cette éminence une lettre de recommandation de madame la ducheffe de Villars, dame d'atours de la reine. J'en avois d'autres de perfonnes illuftres, pour les cardinaux Cavalchini, Bofchi, le prélat Garampi, le marquis Autici &c. Tous m'ont accueilli avec une fenfibilité, que je n'ai gueres vu qu'en Italie.

Converfazioni. Prefque tous les jours, après mes courfes de dévotion, j'allois paffer mes foirées chez les cardinaux, ou chez les princes romains, dans ces affemblées connues fous le nom de *converfazioni*. Là fe réuniffent, de toutes les nations, quelques centaines de *cavalieri*, qui prouvent, par le fait, qu'on peut encore s'amufer autrement qu'avec des cartes. On y caufe, on raifonne politique; on prend du chocolat, des paftilles, des confitures; & l'on s'en retourne d'autant plus *allegramente*, que chacun remporte dans fa bourfe tout l'argent qu'il y avoit en venant; à moins qu'en traverfant 7 ou 8 falles immenfes, il ne trouve à débiter quelques *teftoni*, parmi les gens de la *famiglia*,

qui

qui n'auroient pas encore eu lieu de l'effacer sur le cadastre, qu'ils font, des taillables pour la *bona mano*.

Logé *al corso*, je mangeois, aux jours libres, à une table servie à la françoise, chez un Sr. Damon, chevaux-léger du pape, qui demeuroit dans le voisinage. J'y ai fait la connoissance de M. le marquis d'Aouste, qui, en cours de voyages avec madame son épouse, y prenoit également ses repas.

Nous avions de fondation une voiture à frais communs, pour aller voir les cabinets de raretés, les galeries de tableaux, les atteliers des grands artistes, les ruines des monumens de l'antiquitté, les temples les plus éloignés, &c. Pleins de connoissances et de talens, tous deux excelloient dans la musique, le dessin, la poésie..... Madame savoit son Tasse & son Ariosté par cœur; parloit des arts & de leurs chefs-d'œuvres en juge éclairé. Notre liaison s'est si bien cimentée dans l'intervalle de trois mois, que depuis ce temps-là j'ai toujours été en relation avec eux, de même qu'avec Mgr. le cardinal ambassadeur, qui m'honore encore quelquefois de ses lettres.

Au surplus, je vivois à Rome *Romano more*. Je ne jouois pas, sinon aux échecs avec madame la marquise de Puy-monbrun; mais j'allois à tous les théatres d'opéra pour y bâiller; tandis qu'on s'y tuoit à crier *bravo*, & quoique la musique y

F

fût réellement exquife; mais je me délectois dans la Bafilique de St. Pierre, à la bibliothèque du vatican, au belvédère, au coliffée, au panthéon, aux catacombes *al campo vaccino*, &c. Et pourquoi donc aller à l'opéra? pour en juger; pour dire qu'on y a été; pour voir la bonne compagnie, même de la prélature. Eh! qu'aurois-je répondu à notre S. Père le pape, Clément XIV, de précieufe mémoire, lorfqu'il m'a demandé comment j'avois trouvé les fpectacles de Rome? Queftion cependant que Sa Sainteté m'a faite, & dont j'ai conclu, avec quelqu'apparence de raifon, qu'en Italie un chanoine ne fe mettoit pas dans le cas de l'interdit en allant voir fur la fcène une troupe de gens ailleurs excommuniés.

Audience du pape.

C'eft encore à Mgr. le cardinal de Bernis que j'ai l'obligation d'avoir été queftionné par le pape; c'eft à lui feul que je dois le bonheur d'avoir eu une *audience* de 36 minutes du grand Ganganelli, ce *boniffime Père* de l'églife univerfelle. Son Emin. m'avoit fait la grace de m'y mener conjointement avec M. le colonel Villebois. Nous favions l'un & l'autre l'étiquette des révérences & du baifement des pieds; mais le fouverain pontife n'a pas voulu permettre que nous lui rendiffions cet hommage de notre profonde vénération. Il s'eft abaiffé jufqu'à nous relever lui-même & à nous entretenir avec une bonté, qui nous pénétroit d'autant plus, qu'elle partoit vifiblement d'un cœur tendre & bienveillant.

AUDIENCE DU PAPE.

Après m'avoir donné occasion de parler de Versailles & du service des différens aumôniers, des chapelains & des clercs de chapelle, Sa Sainteté m'a remis sur mon voyage d'Italie; &, mêlant naturellement de la gaieté à sa conversation, elle nous dit, à propos des habitans de Bologne, que ces bonnes gens étoient tellement entichés de leur *Madonna di S. Luca*, & du portique qui y mène, qu'ils se persuadoient très sérieusement, qu'on n'avoit rien vu de beau dans le monde, si l'on avoit négligé de voir cette merveille.

Lorsque nous eumes pris congé de S. S. & que nous étions à la porte de son cabinet, sans pouvoir l'ouvrir, elle quitta son bureau, où elle se tenoit debout, pour venir familièrement nous l'ouvrir elle-même. J'ai fait remarquer cette attention à Mgr. le cardinal, qui m'a dit à ce sujet qu'on avoit en effet toute la peine possible à empêcher que ce grand homme n'oubliât par ci par là qu'il est pape.

Le lendemain de l'audience j'ai eu chez moi, suivant l'usage, toute la valetaille du *monte Cavallo*, pour me féliciter, disoit-on, de la faveur.... Je savois ce que cela vouloit dire au fond. A trois paules par figure, deux sequins m'ont débarrassé *sonica* de la députation *dei scopatori*.

Le jour suivant j'ai été mandé par Mgr. le grand *Cameriere*, qui m'a remis, comme un souvenir de la part de sa sainteté, un chapelet de pierres de fardoine, entremêlées de grains d'or, avec une médaille & un anneau du même métal, accompagné d'un indult pour un autel privilégié & pour quinze cents indulgences plénières à diftribuer à mes amis. Ciel! me difois-je, quel eft donc l'homme qui a 1500 amis ici bas? quelle idée S. S. avoit-elle de mon mérite? Si mes ennemis en euffent voulu, j'aurois pu peut-être depuis quelques années appliquer à propos toutes ces graces du tréfor de l'églife; mais la plupart ne connoiffent pas même le mot d'*indulgence*; & graces au petit nombre de mes amis, il me refte encore une provifion honnête des bienfaits du faint père.

Voyage d'Italie. Enfin je fuis parti de Rome pour aller à Lorette. En paffant par l'Apennin, mon poftillon, originaire de Padoue, manqua de me jeter dans un gouffre de cent toifes de profondeur. Une des roues de la chaife avoit déjà paffé les bords du précipice. Deux des chevaux étoient à terre. Il n'y en avoit plus qu'un qui retint la voiture en équilibre.

Dans un pareil danger un poftillon françois feroit fauté à la bride des chevaux, pour les relever; mon italien, au contraire, quitta tout, pour fe mettre à genoux au beau milieu du chemin, & pour crier de toutes fes forces : ah! *Sant Antonio di Padoua*.... A la vue de cette tentative, j'ai fait ce qu'auroit, je crois, fait tout autre à ma place. Plein de confiance dans le secours du ciel, je n'ai pas cru devoir laisser la providence agir toute seule. J'ai pris le fouet du padouan; & à grands coups redoublés, je suis parvenu, avec mon domestique, à retirer la chaise; mais je n'ai pu, avec le même succès, dissiper la frayeur de mon dévot conducteur. A peine vouloit-il se lever pour reprendre les guides.

J'ai remercié Dieu du fond de l'ame tout le long de la route, & j'ai réitéré mes actions de graces à *Lorette* par une messe, célébrée dans la sainte chapelle, à cette intention. Je ne m'étois pas attendu que ma qualité d'aumônier dût m'y procurer quelqu'avantage. Je lui devois cependant celui d'avoir pu dire la musse dans la *santissima casa*, dès le lendemain de mon arrivée, par un privilège accordé aux officiers des maisons de Bourbon & d'Autriche; tandis que tout le clergé du second ordre étoit dans la nécessité de s'arrêter souvent toute la semaine à attendre chacun son tour, suivant l'ordre de son enregistrement; tant la foule des prêtres pélerins abonde dans cette chapelle miraculeuse.

Après quelques jours donnés à la ferveur que le lieu inspire, je me suis associé avec un prélat, qui vouloit, ainsi que moi, se rendre à Venise. Nous avons délibéré long-temps, pour savoir si nous prendrions par la route de terre ou par celle de

Lorette.

mer. Nous touchions aux derniers jours du carnaval, & curieux d'arriver pour voir les masques, nous avons préféré de nous embarquer, parce qu'on nous avoit assurés, qu'à l'aide d'un bon vent, nous pourrions faire le trajet en moins de 3 jours.

Compter sur le vent ; s'appuyer sur l'eau ; c'est se fier à l'inconstance, se reposer sur la trahison.

Que tous ceux qui partent d'Ancone pour aller à Venise, ayent à prendre leur route par la Savoye, (si tous les autres chemins plus courts étoient bouchés) plutôt que de s'abandonner à la mer adriatique ! c'est un conseil que je leur donne. Les furieux vents du golphe nous ont tant balottés, qu'ils nous ont jetés moitié morts, vers la veille des rameaux, là, où nous comptions bien gaillards, célébrer les vigiles du carême.

Dalmatie. Nous n'avions de provisions que pour quatre jours ; & dès la première huitaine, sans ressources, nous fûmes portés au-delà de deux cent milles plus loin de notre but, que si nous fussions restés à Ancone. Mourants de faim & de froid, nous avons gagné la Dalmatie, pour ne pas rendre l'ame. Encore nous y fermoit-on partout les portes ; voulant, qu'avant de pouvoir communiquer avec qui que ce fût, nous fissions quarantaine. J'y ai passé une journée entière à ne vivre que de pistaches, que je ramassois au pied de l'arbre, où j'étois couché. Nos matelots n'ont obtenu quelque secours, à force de crier, qu'en posant leur argent sur une pierre au milieu d'un pré, où l'on étoit venu le prendre pour l'échanger contre du mauvais pain. On nous fuyoit comme des pestiférés, & nous n'étions qu'affamés. J'étois cependant moins à plaindre qu'un autre. Une excellente mandoline que j'avois achetée à Rome me ménageoit, dans cette extrémité, des ressources, que mes ducats ne pouvoient me procurer. Dès que, pour dissiper un peu mon inquiétude, je me mettois à en jouer, on ne manquoit guère de faire cercle autour de moi : & si l'un ou l'autre de la compagnie avoit encore quelques reliques de fromage ou de cervelas, qu'il conservoit en cachette, il venoit aussitôt m'en faire part, en signe de sa satisfaction & de sa reconnoissance. Heureuse musique ! non seulement tu fais vivre grassement les chantres sacrés, sur terre ; tu les empêches encore de mourir de faim sur mer !

Enfin, après avoir passé misérablement 3 ou 4 jours en Esclavonie, 2 en Dalmatie, autant en Croatie, une huitaine en Istrie, à Parenzo, à Umego, une dixaine en pleine mer, toujours repoussés par la tramontane ; il ne nous manquoit plus que de faire naufrage, pour nous achever, & nous y touchions. Un coup de vent horrible est venu nuitamment briser le grand mat. Les flots foulevés entroient, par le pont, dans la barque, qui déjà en étoit moitié pleine, lorfque je n'entendois de tous côtés que lamentations & cris perçans à *S. Antonio di Padoua*. Là j'ai cru, de la meilleure foi du monde, que j'étois à ma dernière heure. J'ai fait des vœux à Notre Dame, à St. Marc, à Ste. Odile; & priant Dieu, fous le pont, d'où je ne pouvois m'échapper, je tenois ma main dans l'eau, pour juger, par les degrés de fon accroiffement, du temps qui me reftoit encore à vivre, & afin de redoubler dans les mêmes proportions mes actes de contrition. Le bruit terrible qu'avoit fait la rupture & la chûte du mât, m'avoit perfuadé que le vaiffeau étoit fendu & qu'il prenoit eau par fes crévaffes. Il n'en étoit rien cependant; & la crue ne provenoit que des vagues, dont la force de l'ouvragan nous couvroit & nous inondoit. En un mot, je me croyois fur les frontières de l'autre monde; & au bout de quelques heures de travail, le vent s'étant radouci, nos patrons nous ont mis fur les frontières de Venife.

Dès que je me vis fur la place de St. Marc, quoi qu'en dife le proverbe, je n'eus rien de plus preffé que d'aller m'acquitter d'une partie de mon vœu. Je fus à l'inftant me rendre à la métropole, ou, fi on l'aime mieux, à la patriarchale, pour y dire la meffe, pendant que les commis de la douane & les sbirres fouilloient encore & pilloient légalement mon équipage, dixmé déjà par quelques compagnons fcélérats, qui, pendant que, dans le trouble, nous étions à invoquer les Saints, avoient eu la précaution de vuider nos facs de nuit, pour emporter nos effets, comme ils le firent, auffitôt que nous fûmes au port.

Durant la quinzaine que j'ai mife à parcourir cette ville *hydrophile*, j'ai eu occafion d'obferver mille chofes fingulières, que je pafferai fous filence, pour, en avançant dans ma befogne, ménager la patience de mes lecteurs.

Venife. Schiaffo al Mufo.

Qu'il me foit permis néanmoins de dire un mot de la furprife que j'ai éprouvée, à la vue de vingt bateleurs, établis fur la place, qui tous mettent fin à leurs jeux & au débit de leurs drogues, du moment qu'ils entendent certaine clochette d'un Jacobin, ou de quelqu'autre moine, prêt à monter fur un théatre pour y débiter des fentences bien différentes des leurs.

Eux-mêmes viennent à ces exhortations, & s'y tiennent à l'affut de quelque proie fufceptible de diftractions. Là ils effayent, à la dérobée, de ces tours de gibecière dont, par état, ils amufent publiquement les paffans. Je me trouvois à côté d'un de ces efcamoteurs, vers la fin de la peroraifon du Dominiquain qui, pour mieux émouvoir fes auditeurs, venoit de dévoiler un grand crucifix, qu'il avoit tenu jufque-là couvert derrière lui ; & tout le peuple auffitôt de fe profterner, de fangloter, de fe frapper la poitrine à grands coups de poings renforcés.... Je me mis à genoux tout comme mon voifin le *grec*, qui, coutumier du fait, n'avoit attendu que ce moment pour faire des fiennes. Je le vis fouiller dans ma redingotte à l'apogée de la componction générale. Je ne fis rien qui put le déconcerter. Je voulois voir jufqu'à quel point le fermon l'avoit touché, & quel alloit être le fruit de fes œuvres. Mais lorfque je m'apperçus, qu'après avoir effuyé fes larmes perfides, il vouloit loger dans fa poche le mouchoir qu'il venoit de déloger de la mienne, je ne pus m'empêcher, dans un premier mouvement de zèle, de lui appliquer un *fchiaffo al mufo*, applaudi univerfellement par tous ceux qui nous entouroient, & fur-tout par le prédicateur, qui, n'étant qu'à deux pas, avoit vu toute fa manœuvre.

Après avoir fait les vifites d'ufage au *féréniffime* doge, au *révérendiffime* patriarche, & à l'*excellentiffime* envoyé de France, j'ai quitté une ville où l'on ne vouloit plus de mon argent, qui n'étoit pas au coing de la *Barba di S. Marco*. J'étais au bout de mes fequins; & Venife eft la feule ville, que j'aye vue dans toutes mes courfes, où l'argent de France n'étoit pas reçu, du moins chez les marchands.

Je venois d'acheter une *Madonne*, original de Lazarini. Pour la payer, il a fallu recourir aux expédiens. J'obferverai en paffant, à propos des superlatifs, très prodigués dans le pays, qu'ayant demandé au marchand d'où il tenoit ce tableau, il me dit qu'il l'avoit acheté d'un grand *signor*; & fur ce que j'infiftois pour favoir fi c'étoit d'un fénateur, il me répondit que non; que ce *signor* n'étoit pas *Cavaliere mà folamente un illuftriffimo*; de queftion en queftion, j'ai fu que ce très illuftre perfonnage, forcé de vendre fa bonne vierge pour acquitter le loyer de fon *hôtel*, étoit, de fon métier, procureur à quelque fiége de *Podefta* : & dès-lors je n'ai plus été fi flatté de m'entendre qualifier d'*excellenza*. Enfin mon expédient pour avoir de la monnoye à la barbe de St. Marc, comme ils l'appelloient, c'étoit d'aller vendre mes efpèces chez l'orfèvre, pour n'y perdre que la façon : & preuve qu'il n'en tiroit lui-même aucun parti dans le commerce, c'eft qu'en ma préfence, il les mettoit au creufet pour les fondre, & m'en donnoit le prix du poids, fuivant leur titre.

Telle eft la hauteur de ces *nobiliffimes* républiquains, de ne vouloir rien de commun avec les autres états ; pas même avec leurs voifins.

J'ai pris, pour purger leur glorieufe ville de ma chétive excellence, mon chemin par la Brenta, dont les rives font embellies par des jardins élégants & faftueux, fur-tout en belle architecture de Palladio.

A Padoue, j'ai rendu mon hommage *al Santo*.

C'est ainsi qu'y est nommé par excellence le grand St. Antoine. J'ai vu la vaste salle voûtée, unique dans son genre. J'ai visité celles de la fameuse université, où j'ai consulté le savant docteur Morgagni, après avoir assisté à une de ses leçons. Finalement j'ai pris par Vérone, Trente, Inspruk & Augsbourg, pour m'en revenir porter à mon église, comme une marque de mon attention, une indulgence plénière, dont elle n'a pas voulu; M. le doyen, qui la dirigeoit en chef, s'étant trouvé très offensé de ce que j'avois paru vouloir empiéter sur ses droits. Il étoit en possession de faire venir pour le chapitre, de même que pour tout le diocèse, en sa qualité de banquier expéditionnaire en cour de Rome, toutes espèces de bulles *possibles*, & notamment celles-ci. Cette qualité lui donnoit également le commerce du change. Il regardoit mon entreprise comme un fait de contrebande, qui, tolérée ouvertement, auroit pu tirer à conséquence, au préjudice de son *négoce* exclusif. Première mortification qu'il a bien voulu me donner, depuis que j'avois trouvé mauvais, qu'il m'ait privé, durant 14 mois, du droit d'assistance au chapitre, en retour de ma docilité à ses remontrances.

<small>Refus des préfences.</small> La seconde n'a pas tardé à suivre. J'avois obtenu de N. S. P. un indult, qui m'accordoit toutes les *préfences* de mon bénéfice, échus pendant les six mois de mon pélérinage; eu égard à ce

que je ne l'avois accompli que par ordonnance de médecins. Il ne falloit, pour faire exécuter cette conceffion, que le confentement du prince évêque, Mgr. le cardinal de Rohan. S. A. E. me l'avoit donné, à la fimple condition que mon chapitre (c'eft-à-dire M. le doyen, illuminé par fon collégue) n'y feroit pas contraire. J'avois donc pour moi le pape, l'évêque, les trois quarts de mes confrères, les faints canons, & l'ufage conftant de mon chapitre, qui jamais n'avoit pointé ceux qui vaquoient au rétabliffement de leur fanté, foit chez eux, foit aux eaux, foit ailleurs; mais je n'avois pas les fuffrages efficaces de MM. les dignitaires; & la fainte *maffe* de mon églife a confifqué cette partie de mes fruits à fon facré profit. J'ai eu beau repréfenter ; M^e. Jacques Lantz a tenu ferme ; & je n'en ai pas eu le fou. Correfpondant de Rome, vice-gérent de l'évêque, doyen du chapitre, interprète des canons, arbitre des ufages, & ne faifant qu'un avec le prévôt, il étoit tout à lui feul ; or, lui feul me manquoit ; *ergò*, &c.... L'unique bien qui ait réfulté de mes inftances, c'eft que la corniche de nos ftalles en a été décorée, à ma demande, de médaillons, de vafes, de génies & de guirlandes, &c. dont le chapitre m'a donné la direction ; ayant remarqué que j'avois monté mon goût à ces fortes d'embelliffemens dans ma courfe tranfalpine. V. N°. 23. copie du placet que je lui avois préfenté N°. 23. à cette fin.

St. Pierre qui jure. Il se trouvoit déjà sur cette corniche de bois un *S. Pierre* aux liens fait en stuc. Je l'ai conservé, parce qu'occupant le centre, il y contribuoit à l'ornement: mais afin qu'il fasse corps avec la décoration nouvelle; qu'il paroisse être de même matière que tout l'ensemble; & afin principalement qu'il ne soit point dit que dans un chapitre de 15 chanoines (la plûpart docteurs gradués) il ne s'en étoit pas trouvé qui fussent assez instruits des premiers élémens d'architecture pour savoir qu'on ne plaçoit point une figure de pierre ou de marbre sur une base de chêne ou de sapin, j'ai fait donner à notre St. Pierre le même vernis couleur de bois, qui couvroit toute la sculpture & les lambris. C'étoit de ma part, disoit M. le Prévôt, une entreprise *despectueuse*; & pour me punir d'avoir outrepassé les bornes de ma commission, il me fit enjoindre de restituer au saint son ancienne couleur de pierre. Elle lui a été rendue, & il l'a conservée jusqu'au moment actuel, quoiqu'en dise le bon goût, pour l'honneur du quel je crois devoir faire ici mes excuses publiques aux lecteurs qui connoissent notre église. Ils ne seront plus surpris de ce contraste *qui jure*, quand ils sauront qu'il est dû à une vieille rencune de la part d'un chef, qui ne trouve rien au-dessous de lui, pourvu qu'il puisse me donner des preuves de son aversion.

S. PAUL QUI TRIOMPHE. 95

J'ai voulu vers le même temps mettre dans notre églife la prédication de St. Paul (original de l'école italienne, de dix à douze pieds de proportion) à la place d'un mauvais barbouillage de quelque faifeur d'*Ex voto* de l'école oftrogote; mais c'étoit encore s'y prendre mal pour plaire à M. le Prévôt, fi peu amateur de peintures, qu'il vend chez lui en détail & *à vil prix*, au nez du promoteur, tout un régiment, qu'un colonel généreux y avoit laiffé. Il a fait l'impoffible pour traverfer ma bonne œuvre. Si fa haine l'empêchoit d'ordinaire d'approuver que le chapitre me donnât ce qu'il me devoit, fa jaloufie s'oppofoit également à ce que je donnaffe (en imitant fa munificence) au chapitre ce que je ne lui devois pas. Feu M. fon frère le cuftode, la bonté & la vertu même, à qui, après M. le Doyen, j'avois demandé la permiffion de placer mon tableau, m'avoit dit avec cette bonne foi fi digne de fa candeur: „Je vous en prie, mon „cher, n'en faites rien! mon frère ne le veut „pas — Eh! de quoi fe mêle M. votre frère? „N'eft-ce pas affez que j'aie rendu à fon faint „Pierre fa couleur de plâtre, en dépit du goût; „faut-il encore qu'il me chicanne fur mon St. „Paul mis dans le vrai coftume? Il n'en fera „pas le *maître* cette fois-ci: je demandrai per„miffion au chapitre; je l'aurai de fon équité…. „*& je l'ai eue.*"

St. Paul qui triomphe.

à 4 liv. la pièce.

C'est pour prendre sa revanche, sans doute, que tout récemment M. le prévôt, qui n'oublie rien, ou qui ne pardonne guère, vient de faire placer un St. Pierre à la façade de nos greniers, sans consulter personne, afin de me prouver de plus en plus qu'il était le *maître* malgré moi. Et pour me narguer en plein, il a couvert le saint de cette robe rouge, qu'il avoit retirée de notre marché de Colmar, au refus du *castor* : car comment sans cela, auroit-il voulu donner au chef du collège apostolique un habit d'écarlate; tandis que, depuis qu'il existe des peintres d'histoire sainte, le *jaune* n'a pas plus discontinué d'être à St. Pierre, que le *rouge* n'a cessé d'être à St. Paul ?

<small>Scribe au collet.</small> Peu après messieurs mes chefs ont trouvé une occasion des plus favorables à leurs vues, qui toujours étoient de m'humilier, ou de me contrarier; pour m'apprendre sans doute à n'avoir plus de sentiment propre, & pour me forcer à être constamment du leur, à l'instar de mes autres confrères, tous plus anciens que moi. Il me sembloit cependant qu'un homme raisonnable, ayant ses 40 ans bien révolus, pouvoit avoir un avis à lui. L'idée d'adopter de règle celui d'un autre, & de me rendre cette pratique assez familière pour ne m'en écarter jamais, ainsi qu'on le prétendoit, ne vouloit absolument pas se placer dans mon cerveau. Le ciel m'a, pour mon malheur, doué d'une ame trop ardente pour l'honneur; pour tous

tous ces fentimens qui peuvent ennoblir notre exiftence, & fur-tout pour la dignité du faint miniftère qui m'a été conféré. Delà vient que trop fenfible peut-être à toute injure; plus encore par le mépris, qui pourroit en rejaillir fur mon état, que par l'affront qui ne déprimeroit que ma perfonne, je me croirai toujours dans la néceffité d'exiger réparation d'une infulte faite en public.

Si l'Homme-Dieu nous a appris, par fa doctrine & par fon exemple, à tout fupporter avec patience, il nous a recommandé également de défendre notre réputation & notre honneur contre toutes entreprifes, qui y porteroient atteinte. Préférez l'eftime publique à tous les tréfors de l'univers, dit Le Sage. Auffi St. Paul, fe voyant maltraité, a-t-il maudit le fouverain pontife, que par dérifion il appeloit crûment: *Paries dealbata*, muraille recrépie.

Nous ne fommes plus dans ces fiècles, où, pour de vils intérêts, les évêques ordonnoient juridiquement le duel entre eccléfiaftiques & laïcs; où les papes confirmoient cet affreux droit par des bulles qui révolteroient de nos jours: toutefois, pour avoir ceffé de rompre des lances, nous n'avons pas renoncé au fentiment de l'honneur; & l'Eccléfiafte ne veut point que, lorfqu'il s'agit de le foutenir, nous foyions des lâches. , dit-il expreffément.

G

Mais je me perds dans les réflexions. Allons au fait, quelqu'humiliant qu'il foit de le manifefter. Il ne faut rien cacher de tout ce qui de loin a préparé les efprits à ma perfécution préfente.

J'avois intérêt à faire recevoir une déclaration de mon domeftique par une perfonne qui eut qualité à cet effet. Celle à qui je l'ai adreffé, répugnoit à en charger fes minutes, parce qu'une de fes pratiques s'y trouvoit compromife. Elle ne pouvoit pas néanmoins me refufer décemment fon miniftère public, pour une demande auffi fimple. Dans cette pofition, au lieu de remplir fon devoir, ou de chercher une défaite honnête, elle garda chez elle mon domeftique pendant deux heures, au bout defquelles elle le renvoie, avec commiffion de me dire que l'affaire étoit faite. Je rencontre trois jours après le tabellion dans la rue; il me confirme dans ma perfuafion, que l'acte avoit été reçu : il prend même de ma main 24 fous pour les témoins, n'ayant rien exigé pour fes peines, par des égards qu'il me devoit. J'envoie plufieurs fois chez lui pour en avoir l'expédition. C'étoient toujours mille raifons qui l'avoient empêché de la faire. Enfin j'y vais moi-même, accompagné du valet qui devoit avoir figné l'acte. Celui-ci lui rappelle toutes les circonftances & du lieu & du temps; & où, & comment les chofes s'étoient paffées entr'eux. Voyant pour-lors que le garde-notes balbutioit, je lui ai dit avec la plus grande

douceur : Mais favez-vous, mon cher, que
„ vous me faites là du tort, & que ce petit jeu
„ pourroit devenir férieux pour moi... Et à
l'inftant mon homme s'oublie au point de me
porter la main *au collet* fans dire mot. Que prétendoit-il ? je n'en fais rien. J'avoue que pour
cette fois la ftupeur m'avoit coupé la parole à
mon tour. Je devois d'autant moins m'attendre
à pareil gefte de la part de cet officier public, que
j'étois à cent lieues de la moindre agitation ; &
que d'ailleurs, n'ayant de reproche à me faire
que de m'être familiarifé un peu trop avec lui ;
duffé-je avoir été animé, je n'aurois jamais cru
poffible qu'un miniftre des autels pût être gratuitement outragé, avec une femblable effronterie,
en préfence de la foule de clercs & de payfans qu'il
y avoit là pour-lors, à moins que l'affaillant ne
fut fou.

Je fuis plus que perfuadé qu'il eft plus d'un
faint prêtre en paradis, qui, ne fut-ce que pour
le manque du refpect du au caractère, auroit faifi
l'infolent aggreffeur & l'auroit livré au juge,
pour le faire punir & interdire à jamais comme un
objet de fcandale bon à éliminer. Eh bien ! moi
qui ne fuis pas encore faint, je ne l'ai pas fait.

Remis un peu de mon faififfement, & confus,
comme on peut le croire, j'ai pris feulement les
clercs à témoin, & de la voie de fait exercée par
leur chef, & de ma retenue dans cet excès de

ravalement ; afin que la calomnie ne pût, suivant sa méthode chérie, finir par inculper la victime. J'ai pris la porte, & j'ai été sur le champ, rendre compte à mon évêque & à mon doyen, de l'injure atroce faite à mon état. Le premier, véritablement touché, m'a fait entendre qu'il s'intéresseroit à la faire réparer ; le second au contraire, bien différemment affecté, en a souri. Il m'a donné une réponse vague ou ambigue, & s'en est amusé avec son collégue, protecteur affectionné du proto-*scribe*, qui vraisemblablement n'en avoit agi de la sorte à mon égard, que pour faire la cour à son Mécène, d'une manière singulière à la vérité, mais qu'il savoit lui être agréable.

Voyant cependant que les dignitaires de mon église alloient tirer avantage de ma modération chrétienne ; que déjà leurs suppôts débitoient, que sans doute je m'étois exposé à être ainsi assailli ; ayant aussi sçu de bonne part que mon vieil antagoniste rassuroit son protégé & l'empêchoit de me faire des excuses quelconques ; il a bien fallu de force recourir aux conseils, implorer la justice, pour sauver du moins les apparences. De retour de Colmar, où M. le premier président & M. le procureur général du conseil avoient envisagé l'affaire tout autrement, que M. le prévôt & M. le doyen de mon chapitre n'avoient fait, j'ai présenté ma plainte à M. l'ammeistre régent ; j'ai fait sommer le publicain de délivrer copie de la déclaration ; j'ai fait arrêter deux témoins forains, pour qu'ils eussent à déposer, avant de quitter la ville, &c. Enfin ce n'a été qu'à la dernière extrémité, que le délinquant est venu me faire chez moi des excuses. A sa vue, je lui ai sauté au cou ; je l'ai embrassé dix fois, en l'arrosant de mes larmes, & en l'assurant du fond de l'ame, que je n'avois pas l'ombre de ressentiment personnel contre lui ; mais qu'il étoit de toute nécessité, pour l'honneur de ma robe, que ses excuses me fussent réitérées dans son étude, en présence de ses clercs, de mon domestique & de quelques témoins ; ce qui a eu lieu le lendemain, au grand regret de mes ennemis & de tous leurs ayans cause.

On sentira par la suite, sans que j'en prévienne, combien cette anecdote mésédifiante a de rapport à ma cause actuelle.

En attendant je continuerai à me rappeler les faits principaux qui ont suivi cette fatale époque. On y verra constamment une bonne ame, malheureuse par son excessive confiance. Jugeant toujours des autres d'après ce que j'éprouvois en moi, je n'ai jamais pu me résoudre à présumer de la méchanceté, à supposer de la duplicité & de la fourberie dans mon prochain, que mon cœur n'auroit voulu qu'aimer, malgré que tout ce que je voyois journellement ne pût me porter qu'à le haïr.

Voyage à Paris.

Plusieurs raisons m'engageoient à aller pour quelques mois à *Paris*. Je recevois beaucoup d'invitations de la part de mes anciennes connoissances. Ma santé me sollicitoit derechef à quelqu'exercice salutaire. Le sort de trois galériens, dont la grace dépendoit des fermiers généraux, excitoit ma sensibilité. J'avois de plus un motif d'intérêt pécuniaire pour retourner dans cette dangereuse cité. Outre qu'il m'étoit dû au trésor royal quelques émoluments de ma charge, mon porte-feuille étoit rempli de vieux billets d'honneur, de lettres & de promesses de dix, de quinze, & de vingt louis, que j'avois *prétaillé*, dans le principe de ma bonhomie, à tous ces emprunteurs de sociétés, dont la capitale regorge. Ce n'étoit jamais que pour peu de temps que ces amis de ma bourse me demandoient à y fouiller. Vingt raisons persuasives étoient toujours sur leurs lèvres pour faire couler mes louis dans leurs mains. Je ne savois pas refuser : on me connoissoit sur ce pied-là, & on en abusoit, comme cela devoit être, eu égard à la pente favorite du cœur humain. Qui prête ainsi avec espérance de ravoir une obole de son fonds, reviendra sûrement de son erreur, quand il aura été éclairé, comme moi, par dix années d'expérience. En un mot, je voulois à Paris faire récolte des meilleures au moins de ces créances gratuites. Le même motif m'a décidé par la suite pour trois ou quatre voyages semblables; & je puis protester avec vérité que, loin d'avoir jamais obtenu, d'aucun de mes débiteurs, le moindre petit à compte, j'ai au contraire, dans les premières de ces courses, eu encore l'imbécilité d'augmenter leur nombre, en reprêtant à de nouveaux venus; croyant toujours que ces derniers seroient plus honnêtes que leurs dévanciers.

Il me semble entendre ici mon lecteur malévole s'écrier : „ il faut en vérité que cet abbé ait „ vu bien mauvaise compagnie, pour n'avoir „ eu à faire qu'à un tas de gueux ou d'avantu„ turiers, dont aucun ne rend ce qu'on lui a „ prêté sans intérêt, & uniquement en vue de „ l'obliger! "

Doucement... C'étoient les coriphées du bon ton; des grands vicaires, des chanoines de cathédrales; des comtes, des colonels; des conseillers du roi, & même des dames du haut parage. Je suis fâché pour les gens du bel air, d'être dans le cas de révéler cette turpitude en Allemagne, à la honte de ma nation : mais attendu que ce n'est plus là absolument un secret dans le monde; que, du petit au grand, l'usage en est assez commun; & que je commence à me guérir de l'espoir de tirer jamais le sou de personne, il doit m'être permis au-moins, pour mon argent, d'élever ma voix, dans mes vieux jours, pour l'instruction de la jeunesse trop confiante.

Il faut malheureusement dans notre siècle éclairé, s'accoutumer de bonne heure à croire possible des choses, dont l'idée ne pourra que bien difficilement être saisie par des adolescents qui auroient encore de la bonne foi & de la candeur.

Y a-t-il par exemple, une dette plus sacrée qu'un loyer de maison ? Il semble qu'en quittant, le locataire raisonnable devroit avant toutes choses payer son hôte, & encore le remercier ; mais je me suis vu à même d'éprouver également comment d'ordinaire cette partie se soldoit ; ainsi que j'aurai occasion de le dire ailleurs. J'ai eu des ducs, des princes, des généraux, des grands de toutes espèces logés & couchés chez moi ; & je trouve encore, couchés sur mon journal, un beau nombre de ces *messires*, qui m'ont embrassé en partant ; mais qui ont totalement oublié de m'envoyer ce qu'ils me devoient aux termes de nos conventions. J'étois leur *cher abbé* ; je suis devenu leur odieux créancier, & ils mourront, suivant toutes apparences, mes ingrats débiteurs. Leur répéter des 25, des 30 louis effacés dans leur mémoire, c'est ne savoir pas vivre ; produire leur signature, c'est les offenser ; insister pour le payement, c'est les indigner ; c'est s'afficher pour un rustre ; c'est vouloir se perdre & passer pour un arabe, sans avancer d'un pas vers la mine qu'on cherche. Or, de ma vie je n'ai été tigre, mais souvent dindon.

S'il fe trouvoit quelqu'incrédule qui voulut chanceler dans la foi qu'il doit aux révélations de *Lavater*; je me ferois fort de le convertir par le fimple récit des miracles que j'ai vu s'opérer fur les indications données par les traits de ma phifionomie N.° 1. Ou le commerce de ce bas monde n'eft qu'un brigandage univerfel, ou les experts, en mines autant qu'en filouterie, ont diftingué dans ma figure, des linéamens plus remarquables, que dans celle d'un autre, pour leur indiquer leur dupe de préférence dans ma perfonne. Piqué de l'être fans ceffe, je faifois fur moi de vains efforts pour devenir méfiant : & toujours je redonnois dans les panneaux comme un fot.

N.° 1.

Que feroit-on en hyver à Paris, ou il eft nuit clofe à 4. heures, fi, n'allant pas aux fpectacles, on ne pouvoit s'amufer à une petite partie de piquet, de reverfi, de brelan, fuivant l'ufage des fociétés que l'on voit ? On n'eft pas toujours aux églifes, au bréviaire, à fes affaires : il faut un peu de délaffement. Dès mon enfance mes parents m'avoient familiarifé avec les cartes. Deux ou trois fois par femaine on faifoit des parties chez eux. C'étoit les différents préteurs & leurs familles, les baronnes de Gail & de Neuenftein, des militaires retirés, des chanoines de S. Léonard &c. qui venoient y paffer leurs foirées. Quand il n'y avoit pas d'affemblée à la maifon, nous faifions, ma fœur & moi, un *tri* avec notre vieux père,

& jamais nous ne le trichions. S'il perdoit, il payoit comptant, & s'il gagnoit nous étions quittes. Le goût du jeu m'en eſt reſté; s'entend des jeux de commerce; car j'oſe aſſurer avec la ſincérité, qui doit préſider à une bonne *conféſſion*, que, déteſtant le gros jeu, & ſurtout celui de pur hazard (que j'ai toujours évité) je n'ai outrepaſſé quelquefois les bornes du *décorum* canonique, que par pure complaiſance. Si la paſſion s'y joignoit, ce n'étoit que quand la ſenſibilité à une perte criminelle venoit à criſper les organes de ma frêle judiciaire.

<small>Baronne de mon pays.</small> En voici une preuve : je me trouvois un ſoir chez la comteſſe de S..... au fauxbourg Saint-Germain, ennuyé d'un triſte cavagnole que je faiſois avec une demi-douzaine de douairières & un marquis de la vieille cour, qui ne jouoit que d'une dent, n'ayant plus que celle-là. Arrive une *baronne de mon pays*, que je n'avois jamais vue, quoique mon pays ne fût pas grand. De toute ſa famille, de religion luthérienne, je ne connoiſſois que le nom. Elle me lorgne d'abord du coin de l'œil; puis m'examine de plus près; apperçoit ces ſignes caractériſtiques, ſi bien dépeint par notre célèbre Suiſſe; raiſonne enſuite & me juge propre à remplir certain perſonnage, dont *in petto* elle me deſtinoit le rôle.

Invitation en conſéquence pour dîner chez elle lendemain. Refus de ma part. Inſtances de la fienne, fondées fur fa qualité de *payfe*, qui devoit lui donner quelque préférence.... Excufes réïtérées de la mienne: prétextes d'engagemens prétendus pris, pour pouvoir refufer plus honnêtement, &c.

Je n'étois rien moins qu'empreffé à faire de nouvelles connoiffances. J'avois peine à fuffire pour cultiver les anciennes. Je n'étois pas plus ardent à courir après un dîner. J'avois dans la nobleffe & dans la finance, vingt tables excellentes où toujours je trouvois mon couvert mis, & où fouvent dix places reftoient vacantes. En un mot; fans raifons, fi l'on vent, je ne me fouciois pas d'aller chez la baronne. Ce n'étoit pas là fon compte. Elle vouloit m'avoir. Un chanoine à équipage; feigneur fuzerain de rouleaux d'or, bons à prendre; aimant à faire obligeamment une partie, comme on le lui avoit dit; étoit précifément le gibier qu'il lui falloit, fi la charité permet de le fuppofer ainfi.

Elle s'informa de ma demeure. Elle m'envoye des meffages. Elle feint de vouloir me donner des commiffions pour Strasbourg. Je réfifte à tout; fans cependant pénétrer plus loin dans fes vues, fi vues elle avoit. Enfin, un beau jour, arrive, en vis-à-vis élégant, un chevalier d'induftrie, portant un grand nom, fuivi de trois laquais de livrée. Il me propofe de fouper chez ma payfe, qui l'avoit chargé de me venir prendre; parce que, disoit-il, elle avoit les choses les plus intéressantes à me communiquer. Je n'ai pu, je m'en accuse, me défendre plus long-temps. J'ai donné dans le piége (s'il est permis de croire que c'en étoit là un) & je m'en suis repenti, avec un ferme propos de n'y plus retomber.

Monté chez la baronne à un premier, meublé en damas cramoisi & baguettes d'or, après les préliminaires d'étiquette, je me suis placé près d'elle pour recevoir ses confidences si importantes. Elles étoient que la belle auroit voulu me charger du volume de sa personne pour le transporter en Alsace dans ma voiture, *à frais communs* : c'est-à-dire, à mon compte ; cela s'entend de reste, dès que la communauté devoit exister entre une femme sans façons & un chanoine de l'église latine.

A cette proposition, alarmé pour ma vertu, je ne savois trop que répondre, sans manquer aux bienséances. Je lui dis cependant que dans ma religion les ministres du culte public faisoient vœu de chasteté ; & que je ne pourrois, sans donner matière à la critique, m'exposer à voyager tête-à-tête avec une aimable dame comme elle ; qu'ainsi je la priois de vouloir bien m'excuser si... Elle fut bien vîte se consoler de mon refus dans une partie de brelan, qu'elle me fit accepter, en tiers, avec le chevalier au beau nom. Je ne voulois jouer qu'aux quinze livres de cave. Ce n'étoit pas fon jeu. Elle n'eut pas pas moins l'attention de s'y borner, par la déférence due à ma modération conforme à l'efprit de mon état.

La première partie fe paffa affez doucement, mais la feconde fut orageufe au point, que de trente brelans qui m'y vinrent, aucun ne pût porter. Toujours je rencontrois le jeu fupérieur qui m'enlevoit mon tout. C'étoit comme un fortilége. Je voyois, à la vérité, que le chevalier travailloit, fans relache, dans les deux jeux de cartes, qui auroient du repofer, pendant que le troifième nous fervoit; mais j'étois fi éloigné de tout foupçon, que je n'y démêlois pas de malice. Ils jouoient d'ailleurs fi noblement, la dame & lui, qu'ils fe tenoient de l'un à l'autre des 15. & 20. louis avec rien. Peut-être ne s'étoient-ils cavés de fi fortes fommes que pour m'exciter à l'émulation; pour me piquer d'honneur, ou, comme on dit en termes techniques, pour *me mettre en train*. Il étoit poffible qu'ils fuffent de moitié & qu'ils euffent joué à deux contre un, avec l'avantage du mélange & de la coupe; mais tout cela peut-on le fuppofer en confcience? n'étoit-ce pas avec des chrétiens que je faifois une partie honnête? un chanoine *chambré* par une baronne & par un chevalier, feroit-il donc dans un tripot? A Dieu ne plaife, que j'euffe de ces mauvaifes penfées! Ce que je fais, c'eft que j'ai été fi malheureux ce soir là; & ma tête étoit restée si neutre dans tout ce que je faisois, qu'avec brelan de rois, trouvant brelan d'as, j'oùvrois de gros yeux & n'y voyois goutte; que j'ai passé cependant deux fois (& bien m'en a valu) sans même tenir le jeu, avec 3 valets & 3 dix, & qu'au bout de la partie je me suis trouvé avoir sur moi, moins que rien, 54 louis, que je devois à la baronne sur ma parole, après lui en avoir transmis déjà une soixantaine, qui étoit le fond de ma bourse; chose qui m'étoit d'autant plus déplaisante, que je n'étois pas accoutumé à devoir, & que j'aurois été fort embarrassé pour la satisfaire dans les 24 heures (suivant la noble coutume des beaux joueurs) si elle n'avoit eu la générosité d'accepter en payement cette même berline, qui, selon son premier calcul, devoit la voiturer en Alsace: calcul qui s'est vérifié à peu de chose près; au-lieu d'y voyager avec moi & ma bourse, la belle a préferé, par pudeur, de ne s'associer qu'à celle-ci, comme elle du genre féminin.

Elle y est venu en effet peu après moi; & lorsqu'à Strasbourg elle a fait sa visite à la princesse de Lœvenstein, ma voisine, j'ai eu le plaisir de la voir, sous mes fenêtres, dans mon bel équipage de Paris, pendant que, par une revolution singulière, j'étois logé dans l'appartement qu'elle y avoit occupé immédiatement avant moi.

Voilà comme, en dépit de la prudence humaine, les chofes tournent & s'arrangent drôlement par le bizarre enchaînement des caufes fecondes.

Mais l'hiftoire n'eft pas finie. Je me jetois là gauchement fur Strasbourg, & je n'y fuis pas encore. Je fus dès le lendemain raconter moi-même mon avanture, au fauxbourg St. Germain, chez des princes qui me témoignoient des bontés, & chez quelques feigneurs où j'avois le plus de liaifon; prévoyant bien que cette équipée s'ébruiteroit & que les railleurs broderoient fur un fi beau cannevas. Je vis auffi la comteffe de S... qui configna à fa porte la belle, que je n'aurois jamais vue, qu'une fois chez elle. Tout le monde vouloit que je dénonçaffe le cas fufpect à la police. J'allai trouver M. de Sartine, qui, ma dépofition faite, me dit avec aménité: Monfieur l'abbé avez-vous payé? — Oui Monfieur — Tant pis, fi vous n'euffiez point payé, je vous en aurois abfous — N'importe, je n'en aurois pas moins fait honneur à ma parole — Eh! de quoi vous plaignez-vous donc? — De rien. Je vous dis ce qui m'eft arrivé, parce qu'on m'a confeillé de vous le dire. Vous en ferez votre profit, fi vous voulez, pour le bien de la chofe publique, dont vous êtes le fage gardien — A la bonne heure. Je vous ferois obligé fi vous vouliez bien m'envoyer un détail par écrit — Monſieur, j'aurai cet honneur là. Votre ſerviteur de tout mon cœur.

J'ai ſçu dans le temps que ce détail, envoyé au feu roi, avoit amuſé S. M. qui en a parlé à ſon lever. Elle ſavoit bien que je pippois des oiſeaux dans ſon parc; mais elle ne s'étoit pas douté qu'on pût me *pipper* à mon tour dans ſa bonne ville.

Cependant retombé dans les fiacres, ou barbotant dans la boue, en attendant l'arrivée de nouveaux fonds, je me ſentois ſi diſpoſé à la componction, que je n'ai pu que bénir la providence des graces dont elle me combloit, en me détachant d'une vie trop diſſipée, par la rupture des liens d'or, qui m'y avoient tenu enchaîné. Et vîte allons à St. Lazare faire une retraite de dix jours!

Des millions ne pourroient me donner un inſtant de ces délices que j'ai goûtées à répandre dans le ſein de Dieu mes regrets & mes larmes. Quel touchant ſpectacle que celui de voir des ducs & pairs, des généraux d'armées, cachants leurs cordons, confondus avec de pauvres citoyens, & aux exercices & au réfectoire, n'être occupés que de l'unique affaire ſeule digne des ſoins d'un mortel.

Pieux diſciples de St. Vincent! Prêtres zélés pour le ſalut des ames! Daigne le ciel récompenſer vos vertus! Puiſſe tout Paris connoître

la

la valeur du tréſor qu'il poſſède en vous ! Puiſſe la baronne, à vos pieds, abjurer ſon erreur & pleurer ſur ſon gain !

De retour dans mon hôtel garni, & prêt à le quitter pour regagner ma province, j'ai cherché à profiter modeſtement de ces voitures de Strasbourg, qui, avant que les diligences fuſſent établies, alloient & venoient preſque continuellement, il ſe préſente à moi un cocher de bonne mine. Je fait prix pour deux places. Le temps de la vanité étoit paſſé : mon domeſtique devoit ſe mettre à mon côté. Je donne un louis d'arrhes, pour partir le troiſième jour ſuivant, qui étoit un mardi. J'avois fait proviſion de patience à S. Lazare : j'ai trouvé tout de ſuite à en faire uſage.

Le lundi, veille du départ fixé, le *blanchiſſeur* eſt venu, comme à l'ordinaire, voir s'il y auroit du linge ſale à emporter. J'avois la mauvaiſe habitude de laiſſer toute la nuit ma clef à la porte. Il entre, & nous trouve couchés & endormis tous deux, moi dans une alcove, & le domeſtique dans un cabinet vis-à-vis, dont la porte étoit ouverte. Il prend tout doucement mes culottes poſées ſur un fauteuil à côté de mon lit ; il en tire la bourſe, étant hors de la chambre, & jette la culotte, devant la porte, à terre.

À mon réveil je fis monter le portier qui

Blanchiſſeur larron.

m'assura qu'il n'étoit entré personne dans l'hôtel, que le blanchisseur. Je le fais chercher à l'instant. Je le questionne : il joue le rôle qui lui convenoit ; commence par tout nier, jurant qu'il n'étoit pas sorti de chez lui ce jour-là, que pour venir me parler, à ma demande ; convaincu du contraire par l'hôte & par le portier, qui l'avoient vu entrer, il se mit à soutenir qu'en tout cas, il n'avoit pas mis le pied dans ma chambre. Pressé plus vivement, il finit par avouer son vol, fait comme je viens de le dire. Se jetant à mes genoux & me priant en grace de ne pas le poursuivre, il me prévint poliment qu'il nieroit tout, si j'allois chez le commissaire. Il ajouta, en versant des pleurs, qu'il avoit porté mon argent à des créanciers qui le persécutoient ; que nourissant un père & huit enfans, il eût été réduit à les voir périr de misère, sans le secours qu'il s'étoit procuré dans son désespoir. Que faire ? il m'avoit pris par mon foible, en ne parlant qu'au cœur. Quand on fait perdre les louis par cent avec des baronnes, on doit pouvoir en perdre dix avec un misérable. Il me restoit encore de l'argent blanc dans ma commode : c'étoit toujours par-là que je me sauvois. On se rappelle combien l'or me fut funeste en Lorraine. A la suite d'une petite morale sur le septième commandement, j'ai donné l'absolution à mon gueux ; mais je n'étois pas au bout de la file des escrocs qui devoient me dépouiller.

Mon compatriote le cocher m'en préparoit d'une autre. Il venoit de faire enlever ma malle pour en charger fa voiture, ainfi qu'il avoit été convenu; car nous devions partir le lendemain à 6 heures, d'une auberge rue St. Martin, à l'enfeigne du petit St. Martin, vis-à-vis la grille St. Martin. Il y avoit là bien du Martin; mais pour une heure, *Martin perdit fon* fiacre, qui n'étoit pas fi *âne*, comme on va le voir.

Il n'eft perfonne fur terre, quand ce feroit un docteur de Salamanque, qui, à ma place, après toutes les précautions prifes, ne fe fût perfuadé que, dans la matinée du jour, où, dès les fix heures, devoit commencer fon voyage de cent lieues, il feroit au-moins à portée de voir le beau caroffe qui devoit le mener; mais un ancien philofophe, grand pyrrhonien, raifonnnant comme un docteur, quoiqu'il n'eût pas le bonnet, a dit fort fagement que, dans l'ordre de notre mouvante nature, il ne falloit jamais compter fur rien, pas même fur l'or en caiffe; & le pyrrhonien avoit raifon.

Le *fiacre*, mon concitoyen, avec un ventre de prévôt, qui lui donnoit bon air & infpiroit confiance, étoit un pauvre diable dans le fond. Il devoit de vieille date cinq louis à fon auberge. Nos bourgeois de Paris, avec toute leur badauderie, ne regardent pas au ventre; ils n'en veulent qu'à la bourfe. Il y avoit arrêt, de par le commiſſaire, ſur les chevaux & ſur le carroſſe. Il falloit 120 liv. pour le lever, & le fiacre ventru étoit à ſec. Comment faire? il a encore crédit au cabaret; ſe fait donner pinte de ce bon frelatté à 15, rouge comme l'encre; invite un de ſes confrères de la porte St. Martin, connu dans le quartier pour un homme *à conſeils*; il lui en verſe & le conſulte. Celui-ci qui, avant d'arriver à ſes 60 ans, avoit fait plus d'un métier & les ſavoit tous, ſe mouche du coude, touſſe, crache & lui dit: „ Mon ami! il faut à de grands „ maux de grands remèdes. Tu me contes qu'il „ y a dix perſonnes en ville qui veulent partir, „ & que tu n'as place que pour quatre. Vas! „ engages-moi tout *ça*; prends de chacun le „ plus que tu pourras; payes ton barbare, „ charges les plus preſſés & va-t-en!" Auſſitôt compris que dit. J'étois un des derniers ſouſcripteurs. Les élus avoient le mot pour cinq heures. Je n'avois, pour le départ, que l'heure de ſix, de même que les cinq autres compagnons reſtants, qui, comme moi, avoient compté ſur la foi du cocher.

Nous nous trouvâmes tous réunis dans la cour du petit St. Martin, pendant que notre fourbe de conducteur étoit à une poſte en avant. Il nous auroit fallu à notre tour un homme à bons conſeils, dans l'embarras qui nous déconcertoit. Trois jeunes gens bien aviſés ont pris la poſte pour courir après le trompeur. Ils l'ont joint à Châlons ; lui ont fait vendre ſon équipage, (qui juſte a ſuffi aux frais de la procédure) & l'ont renvoyé à pied gagner ſon foyer, s'il en avoit un. Moi, qui ſortois d'une retraite, j'ai pris la choſe en douceur. Je me ſuis arrangé avec un des tard-venants, jeune capitaine de cavalerie, bon enfant, qui venoit de faire là ſa première campagne ; & nous partîmes enſemble peu de jours après. Nous ſçûmes de l'aubergiſte que nos malles avoient été remiſes à un roulier. Nous les trouvâmes en effet à la douane de Strasbourg ; mais ce ne fut qu'après les avoir reclamées pendant trois ſemaines, obligés, bien entendu, d'en payer le port à tant par cent, & de renoncer aux arrhes données. Le pauvre cocher, qui avoit vendu ſes dix places, qu'il n'avoit pas livrées, venoit d'en obtenir à l'hôpital une gratis, qu'il a gardée.

Me voilà donc déjà dans ma réſidence, & je n'ai encore rapporté de Paris que le narré de mes balourdiſes. J'aurois cependant eu droit, en ma qualité d'hiſtorien exact & véridique, de parler à charge & à décharge ; mais par la même raiſon qui fait que, dans notre ſiècle d'humanité, on tient beaucoup à l'égoïſme ; on déteſte néceſſairement les égoïſtes. En tout cas, ſi quelquefois je parois l'être, ce n'eſt qu'à mon corps défendant, & uniquement, parce que la nature de ma caufe veut que je faffe voir, dans l'expofé fidèle de ma vie, que je ne méritois pas d'être vexé comme je le fuis, à la veille de ma fin, fimplement pour avoir eu une *petite* tête différemment organifée, que ne l'eft la groffe double tête de mon vénérable chapitre.

D'ailleurs un défunt qui conte lui même fon *hiftoire véritable*, quelque trépaffé qu'il foit, s'il parle de feue fa perfonne, ne peut dire que: *moi*; or qui diroit fouvent: *moi*, feroit bien fufpect de ce péché, qu'on n'aime pas dans autrui; s'il n'avoit pour lui l'excufe admiffible que je viens de donner.

J'omets néanmoins le plus fouvent tout ce qui reffembleroit à l'oftentation; mais, quoi qu'en puiffe fouffrir ma modeftie, je ne puis m'empêcher de retenir mon bon lecteur encore une minute à Paris, pour y verfer, s'il le veut, quelques larmes avec moi, fur la tombe du bienfaifant M. de Verdun, après qu'il aura admiré les vertus de ce généreux citoyen, l'une des 40 colonnes de l'état, l'honneur & l'ornement de fon corps.

<small>Galériens délivrés.</small> Vingt captifs, pour fait de contrebande, lui doivent en Alface, de mon fçu, leur grace & leur liberté. Quand, pour fortir des prifons, ils ne pouvoient pas fournir aux amendes & aux frais de la geole; que mes petites contributions feules y étoient infuffifantes, il y pour-

voyoit du fien, pour jouir du doux plaifir de rendre à leurs familles des infortunés, la plupart fautifs feulement par l'excès de leurs befoins. Que ne puis-je publier ici toutes fes lettres que je conferve, & qui ne refpirent que charité & tendreffe! Il venoit en dernier lieu de me faire avoir la grace de ces trois *forçats* condamnés à la chaîne qui, comme je l'ai dit, avoient en partie décidé mon voyage. Toujours bien accueilli par fa famille, principalement par M. fon neveu, héritier de fon excellent cœur, je ne fortois jamais de chez lui qu'édifié des bonnes œuvres que j'y avois vu faire.

Cloué derechef à mon églife pour y vacquer à la prière, je rempliffois mon devoir, il eft vrai; mais j'étois fûr, en ne faifant que cela, de faire vaquer mon bénéfice par la déftruction de fon titulaire; tant j'avois fait de progrès dans la phyfiologie, fous les aufpices de mes trois docteurs en *ac*, & de mes quatre experts défobftruants. Or eft-il qu'il vaut mieux, dit un fameux cafuifte, conferver à Dieu, autant que faire fe peut, les miniftres qu'il a, que de les envoyer rejoindre leurs pères fans néceffité, pour leur en fubftituer d'autres, aux rifques d'en rencontrer de plus mauvais peut-être.

J'ai donc, pour obvier à mes vieilles crifpations, filles du défœuvrement, acheté une petite *campagne* à une lieue de la ville, toujours aiguil-

Maifon de campagne.

lonné par mon goût pour la retraite, & pour l'exercice utile, autant qu'inféparable de la vie champêtre. J'ai remonté un équipage pour pouvoir aller, du moins deux fois par jour, à l'office ; & j'ai paffé ainfi plufieurs étés à édifier, à planter ; à prier, à chanter; à lire & à pipper; le tout pour me bien porter. Ce n'eft pas encore là la vie d'un homme inquiet, ou inquiétant ; d'un *intrigant*, comme me faifoit l'honneur de m'appeller mon cher prévôt. J'aurois même continué ce régime, fi par la fuite je n'euffe été trop vifité. Je défirois par-fois n'avoir de compagnie que la mienne, pour être moins feul; n'avoir d'entretien qu'avec la nature & fon auteur ; & je me voyois dérober mes plus belles journées, par gens ennuyés, qui, ne fachant faire mieux, venoient me mettre de moitié avec eux, pour m'ennuyer auffi. Ce n'eft pas que mes repas fuffent fi attrayants, ou comparables en délicateffe à ceux que donnoient chez eux mes cenfeurs, pour amorcer des amis *fûrs*. Je n'étois qu'un anfpeffade, & ils étoient mes chefs. Je n'avois que deux mille écus de de rente, & ils en avoient dix mille. Je fuivois l'efprit des S^{ts} canons, & ils condamnoient les autres à le fuivre..... Je conviens que jamais je ne me fuis piqué de vouloir briller par une table faftueufe. Mon état, la mifère publique, le riche de l'évangile fervi *fplendidè*, pendant que Lazare, à sa porte, se mourroit de faim; toutes ces considérations, jointes à un esprit d'ordre, qui m'est naturel, & à une antipathie pour toute espèce d'excès, m'ont constamment guidé dans l'ordonnance de mes dîners. Il y avoit toujours au-delà du nécessaire en bon, mais rarement la recherche du superflu en exquis. Est-ce un péché? je le déclare.

Que mon *maître* insinue ensuite à Paris, (pour me déprimer & pour me ravir un ami & son suffrage, comme je le dirai incessamment) que je mettois de la *parcimonie* dans mes festins; je lui ferai mon compliment sur ses gelinotes & ses vins fins; & je lui repondrai qu'avec mon économie, je trouvois de quoi nourir, à ma pauvre petite table, toute l'année comme je l'ai fait, sans m'en être vanté, des jésuites aux abois; de vieux militaires décorés, mais *à portions congrues;* des gentils-hommes riches en titres, mais sans pain; je lui dirai que je plains du fond de mon ame tout homme scandalisé de voir un prêtre frugal & modéré; surtout si ce prêtre ne thésaurise pas; qu'il faut être bien neuf pour ignorer que les piqueurs aux plats friands sont les premiers à rire de la vanité du chanoine ou du prévôt, qui les en aura regalés; qu'un bénéficier enfin, (dont le superflu est de droit le patrimoine des pauvres), qui prétend marier sa gloire au mérite de son cuisinier, pour faire passer son nom à la postérité; est un objet vraiment digne de pitié, aux yeux même de ses contemporains, qui, en le louant, boivent à sa santé.

Pauvres prélats dans l'autre monde, que ceux qui dans ce monde-ci cherchoient la *considération* & le salut dans leurs caves!

Au reste tout mesquins que pouvoient avoir été mes régals, sans compter ce qu'ils seront encore, si les procès iniques, qu'on m'a *servis*, ne me *tuent* pas, dans toute la force du terme; il n'en est pas moins vrai qu'à la ville & à la campagne, des évêques & des princes, des duchesses & des comtesses les ont de temps en temps honorés de leurs préfences, sans avoir pu y remarquer cette parcimonie de stile, tant elle étoit adroitement combinée. Monseigneur a daigné s'y trouver aussi. Fin & clairvoyant, comme il l'est, peut-être l'auroit-il observée; mais c'est un saint évêque, il l'aura interprétée en bien; un politique honnête, il ne m'en a rien dit.

Canonicat-cure. Je me rappelle que, vers ce temps là, j'ai failli, à sa recommandation, de brouiller tout de bon mon prévôt avec mon doyen, sans y entendre malice. Quel tort j'aurois fait là bien innocemment au régime de mon église! Nous avions à nommer à la *cure* de la collégiale. De dix vôtans quatre tenoient pour le prévôt, lui compris; cinq, avec moi, pour un autre. Le doyen seul étoit pour son parent, & ce parent eut la cure. Qu'on dise ensuite qu'à St. Pierre le jeune, doyen & chapitre n'est pas tout un, ou que ces deux mots ne sont pas deux mots synonimes ! Grand froid là-dessus entre nos dignitaires. Le premier de ces chefs s'étoit cru offensé très-fort de ce que le second ne lui avoit pas donné sa voix pour son protégé; plus encore de ce qu'il m'avoit demandé la mienne, & que, par la mienne, absolument nécessaire, le coup eût porté pour le cher parent; les cinq, (l'une étoit celle d'un confrère absent dont j'avois procuration), s'étant, à ma prière, réunies au doyen, qui a pu par conséquent en opposer six aux quatre du prévôt. C'étoit une faute impardonnable, mais qu'à la longue on a su pardonner, à charge de non-récidive. L'intérêt les avoit divisés; l'intérêt les a rapprochés.

Trop pénétré de l'opprobre dont ces trois personnes, si essentiellement obligées, m'ont couvert par la suite, à propos de rien; je ne puis m'empêcher de faire ici une réflexion unique. Elle est prématurée peut-être; mais je n'y résiste pas.

Auroit-on pu croire, j'ose le demander, qu'il existât dans le cœur de l'homme; ou qu'il pût exister en même-temps, dans les cœurs de trois hommes à la fois, une gratitude si bien concertée, qu'un évêque, qui auroit voulu se débarrasser sans frais d'un pro-secrétaire inutile ; qu'un vice-gérent qui auroit désiré de pouvoir placer un pauvre cousin ; qu'un sous-greffier honoraire, (ou sans-honoraires), d'officialité épiscopale, qui ambitionnoit un des premiers bénéfices de la province, se vissent tous les trois au comble de leurs vœux, par la générosité d'un chanoine, porteur, à lui seul, de deux voix, plus de trois autres, faisant cette pluralité efficace, qu'on sollicitoit à genoux ; & que ces trois heureux, au lieu d'un petit témoignage de reconnoissance, premier de leur vie, qu'ils eussent pu donner à leur bienfaiteur, en lui rendant simplement la justice qui lui étoit due, fussent tombés sur lui, d'accord & de société, pour le flétrir par des sentences inouies, rendues à la *recommandation* passionnée de celui là même, qui leur avoit refusé, à tous trois, ce qu'ils avoient souhaité avec tant d'ardeur ; & qui n'avoit redoublé de haine contre leur bienfaiteur, que parce que celui-ci avoit rempli leurs souhaits ?

Auroit-on, dis-je, pu se persuader que pareils sentiments existassent dans la nature, si les condamnations dont je me plains & que mes conseils de Paris nomment *absurdes*, n'eussent été l'ouvrage de ces mêmes trois, seuls juges opinants dans ma cause ; un quatrième, sénior du consistoire, qui ne me devoit pas de reconnoissance, s'étant retiré pour ne point participer à l'œuvre ; & un cinquième, qui auroit été du même avis, s'étant trouvé abſent lors du jugement ?

Mais je me trompe : non ce n'étoit pas l'ouvrage des trois. Monſeigneur n'étoit que paſſif. C'eſt par un excès de confiance & de bonté qu'il s'eſt laiſſé aller à la ſurpriſe. Je ne puis me faire à penſer différemment. Je ſais que lorſqu'il a découvert l'intrigue, il auroit voulu avoir été plus défiant ou moins facile. Cependant l'affaire étant faite, il a bien fallu, ſuivant le ſyſtême immuable des principes conſacrés, la ſoutenir juſqu'au bout. Périſſent tous les ſubordonnés dans tout l'univers *chrétien*, plutôt qu'un ſupérieur ne convienne hautement qu'il a pu errer !

Ce fut également vers ce même temps qu'un miniſtre de France, qui devoit aller en Pologne, m'ayant fait l'honneur de me voir chez moi & de m'offrir ſes ſervices, l'idée m'étoit venue de profiter de ſa bienveillance, en le priant de s'intéreſſer, avec des ſeigneurs d'Allemagne prévenus déjà, à me faire nommer par le roi à un *canonicat* honoraire de *Warſovie*; afin que je deviñſſe ainſi triple confrère de mon allié le chapelain de Verſailles, qui en avoit obtenu un ſemblable, lors de ſon ambaſſade en Ruſſie, avec M. le marquis de l'Hôpital ſon parent, & qui déjà m'avoit porté à permuter mon bénéfice d'Haguenau, pour me mettre dans ſon chapi-

Canonicat de Warſovie.

tre de Strasbourg. Non seulement ce ministre obligeant me promit de tout faire pour réussir, mais, ce qui n'est pas ordinaire chez les grands qui promettent, c'est qu'il le fit.

Il se trouvoit pour lors en Pologne, comme nonce apostolique, le même prélat Garampi auquel j'avois été adressé & recommandé à Rome, où il m'avoit fait des honnêtetés. Ce nonce, élevé tout récemment à la pourpre, se joignit à mon protecteur; donna en ma faveur les témoignages nécessaires; & le roi me fit la grace d'accompagner d'une lettre de cachet l'envoi des différentes provisions de l'évêque, du chapitre, & de la chancellerie de S. M., toutes expédiées *gratis* ou à ses frais, port payé jusqu'au Rhin.

N°. 24. N.° 24.

Je venois de quitter Versailles sans rien demander pour ma retraite; parce que, dans le vrai, ayant honnêtement à vivre, je ne désirois ni pensions ni bénéfices. J'ai pris occasion de cette faveur polonoise, pour solliciter en cour la permission du roi d'oser l'accepter, & en porter la croix en France pour récompense de mes services, qui, quoique peu importants, aux yeux de bien des courtisans, l'étoient infiniment à ceux de leur souverain. M. le duc d'Aiguillon a eu la bonté d'appuyer ma demande de son crédit, & j'ai obtenu de feue S. M. le brevet désiré, N°. 25. qui, sous le règne actuel, m'a été confirmé, pour la

N°. 25.

cour & pour Paris, à l'occafion de l'édit de février 1780, donné en faveur des comtes de la cathédrale de Strasbourg.

Ah ! la fotte vanité ! Un chanoine d'*Oberné* vouloir être diftingué par un ruban ! — Vous avez bien raifon, mon cher Zoïle ! ce feroit auffi là mon avis, s'il n'y avoit pas de fots dans le monde, avec qui il fallut par-fois filer fon temps ; & qui, fi vous n'aviez, comme eux, un ruban qui les charmât, vous prendroient pour ce qu'ils nomment *de la race*, & vous marcheroient fur le pied, fans feulement vous dire : *gare*, bien loin de vous faire excufe.

Eh ! c'eft précifément parce qu'on eft d'*Oberné*, du voifinage de *Rosheim*, qu'il eft bon d'être décoré. On n'a pas toujours fon diplôme dans fa poche. Quand on l'auroit ! il y a bien des fats dédaigneux, qui même n'ont jamais fçu lire. Et puis, quand on a eu un père, gentilhomme de 1400 & tant, qui, fans vergogne, s'eft méfallié en 1712, dût-il n'avoir jamais, comme il eft de fait, confommé fon mariage avec l'ignoble époufe, répudiée auffitôt que prife, on eft toujours bien aife de faire détourner aux furets la vue de cette vilaine époque, par le preftige d'un cordon, qui peut en éblouir les trois quarts & demi, & les deux tiers du demi quart reftant. Quand on s'eft vu prendre au collet par un fcribe, pour lui avoir demandé qu'il écrivît, on n'eft pas fâché de garantir son col de pareils assauts, au moyen d'une médaille, qui tout au moins doit faire qu'on prenne garde à son saint; & que si l'on n'a pas d'égard pour l'animal qui le porte, on respecte son licou.

<small>Nominations de chanoines.</small> Et puisque me voici à cette année 1773, durant laquelle j'ai joué plus d'une fois le rôle d'un *sot*, il faut apprendre aux *externes* comment en chapitre se font les *chanoines*, dont la dénomination nous rappelle les canons, mais qu'à leur *élection* des chefs absolus savent *arranger* en dépit des canons. Si c'étoit là le secret de l'église, on sent que je ne le dirois pas.

Je m'étois donné coup sur coup trois ou quatre confrères, cousins de l'un ou de l'autre des capitulaires, sans avoir pu finalement en recueillir l'effet d'une juste gratitude, pour obtenir en faveur d'un bon frère, plein de mérite, de l'aveu de tous ses supérieurs, le fruit du vœu littéral de la pluralité décidément pour lui. Mes chefs ne le vouloient pas.

Je gardois précieusement dans mon portefeuille, comme des lettres payables à vue, les procurations authentiques de *quatre* anciens capitulans, donnants leur voix à ce frère, ancien recteur d'Haguenau, que j'avois voulu rapprocher de moi : la mienne faisoit *cinq*, & nous étions en tout neuf. Qui de neuf ôte cinq, restent *quatre*. V. Barême, p. 18. Donc, étant plus fort en nombre, j'aurois dû l'emporter, si les nombres étoient comptés avec des *maîtres* despotes, qui les pèsent quand c'est pour eux.

Nous nous étions vus, pour la nomination précédente, *six* contre les mêmes *quatre*. On ne croira pas ce que je vais dire, parce que cela n'est pas vraisemblable; mais j'en appelle au témoignage de toute la ville, qui en a ri, & à celui du conseil souverain de la province, qui en a gémi; c'est qu'il a fallu y batailler, pendant 5 à 6 mois, pour prouver à nos dignitaires, qu'en fait de collation de bénéfices, (quelque sacrée que puisse être leur possession d'avoir voix archi-prépondérantes en toute autre matière) *six valoient mieux que quatre* : tant ces messieurs ont un génie transcendant & un talent unique pour obscurcir, lorsqu'ils le veulent, les questions les plus claires; pour rendre problématique tout ce qui n'est pas dans leur système. Ce n'est pas tout.

Quatre contre six.

Seul, j'ai réuni ces 6. voix en faveur de M. S... mon ami à la lettre.

Les six vouloient que leur nomination fût consignée au protocole du chapitre : les deux chefs, ayant pour eux l'écolâtre & un autre chanoine, qui ensemble formoient les quatre, ne le vouloient pas. Encore grande contestation, qui finit, comme elles finissent toutes à St. Pierre, où la volonté arbitraire des duumvirs étoit la seule qui s'exécutât. M. le prévôt défend à l'écolâtre de dresser l'acte; celui-ci, toujours fidèle, obéit. Il faut recourir au notaire. Il arrive pour être gourmandé par ce chef, qui lui dit, en propres termes " qu'avant de se présenter il auroit bien dû „ en avoir pris la permission du *maître* de la mai-„ son; (c'étoit de lui qu'il parloit) : & les six formant le chapitre, en qui résidoit de droit la plénitude du pouvoir, choqués de voir qu'on osât, même par-devant notaire, avouer ainsi le despotisme protestèrent cette fois-ci contre la qualité de maître, usurpée par le prévôt; ils firent recevoir leur acte; mais leur protestation, quoique légale, n'empêcha pas que, dans le fait, M. le prévôt ne fût, & ne restât leur *maître*, même depuis qu'il avoit cessé, par dépit, d'assister aux assemblées capitulaires.

Tel on voyoit sous des rois fainéants, moines ou chanoines, le maire de leur palais, ou le *maître* de leur *maison*, s'emparer de l'autorité; asservir l'état, & ne laisser à ses princes que matines à chanter.

Tous les coups étoient tirés; toutes les armes brisées, sans qu'on eût pu détrousser le chanoine élu. Les loix divines & les loix humaines lui cautionnoient la petite fortune qu'il tenoit de la bienfaisance des six. Le *maître*, auquel il sembloit, à l'entendre, qu'on arrachât la couronne, se rendit enfin à la force majeure; & avec lui se rendirent le sous-maître, & les deux seconds passivement du complot. Mais personne ne fongea, en chrétien, à réparer de bonne foi le tort fait à un frère. On ne paya à l'élu, fi iniquement pourfuivi, ni les fruits de fa prébende, pour le temps de la durée du combat, ni la moindre indemnité pour les frais de la guerre injufte & abfurde que les chefs lui avoient livrée. Ils étoient en poffeffion d'en ufer ainfi, par un privilége exclufif de leur formidable *maîtrife*. Moi qui n'entends pas *les affaires*, je n'aurois jamais ofé contefter en dépit de l'évidence; mais fi j'avois été affez malheureux pour m'oublier jufqu'à ce point là, je jure que, revenu à moi, j'aurois réparé de mes propres fonds le dommage que, dans mon aveuglement, j'euffe pu avoir occafionné à qui que ce fût; ou j'aurois brûlé mon *Pontas*.

Mais qu'a-t-on fait, pour qu'avec mes *cinq* voix pour mon frère, dans un chapitre de *neuf*, j'aye fini par ne rien avoir? le voici:

<small>Quatre contre cinq.</small>

Les cinq vouloient qu'on procédât fans délai, pour conférer le bénéfice vacant; ainfi que M. le doyen l'avoit fagement voulu & fait pour échapper aux importuns, lorfqu'il guettoit pour fon parent le canonicat-cure. Vainement j'invoquois fon cœur reconnoiffant; ou fon cœur étoit fourd, ou fa reconnoiffance étoit neutre, fi tous deux n'étoient pas nuls. Il étoit rapatrié avec fon prévot; fon coufin avoit ce qu'il lui falloit, & fa gratitude envers moi, concentrée je ne fais où, ne l'affectoit pas plus, qu'elle ne l'avoit inquiété à mon arrivée de Versailles, lorsque ma charge étoit vendue, & à mon retour de Rome, mon indult pour les préfences ayant été obtenu.

J'implorois ses sentimens de charité, de justice, de fidélité à ses devoirs, pour le porter à se rendre au vœu de la pluralité, en convoquant un chapitre à peu de jours de date. J'implorois un être de raison; il n'y avoit rien de tout cela. Il étoit marqué sur son plan, de main de *maître*, qu'il falloit souffler à mon frère ce que l'équité lui assuroit, &, d'accord avec le prévôt & les deux consorts, l'insensible doyen réussît à le lui arracher.

Il fit ce qu'il avoit fait déjà peu avant, pour éloigner l'élection d'un grand-chantre. J'étois, pour-lors, porteur de trois voix : (celle de mon parent le chapelain; celle d'un chanoine de mes amis dangereusement malade, & la mienne.) Il savoit que je voulois nommer celui qui effectivement a eu la cantorie, au moyen de deux autres suffrages, outre les miens. Il auroit voulu, en temporisant, voir mourir le malade, & enlever ainsi la pluralité au prétendant légitime, qu'il n'aimoit pas; mais j'ai tant fait & tant crié qu'il a été forcé à convoquer enfin un chapitre *ad hoc*, après avoir traîné l'affaire pendant plusieurs mois, sans le moindre scrupule.

Ici où il s'agissoit de mes intérêts les plus vifs,

il indiqua le chapitre à fix femaines de-là, pour avoir le temps d'intriguer à l'aife. Les cinq avoient beau protefter. Les regiftres ne recevoient que ce qui étoit contre; les quatre les gouvernoient.

On tient conciliabule. Le prévôt y préfide....
"Vous êtes embarraffés, meffieurs, pour enle-
„ ver à ces frères, que je détefte, une voix ou
„ deux, parce qu'elles font notariées ? Que
„ vous êtes bons ! Vous ne favez donc pas, dit
„ le vénérable, l'axiôme : *voluntas ambulatoria*?
„ Laiffez-moi faire; nous avons le temps : le
„ grand point c'étoit de l'obtenir, à nous qua-
„ tre, malgré le vœu des cinq. Il n'y a rien à
„ gagner avec ceux qui font ici réfidens. J'at-
„ taquerai le chapelain, leur coufin. C'eft un
„ homme foible; il eft à nous. J'ai à mes or-
„ dres & fouvent à ma table, un ami de fon
„ beau-frère, qui le tourne comme il veut. J'ai
„ placé, à Verfailles dans le bureau des inter-
„ prètes, un fujet qui m'eft tout dévoué : il
„ eft intime avec l'abbé F..... Travaillons, ca-
„ lomnions, jouiffons.... *Dictum, factum*. Et mon pauvre parent, qui m'avoit mandé, par quatre lettres, *qu'il rougiroit de honte, s'il pou-voit me manquer, ou manquer à mon frère, dans une occafion auffi effentielle*, s'eft laiffé aller, à la féduction d'un *papa*, qui en favoit plus long que lui, & qui finit par le jouer en plein, après qu'il l'eût pouffé à fe déshonorer.

Un mois s'étoit paſſé avant que j'euſſe découvert la trame. Le chapelain *honteux rougiſſoit* déjà. Je lui écrivois chaque jour de poſte. Il ne me répondoit plus. J'appris enfin qu'il avoit révoqué la procuration dont j'étois porteur. Il n'y avoit pas là à balancer. Un pilier de moins ruinoit tout mon édifice. Il n'y avoit plus que dix jours à courir pour compléter les ſix ſemaines. Je fais graiſſer ma chaiſe approviſionnée pour trois jours, & je m'en fus à Paris, bien plus vîte qu'une lettre : le courier fait ſes haltes pour vuider, pour remplir ſa malle; je n'en faiſois aucune. Des bords du Rhin aux rives de la Seine, ma voiture n'a décrit qu'une ligne droite & directe, ne m'étant arrêté nulle part que pour relayer.

En moins de 24. heures mon confrère, à Paris, m'a rendu mon parent; mon parent ma rendu mon ami, & mon ami le ſeing de ſa promeſſe; ou, pour parler plus clairement, l'abbé F.... m'a donné de rechef ſa parole par écrit. Il révoqua la révocation extorquée récemment, de la procuration que j'avois de lui à Strasbourg; & le ſur-lendemain, jour déſaſtreux! la révocation de ſa révocation fut révoquée encore. Par-tout & en tout, ma confiance trop ingénue m'a toujours gâté tout mon jeu. Mille fois j'ai vu arriver des choſes, que ma droiture ne m'eût jamais permis de préſumer poſſibles.

QUADRUPLE MANDANT.

Quadruple mandant.

Mon révoquant avoit revu les agents du prévôt. Je n'avois pas eu l'esprit de le tenir séquestré, & tout fut culbuté. Le secrétaire interprète, créature de mon *maître*, dont il tenoit son plan d'attaque & tous les alentours, avoit été plus hupé que moi. Il avoit, après la dernière capture du flexible chapelain, mené à Marli ce *quadruple mandant*, pour l'y tenir retranché.

Dès que je sus sa trahison nouvelle, vîte je vole à Versailles pour le *retravailler*. Il y étoit allé, & je ne l'y trouvois pas. Je n'avois plus que cinq jours francs pour me rendre à mon chapitre, au point fixé. L'idée d'un beau placet au roi vint, dans cette extrémité, se nicher dans ma tête. Je le fis; & une belle dame de la cour, qui me vouloit du bien, se chargea de le présenter. Deux heures après Louis XV. l'avoit déjà lu; & le grand aumônier, mandé, eut ordre de *signifier* au chapelain, *de par le roi*, qu'il eût à faire honneur à ses premiers engagements. On parcourt tout Versailles, pour lui *intimer* l'ordre, *parlant à sa personne*. Point de chapelain à trouver. Il étoit resté à Marli, même pour y coucher.

Dans les cas désespérés, je n'ai jamais été lent pour prendre un parti. Je voyois l'affaire manquée, & la faveur de S. M. déçue par l'impossibilité qu'il y avoit de m'arrêter plus long temps à chercher le transfuge. Ne pouvant le joindre, je lui écrivis, fur un ton prophétique, la marche qu'alloit tenir à fon égard le préfident aux fins confeils ; & *comme quoi* il alloit être fa dupe après avoir été fon..... en fe déshonorant. J'ai écrit pareillement à M. le grand-aumônier, pour le remercier & pour lui témoigner mes regrets de ne pouvoir profiter des bontés du monarque, dans la néceffité où j'étois, de partir pour affifter au chapitre indiqué ; afin de pouvoir y rendre à mes confrères la liberté de leurs fuffrages, qui m'étoient devenus inutiles : & fur le champ je me fuis remis en route, pour retourner à Strasbourg, où la cabale des quatre ignoroit abfolument tout ce qui s'étoit paffé & à Paris & à Verfailles.

<small>Double batterie.</small> Dans l'incertitude où s'étoit vu M. le prévôt fur le produit des œuvres de fes agens, il avoit dreffé par lui-même une *feconde batterie*, pour être plus fûr de renverfer mon édifice. Perfuadé qu'il ne réuffiroit pas à mettre fon protégé à la place deftinée à mon frère, il vouloit du moins avoir la confolation de l'enlever à celui-ci, foit pour le plaifir unique de me nuire, foit pour me faire voir combien il excelloit dans ce qu'il appeloit *arranger les affaires*. Il offre fes quatre voix à M. le premier préfident d'Alface, dans l'idée que ce chef du confeil fouverain parviendroit par fon crédit à détacher l'une ou l'autre de celles qui m'étoient engagées,

mais lorsqu'il sçut que le chapelain du roi avoit été gagné pour lui, il revint auffitôt à fon premier projet, & ne voulut plus du fils de M. le préfident.

Ce dernier cependant avoit fait des démarches fur la foi des offres d'un dignitaire de chapitre qu'il devoit croire loyale. Il m'avoit demandé à moi-même éventuellement ma voix, fi je ne pouvois la faire valoir pour mon frère; & je la lui avois promife. Quatre & une faifoient cinq : c'étoit encore la pluralité. Or le prévôt ne l'entendoit pas ainfi ; il n'avoit eu befoin du préfident que pour rompre.... Son intention étoit bonne dans le principe : il vouloit bien donner quatre *voix perdues*, mais non quatre voix portantes ; qui, avec celle conquife à Verfailles, lui afluroit à lui-même le bénéfice pour fon candidat favori.

M. le premier au contraire, n'étant pas fi au fait de *l'arrangement* des chofes en matière bénéficiale, avoit cru bonnement que lorfqu'un colateur offroit des voix à un père de famille refpectable, qui cherchoit à établir fon enfant, ce devoit être des voix telles quelles, pourvu qu'on pût y compter & les compter ; ne connoiffant pas ces diftinctions eccléfiaftiques de voix muettes, nulles ou perdues ; pour lefquelles on devoit préfumer qu'il ne fe feroit pas avancé au point d'en folliciter d'autres publiquement, s'il avoit conçu la chimérique valeur de celles, dont on avoit prétendu lui faire un hommage dérifoire.

Ces raifons fembloient belles & bonnes. M. le prévôt les trouvoit louches, comme il avoit trouvé les miennes jadis, lorfque je *négociois* avec lui une procuration *ad refignandum*. Pour les lui faire comprendre, ce premier magiftrat de la province s'eft vu forcé de fufpendre fes importantes fonctions, pour courir à Strasbourg menacer celui, qui n'avoit voulu que le jouer, de publier fes lettres, & de révéler par-tout fon odieux procédé.

À ce propos celui, *pour lequel je ne parle pas*, parce qu'il a tort, fe rendit, par la peur qu'il eût de la *méconfidération*, & rendit avec lui les quatre fuffrages, dont il étoit le fouverain *maître*. Il aimoit avec paffion de faire les *affaires* à fa manière; mais il n'aimoit pas du tout que, dans le public, on fçût quelle étoit la manière.

<small>Coup fin manqué.</small> Si pour cette fois les quatre voix ont été fertiles & efficaces, ce n'étoit pas qu'on n'eût tenté l'impoffible pour les faire avorter. On étoit convenu d'en donner trois au fils de M. le préfident, pour couvrir l'honneur. La quatrième, qui avoit été équivoque dans fa promeffe, devoit s'unir à trois autres, prifes dans mon parti; & la mienne devoit faire la cinquième

en faveur du protégé de M. le prévôt; qui, par cette tournure habile, auroit rempli son double objet, d'être honnête envers M. le premier, en lui donnant son suffrage, & de jouer pièce à M. le premier, en ne lui donnant rien, pour lui apprendre une autre fois à menacer. On étoit venu, à mon retour de Paris, me faire les promesses les plus avantageuses, au nom de nos chefs, en m'assurant qu'ils me garantiroient, pour mon frère, le premier canonicat à la nomination du chapitre, si je voulois me prêter à ce *coup fin;* mais je pensois là-dessus comme un homme qui n'entendoit rien aux *affaires.* J'avois promis ma voix, en cas qu'elle ne put me servir pour ce frère débusqué; & je croyois tout uniment qu'il en étoit des voix, comme de mille autres choses; qu'il falloit les donner quand elles étoient promises.

Aussi n'a-t-il pas été nécessaire qu'on me retouchât pour me faire marcher droit; j'y étois tout dressé. Les lettres anonymes & autres, que je recevois de toutes parts, pour m'exciter à rétrograder, ou, si l'on veut, à fourber, ne m'ont pas même fait hésiter un clin-d'œil, pour donner mon suffrage au fils de M. le président, qui a été nommé à huit voix; trois des miennes s'y étant jointes à mes instances, & la neuvième, celle de mon *ex-ami* le chapelain, s'étant trouvée seule pour le protégé du prévôt.

Prophétie accomplie.

C'est ainsi que s'est *accompli* l'oracle du premier verset de ma *prophétie*, dont tous les versets suivants se sont vérifiés de même : & c'est ainsi que mon implacable adversaire a sçu m'arracher du même coup un parent, un ami, un bénéfice & un frère. Celui-ci étant allé se cacher dans un des fauxbourgs de Paris, pour y mourir d'un verre de bière pris dans la chaleur : bière qu'il n'auroit sûrement pas bue, s'il fût resté chez moi. Il venoit d'obtenir peu avant, par feu M. le grand-aumônier, qui nous protégeoit, une pension de cent pistoles, dont il n'a pas joui.

Les comment.

Je pourrois à l'appui de tout ce que je viens de rapporter produire 50 lettres, que je m'abstiens de publier, pour ne compromettre personne. Il n'en sera pas de même d'une collection d'actes que j'ai retrouvés dans mes archives canoniales, N.º 26. 27. 28. 29. 30. & 31. je ne serois pas fâché qu'on voulut bien les lire, afin qu'on y vît *comment*, à la suite de cette nomination, on avoit sçu abuser de la foiblesse de mon pauvre confrère de Versailles, pour le pousser à écrire contre moi au chapitre, une kyrielle de calomnies, qui n'étoient pas de son cru : (car si, de sa nature, le bon abbé étoit pusillanime, il n'étoit rien moins que méchant); comment M.rs les dignitaires ont bravement traité cette *affaire*: comment, après bien du train, j'en ai pourtant eu raison ; comment ils ont refusé les fruits au nouveau chanoine, qu'ils venoient de nommer bon gré, malgré eux: comment pour les lui contester, en vertu d'anciens statuts, ils s'étoient obstinés à ne pas montrer ces mêmes statuts, que personne n'avoit jamais vus: comment, dès-lors & avant déjà, le doyen avoit resisté pour ne pas célébrer de chapitres généraux: comment, parce que je lui avois dit qu'il refusoit *par habitude*, il vouloit que je lui fisse des excuses: comment.... comment..... qu'on lise tout, & on verra comment: On me dira ensuite si j'ai eu raison, dix ans après, de vouloir enfin, avant de mourir, lire une page seulement de ces vieux statuts de St. Pierre; afin que mon saint ne puisse, dans l'autre monde, en me rejetant de la porte, me reprocher d'avoir mangé, vingt ans, le bien de son église, sans avoir lu de ma vie une syllabe de ce qu'il auroit fallu faire, pour le gagner en *règle*; quoique je lui eusse juré, entre les mains de son chapitre, de les lire en entier, à tout le moins une fois l'an. Combien de fois depuis 16 ans mes chers dignitaires n'ont-ils pas trouvé moyen de me tourmenter, sans que j'en !eusse pris *note!* Ma mémoire ne se charge avec attention que du bien qu'on me fait: le mal s'y efface si machinalement, que je n'en ai même aucun mérite. Si j'en rapporte quelques traits, c'est toujours à des actes existans que leur souvenir est dû.

Avant de fauter à d'autres branches, je n'ajouterai plus qu'un fait, que j'aurois certainement oublié, fi quelques lettres recouvrées dans cette fouille générale, que ces mémoires m'ont porté à faire, ne l'euffent rappelé à propos à mon fouvenir. N.° *32. 33.* & *34.*

Dans une de ces affemblées capitulaires où je me débattois avec M. le prévôt, qui à toute force ne vouloit pas qu'on déchirât le libelle, qu'on avoit fait copier à l'abbé F.... pour être adreffé au chapitre; & qui foutenoit au contraire qu'il falloit le conferver avec foin; quoique tous les chanoines, fcandalifés, euffent opiné pour fa fuppreffion, je lui avois repréfenté avec douceur, qu'il étoit bien douloureux pour moi, de voir que le principal de mes confrères, à côté duquel je devois paffer ma vie terreftre aux pieds des autels, & aux pieds duquel je voudrois couler ma vie célefte, dans les tabernacles éternels, ne pût prendre fur fon cœur, de me pardonner tout le mal qu'il m'avoit fait, tandis que je le lui pardonnois bien, moi qui ne lui en avois jamais fait; qu'il ne voulût pas ceffer enfin de me tourmenter plus long-temps, & fe rendre au vœu de la pluralité, en fupprimant un écrit reconnu téméraire & calomnieux par tous les membres de fa compagnie.

Et fur l'efquiffe qu'à cette occafion je venois de lui faire de toute la généalogie de fes anciennes persécutions contre moi, contre mon frère, contre mon neveu, contre mon beau-frère & contre tous mes parents; il a cru, au sujet des menées de Colmar, devoir désavouer qu'il y eût fait des démarches, qui pussent me préjudicier. Il paroîtra peut-être étonnant qu'un prêtre, dont l'office se borne à psalmodier, se voye même dans le cas de pouvoir nuire à tant de monde; mais si l'on fait attention que tout homme a des *affaires*, & que le Sr. prévôt est en possession *d'arranger à sa manière*, les *affaires* de tous; on ne sera plus surpris de l'influence qu'il peut avoir, pour desservir quand il le veut.

Bref, il m'a donné le défi de prouver qu'il eût manœuvré au conseil pour faire assembler les chambres, à quoi, disoit-il, aucun intérêt ne le portoit. Il a, qui plus est, promis de me remettre dix mille livres pour les pauvres, si je pouvois l'en convaincre.

Je l'ai fait. Je lui ai envoyé copie de quelques lettres, qui l'inculpoient nommément; mais tout en le faisant, j'étois bien assuré d'avance, qu'il trouveroit un subterfuge pour échapper à l'accomplissement de sa *pollicitation*.

Par sa réponse on verra le faux-fuyant qu'il a pris. Il avoit bien, avouoit-il, demandé une assemblée de chambres; mais il n'avoit pas prétendu me faire donner une exclusion. Le bon cœur! C'étoit sans doute pour me faire agréer, malgré moi, que prématurément il vouloit qu'on délibérât fur ce qui me concernoit, avant que je me fuffe préfenté ? non. " C'étoit pour pouvoir autorifer fon refus, par le refus qu'il follicitoit ; parce que l'acte qu'il avoit figné ne l'autorifoit pas à me refufer ce que je lui demandois, & parce qu'il favoit, d'après les précautions qu'il avoit prifes, qu'on auroit à Colmar, pour un confrère vétéran, l'attention de fe prêter à fes vues.... Telle étoit fon excufe. La belle ame !.... Foi de franc-capitulaire, je commence à avoir du regret d'avoir fait là le vilain, pour ces trente chétifs louis, qui devoient coiffer mon patron.

Statut vifigoth. Maintenant il faut apprendre, & pour caufe, à meffieurs de Mayence, chofe qu'à Strasbourg tout le monde fait, que j'y ai occupé pendant neuf ans, pour l'expiation de mes péchés, l'hôtel d'un grand prince, dont j'avois eu la préférence pour de l'argent; & qu'à pareil titre, j'avois recédé à d'autres, pour la partie qui m'étoit fuperflue ; ce qui fembloit fort extraordinaire à bien des gens, qui, à ma place, en auroient fait autant.

Depuis que je réfidois dans mon chapitre, je m'étois vu fi éloigné de l'églife, faute d'avoir pu trouver à louer ailleurs, que j'employois une heure par jour à traverfer les rues, dans les fix voyages que mon devoir me faifoit faire, pour y aller & pour en revenir.

Une

STATUT VISIGOTH.

Une heure par jour ! ne comptant pas les nuits, c'étoit, peu s'en falloit, le dixième de ma vie; & le temps m'étoit précieux. Je me difois, en moi-même : s'il n'y avoit pas dans les riches collégiales de ces pauvres ftatuts qui obligeaffent leurs enfants légitimes à fe loger à leur compte, comme ils pouvoient; tandis que ces bonnes églifes louoient les maifons de leurs enclos à des fils adoptifs qui s'en moquoient, je ne me verrois pas expofé, en hyver, à m'eftropier, fur la glace, ou à m'embourber dans la fange, pour aller, en vertu de ces mêmes ftatuts, louer Dieu, tout éclopé, ou les pieds trempés.

Mais, me difois-je enfuite, fi ceux qui ont fait les ftatuts des potiers, étoient des cruches; fi les ftatuts des chapeliers ont été dreffés par des hommes fans têtes; les ftatuts des chanoines n'auroient-ils pu auffi avoir été rédigés par des *â..s*? Ce n'étoit pas honnête à penfer. Toutefois l'hypothèfe n'en fembloit pas moins vraifemblable, à en juger d'une part, par les foins qu'on prenoit de cacher ces ftatuts; de l'autre, par les mécomptes baroques, qui réfultoient de leur combinaifon.

Et puis la meffe de l'âne, qui n'aguère fe difoit encore à Paris & ailleurs, n'auroit-elle pas elle-même été fondée dans l'origine, en commémoration des défunts rédacteurs de tous ces *ftatuts vifi-goths* ?

K

Je l'ignore. Ce que je fais, c'est que, privé de maison, par un statut, en ma qualité de dernier venu ; si je voulois me rapprocher de mon collége, j'ai été, comme qui diroit forcé, de louer un hôtel à loger tout un chapitre, parce qu'il n'y avoit, dans tout le quartier, que cet hôtel à louer.

Cependant je rechignois de mettre tout le produit de mes carences en loyer d'hôtel ; je n'étois pas plus curieux d'occuper à moi seul trente-six chambres & au-delà. J'ai donc pris prudemment une voie intermédiaire, en faisant bail pour le tout, de moitié avec le feu prince de Lœvenstein, seigneur aimable & de bonne société.

<small>Bail de neuf ans.</small> Notre accord, qui devoit durer neuf ans, n'en a tenu que deux, par le choc de ces événements perfides qu'on ne sauroit prévoir. Nous avions, à l'amiable, partagé les appartements, ainsi que le loyer, par égales portions ; nous étions si étroitement liés, qu'il ne se passoit pas de jour que nous ne nous vissions, ou chez lui ou chez moi ; mais la retraite inopinée du prince & de la princesse, me laissant seul chargé du total, augmenta encore le regret que j'eus de les perdre.

Il est très certain que si je me fusse attendu à devoir être tout seul dans ce labyrinthe de logemens, j'aurois certainement préféré de me loger aux *grands-capucins*, plutôt que d'y entrer.

Y étant, il a bien fallu aviser pour n'en pas sortir le bâton blanc à la main.

Un an s'est écoulé sans que personne eût voulu louer la partie vacante. C'étoient des pièces immenses, qui ne montroient que les quatre murs, & qui, à leur ouverture, dispensoient d'en dire le prix, tant les amateurs couroient vîte regagner la rue pour chercher ailleurs.

Enfin viennent deux bons princes, souverains du cœur de l'Allemagne, qui demandoient à y loger, si je voulois les meubler à mes frais. Je consens à leurs vœux aux risques de me ruiner. Ils ont su, par leurs intendants, si bien faire leurs conditions, qu'ils ont eu les trois quarts de l'hôtel, avec seize lits, pour moins de la moitié du prix de leur valeur.

Deux autres années se passèrent pendant lesquelles j'étois leur meilleur ami. Ils dînoient chez moi en ville & à la campagne, en me comblant d'honnêtetés jusqu'au dernier moment.

Oserai-je interposer ici deux lignes seulement pour dire aux naturalistes, que j'ai eu occasion par la suite, sans y avoir été invité ni par des journaux, ni par des almanacs, d'observer par moi-même que ce dernier moment, qui menaçoit la veine d'or d'une saignée fâcheuse, étoit, en quelque sorte, la période climatérique de l'humeur des locataires avares & polis ?

Le lendemain du départ de mes princes, qui

personnellement n'étoient pas de cette classe, j'ai vu que les officiers attachés à leurs maisons faisoient emballer les meilleurs de mes effets, sans avoir daigné me prévenir de leur dessein. Les meubles fracassés, on les jetoit aux portefaix. On eût dit qu'on dépouilloit un fort pris d'assaut. Voulois-je représenter, crier à l'injustice ? je parlois ou à des sourds ou à des insolents. Faisois-je fermer les portes de la cour, pour empêcher la sortie des voitures ? on brisoit les serrures, on me rioit au nez. De plus, une bande de fripiers, dont l'un avoit loué une commode, un autre des tapis, un troisième des draps, &c. emportoient à l'envi mes pièces avec les leurs.

<small>Pillage de meubles.</small> Si les faits n'eussent été constatés par des actes juridiques, on ne croiroit jamais qu'un semblable *pillage* eût pu avoir eu lieu dans une ville, dont la police, si renommée, est confiée à des juges & à des magistrats sans nombre.

Un arrêt sur les meubles, obtenu au directoire, n'a pu mettre fin au désordre ; parce que la force exécutrice dépendoit de personnes qui protégeoient, sous main, ceux même qu'il eût fallu réprimer. J'avois obtenu une sentinelle par un officier major ; un autre, supérieur à lui, s'étant laissé prévenir, & n'ajoutant foi qu'au premier venu, me l'a enlevé ; parce que dans le cas pressant où je m'étois trouvé, je n'avois pas été, à un quart de lieue plus loin, pour la lui demander de préférence. Mais enfin les manèges & les iniquités n'ont qu'un temps ; tôt ou tard la vérité contrainte rompt les voiles qui l'enveloppent, pour briller d'un éclat d'autant plus vif, qu'il avoit été plus concentré.

Poursuivis en justice, les pillards, blâmés par leurs princes, ont transigé pour la somme de quarante louis, à laquelle des experts, nommés par les parties, avoient estimé la valeur des effets cassés ou détournés ; & j'ai, pour le bien de la paix, renoncé à 400 liv. de loyers, qui m'étoient encore dus, pour le temps de la durée des troubles; n'ayant encore pu louer à personne l'appartement dévasté, dans l'état où il étoit.

C'est d'après cette esclandre, que mes fidèles détracteurs ont trouvé joliment de quoi exercer leur *caquet* ou leur *bon bec*, pour prévenir tous mes locataires *présents & futurs*, qu'ils alloient avoir à faire à un corsaire, capable de les mettre à la torture, s'ils osoient s'y frotter. On n'y venoit qu'en tremblant ; & je crois que si j'eusse reçu mes gens à genoux & gratis, ils auroient encore craint d'être vexés & pressurés; tant on leur avoit monté la cervelle sur le ton méfiant & récalcitrant.

Ah ! mes frères, comme vous jugez, comme vous condamnez légérement votre frère !

La sensation que le bruit de ces débats avoit

fait dans le public toujours d'une ignorance très profonde du fond des conteftations qu'il juge fur oui-dire; le préjugé général qu'un chanoine, en difpute d'argent ou de meubles, avec des princes, ou leurs repréfentans, ne pouvoit qu'avoir tort; les propos envénimés que mes adverfaires en titre avoient eu la malignité de répandre à cette occafion, pour me dénigrer; tout cela m'avoit donné, quoique pillé, la réputation d'un pirate, & m'a mis dans la néceffité de profiter à mon tour, comme je le fais, des troubles actuels; non pour hafarder le moindre mot contraire au vrai, (dont Dieu bien me garde ; j'abhorre le menfonge); mais pour effacer dans les efprits l'impreffion défavorable que la prévention y avoit portée, & dont la plupart ne font pas revenus encore, faute d'avoir pû être inftruits de l'exacte vérité, que je viens d'expofer, & qu'on peut éclaircir chez les notaires royaux de la ville; tous deux ayant affifté à la tranfaction. Je le devois à l'honneur de mon caractère, compromis par une fcène publique, qui n'avoit pas manqué de donner du fcandale à tous ces ariftarques, opinans du bonnet dans la caufe d'un prêtre. Eh! fi ce prêtre ne peut, fans fcandale, revendiquer le fien, avec des princes fouverains; quand donc le pourra-t-il?

Meubles de hafard. En remontant mon mobilier, qui n'étoit plus neuf, j'ai cherché à l'affortir par des effets de *ren-*

contre. J'allois comme tout le monde, & comme vingt chanoines que perfonne ne critiquoit, acheter aux *encans* ce qui pouvoit m'y convenir. Autre péché mortel : *négoce* abominable......
J'étois un *fripier*, difoit mon délateur; il l'affuroit à l'évêque. St. Paul faifoit bien pis : il achetoit des toiles pour revendre, & ce que j'achetois, je le gardois. Je voulois être prudent, modefte & ménager, & je devenois coupable aux yeux des *Sts. Canons*, qui ne vouloient que du neuf pour un chanoine de St. Pierre, dût-on le lui piller. Voilà comme de bonne-foi je donnois dans les travers. Si je me meublois en beau; c'étoit un homme vaniteux : fi je vifois à la décence; il étoit parcimonieux : demandois-je le mien ? un chicaneur : le prêtois-je fans intérêt ? un ufurier : le donnois-je ? un glorieux ou un infenfé. Ciel ! m'écriois-je, en relifant ma fable de l'âne & du meunier, les hommes font donc fous ? Puis, ne le ferois-je pas plus qu'eux de trouver cela mauvais ? Qu'ils le foient donc, reprenois-je, mais qu'ils foient de bons fous, & non des fous méchants; car enfin donner de bons bouillons aux malades, ce n'eft pas les empoifonner : prêter aux gens qui ne rendent rien, & fe taire, ce n'eft pas les tourmenter : racheter des prifonniers, payer leurs créanciers, ce n'eft pas les trafiquer : prêcher fon curé, le rappeler à la règle, ce n'eft pas l'affaffiner.

Coup de mort. Affaffiner !... Eft-ce donc, dira mon lecteur de Mayence, qu'on vous auroit fufpecté jamais d'avoir affaffiné un curé ? — Eh! oui, mon cher de Mayence ! fufpecté & accufé. C'étoit, il y a 12 ans, le bruit de toute la ville : bruit, qui étoit auffi fondé que l'avoient été tous les autres bruits répandus par la *creffelle* de St. Pierre, dont les *maîtres* dirigeoient la manivelle, comme ils dirigeoient tout. Si donc je vis encore ; fi dès-lors ma fentence de mort ne m'a pas été prononcée, c'eft que fans doute on a voulu me faire grace. Voici le fait :

Je difois habituellement ma meffe, à la même heure, dans la chapelle de la vierge, à côté de notre églife. J'étois au moment de fortir de la facriftie pour monter à l'autel, lorfque le curé de la paroiffe, qui s'habilloit, me fit entendre qu'il voudroit y dire la fienne avant moi. Or, non feulement il étoit plus nouveau chanoine que moi, mais, par fon état de curé, il avoit *de droit* à St. Pierre-le-jeune, invariablement le dernier rang de tous, tant au chœur qu'au chapitre, en fût-il le fénior. Le titre d'érection de fon canonicat-cure lui attribuoit cette diftinction humiliante. Lui accorder fa demande originale eut été s'écarter des principes du corps, qui vouloit tenir le curé dans cet état d'abaiffement. Elle étoit d'ailleurs fi indifcrète & fi peu honnête, que je lui fis *l'impoliteffe* de la lui refufer, en lui faifant une courte morale fur la vertu connue fous le nom de *modeſtie*; mais fans lui témoigner en rien que je me cruſſe offenfé. Il n'en avoit pas été de même de M. le curé, qui, fe trouvant très piqué du refus, alla s'en plaindre à M. le prévôt, où toujours étoit bien venu quiconque m'avoit fait quelqu'impertinence.

Tout ce différend avoit fini là. Il n'eut d'autres fuites, finon que le curé me bouda un peu. Six mois après, il gagna une fièvre violente : je le vas voir chez lui, de même que mes confrères : le mal augmente : il en meurt. Auſſitôt les créatures du prévôt répandent parmi la canaille foudoyée, que le curé étoit mort du coup que je lui avois donné. Je conviens que dans le principe on n'entendoit par ce *coup*, que la mortification qu'il avoit éprouvée de mon refus; mais dans moins de huit jours il s'eſt préfenté vingt perfonnes de marque chez M. le doyen (curé des chanoines, lequel j'avois également prêché quelquefois, fans qu'il fût mort du *coup*) ; & toutes ces perfonnes là, perfuadées que j'avois aſſaſſiné un prêtre, étoient venues s'informer comment & pourquoi on pouvoit me laiſſer vivre. Les uns difoient que c'étoit un coup de poing donné dans la poitrine; d'autres, un coup de clef appliqué fur la tempe ; ceux-ci un coup de pied, qui avoit rompu les côtes ; ceux-là un coup de calice déchargé fur la figure. Ah ! mon doux fauveur ! ce n'étoit qu'un coup de texte *vivifiant* tiré de votre *falutaire* teftament, dont le pauvre défunt doit être *mort* fix mois après, fans avoir fait de maladie, que 15 jours avant fa fin : & c'eft ainfi que mon cher ennemi fait de fes *coups*, & que de fes coups il fait ce qu'il veut.

Laiffons-le pour exercer fa juftice, fa charité, fes vertus, ufer des armes qu'il a, & retournons à notre hôtel & à nos locataires.

Général prévenu. Certes, on m'avoit fi bien habillé, qu'un officier *général* en entrant chez moi, pour deux quartiers au plus, l'efprit monté à la défiance, vouloit que je miffe notre accord par écrit, en fpécifiant tous les meubles loués, & l'état de leur fituation. Un écrit ! un inventaire ! pour 4 ou 5 mois ! avec un feigneur poli, jufte, généreux ! j'y répugnois. Il infifte : je refufe ; & voyant qu'on lui avoit fait fa leçon, je lui envoye une décharge plénière, par laquelle je reconnoiffois que tout le mobilier que je lui avois loué, étoit en fort mauvais état, comme fortant d'un facagement fcabreux; que je renonçois d'avance à toute efpèce de décompte à cet égard; en y ajoutant une quittance des neuf cent livres de loyer convenu, lefquelles je le priois de vouloir bien donner aux pauvres, comme un fuperflu, dont je pouvois me paffer.

C'eft par des procédés femblables que je convertiſſois les ames ſenſibles; & que j'offenſois les butors, qui n'avoient de cœur que dans la tête, ou dont le ſentiment n'étoit que l'orgueil. Mon général n'étoit pas de ces derniers.

Peu après une *dame* de condition m'a demandé un appartement gratuit pour une pauvre famille : je le lui ai donné. Quoi fait, certains chrétiens lui dirent : mais à quoi penſiez-vous, madame, de placer vos pauvres chez un juif comme celui-là, qui vient de ruiner deux princes & un général?!il vous mettra vos malheureux à la porte, ſi quelque manant vient lui offrir un écu pour ſon logement.—Quoi! ce ſeroit un monſtre pareil!—Et vous en doutez? allez le demander au *grand* prévôt de St. Pierre, ou au *petit* ſeulement, ſon portier : ils vous diront ce qu'il fait faire. — Foi de femme d'honneur, je n'en ſavois rien : je vois ſi peu les prêtres, que je les crois tous honnêtes : je penſois que pour une charité, on ne riſquoit rien de s'adreſſer à eux.....
Il m'a pourtant bien reçue; mais j'en aurai le cœur net.

Dame charitable.

Elle eſt venue toute eſſoufflée me prier de lui aſſurer par écrit, que je laiſſerois jouir ſes protégés un an au moins du bienfait, qu'elle m'avoit démandé pour eux. Fort étonné de ſa prière, je lui ai répondu que mon intention ayant toujours été de les laiſſer dans leur jouiſſance tout le temps de mon bail, ce qui faiſoit le quadruple de ce qu'elle exigeoit, j'allois lui en faire ma promesse; & aussitôt je l'ai écrite. J'y ai mis d'abondant qu'en cas de mort ou d'événements imprévus, qui viendroient à me faire quitter l'hôtel avant l'échéance des neuf années, j'ordonnois à mes héritiers de compter cent écus aux pauvres en question, pour les aider à se loger ailleurs; & j'ai corroboré cette espèce de codicile par l'apposition de mon cachet. La dame revenue de sa frayeur, s'en fut avec sa pièce, promettant intérieurement à son Dieu, que jamais elle n'auroit plus foi aux caquets du quartier, fussent-ils affirmés & par le portier, & par le bédeau, & par la *cresselle* de St. Pierre.

Elle l'a dit elle-même à sa coëffeuse, qui l'a redit à sa voisine, qui l'a rendu à sa commère, qui l'a passé à la cuisinière prévôtale, qui l'a rapporté, sous le secret, au marguillier, qui, sans y penser, l'a raconté à la *chaufrette*; d'où je l'ai sçu.

Femme du bon ton.

Dans ces circonstances une autre *femme du bon ton* étoit venue tout de même se refugier dans mon empire, à titre de locataire; quoique ce titre ne fût pour elle qu'une concession de faveur; la dame n'ayant loué, qu'au quart de la valeur courante, le terrein que je lui avois cédé; parce que c'étoit elle-même, qui en avoit réglé le prix laissé à sa discrétion, & que sa discrétion étoit peu de chose. Elle n'en prétendoit pas moins y commander en souveraine, comme si je l'eusse associée à mon trône, moi qui ne pouvois ni ne voulois me marier.

Rebutée bien-tôt du voisinage d'une famille infortunée, dont l'habitation lui eut convenue pour étendre son domaine, sans se douter qu'il eût jamais existé une Jezabel & un Naboth, elle me fit tout naturellement la proposition qu'Achab avoit faite à celui-ci. Elle vouloit chasser loin d'elle les pauvrets, dont elle convoitoit le champ, & dont elle aggravoit la misère, par les querelles journalières qu'elle leur faisoit pour les en dégoûter.

Je lui ai mis sous les yeux les élémens de la décence, les préceptes de la charité, les devoirs de l'homme de bien, la promesse que j'avois faite, & plus que tout cela, l'injustice qu'elle vouloit faire. Toute cette morale l'affectoit peu. Rien n'a pu l'émouvoir.

Elle court mettre dans ses intérêts la protectrice de ces indigents, qu'elle entendoit déposséder. Celle-ci résiste à ses cris; mais, brouillée ensuite elle-même avec le ménage poursuivi, pour des sornettes qu'on lui avoit prêtées, elle le livre à son ennemie, qui vient me rapporter de sa part l'écrit que j'avois signé & scellé, en faveur de ce ménage : on m'invitoit de concert à l'expulser pour obliger mesdames.

„ Or, ne précipitons rien, mesdames ! vous
„ êtes fort aimables l'une & l'autre ; mais
„ n'eſt-il pas vrai que j'ai promis à ces pau-
„ vres de les laiſſer dans l'hôtel tant que j'y
„ ferois ? — Oui. — N'eſt-il pas certain que
„ ma parole étoit engagée indépendamment
„ de mon écrit ? — Oui. — N'eſt-il pas clair
„ que cette parole me lie encore, quoique
„ l'écrit me ſoit rendu par vous ? — Non. —
„ Et pourquoi non ? Ce n'eſt pas à vous, ma-
„ dame une telle qui parlez, que j'ai promis de
„ loger ces pauvres gens *gratis*. C'eſt à eux ;
„ c'eſt à Dieu. Vous étiez la courtière & non
„ l'objet de mon engagement ; ainſi ne trouvez
„ pas mauvais que je vous préſente mon reſpect,
„ & que je reſpecte encore mon Dieu dans la
„ perſonne de ſes pauvres. Ils reſteront dans leur
„ logement. Il en fera ce qu'il pourra.

Et voilà donc, d'un ſeul refus, deux mortelles ennemies de plus ſur le catalogue qui me ſert dans mes oraiſons, aux *mementos* pour les vivans. Celle qui y perdoit le plus étoit furieuſe de ce que de la vile canaille lui étoit préférée à elle, femme *comme il faut*. Elle me ſautoit à la figure, ſi je n'euſſe mis vîte en avant mon petit ſaint de Warſovie ; en tâchant toutefois de filer vers la porte, pour eſquiver ſes griffes, dont madame geſticuloit ; & pour aller *reméditer* ſur la fable du meunier.

Enfin j'en ai eu de toutes les couleurs dans ce cruel hôtel ; j'en ai eu jusqu'au bout, & j'en ai encore des restes. *Perçant au travers.*

L'un, baron du fond du nord, plus riche en bravoure qu'en écus, pour m'engager à lui louer, me proposoit, sans périphrases, de me *percer* son épée *au travers* du corps, en guise d'une caution que je lui demandois poliment. Mon saint ne lui en imposoit guères ; il étoit d'une croyance, où l'on n'y croit pas. Et lorsque, m'amenant sa caution, il se vit éconduit, parce que j'avois peur, d'un brave si *perçant au travers*, il s'en fut chez le prévôt lui raconter mes torts ; & on y trouva qu'il avoit raison.

L'autre qui, sans être baron, en avoit la hauteur, étoit venu se camper chez moi, sans saluer son hôte. Il a été cause que stipulant ensuite avec d'autres, financiers ou non, je passois pour me méfier de la civilité de mes gens ; la première clause étoit toujours qu'on me feroit visite en entrant dans l'hôtel ; sinon point de bail. Des parens l'y vinrent voir, pour y rester des mois entiers. Pour lors il me fit prier de vouloir bien l'obliger, en les logeant. Un haineux auroit envoyé paître les parens comme le cousin. Moi, qui n'ai pas de rancune, je les ai logés. Et pour punir mon important de sa malhonnêteté, que je savois dans le fond n'être que l'effet de la prévention commune, je ne lui ai pas demandé *Locataire peu poli.*

le fol pour les chambres cédées. Quoiqu'il nageât dans les écus, cela n'a pas laissé de le toucher ; mais ses parens, de même famille que lui, sont partis sans me remercier, par la même raison, qu'ils étoient arrivés sans me saluer.

En un mot, j'aurois trente sujets pareils à crayonner, si je n'avois que cela à faire. Je ne citerai plus qu'un trait, qui a couronné mon bail ; pour n'être plus dans le cas de revenir encore à ce funeste hôtel.

Débiteur poursuivant.

L'homme du prince qui me l'avoit loué, & qui, pendant toute la durée de notre bail, ne m'avoit jamais trouvé en retard d'une heure pour les soldes de nos comptes, se mit en tête de me tracasser à son tour. Sans doute qu'il y étoit excité par tout ce qu'on lui souffloit. (Il y a des têtes qui en croyent plutôt à leurs oreilles qu'à leurs yeux, sur-tout lorsque ces têtes ont la vue basse ;) car, par lui-même il avoit si peu sujet de se plaindre, qu'il ne savoit pas seulement sur quoi faire porter son manifeste, dans la guerre injuste qu'il vouloit me déclarer. Il me fit sommer de sortir de son hôtel; & j'en étois sorti long-temps auparavant; ce qu'il n'ignoroit pas. Il me fit commander d'en enlever certains meubles ; & quand on vouloit les prendre, il y avoit ordre de sa part de les arrêter à la porte. Il me fit enjoindre d'y réparer ce qui étoit à ma charge ; & le tout
étoit

étoit fini ; de son sçu, au désir d'un rapport d'experts, qu'il avoit consenti *pardevant notaire*, & qu'il avoit ensuite, après que ces experts eurent rempli son objet ; ratifié encore *en présence dudit notaire*. Ils avoient arbitré à une vingtaine de louis, qu'il devoit me bonifier, les impenses nécessaires & utiles faites dans l'hôtel ; parce que pendant les neuf ans il n'y avoit pas mis un denier en réparations quelconques ; & il est encore à me payer ces vingt louis. J'ai vendu différens meubles à différens particuliers ; & ces particuliers sont encore à réclamer ces meubles, n'ayant pu, depuis trois ans, les arracher de ses mains. Enfin voulant *finalement* récupérer mes avances, retirer mes effets ; j'ai chargé mon procureur de lever une commission. Notre guerroyeur l'apprend, & en lève une lui-même. Il faut voir ce qu'il va dire. Pour moi je n'en fais rien. Le conseil ne pourra qu'être édifié à l'audience des beaux moyens d'un *débiteur* qui *poursuit* son créancier, sans savoir pourquoi, si ce n'est peut-être pour payer un peu plus tard ce qu'il a reconnu devoir *pardevant ledit notaire*.

Si l'affaire eût été assez intéressante pour mériter l'attention du prince ; je connois trop ses sentimens de justice, pour n'être pas assuré que jamais elle n'auroit vu le jour. Mais c'est aujourd'hui un de mes *procillons* ; il n'étoit pas hors de propos d'en dire un mot en passant.

afin de faire connoître d'autant mieux comment, & pour quelles drogues, je suis par-tout vexé; & que, si j'ai visé souvent à vivre avec les quadrupèdes des bois, j'avois mes bonnes raisons pour leur donner cette préférence.

Voilà bien mon bail fini ; mais pendant que duroit ce bail, j'ai fait autre chose que répercuter les extravagances de mes locataires. Mes *sorties* me menoient encore ailleurs. Car, quoique résidant par droit de charge, je n'ai jamais pu tenir neuf mois de suite, comment l'eussé-je fait neuf ans ?

Pêche copieuse.
Plusieurs de ces sorties ont buté vers Manheim, où il y avoit vingt mille bons florins d'Allemagne à *pêcher* pour la mense capitulaire. Depuis deux à trois siècles ils étoient engloutis & submergés dans le fond du Danube, ne rendant plus ni fonds ni rentes. Le prévôt de S. Pierre, pêcheur rusé, excellent plongeur, sachant manier les filets autrement que son saint, (quoique celui-ci n'eût mis jadis qu'une nuit pour ne rien prendre,) n'en avoit pas moins été dix ans à fouiller, à roder, à invoquer en vain, la rivière, les entours, les passans les plus forts. Chaque jour il s'étoit retrouvé sur le rivage, les mains vuides.

Désespérant de son travail, il rapporte en chapitre les rets, les hameçons & les amorces qu'il y avoit pris ; jurant à ses frères qu'il avoit tenté l'impossible ; qu'il en étoit harassé ; que *l'affaire* étoit par trop mauvaise, & qu'il y renonçoit.

A l'aspect de ces filets & de ces *instrumens*, encore assez *solides*, rendus par le premier pècheur du collège de S. Pierre, comme des armes inutiles pour attraper de *quoi vivre*, ne voilà-t-il pas qu'un transport de zèle *pour le bien* me prend, & qu'au lieu de reconnoître qu'en *affaires* je n'étois qu'un petit sot, comparé à mon *maitre* bien plus grand que moi, je voulois, comme un étourdi, me mesurer avec lui, en reprenant un travail qu'il avoit abandonné !

Je connois, me disois-je dans mon fier intérieur, le bon prince qui commande aux flots du Rhin, du Necker & du Danube. C'est un Souverain, protégeant les arts, généreux, bienfaisant; il favorise l'industrie; il connoît la méchanique; il me donnera les *moyens* pour retrouver notre *fonds*. Il vit dans un siècle, où faire des dettes sans les payer, est la vertu-pratique la plus en vogue. Il hait les modes nouvelles : son goût est pour *l'antique*. Si ses contemporains se font un honneur de ne pas acquitter les promesses qu'ils ont souscrites ; lui, mieux organisé qu'eux, fera honneur aux signatures, que même il n'aura pas faites. Il lavera ses ancêtres du blâme d'avoir donné, dès leur temps, dans cette pratique, devenue de mode à la honte de l'Europe ; & pour venger fon augufte nom d'une *macule* qui, quelque légère qu'elle foit, révolte fon cœur, il paiera les dettes par eux contractées. J'ai, à fa cour, des amis : par leur canal j'aurai accès. Si je puis parler à *monfeigneur*, ma pêche fera *copieufe* ; mes filets fe rompront ; mon pafteur y applaudira ; S. Pierre en rira, & le grand pêcheur peftera, mordra, calomniera... Soit. Laiffons les jouir ; allons toujours notre train.

<small>Pardon ! pour le terme.</small>

Ainfi que je les avois prévues, les chofes fe font paffées. C'eft tout comme fi je venois de raconter l'hiftoire. Dix mille livres allemandes, faifant environ quarante-quatre mille livres françoifes, celles-ci étant à peu près quatre fois & demi plus légères que celles-là, en raifon inverfe du poids relatif d'une nation à l'autre : dix mille livres, dis-je, (ou vingt mille florins,) perdues pour S. Pierre dans le fein du Danube, fe font trouvées moins lourdes qu'un pareil volume d'eau. À la voix de leur *fauveur*, furnageant au fignal donné par *monfeigneur*, je les ai prifes d'un coup, en ai rempli mes facs & les ai emportées, un peu mieux garanties que ne l'avoient été mes louis, prédeftinés pour nos Lorrains. De tous les maîtres, de toutes les maîtreffes, l'expérience eft la meilleure. J'ignore par quel méchanifme charmant le prince a fait sa merveille sous l'eau. Je n'ai pas même entendu le mot sacramental. Je n'avois fait, pour l'animer, que remuer son cœur, qui de lui-même se portoit aux œuvres glorieuses. Il n'en a pas moins résulté qu'à mon retour à Strasbourg, voyant ces beaux florins, le chef piqué soutint, en guise de reconnoissance, qu'il avoit très bien su que j'étois un *intrigant*.

Il falloit bien que j'en fusse un, puisque, sans considération & sans délicieuse cuisine, je rapportois au chapitre vingt-deux mille livres de plus qu'il ne m'avoit demandé, N°. 35. Il falloit bien que mon qualificateur ne le fut guère, puisqu'avec tous ses protecteurs & avec tous ses amis de table il n'avoit pu, dans l'espace de deux lustres, y apporter vingt-deux kriches, de vingt-deux mille florins qu'il avoit promis. Oui, il falloit que je fusse un *intrigant fieffé*, puisque, sept ans après, un fiscal tout à lui, son confident & son commensal, étoit parvenu à me faire interdire toute intrigue pareille, & tout *négoce* semblable comme contraires *aux SS. Canons* ; tandis qu'en bonne conscience, je m'étois figuré que je n'intriguois & ne négociois ainsi qu'en vertu des mêmes Canons.

Mes confrères avoient de moi meilleure opinion que leur chef; & de S. A. E. celle que méritoient ses éminentes qualités. Ils m'ont permis de transmettre à nos successeurs, en témoignage de leur reconnoissance, la mémoire des sentimens de cet excellent prince, qui a agréé cet hommage de notre cœur & m'a autorisé à pouvoir placer son portrait en médaillon, dans notre salle capitulaire, avec cette inscription, que j'y ai fait mettre:

CAROLO THEODORO, ELECTORI PALATINO, MAJORUM NOMINA PIÈ SOLVENTI
Capitulum Inf. Eccl. Col. D. Petri jun. Argent.
M. DCC. LXXV.

Ensuite il m'a fait la grace de m'annoncer qu'il avoit donné ordre de m'adresser un service de porcelaine de sa manufacture de Franckenthal, comme une marque *d'estime & de bienveillance particulière* pour ma personne; parce que j'avois accompagné ma lettre de quelques vieilles broutilles que j'avois retirées de la liasse de nos contrats, & qu'un autre, moins *intrigant*, y auroit peut-être laissées, sans même les appercevoir, ou qu'il auroit méprisées, comme paperasses inutiles, qui, effectivement, à le bien prendre, ne valoient pas cinq sols.

Cependant comme je n'avois pas *négocié* pour mon compte, mais pour celui de S. Pierre, & que de la vaisselle de porcelaine n'auroit pu servir à la *mense* du chapitre, qui, ne conservant que le nom de *mense*, en avoit passés les honneurs & le profit à ses dignitaires; j'ai pris la liberté d'obferver à S. A. E. que ma délicateffe ne me permettoit pas d'accepter un préfent en mon particulier, dans une affaire où je n'avois agi qu'au nom de mon corps ; que je la fuppliois de vouloir bien le commuer en quelqu'ornement d'églife, dont l'ufage pût être commun à tous. Elle a daigné en conféquence m'en envoyer un de moire d'argent, dont la broderie en or avoit coûté quatre mille livres, fuivant que me l'a afluré un cavalier de la cour, qui eft venu me voir à Strasbourg.

De cette manière je profite comme les autres de la générofité de l'électeur. S'il avoit envoyé un fervice de table, cela n'eût convenu qu'au feul prévôt, qui, ne m'ayant de fa vie offert chez lui un verre d'eau, m'auroit vraifemblablement *interdit* pour jamais l'ufage de notre porcelaine, ainfi qu'il m'avoit fait *interdire* pour fix mois la table du chapitre, où fon neveu, ami du *bon ordre*, m'a foufflé mon fiége par *pur zèle*.

Dirai-je encore que par un contrafte de Chanoineffe
fentimens bien oppofés, pendant que ce chef de S. Pierre.
me déprifoit à Strasbourg, en me prodiguant
les plus viles épithètes, je travaillois, fans qu'il
le fût, à fon bonheur, dans Manheim, en lui
procurant une compagne pour le foigner dans
fes vieux jours ?

Au dernier voyage que j'y ai fait, une dame de cour, qui aimoit à rire, vouloit que je lui fiſſe avoir une *chanoinie* dans mon égliſe. Il doit faire bon vivre, diſoit-elle, dans un chapitre où l'on faiſoit de ſi bonnes pêches. Quand c'eſt une dame qui me demande, pourvu que ce ne ſoit pas la vigne de Naboth, je ne refuſe guère.

Je fis donc la nomination au canonicat déſiré, en donnant une légère extenſion au plein-pouvoir dont j'étois porteur. Et comme la dame, pleine d'eſprit & d'une ſociété très agréable, étoit une excellente acquiſition à faire, je l'ai logée à l'hôtel de la prévôté, dans l'intention de faire ainſi ma cour à deux perſonnes à la fois, ce que M. le prévôt ne fait pas ſouvent, quand il *arrange les affaires*. J'ai envoyé à madame la baronne le ſoi-diſant extrait de l'arrêté du chapitre, que pour cette fois j'avois pu rédiger à ma fantaiſie, les chefs n'y ayant pas préſidé. Et j'ai ſu que cette petite plaiſanterie, ſans être bien fine, n'en avoit pas moins amuſé les dames du château, même ſon alteſſe électorale. N°. 36.

N°. 36.
Négoce manqué.

Après avoir fouillé dans la maiſon de Neubourg, j'ai voulu entamer celle d'Autriche, pour enſuite en venir à d'autres toutes tribu-

taires arriérées de ma pauvre petite églife. Je
me jetois, pour mon faint, qui de fon vivant
n'avoit ni argent ni or, fur les plus belles cou-
ronnes d'Occident. Elles lui en devoient plus
qu'il n'en eût fallu, de fon temps, pour acheter un royaume en Orient. Mais holà! Pour
cette fois-ci le *maître* de St. Pierre ne voulut pas
qu'on s'y fiât. On m'avoit laiffé aller à Manheim, dans l'efpérance que je n'y obtiendrois
rien; & on m'empêchoit d'aller à Vienne, dans
la crainte que je n'y obtinffe. J'avois rapporté
du premier *négoce* plus du double qu'on en avoit
voulu. Ici j'offrois de réalifer tous nos vieux
contracts à mes rifques & périls, fans répéter un fol pour aucuns débourfés.

Je ne demandois qu'à courir, à me fecouer,
& à fuivre un régime qui fut également utile
& à la conservation de mon corps phyfique,
& à la profpérité de mon corps moral: je voulois allier ainfi ma confervation préfente à ma
fanctification future; ceffer de réfider près de
mon églife, fans ceffer d'être à mon devoir;
me bien porter en un mot, & porter beaucoup
d'argent d'Allemagne à mon chapitre, pendant
qu'en France, il prieroit un peu Dieu pour moi.

Le fage prévôt avoit une peur horrible que
je ne tinffe parole. Il favoit que j'avois près de
l'empereur un parent premier fecrétaire, qui
pouvoit me fervir; il me connoiffoit de vieille

date pour un *intrigant de la première* claffe :
" Tâchez, mon cher doyen, dit-il à fon col-
" lègue, que cet homme n'aille pas, en nous
" damant le pion, enrichir notre *maffe* à la barbe
" de fes chefs. Qu'avons-nous befoin d'argent?
" De la confidération, voilà ce qu'il nous faut.
" Laiffons en paix l'Autriche, la Suabe, les
" Deux-Ponts, &c. Cet intrus ne vife pas à
" moins, qu'à nous faire prendre pour des bêtes,
" que nous ne fommes pas; vous le favez.
" Menez, gouvernez, dirigez comme vous
" avez toujours fait, votre chapitre foumis &
" débonnaire. Surtout gardez-vous bien d'aller
" aux voix, fur les offres par écrit que notre
" antagonifte veut préfenter dans l'affemblée
" prochaine. Ces offres feroient agréées, &
" nous ferions perdus.

Le doyen retint la leçon; fit quelqu'*argu-*
ments pour prouver qu'ayant pu attendre deux
fiècles, on pouvoit bien en attendre un troifième pour répéter nos créances; & quoiqu'il
n'en fût pas des contracts fur l'Allemagne,
comme des vins du pays, qui fe bonifioient
en vieilliffant, fon avis fit la loi, fans aller aux
opinions. C'étoit fa méthode habituelle de ne
pas recueillir les fuffrages, quand il y avoit
lieu de preffentir qu'ils feroient contraires au
fien; & l'allure habituelle des vôtans, étoit toujours de le laiffer faire; de remporter leurs voix

ou étouffées ou concentrées dans leurs cœurs, pour ne leur donner l'effor que dès qu'ils étoient en plein air. Il voulut enfuite s'emparer de mon écrit; mais j'ai prié M. l'écolâtre de joindre, pour le plaifir de nos fucceffeurs, cette foumiffion fignée de moi, au dépôt de fes actes, où elle fe trouve encore, fi quelque lutin teuton ne l'a enlevée depuis, pour le falut des Germains, & pour l'honneur de nos chefs.

N'ayant pu aller à Vienne de l'agrément de mon chapitre, je me fuis rejeté fur *Paris* où toujours je trouvois de quoi m'occuper à l'aife pour le bien de la fociété. Quoiqu'ami du mouvement, je déteftois d'aller fimplement pour le plaifir d'aller, ou, comme on dit, pour *promener*. Il falloit que j'euffe un objet, autre encore que celui de me remuer. Celui du foutien d'une fanté *oifeufe* n'étoit pas, à lui feul, fuffifant pour fatisfaire la forte d'activité qui me plaifoit. Si la vocation, pour être bonne, doit néceffairement répondre à notre inclination, j'avoue que j'ai peut-être manqué la mienne, en me fixant, par état, à la prière publique, plutôt qu'aux foins d'une paroiffe, ou de quelque *fifcalat* de métropole, pour morigéner les fifcaux fubalternes. Il me femble que mon goût m'auroit fait préférer les fonctions laborieufes de Jofué dans la plaine, au paifible miniftère de Moïfe fur la montagne; mais il ne s'agit pas ici de montagnes: venons au fait.

Voyage de Paris.

Des différens motifs qui m'avoient décidé pour Paris plutôt que pour ailleurs, celui de remercier mes protecteurs, qui avoient fait donner à mon frère cette penfion dont il n'a pu profiter, me tenoit le plus à cœur. Le fecond, qui intéreffoit également ma fenfibilité, étoit encore une grace à folliciter en cour pour le fils d'un laboureur, condamné à la roue par contumace.

A cent piftoles la grace. A la foire de fon village bataillant fur la chauffée, avec le bâton qu'il portoit, il avoit eu le malheur de faire, dans l'ivreffe, à un de fes camarades, une bleffure à la tête, qui, mal panfée, lui avoit caufé la mort. Le père du fugitif perdant ainfi l'appui de fa vieilleffe, étoit allé trouver certain légifte *d'une vallée de par-delà le Rhin*, pour le confulter. Celui-ci avoit perfuadé au pauvre payfan que par fes correfpondans de Verfailles, il obtiendroit la grace de fon fils fous quinze jours ; qu'il en répondroit ; mais qu'il falloit cinquante louis comptant. —— Cinquante louis ! Le vieillard n'avoit pas cinquante fols. Cependant fon enfant & la roue le tourmentoient. Il étoit allé emprunter *mille francs* chez le juif, pour les offrir au protecteur à cinquante louis *la chofe*. Celui-ci les avoit pris, les avoit gardés, n'avoit jamais écrit une fyllabe, & n'avoit jamais eu envie d'en rendre une obole.

De ces efcroqueries-là il en arrive vingt par

jour en pays de bonne juſtice; mais la nuit les couvre; la police ne les voit pas.

J'avois envoyé pour ce père infortuné un mémoire à M. le garde des ſceaux, qui demandoit des copies de pièces aſſez diſpendieuſes. Je les avois payées; & au lieu de répéter de l'argent à un malheureux, je lui en avois donné, pour acquitter *l'uſure*, que ſon juif lui prenoit des mille livres du légiſte de la vallée de par de-là le Rhin. N°. 97.

C'étoit peut-être cela qui avoit fait dire *tout bas* que j'étois un *uſurier*, & qui avoit porté un ſupérieur reſpectable, grand ami de mon prévôt, à me le redire tout haut, de lui à moi: Car ſi dans la province, ou dans aucune des quatre parties du monde, il exiſtoit une créature humaine, qui pût affirmer m'avoir de ſa vie donné un intérêt illicite quelconque, je la ſomme de ſe montrer pour confondre ma hardieſſe d'oſer la provoquer en proteſtant, à Dieu, à ſes ſaints, & à l'univers entier, dans la *confeſſion générale* que je fais, que jamais, au grand jamais, je n'ai reçu de perſonne le moindre denier uſuraire, ni eu envie d'en recevoir d'ame qui vive; que les dix mille livres promiſes aux pauvres, par notre amé prévôt, qui ne les a pas payées; moi, je les acquitterois avec autres dix mille pour le dénonciateur, qui viendroit à prouver que, dans cette aſſertion, j'en euſſe impoſé. Les préſentes

Uſurier tout bas.

qui seront publiées, feront son titre, lequel je reconnoîtrai pour valable, tant en justice que dehors.

Il est sans doute bien humiliant pour un prêtre sans reproche, de se trouver dans la dure nécessité de révéler pareils propos à ceux mêmes qui, si j'avois su me taire, auroient ignoré peut-être encore que jamais ils eussent été tenus ; d'être obligé de relever ces épithètes d'*intrigant*, d'*usurier*, de *négociant* ; mais c'est par ces mêmes propos, semés avec adresse & avec persévérance, que mes ennemis ont réussi à disposer les esprits, qui enfin avoient cru pouvoir, par une flétrissure juridique, donner à ces bruits sourds une sanction légale & déshonorante. J'étois dans leurs bouches un usurier ; parce que je n'avois pas dissipé le patrimoine, qui m'étoit légitimement avenu. Si j'eusse dépensé ma médiocre fortune, j'aurois été à leurs yeux un panier percé, un fou criblé de dettes : ne me voyant qu'à l'ombre de leur jalousie, toute ma personne étoit toujours noire pour eux ; &, par eux, pour mille ames qui ne me connoissoient que de nom.

Je m'égare ! au lieu d'aller à Paris par le chemin le plus court, je me trouve, par bonds & par sauts, détourné sur mon procès de Mayence, *détenu* à Colmar ; où toujours, malgré moi, mon ame flétrie me ramène.

Eloignons nous donc de cet objet lugubre,

& n'anticipons rien. Je suis encore à plus de cinq ans de ma mort.

Après avoir salué tous mes débiteurs de la capitale, qui, gardant mes fonds, m'en faisoient la rente en complimens, j'ai été faire, entre autres, ma cour à M. le comte de S. Germain, pour-lors ministre de la guerre. Comme il m'honoroit de sa bienveillance, j'ai essayé d'en tirer parti pour mon église, que désormais il m'étoit défendu d'enrichir. Aussi n'étoit-ce pas de l'argent que je demandois à ce ministre. C'étoit de l'espace ou de la place seulement, pour que les fidèles, dont le nombre avoit plus que centuplé depuis un siècle, pussent y tenir à couvert, aux jours solemnels ; au lieu d'être exposés aux injures du temps, hors de son enceinte. Il avoit goûté mon mémoire appuyé sur différens motifs pressans. Il l'avoit communiqué à sa majesté, qui également avoit trouvé la demande juste. Il me fit en conséquence écrire à mon chapitre, pour savoir de quelle manière on pourroit y pourvoir, & pour lui proposer le service simultané, qu'il avoit consenti de m'accorder ; mais soit que mes chefs n'ayent pas voulu que j'eusse le mérite d'avoir contribué à obtenir cet avantage marqué en faveur d'une paroisse considérable ; soit qu'ils ayent prévu des inconvéniens dans son exécution ; l'écolâtre m'a répondu, au nom de la compagnie, qu'on étoit

Service désagréé.

bien fenfible aux bontés de M. le comte ; mais qu'on ne vouloit point de fervice fimultané. Et la bonne envie que j'avois d'être utile à mon églife s'eft encore trouvée vaine. N°. 98.

Rencontre heureufe.

J'aurois ici befoin d'une tranfition pour paffer à une *rencontre* que j'ai faite à Paris dans le temps dont il s'agit. Prenons que c'en foit là une. Pour en chercher une autre je perdrois quelqu'inftans, & il me tarde beaucoup d'être délivré de mon malheureux encrier, que depuis huit jours j'ai empli au moins dix fois, & que je pourrai bien remplir dix fois encore, fi je veux aller jufqu'au bout, avec la permiffion de mes *vapeurs*.

J'ai donc retrouvé à Paris, chez l'envoyé d'une cour d'Allemagne, un ancien ami, qui depuis près de quatre ans avoit roulé fon corps dans les deux hémifphères. Fils unique d'un comte régnant d'empire, richiffime & avare, il étoit difgracié de fon père, parce qu'il ne lui reffembloit pas. C'étoit la bourfe de fes amis qui fourniffoit à fes voyages : fon père lui refufoit tout. Lorfque je fis fa rencontre il étoit fur le point de repartir pour l'Angleterre, où il avoit des reffources ; ne voulant plus retourner dans fa patri e, où fon nom exigeoit des dépenfes auxquelles il ne pouvoit fubvenir. Cependant je favois que le père étoit vraiment défolé de l'abfence de fon fils. Sachant, de fon côté,

que

que nous étions liés, il m'avoit souvent dévoilé son cœur à cet égard. Rendre un enfant à sa famille qui le regrette, me sembloit une œuvre méritoire. Nourri par St. Pierre, je sais, comme je le dois, faire l'apôtre dans l'occasion. J'entreprends mon ami ; je le touche ; je le convertis. Il n'y avoit plus que trois choses qui manquassent pour consommer mon travail. De l'argent pour l'auberge ; de l'argent pour une voiture ; & de l'argent pour la route. Son ami le *God-dam*, qui le menoit à Londres, lui fournissoit pour Londres, mais ne vouloit pas lui donner un *schelling* pour ailleurs. Je n'en avois pas beaucoup de reste. Je venois de payer quarante louis de quatre tableaux pour mon cabinet, & il en falloit cinquante à mon ami, non compris la voiture, tant sa dette de Paris s'étoit enflée pendant six semaines. Que faire ? Emprunter ? Non. Je n'aurois pas le plus petit sol pour vivre, que je copierois de la musique à la journée, en sous-ordre chez les successeurs de Jean-Jacques, plutôt que de m'abaisser à faire l'aveu de mon indigence. Que seroit-ce si je devois me ravaler à demander le bien d'autrui pour me procurer des jouissances ? J'avois une boîte d'or, je l'ai vendue au poids ; un petit contrat de 600 liv. sur l'hôtel de ville, je l'ai négocié à perte. J'y ai ajouté ce qu'il falloit pour faire face à tout : & j'ai prêté à

M

mon jeune comte un cabriolet que j'avois & qu'il a laiffé à Strasbourg à la ville de Lion, d'où je l'ai retiré à mon retour; Burckart & fa femme font mes témoins, s'il en faut. C'eft ainfi que mon bon ami a pu aller fe jeter aux pieds de fon père, embraffer fes genoux, l'attendrir, en obtenir la faveur, fe marier fix mois après à une comteffe aimable & riche; & finir par être l'idole de fon époufe, de fes parens, de fon prince, & de tous les feigneurs d'une cour électorale, qui depuis peu vient de l'envoyer en ambaffade à une cour brillante.

Dieu foit loué que le fifcal de Strasbourg ait ignoré ce double, ce triple négoce..... Comme il auroit requis!

Le père au tréfor a quitté l'hiver dernier fon or & la nature. Il a laiffé à fon fils des terres immenfes & plufieurs millions d'argent très bien placé. À peine celui-ci en avoit-il pris poffeffion, qu'il eft venu à Strasbourg, dans le courant de janvier, me fauter au cou, me rendre mon argent, & vouloir me forcer à en prendre les intérêts à fix pour cent, fuivant le taux de fon pays; mais, attendu ma *qualité connue*, je ne les ai pas pris. Vingt fois j'ai embraffé mon ami; plus ravi mille fois d'avoir pu concourir à le rendre heureux, que de revoir des louis que j'avois oubliés; béniffant toutefois le ciel d'avoir trouvé enfin un créancier qui rendît, &

dont l'ame fût fensible : mais c'étoit un Allemand, cela ne tiroit pas à conséquence.

Avant de quitter Paris j'ai voulu un peu m'inftruire des précautions que j'aurois à prendre pour pouvoir placer une épitaphe en marbre à la mémoire de mon frère, dans l'églife où il avoit été enterré. C'étoit un projet que j'avois conçu dès Strasbourg, & qui avoit contribué pour beaucoup à déterminer mon voyage. Confultation faite chez l'honnête curé du quartier de la Sorbonne, qui devoit être le dépofitaire des cendres du défunt, mais qui ne l'étoit pas, j'en fus tant, que la folie de vouloir pofer des épitaphes à Paris, m'a paffée comme un fonge.

Epitaphe comme ça.

Ce franc & loyal pafteur me dît avec une naïveté digne de l'âge d'or, que mon frère avoit à la vérité payé 500 liv. pour être enterré dans le caveau de fon églife ; qu'on l'y avoit defcendu en effet en préfence de quarante prêtres témoins, qui éclairoient un convoi nombreux ; mais qu'il n'y avoit pas refté 24 heures ; l'ufage étant de retirer les morts, après la cérémonie des funérailles & de les tranfporter hors de la ville, pour ne pas empefter les vivans de leur dépouille infecte. Que quant à la permiffion néceffaire pour placer l'épitaphe projetée, elle dépendoit des adminiftrateurs de la fabrique, qui pour quinze cents livres me la donneroient ; mais qu'en homme fincère, il me prévenoit qu'il en étoit de cela, à peu près comme du caveau ; que, voulant contenter la vanité de tout le monde, & ne pouvant donner plus d'emplacement que les murailles n'en comportoient, on réformoit fagement les anciens monumens, pour leur en fubftituer de modernes au prix courant. „ Vous me direz à cela qu'à la longue les „ mêmes places fe vendroient donc un millier de „ fois." Vous avez raifon ; mais *c'eft comme ça*. Et pour m'en convaincre, M. le curé me conduifit fur un ancien cimetière près de fon églife, où il me fit voir des monceaux de ces épitaphes de réforme, recueillies & entaffées de fon temps.

Que le ciel récompenfe la candeur de M. le curé ! Elle a effacé dans ma tête toute idée d'infcription lapidaire fur les murs facrés du *pays latin*.

A propos de funérailles je dirai, en quatre lignes, chofe, qui prouvera le peu de fenfation que faifoient dans cette ville, à tous égards exceffive, ceux mêmes qui voudroient fe perfuader qu'ils y font bien du bruit.

J'y ai vu un enterrement de plus de 200 prêtres aux flambeaux ; un cortège fans fin, cheminant vers S. Roch drapé noir & blanc ; & pas une ame qui pût dire qui étoit le mort, pas même ceux du convoi. Il n'y avoit peut-être que le curé & les parents qui euffent connu fa perfonne ou fon nom.

Invité enſuite par un ami à faire nombre avec lui à pareille repréſentation, qui s'eſt faite *rue d'enfer*, à une demi-lieue de mon quartier, je m'étois trouvé, dans la marche de l'enterrement, côte-à-côte d'un chevalier de S. Louis, ami du défunt, en ſon vivant tréſorier de France *Bas-Breton*; chevalier que je n'avois de ma vie vu, pas plus que le trépaſſé. Nous fimes converſation enſemble le long des rues qu'il y avoit à paſſer, & au bout de la cérémonie funèbre la connoiſſance ſe trouva faite & parfaite. En ſe quittant on ſe promet de ſe revoir ; on ſe demande les adreſſes : il me donne la ſienne, rue du four S. Honoré, hôtel S. Pierre, N°. 3. Je lui donne la mienne, rue du four S. Honoré, hôtel S. Pierre, N°. 4. Il y avoit trois mois que nous logions porte à porte ſans nous être jamais rencontrés. Il falloit que j'allaſſe enterrer un Bas-Breton, au *quartier d'enfer*, pour connoître le major mon voiſin, gentilhomme de la Garonne, *quartier des damnées*. Oui damnées, même dès ce monde; car j'y ai vu de mes fenêtres la police enlever d'une ſeule expédition, pour le ſervice de la ſalpétrière, quatre caroſſées de ces impures, qui ſur la brune bouchoient aux paſſans les carrefours près de la halle.

Depuis notre heureuſe rencontre nous prenions enſemble tous les matins, le chevalier & moi, notre café à la créme. Et voilà comme se font les connoissances à Paris. J'ai revu, à d'autres voyages, très souvent mon major; & je dois à son honnêteté la justice de confesser, que jamais il ne m'a demandé à emprunter ; ce qui, d'après l'expérience que j'avois acquise, me sembloit bien plus surprenant que ne m'avoit paru sa rencontre *porte d'enfer*.

Comme ce discret Gascon faisoit grand cas du castel de son père, bâti du tems de Charles le chauve, ou de Clodion le chevelu, (je ne me souviens plus au juste lequel des deux) il me dit un jour, en faisant contraster les fiers nobles de son pays avec ces *verriers*, Bas Bretons de la Basse Bretagne, dont étoit son ami défunt; que ceux-ci, lorsqu'ils alloient aux états de la province, portoient sur leur dos leur pain bis dans un sac, suspendu en sautoir avec l'épée en bandouillière ; & qu'arrivés avant que les tables fussent dressées, ils cherchoient prudemment à se loger dans les cuisines, où, en attendant qu'on servit, ils s'amusoient à tourner les broches, pour avoir permission des hâteurs de pouvoir, sans façon & avec l'aisance qui convient à un gentilhomme, tremper leur pain dans la léchefrite.

<small>Emprunteur éconduit.</small> Deux jours avant mon départ pour l'Alsace, il s'est présenté dans ma chambre, de grand matin pendant que j'étois couché, un de ces *emprunteurs* de profession. Pour celui-là il savoit un peu

plus qu'emprunter. Il avoit dit mon nom & mes qualités au portier, qui, sans cela, ne l'auroit pas laissé monter.

Cet homme s'étoit trouvé à l'affut aux bureaux de la poste, au moment où j'y avois pris, la veille, un ordre de M. Rigoley d'Ogny pour avoir des chevaux. C'étoit là qu'il couvoit des yeux sa proie future qui, sans se douter de rien, lui donnoit son adresse, en la donnant aux commis.

Bref, planté devant mon lit, ce filou me fit une histoire en l'air, dont le dénouement étoit qu'il avoit besoin d'un louis, que je devois lui prêter. Quoique je me rappelasse d'avoir remarqué sa figure au bureau, je lui dis que je prêtois quelquefois des louis, mais non à gens que je n'avois jamais vus. Là-dessus il recommençoit son histoire, & tout en la faisant, s'approchoit insensiblement du coin de la cheminée, où il avoit apperçu ma montre. Croyant que je ne l'observois pas, il y porta la main, pour s'indemniser du louis dont il se voyoit frustré : & sur le champ je me mis à sonner. Le domestique accourut, & mon drôle dérouté sortit de ma chambre bien plus vîte qu'il n'y étoit entré, chercher à son bureau d'adresses quelque prêteur plus facile ou moins voyant que moi. Ce qui, malgré ma fermeté éphémère, n'étoit pas aisé à trouver.

Enfin, au moment de quitter Paris, je fus

encore voir M. de Voltaire, pour m'acquitter de la commiſſion d'un prince d'Allemagne qui, lié avec l'auteur, m'avoit prié de lui donner des nouvelles de ſa ſanté, alors très critique. Il y avoit dans le ſallon une trentaine de perſonnes qui déſiroient d'être annoncées : le poëte ne vouloit voir perſonne. Cependant je dis à Mde. Denis de faire part à M. ſon oncle du ſujet de ma viſite. Elle le fit, & elle m'introduiſit peu après dans ſon cabinet, où j'ai cauſé ſeul avec lui, l'eſpace d'un bon quart-d'heure, quoiqu'il fût déjà bien caſſé & très ſouffrant Comme je cherchois à le conſoler par les reſſources qu'offre la religion, il ſe mit lui-même à en parler avec des démonſtrations d'une foi ſi vive, que je doutois, pour ainſi dire, que je fuſſe chez M. de Voltaire.

<small>Voyage à Spa.</small> Je n'étois pas depuis deux mois à Strasbourg, qu'il a fallu aller à Spa, refaire encore ma ſanté, conſtamment débile dans l'oiſiveté. Toujours mes experts conſultants, & jugeants en définitif, me *renvoyoient* promener *avec dépens*.

<small>Table Egyptienne.</small> C'eſt là qu'il faut voir comme on y prend les eaux ! De douze cents buveurs de *Spa*, il n'y en a pas douze douzaines qui en boivent. Les neuf dixièmes, au lieu *du Pouhon*, ou de *la Géronſtère*, n'y prennent que des hiérogliphes de carton, étendus ſur de grandes *tables* ovales, qui ſans doute viennent d'*Egypte*, à en juger par leur nom. Là, groupés tout autour, montés les

uns fur les autres, ils dévorent des yeux une fubftance métallique qui s'élève en pyramide au beau milieu de ces meubles du Caire, placés dans les coins d'un temple à belles colonnes, & dans des falles fpacieufes, bâties magnifiquement par la vertu de ces mêmes hiérogliphes. A voir l'avide ardeur de ce cercle de gloutons, on diroit qu'il n'y a qu'à prendre, tant ils font empreffés à y jeter à l'envi leurs femailles fur les cartons, qui, à ce qu'ils prétendent, pourroient leur produire fept, quinze, jufqu'à trente fois leurs mifes & au-delà, fi la révolution des fignes vouloit être favorable; mais comme les bénignes influences font rares aux Ardennes, & comme la graine des curieux, imbéciles ou aveuglés, va périodiquement, trois fois par jour, donner, *par hazard*, fur les pyramides féductrices; il en réfulte que celles-ci, au bout de l'expérience, obtiennent, à la faveur *du fort*, un produit net, fixe & *conftant*, & qu'elles fe trouvent avoir acquis, en fix femaines, une circonférence tellement prodigieufe, que lorfqu'elle ne va qu'à trente fois le double de leur volume primitif, les Egyptiens, croupiers & conforts, difent que la *faifon étoit mauvaife;* & les amateurs, qui s'y précipitoient, drus comme des fots, s'en vont finalement faits comme des *momies*, dire à leurs femmes qu'ils font *à fec*.

S'il y a dans la nature un fpectacle digne des

remarques philosophiques d'un *Lavater*, c'est la décomposition successivement variante de tous ces physionnemens pointés sur ce fleuve de pièces d'or, qui ainsi que le Nil va croissant, vers les pyramides, durant ses quarante jours; mais qui, loin de baisser dans les mêmes proportions, diffère essentiellement du Nil, en ce que son décroissement est un de ces phénomènes, qui en dix ans ne se voyent guère qu'une fois.

J'ai vu à Spa des lords y arriver de leur isle, avec douze mille *pièces* en rouleaux; & pour s'en retourner, en chercher douze chez *Richard*: j'y ai vu d'autres Anglois, mais non pas au Pharaon, gagner trente mille louis, & ne savoir qu'en faire; les donner à des femmes: j'y ai vu de gros joueurs se tromper de cent louis, avertis par leur voisin, ne pas le remercier: j'y ai vu un chevalier en prendre une poignée du tas, le marquis de Genlis l'observer, & lui laisser son or: j'y ai vu mettre une bourse de cent sur le bord de la table, en jouer cinq au *crabs*, & la bourse s'éclipser: j'y ai vu des dez pippés découverts dans une main, & des lourdauts stupides tenir encore sur cette main: j'y ai vu un baron menacé de coups de canne, payer cinq cents louis, qu'il n'a plus contestés: j'y ai vu des duchesses rafler au passedix, avec des écumeurs qui sortoient des galères: j'y ai vu des bons *sirs* voir tomber leurs guinées, les laisser au plus proche qui les avoit ramaffées : enfin que n'y ai-je pas vu ? & pourquoi y voyois-je tant ? c'eſt que je n'y jouois pas ; & qu'un froid ſpectateur voit ce que ne voyent pas des acteurs en frénéſie ; c'eſt que, quand les eaux étoient priſes, il falloit s'égayer, ſe diſſiper, s'amuſer ; & que les amuſemens de Spa ſont le jeu, le jeu & le jeu, actif ou paſſif.

J'aurois cependant voulu faire une petite partie à mon tour ; car à la longue il eſt piquant de voir toujours jouer, debout, les bras croiſés, ſans un peu s'en mêler ; mais des petites pour un chanoine ; il n'y en avoit pas. Ce n'eſt pas qu'il n'y eût prélats & tréfonciers qui jouaſſent ; c'eſt que ces ſeigneurs jouoient gros. Celles de commerce, qu'on nommoient les plus petites, étoient toutes à un louis. S. A. R. Mgr. le duc de Cumberland, prince affable & gai, l'exemple de la modération, jouoit au plus bas prix courant ; auſſi ai-je eu quelquefois l'honneur de faire ſa partie. Ce n'étoit pas choſe facile, que de trouver qui vous tint, quand on ne jouoit que ſa guinée. À pareille propoſition meſquine, la plupart des *Crabsiers* vous regardoient de côté, en hauſſant les épaules, comme ſi vous leur euſſiez demandé la charité.

Mais un beau jour de bal, de ces bals jouants s'entend, d'uſage dans le Liégeois, j'ai eu encore la foibleſſe de ſuccomber à la tentation. J'ai été, comme un claude, payer à de nouveaux With à quatre nations.

phyſionomiſtes le tribut de ma mine dû à leur talent. Si preſque toujours j'ai été dupe, c'eſt que je ne ſavois juger des autres que d'après moi; de même ſi ſouvent des cenſeurs vicieux m'ont noirci & déchiré, c'eſt qu'ils ne jugeoient de moi que d'après eux, ſuivant toute apparence. Un Eſpagnol décoré, portant 7 ou 8 noms en *a*; un cavalier en *i*, né ultramontain; un colonel Hollandois, épais & ramaſſé; tous trois confrères en induſtrie, voyant que j'évitois les jeux de pur hazard, me propoſèrent un petit *wiſth* pour tuer la ſoirée; c'eſt à dire au louis la fiche. Je ne les connoiſſois que de vue, comme on ſe connoît à Spa; où tel baron *ſur la liſte* eſt un marqueur; tel autre, un artiſan; tel comte un avanturier. Je les prenois pour très bonne compagnie. Peut-être l'étoient-ils, ſauf erreur de calcul; mais ainſi qu'à Paris, acceptant l'offre honnête, j'ai joué ſix mortelles heures de ſuite. De dix à douze robres que nous avons faits, je n'en ai pas pu gagner un. Toujours c'étoit le perdant qui étoit mon *partener*; & la partie finie j'étois le ſeul perdant. Une fois engagé, je tenois comme un bon pilier de cathédrale. Ce n'eſt pas que j'euſſe voulu gagner le bien d'autrui; je ne cherchois en jouant qu'à conſerver le mien. En perdois-je quelque peu? je viſois à le ravoir; mais ce n'en eſt pas moins, je crois, une petite fille de l'avarice, que cette cupidité qui court après ſa perte.

Oh! que je dois paroître bas, aux yeux de mes confeſſeurs, après de pareils aveux!... Pères! croyez que ma honte, en vous révélant! ces ſecrets, n'eſt rien de moins que médiocre. Puiſſe mon humiliation *gagner* votre indulgence, comme elle aura fléchi la colère du Ciel! je n'aurai pas tout perdu.

Oui c'eſt un des péchés les plus gros que j'euſſe faits, d'avoir volé aux pauvres quatre-vingt louis des leurs, pour avoir eſſayé un *wiſth à quatre nations*. Je dis *des leurs*, avec raiſon: je pouvois me paſſer d'eux; puiſque je les ai perdus, & que je n'en ſuis pas mort. C'étoit donc un ſuperflu; or les Canons & les SS. Pères ſont d'accord, que je ne puis faire mien, ce que je ne conſomme pas, & que tout ce qui me reſte, au-delà de mes beſoins eſt, de plein droit, aux pauvres. Enfin j'ai eu grand tort; & je m'en r accuſe. S'il y avoit eu à Spa des frères de S. Vincent, j'aurois bu mon *Pouhon*, ſans quitter leurs retraites. N'y ayant que des capucins dont la clôture & les jardins étoient, par un privilège particulier, à la merci des dames, je n'ai pu dire mon *meâ culpâ* en ſilence & en paix; mais j'ai ſi bien promis de me corriger une fois, que depuis cette fredaine, je n'en ai plus fait d'autres. Cependant je ne voyois qu'objets rembrunis, dans ceux qui peu avant me ſembloient couleur de roſe; voir jouer m'ennuyoit, danſer bien plus encore; dès-lors plus de plaisirs que dans le fond des bois, où, avec les maximes d'Akempis & de Sénèque, je ranimois les choses, malgré tout leur néant, non pour en mésuser; mais pour en user en Dieu, sous les loix de la tempérance.

<small>J'en connois la différence. Celles-là étoient pour le chanoine: celles-ci pour le joueur.</small>

Comme je n'ai pas envie de ramener mon lecteur quatre fois à Spa pour le faire bâiller au récit des quatre différens voyages que ma santé a nécessités encore dans la suite; ainsi que j'ai bâillé moi-même au spectacle monotône de ce rendez-vous de l'Europe, n'y étant plus bon à rien, dès que je n'y jouois plus; je vais lui conter, par anticipation, ce qui m'y est arrivé au voyage suivant. Il dira peut-être qu'en fait de confiance, je suis un original unique; & peut-être pourroit-il ne se pas tromper.

Ayant beaucoup roulé dans le cours de ma vie, tant mondaine qu'apostolique, comme on l'a vu jusqu'ici; d'un millier d'étrangers qui venoient chaque année se réunir dans ces vallons d'Ardennes, j'en connoissois toujours une dixaine au moins. J'y ai même rencontré des amis véritables: j'entends de ceux de trente ans; c'est le cours du noviciat que je veux qu'en amitié on fasse. Je conviens que je n'en ai pas par cent, qui ayent fait profession. Le ciel, dans son courroux, n'en a pas mal enlevés à ma tendresse; la fortune m'en a soufflé un ou deux, en les élevant; mais j'en ai plus de six encore, dont l'attachement constant remonte à cette date, & qui me consolent un peu du malheur de n'avoir pas tous mes frères pour amis.

Parmi ces connoissances retrouvées à Spa, certain baron, chambellan & colonel au service d'un électeur, s'y étoit montré jubilant & radieux. Porteur d'un sac d'or de mille carlins, il vouloit les quadrupler aux dez, pour acquérir une terre, voisine de la sienne, en vente depuis peu, par le décès de son seigneur. Mon baron étoit père d'une famille très nombreuse. Je lui ai représenté, comme j'ai pu, que les dez étoient d'autant moins sûrs, qu'ils étoient plus mobiles; que compter sur le produit des dez, étoit compter sur le bon vent, & pour lui prouver ce que c'étoit que compter sur le vent, je lui ai fait mon histoire Adriatico-Tramontano-Vénitienne. En un mot, je voulois le convertir : il étoit *inconvertissable*. C'est une fatalité commune à tous joueurs déterminés.

Rafleur de terres.

Partant je l'ai laissé faire, & il s'est mis en mer, pour y voguer comme moi, toujours rétrogradant. Vainement je l'avois recommandé au vicaire des *incurables*; la remontrance n'arrivoit pas, & les carlins s'en alloient.

Il jouoit son dernier or, lorsque me voyant au Vaux-Hal, il me dit tout confus : ah! cher ami, que vous aviez bien raison! Raison bien stérile pour lui, qui ne quittoit pas le cornet. Sur le soir, je le vis entrer dans ma chambre, qui vouloit cinquante louis, pour les perdre encore. „ Avec votre argent je pourrai me re-„ faire, me disoit-il; Et moi je lui répétois que, rien n'étant moins certain, je ne lui en prêterois pas.

Il m'étoit arrivé de prêter une fois sept louis, par composition, à un jeune homme, qui m'avoit persécuté pour en avoir vingt, dans l'idée où il étoit que le bien de l'église lui porteroit bonheur; & qui, avec ces sept louis, en avoit effectivement gagné treize cent, au même jeu que jouoit mon malheureux baron. Réflexion faite, je donne à celui-ci les cinquante, qu'il me demandoit. Il retourne à *l'enfer*, (c'est le nom qu'on donne à une salle, où se rend régulièrement trois fois par jour la bande des fripons & des roués de Spa, entremêlés avec quelques honnêtes cavaliers leurs dupes ou leurs victimes) il y gagna sans doute un peu, puisqu'il me rendit mes louis le lendemain; mais il ne put remonter au niveau de sa perte; ce qui le mit dans la nécessité de renoncer à l'acquisition projetée pour le bien de ses enfans, sur le produit des dez.

Cependant depuis très longtemps je ne rêvois que terres. Mon unique ambition avoit toujours été de vivre retiré dans quelque propriété de campagne, mais seigneuriale; parce que n'aimant

pas

pas les *maîtres*, il falloit, pour n'en point avoir, que moi-même je le fuſſe. Je ne m'étois pas ouvert au baron ſur ma paſſion favorite, quoique, pendant notre ſéjour à Spa, il m'eût prié d'écrire ſous ſon nom différentes lettres, pour faire des offres aux héritiers, poſſeſſeurs du village qu'il auroit déſiré d'acquérir. J'avois vu, par les relations & par les détails eſtimatifs qu'il m'avoit communiqués, que le domaine en vente étoit en effet une très *bonne affaire.* *S'entend des maîtres durs, injuſtes ou deſpotes.*

Près de quarante feux, un château, un moulin, une braſſerie, haute & baſſe juſtice, groſſe & menue dixme, chaſſe, pèche & vaſſelage, douze cent arpents de haute futaye, & des terres immenſes; tout cela étoit ſéduiſant pour un homme qui aimoit la liberté & les bois.

Lorſqu'il vint réclamer encore mon ſervice de ſecrétaire des commandemens de S. E. M. le baron du St. Empire romain, afin que j'euſſe à mander aux héritiers vendeurs, que Son Exc^e. avoit changé de projet, ayant préféré de placer noblement, à *fonds perdus*, ce même argent, qu'elle avoit compté mettre à ſon acquiſition; je lui dîs que, loin d'écrire cette lettre, j'allois en faire une qui diroit tout le contraire; mais que je le prierois néanmoins de la ſigner, s'il vouloit ſe contenter de n'être que co-ſeigneur avec moi; & que, dans ce cas, il auroit, en mon abſence, l'adminiſtration de la terre entière, dont je payerois

N

le prix, en attendant qu'il pût y contribuer de
sa part.

Il falloit voir la joie, le plaisir, la volupté
qu'éprouva notre acquéreur au développement
successif de mon idée & de mes vues. On eût
dit qu'il venoit de rattraper ses mille louis,
tant il étoit enthousiasmé d'une proposition qui,
remplissant son objet, sans allarmer sa bourse,
le mettoit à même, quoique battu, de reparoître
victorieux chez lui, enrichi d'une nouvelle possession fort à sa convenance. Vingt fois il m'a
demandé si ce n'étoit pas une raillerie ; & comment donc je pourrois, dans ma position exiguë,
avec les petits revenus de ma *jeune* église, avoir
recueilli une quinzaine de mille florins, qu'il
faudroit fournir en espèces sonnantes, pour le
premier à compte du prix d'achat.

A cela je lui ai répondu avec emphase, qu'un
chantre, à bons gâges, des louanges du Très
Haut, qui avoit pu donner mille écus à un néophite pour passer le Rhin ; trois cent louis aux
Lorrains pour du pain ; cent & tant à une baronne
pour un équipage ; quelques cents aux honnêtes
gens de Paris pour des huitres ; quatre-vingt
juste à trois cosmopolites pour des cartes, &c. ;
qu'un tel personnage, dis-je, devoit avoir de beaux
fonds en caisse, sans quoi il n'auroit pas fait
toutes ses largesses à son prochain, sur-tout
ayant des nièces aimables, plus proches que

tout ce prochain là ; lesquelles, avec tant de pièces monnoyées, auroient pu se donner, si leur mère l'eût permis, des lévites, des chapeaux, des gazes & des plumes pour le reste de leurs jours, dussent-elles vivre cent ans : que ne voulant plus prêter, parce qu'on ne me rendoit rien, j'avois mis un millier de louis en dépôt chez un discret Franciscain ; choisi de préférence pour que mes louis restassent intactes & qu'ils puissent me servir au besoin pour une emplète que je méditois ; ayant lu jadis, dans la règle du père Séraphique, que toucher à l'or étoit un gros péché, d'où j'avois conclu que mon dépôt d'or seroit en pays de sûreté chez ses enfans, si ses enfans étoient sages : qu'à ces mille louis j'ajouterois, pour faire le premier payement, tout ce que je trouverois, à mon retour à Strasbourg, dans mes tiroirs aux écus ; si, par hasard, mes domestiques y eussent laissés, contre leur coutume, ceux que j'y avois mis en partant ; qu'en un mot, je faisois mon affaire de payer nos paysans, nos terres, nos bois futurs ; pourvu que lui, baron de *Crabs*, voulût conclure le marché & administrer le tout en conscience de colonel, mais non en conscience de *beau joueur*.

C'est d'après ces préliminaires que, deux mois ensuite, je me suis vu *haut* & *puissant* seigneur, à cent vingt lieues de ma résidence, d'un hameau acheté à deux cent cinquante de distance, sans que je l'eusse jamais vu ailleurs, que sur la carte du haut Palatinat, où régnoit un souverain chéri, dont depuis ma pêche j'avois ambitionné de pouvoir devenir un jour le vassal, sans espoir que mon souhait dût s'accomplir sitôt.

Deux dez avoient décidé du sort de ce village. Si le baron, donnant *sept à la main* eût amené, par les *mêmes sept*, la chance victorieuse, il étoit à lui; amenoit-il *Crabs* ? c'étoit à moi, qui ne jouois pas, que revenoit le village.

Acquisition de hasard.

Ainsi que j'avois acquis ce bien, par un effet de pur *hasard*, lorsque je n'y songeois pas; de même je me suis vu privé de sa jouissance par un sort malencontreux, au moment que j'y pensois le moins; quelqu'ennemi sans doute, ou quelque génie malfaisant ayant pris le cornet pour agiter mon destin.

J'y avois fait différens voyages, j'y avois passé quelques mois avec délices; j'étois enchanté de mon acquisition; j'en raffolois. Déjà j'avois fait faire les plans pour y reconstruire, avec colonnes d'ordre ïonique, une chapelle ruineuse, sur une coline près du lieu, où j'allois dire la messe, les samedis, à un concours de pélerins : déjà j'avois offert six mille florins de bénéfice à mon co-seigneur pour avoir à moi seul les deux moitiés, par celle qu'il m'eût cédée : déjà j'étois en train de conclure une permutation avec un abbé de famille noble, qui me donnoit son prieuré près de Paris : déjà j'avois vendu ou donné mes effets mobiliaires, & j'avois fait encaisser ceux qui devoient me suivre dans ma terre, où je comptois terminer paisiblement l'hiver de ma vie, en aimant Dieu de plus près & mes ennemis de plus loin ; lorsqu'un seul mot, lâché dans un requisitoire & glissé dans une sentence, est venu soudain comme un coup de foudre, me culbuter dans ma marche & me forcer depuis deux ans à défendre mon honneur, dans ces mêmes foyers que j'allois abandonner ; à moins que je n'eusse préféré de quitter ma patrie comme un être abject & insensible, qui eût semblé en avoir été banni, après y avoir été blâmé & flétri ; ainsi que je le dirai à la fin de ce livre : article Négoce. *Tu autem Domine miserere nobis.*

A mon troisième voyage de Spa, l'Empereur, marchant sur les traces de Pierre le Grand, y est venu honorer de son auguste présence le *Pouhon* son voisin, & donner l'accolade à la nymphe de la *Géronstère*, au bruit des fanfares d'une musique guerrière. Logé vis-à-vis cette fontaine, marquée aux armes du Czar, il tenoit bouché en quelque sorte le passage qui y menoit, par l'affluence d'étrangers, que la curiosité, de voir le premier maître du monde, y avoit attirés. {Plancher enfoncé.}

Il ne recevoit pas chez lui ; mais on lui étoit présenté dans les salles publiques par ceux qui avoient qualité à cet effet. J'ai eu la grace de lui faire de cette manière ma respectueuse cour, par la complaisance d'un général à son service, dont j'avois l'honneur d'être connu.

Le premier jour de son arrivée S. M. I. se trouvant dans la salle de la redoute, terminée par celle des spectacles, qui, par son *plancher* relevé & mis de plein-pied, n'en formoit qu'une avec celle-là, toute l'assemblée a éprouvé un instant de frayeur, exprimée par des cris perçans, d'autant plus fondés, que la conservation des jours du plus grand des souverains en avoit été l'objet. L'ardeur de la foule à poursuivre & à entourer S. M. avoit fait *enfoncer* quelques planches mal assurées, dans la partie qui couvroit le parterre de la comédie. On avoit cru, au bruit menaçant qui s'étoit fait entendre, que toute la charpente alloit s'abymer. Cependant ces planches s'étoient remises d'elles-mêmes en équilibre, dès que, par la fuite des curieux, elles se trouvèrent déchargées du poids qui les avoit détraquées. J'ai vu, dans le trouble général, l'Empereur, seul calme & tranquille, courir avec empressement aux plus timides, leur dire, que *ce n'étoit rien*, tandis qu'on avoit paru n'avoir été inquiet que de lui.

A ce même voyage, j'ai encore été, d'une manière toute particulière, cruellement mal mené par un joueur; quoique, de la saison, je n'eusse touché, ni dez ni cartes, si ce n'est quelques fois, pour jouer aux épingles, lorſque je dînois chez la marquiſe de B..... dame d'un eſprit très orné, chez qui étoit le rendez-vous de la bonne compagnie, principalement des évêques; & où, pour le dire en paſſant, j'avois fait la connoiſſance de monſeigneur de Siſteron, ce ſavant & aimable prélat qui eſt venu depuis avec ſon grand vicaire me voir à Strasbourg, pour y reſter, trois jours ſeulement, qui m'ont ſemblés n'avoir pas duré trois heures.

Huit jours avant mon départ de Spa, j'avois acheté d'un gentilhomme du pays, ami de mon hôte, un beau cheval gris pommelé à raiſon de huit louis & demi; il en valoit trente. J'avois avec moi un cabriolet dans lequel j'étois venu en poſte, par Metz, Luxembourg & Stavelot. Je voulois m'en retourner avec ce cheval par la route de Cologne: ce n'étoit pas mon plus court; mais le chemin des Ardennes étoit abominable.

Il ſe trouvoit pour-lors aux eaux un juge de la grande Tartarie, grand ouvrier au *Crabs* où il venoit d'amaſſer une couple de cent louis. Il pourroit paroître étrange qu'il y eût à Spa des *Xériphs* de la grande Tartarie, ſi je n'ajoutois qu'outre les Barbares européens qui y pulluloient, on y voyoit aſſez ſouvent d'honnêtes *bobelins* des autres parties du globe, & que même un Chinois, que j'ai vu, s'y étoit rendu

<small>Tartare de la grande.</small>

de Peckin par ordonnance de son médecin. Le Tartare auroit voulu, passant en Alsace, s'arrêter un certain temps dans les environs, pour y respirer le bon air. Ayant appris que j'allois partir pour cette province, il me pria de lui donner place dans mon cabriolet. Je savois qu'il étoit un de ces hommes que l'état commettoit pour juger les autres hommes, mais j'ignorois qu'il fût un Tartare de la grande Tartarie. Je ne l'ai su qu'après que je me fus aveuglément embourbé avec lui. Et quand je l'aurois su plutôt, sa qualité de *Xériph* m'auroit toujours inspiré de la confiance. Un juge, aurois-je dit, quand ce seroit celui de *l'isle des voleurs*, doit être un personnage humain, modéré, juste, sensible aux procédés honnêtes. J'aurai tous ces sentimens-là. Il y répondra, & nous ferons bonne société.

Donc je me charge de sa corpulence, qui prenoit les trois quarts de ma voiture, & m'étouffoit encore dans le quart qui me restoit. Il paye un cheval de relai en commun avec moi; & par complaisance pour lui je reprends, malgré ma répugnance, le détestable chemin de Stavelot, où déjà j'avois, pour arriver, rompu un essieu, dans des ornières de plus de deux pieds de profondeur; obligé de faire charger mon cabriolet sur une charette, l'espace de quatre lieues, & de m'arrêter une journée pour le faire réparer.

TARTARE DE LA GRANDE.

Nous étions à peine à deux portées de carabine hors de Spa, que le *Xériph*, voyant la vigueur de mon gris pommelé, & en sachant le prix, que je lui avois dit, voulut tout de bon y avoir *sa part*; parce que dans son pays on s'attroupoit par bandes pour courre sus aux caravannes; que là prenoit qui pouvoit, & que, tout étant pris, tout se *partageoit*.

Je lui exposai avec sincérité qu'ayant une petite terre en Allemagne, où je comptois me transporter, pour y passer deux mois d'été, après que j'aurois pris quelques arrangemens à Strasbourg, je ne pouvois recéder, ni en tout ni en partie, un animal que je n'avois principalement acheté que pour m'en servir dans ce voyage. Cette raison eut été bonne à donner à un Tartare de la petite Tartarie; il s'y seroit rendu; mais ceux de la grande ne veulent pas de raisons. C'est dans cette conjoncture que j'ai appris que mon *Xériph* étoit un Tartare de cette dernière. Il me dit si durement & si impérieusement qu'il vouloit être de moitié dans le marché du cheval, que j'avois acheté & payé pour mon compte; que désespérant de pouvoir faire route avec un juge de cette trempe, sans risquer d'être jugé à mort avant d'arriver au gîte, j'ordonnai au postillon de me ramener à Spa. Il alloit le faire, si mon furieux compagnon n'eût tiré de fes poches les deux piftolets, dont les *Xériphs* de la grande avoient coutume de s'armer, lorfqu'ils alloient aux eaux; & s'il ne les eût bandés, pour m'en appliquer un contre la poitrine, pendant qu'il tenoit l'autre braqué fur le cocher.

A ce langage arabe je compris avec qui j'étois. Je confentis bien vîte, difant tout bas mon *confiteor*, crainte d'accident funèbre; & voilà mon brigand fans bourfe délier, propriétaire affuré de la moitié de ma bête, dont jamais il ne m'avoit ni payé, ni même offert un fol de rembourfement. Il fembloit me faire grace de l'autre moitié; & en effet, il me l'auroit demandée toute entière, c'eût été tout de même. Je crois que quelque déterminé que pût être de tous mes lecteurs le plus vaillant, s'il n'avoit eu qu'un bréviaire pour fa défenfe, dans les bois des Ardennes, contre un Tartare de la grande Tartarie, qui, armé d'un double feu prêt à éclater, ne lui eût demandé qu'un *demi cheval* pour être quitte; oui, je crois, par ma foi, qu'il le lui auroit donné, tout comme moi.

La fociété étant ainfi confentie, en préfence des deux témoins chargés à balles, j'ai pourfuivi ma route avec mon nouvel affocié, toujours dans des tranfes mortelles, & fans plus defferrer les dents.

Au passage d'une montagne le Tartare de la grande descendit de voiture pour visiter la malle ; & le cocher qui, craignant le feu, lui étoit dévoué, prit à l'instant même sur la pente pour culbuter le cabriolet & me casser le cou ; comme s'il eut attendu ce moment pour me détruire tout seul, & pour me succéder sans doute dans la part qui m'étoit restée au cheval ; mais le ciel m'avoit réservé à voir encore d'autres barbaries. Je me suis ramassé comme j'ai pu. J'ai rassemblé les débris de mes effets tous abymés ; & le grand Tartare a fait semblant de comprendre que j'avois eu raison de lui résister, lorsqu'il me pressoit pour reprendre ce chemin diabolique, comme le plus court.

Tel qu'un agneau sous la main de celui qui le tond, j'abandonnois ma toison au détrousseur. De là jusqu'à Strasbourg, je n'ai plus dit le mot. Arrivés, le *Xériph* qui vouloit se choisir une retraite dans la proximité, me propose de lui laisser le cheval (commun désormais par droit de conquête) pour en jouir le premier mois, lequel passé j'aurois mon tour. Il me prie en outre de lui prêter ma petite voiture, qu'il me renverroit, disoit-il, dès qu'il seroit à sa destination. Je n'ai rien à lui refuser : mon homme m'étoit connu.

Il va s'établir de préférence dans cette vallée de par-delà le Rhin, où demeuroit le légiste *à cent pistoles la grace*, qui étoit du même pays que lui, & qui devoit lui aider à conquérir le reste du pommelé, de concert avec un Arabe, patron du grand Tartare, connu par ses faits & gestes, pour être digne de faire trio avec eux.

Un mois, six semaines se passent, je ne vois plus ni cheval, ni chaise, ni conquérant. J'ai su où il étoit. Dix fois je lui écris, j'y envoie; mais je n'ai pu obtenir mon cabriolet qu'au bout de cinq mois, après qu'il fût réduit dans un état à ne pouvoir plus servir. Pour le cheval, je ne l'ai pas même encore, ni en tout, ni en partie, ni en équivalent; ni ne l'aurai. Le *Xériph* après l'avoir bien ruiné pendant l'été, l'avoit vendu, devers l'hiver, à un chrétien maquignon, pour dix louis & 12 liv. pour boire, d'une part, & 800 liv. d'autre sorte : ceux-là donnés, celles-ci prêtées ; le tout formant un prix convenu, dont l'article du prêt, comme le plus intéressant, avoit été la première condition *sine quâ non*; parce que les grands Tartares, n'ayant pas grand crédit sur les *côtes* du Rhin, & le nôtre se trouvant dans un besoin urgent de 800 liv. comptant, en sus des dix louis, avoit préféré ce marché à trente louis une fois payés, qu'il auroit eûs du pommelé, s'il l'eût vendu, comme d'ordinaire on vend, & comme l'a revendu le maquignon son acquéreur; qui, me l'ayant refusé à 25 louis que je lui en avoit offert, en a eu les trente, peu après, d'un officier d'Huningue.

Tant y a que je n'ai jamais pu jouir une minute du cheval prétendu commun, qui devoit me mener à ma terre; & que ne revoyant pas plus le cabriolet, resté chez le Tartare; j'avois été forcé de me servir d'une berline, seule voiture que j'eusse, pour faire mes 250 lieues, compris le retour; & d'y mettre trois chevaux, souvent quatre, au lieu de deux, qui m'eussent suffi de reste; si le *Xériph* n'avoit eu, dans les Ardennes, deux coups à tirer, pour établir en sa faveur une société, qui lui valut le tout.

Je ne finirois pas si je voulois détailler tous les manèges que notre juge asiatique, à l'aide de l'Arabe en faits & gestes, & du légiste de la vallée de par-delà le Rhin, a mis en œuvre pour se maintenir légalement dans la jouissance de sa proie. On peut croire que depuis lors je me suis gardé de me hasarder davantage à faire route dans les bois avec des Tartares de la grande Tartarie armés à feu.

Le compagnon que j'avois en allant dans mes domaines, étoit fils de mon voisin & de mon co-propriétaire. Je m'étois chargé de lui, à mon voyage précédent. Je l'avois gardé avec moi à Strasbourg pendant sept mois, pour le façonner un peu au ton françois; & comme il me paroissoit bon enfant, & qu'il aimoit à rouler, ainsi que son mentor, je l'ai pris encore avec moi à Vienne, où je m'étois rendu peu après pour

Voyage à Vienne.

affaires de fa famille, ainfi que pour y voir mon neveu Laquiante, fecrétaire interprète de l'ambaffade de France ; & fur-tout pour embraffer un ancien ami, fecrétaire du cabinet de l'empereur, le baron de Weber, beau-frère de mon coufin le bourg-maître de Seleftat. Je l'avois cultivé autrefois à Fribourg, lorfque j'y allois dans ma jeuneffe faire vacances chez madame fa mère ; & j'avois toujours été en relation avec lui, depuis fon établiffement en Autriche. Auffi m'a-t-il accueilli & fêté de manière à m'en laiffer un fouvenir ineffaçable. J'ai fait chez lui, à un dîner d'une vingtaine de perfonnes de qualité, la connoiffance de M. Gluck, qui, par fes accords *moelleux*, avoit, dans Vienne comme ailleurs, la *clef* des meilleures tables.

Je ne m'arrêterai pas à ébaucher des peintures fur mes obfervations faites dans cette réfidence impériale. Cela me meneroit trop loin. Je vois mes cahiers s'enfler fous mes crayons émouffés, & mes procès attendre avec impatience que je les remue un peu.

Après avoir été admis à l'audience de S. M. I. reine d'Hongrie ; après avoir remis, clandeftinement & de mon chef, au miniftre des finances un mémoire en répétition des fommes dues à mon églife ; uniquement pour prendre date & parer à la prefcription ; & après avoir fait mes vifites à différens feigneurs que je connoiffois de Spa, j'ai regagné Ratisbonne de société avec un conseiller, qui, comme moi, aimoit à aller vite. Nous fimes 140 lieues en 40 heures; vivant de provisions que nous avions faites, & n'ayant mis que deux fois pied à terre pour prendre du café. Mon Télémaque, le jeune baron, m'avoit quitté à Vienne, pour aller conter ses aventures à la belle Pénélope, sa maman, dans le Frioul ; pendant que j'allois rejoindre le père Ulisse dans le Nordgau.

On se persuade sans doute que me *faufilant* par-tout avec les grands, je n'aurai pas manqué de faire ma cour au meilleur des princes; l'éclat & la splendeur de *Ratisbonne*. Non certainement, je n'y ai pas manqué. Sous les auspices du chargé des affaires de France, j'ai présenté mon respectueux hommage à S. A. S. Mgr. le prince de la Tour & Taxis, lequel, m'ayant invité à dîner, me fit la grace de me dire, avec cette affabilité, qui le fait chérir si tendrement de tous ceux qui ont le bonheur de l'approcher, que pendant tout mon séjour je ne devois m'engager nulle part ailleurs, pour ne manger que chez lui. J'y suis retourné assez souvent, pour y faire mon *wisth* aux assemblées, où j'ai eu l'honneur quelquefois d'être de la partie de madame la princesse sa fille. Il a paru par la suite que le prince n'avoit pas mauvaise opinion de moi, puisqu'il a daigné me prier, avec tout l'intérêt qu'inspire la prudence & la follicitude paternelle, de vouloir bien veiller un peu à l'éducation de MM. fes fils qu'il envoyoit à Strasbourg; quoiqu'il eût certainement tout fujet d'avoir la plus haute confiance dans les excellentes qualités du gouverneur que fa fageffe lui avoit fait choifir pour eux. Auffi n'ai-je pas eu befoin d'avoir l'œil à la manière d'élever d'un fi habile guide. Je lui aurois confié moi-même mes enfans, fuffé-je empereur de toutes les Ruffies.

Me feroit-il permis de dire occafionellement combien S. A. S. eft attentive à faire maintenir la bonne police dans l'adminiftration des poftes du S. Empire, dont elle eft le grand maître héréditaire? Je lui dois d'avoir eu très prompte juftice d'un maître de pofte dans le pays de Naffau, qui, à un de mes voyages pour Coblentz, m'ayant mis, par efprit d'intérêt, un cheval de plus, que l'ordonnance ne vouloit, avoit fini par me rompre un effieu, & m'avoit planté dans un village, d'où, faute de chevaux, je ne pouvois plus fortir, quand la réparation fût faite. Je l'ai mandé au prince, & j'ai appris par la réponfe, dont il m'a honoré, que mon ruftre avoit été tancé de la bonne forte. À la vue de pareils traits, mon doyen peut fentir que, cherchant à faire obferver la règle dans mon églife, après quinze ans de vaine attente, je n'avois fait que fuivre l'impulfion d'un penchant naturel devenu irréfiftible,

&

& qui machinalement me portoit à vouloir avec paſſion, en toutes occurences, l'ordre & la réforme où je voyois le relâchement & l'abus.

Lorſqu'il fût queſtion de m'en revenir du Nordgau pour me rendre à Strasbourg, mon baron Uliſſe, père au baron Télémaque, voyant que j'étois un bon mentor, qui ne prenoit rien pour penſion, ni pour frais de voyages, des éléves qu'on me confioit, me prêcha beaucoup pour que je vouluſſe le débaraſſer encore de cinq ou ſix de ſes enfans. Il n'en avoit qu'onze. Pour complaire à un voiſin, que ne fait-on pas ? J'ai empaqueté dans ma voiture les deux plus jeunes de ſes demoiſelles, pour faire la caroſſée avec mon domeſtique, admis en complément de la partie quarrée ; & je les ai remiſes aux Dames de la Viſitation, où, dans treize à quatorze mois elles en ont plus appris, pour le ſalut de leurs ames & pour la décence de leur état, qu'on n'en ſavoit dans toutes les vallées du haut & bas Nordgau.

À mon retour d'Allemagne mon doyen, toujours aux aguets pour me happer ou pour me donner *des mauvaiſes notes*, n'a pas manqué de ſaiſir une occaſion que l'avidité d'un chapelain de notre égliſe lui avoit fournie de pouvoir encore m'humilier *un tantinetto*.

En mon abſence, c'étoit un vicaire prébendier, (heureux aux termes de l'évangile par ſa double

<small>Doyen à un écu.</small>

pauvreté,) qui me repréſentoit à l'autel. Je l'avois préféré à d'autres par ſentiment de charité, voyant que, pour ſa foibleſſe d'eſprit, il étoit rejeté par ſes confrères, qui inſenſiblement lui avoient ſoufflé toutes ſes aubaines. Il n'avoit qu'un défaut notable qui étoit d'enchérir, dans la pratique, ſur le dénuement conſeillé par l'écriture, malgré qu'en bonne morale, tout excès fût vicieux. Il ne ſe contentoit pas de n'avoir rien à lui ; il vouloit toujours avoir moins que cela, en mangeant d'avance ſon revenu futur, qu'il prenoit comme il pouvoit chez les uns & chez les autres, de même qu'auroit pu faire un ſeigneur de haut rang. J'étois un de ceux qu'il ſaluoit aſſez ſouvent pour obtenir quelqu'écus en *avancement* d'honoraires, que je ne lui refuſois pas.

Cependant ſes confrères s'étoient donné le mot de ne plus l'avoir à l'autel à côté d'eux. Ils vouloient, dans le fait, lui *interdire* adroitement tout ſervice, en ſe le partageant. Aſſurés qu'il étoit peu jaloux de l'honorifique, pourvu qu'on ne lui conteſtât rien de l'honoraire, ils lui promirent de ſuppléer pour lui toutes les fois que ſon tour viendroit de ſervir pour un chanoine ; & qu'ils ne prendroient rien des rétributions y attachées, dont il devoit continuer à jouir, comme s'il eût fait en perſonne les fonctions ainſi ſuppléées.

Dans ces circonſtances un des vicaires prébendiers vient à permuter ; & pour faire mieux valoir aux yeux de ſon ſucceſſeur la place qu'il lui cédoit, il me comprend littéralement dans le nombre des pratiques qu'il lui tranſmet ; quoique jamais ce prébendier n'eût fait pour moi de ſervice à l'autel.

Le ſucceſſeur du permutant, ſur la foi de ſa ſubſtitution, me répéte 12 liv. pour m'avoir remplacé, à mon inſçu, pendant mon abſence. Le pauvre vicaire, interdit par ſon corps, ne me répétoit rien ; il avoit pris les devants & il me redevoit encore. Je dis à celui-là qu'ayant payé celui-ci, il n'étoit pas juſte de payer deux fois ; que d'ailleurs, comme ils étoient convenus, entre eux prébendiers, de laiſſer jouir mon pauvre vicaire du profit pécuniaire, que ma pratique devoit lui valoir, il ſeroit injuſte qu'ils s'en fiſſent compter à ſon préjudice. Ces raiſons étoient péremptoires ; mais le neveu d'un ſien oncle protégeoit le ſoi-diſant ſubſtitué du prétendu conſtitué. Il lui fait une requête au chapitre, pour m'y déférer comme un mauvais payeur, qui chicannoit pour douze francs. Le doyen, enchanté de trouver à mordre, s'empare de la requête, &, triomphant déjà, en fait lecture *in pleno*.

Je lui obſerve, avec nobleſſe, l'indécence de ſon procédé de n'avoir pas, en renvoyant à moi le vicaire plaignant, ofé préfumer, de mes fentimens d'équité, que j'étois incapable de vouloir fruftrer qui que ce fût d'une prétention légitime : J'expofe en peu de mots le fait tel qu'il étoit, & je fors du chapitre.

Notre doyen, fort embarraffé, voyant que ce n'étoit pas, comme il l'auroit défiré, le cas de pouvoir tomber fur moi ; & honteux de s'être fi fort avancé, imagine pour n'en avoir pas tout-à-fait le démenti, de faire une quête de dix écus, compris le fien, à trois livres par capitulaire ; il en prend douze francs pour le plaignant & remet le refte au curé pour les pauvres honteux.

Je rentre dans la falle : il m'intime que le chapitre avoit décidé que je ne payerois pas ces 12 liv. & que le demandeur avoit eu tort de me les répéter. Sur quoi, pour prouver à mes confrères que ce n'étoit pas pour cette babiole que j'avois contefté, mais pour la juftice & pour l'honneur ; j'ai remis au curé, à l'inftant même, les 12 liv. pour fes pauvres, fans foupçonner qu'il eût déjà reçu des écus de mes frères à pareil titre.

Mais quelle fut ma furprife, lorfque, forti de la falle capitulaire, un chanoine m'eût mis au fait de toute cette belle conduite du doyen, dont les bourfillants avoient été généralement indignés, fans qu'aucun d'eux eût eu le courage de s'expliquer ouvertement !

Ah ! M. le doyen, vous demandez donc la charité ! En me dispensant de payer un demi-louis que je ne dois pas, vous voulez m'avilir par un contre-coup ravalant ! Et vîte faisons aussi la charité. *Pateant opera vestra bona*, afin que Dieu soit glorifié dans le ciel & le scandale effacé sur la terre. J'envoie en conséquence, par addition à l'aumône de mes frères, vingt-cinq louis chez le curé, avec un billet dont j'ai retrouvé la copie jointe à une requête burlesque, que mon vicaire habitué & patenté, avoit remise à M. le doyen pour le chapitre suivant, & que je m'étois chargé d'y présenter, au refus de celui-ci.

Ce placet étoit accompagné d'un certificat signé de moi & qualifié : *pièce probante ;* pour faire la parodie de celui, que le chanoine neveu avoit fait joindre à la requête de son protégé, & qu'il avoit fait valoir en chapitre sous ce beau nom de *pièce probante*, comme étant signé de ce prébendier sans qualité, qui, en permutant, avoit chargé son successeur de me représenter à l'autel, pour du bon argent, sans me consulter moi, qui devois le lui payer. N°s. 37. 38. 39. 40. 41. Ce qu'il y a de plus édifiant & de plus digne d'annotation, au sujet de l'expédient charitable que le génie du Sr. *doyen* lui a fourni si à propos, dans cette occasion, c'est qu'infiniment au-dessus du chapitre, comme il le savoit,

N°s. 37. 38. 39. 40. 41.

ce chef abſolu, dignitaire à plus d'un titre, ne ſe ſoit taxé qu'à *un écu* ſeulement, à l'inſtar du dernier des capitulants; tandis qu'ayant de droit mille fois plus de ſentimens qu'un ſimple chanoine de 3 liv., il auroit dû, dans pareille poſition, faire un peu violence à ſa modeſtie, & en donner mille fois autant à lui ſeul, pour ne pas trop bleſſer la proportion & faire mieux ſentir ce que valoit un doyen, tel que lui, pris comparativement.

Mais ne finirai-je donc jamais de conter d'éternelles hiſtoires de mon doyen, au lieu de produire une bonne fois dans le monde la jeune famille de mes procès, d'âge à s'y faire connoître? ou de tracer à mes juges une petite généalogie de leur filiation, afin que, les voyant tous engendrés d'un père commun, ils ſoient convaincus que la perſécution, que j'endure depuis deux ans, ſans pouvoir trouver juſtice dans aucun tribunal, (mes adverſaires n'ayant plus rien à y gagner,) n'étoit autre choſe, qu'un paroxiſme de celle, que mes chefs m'ont fait éprouver depuis mon exiſtence à S. Pierre, ſous le ſceptre de leur domination ſi funeſte enfin à mon honneur?

Connoiſſance funeſte. Un ami de mon neveu, connu de M. le marquis de Chevigney meſtre-dê-camp retiré, me trouva un jour chez mon beau-frère, où il me dît que ce marquis déſireroit voir mon cabinet de peintures, & me montrer une collection de tableaux qu'il avoit; se flattant peut-être que j'en acheterois.

C'est ainsi que pour mon malheur j'ai fait la *connoissance* de ce militaire, dont jusques-là je n'avois pas même oui parler, tant j'étois peu lié avec les personnes qu'il voyoit. Il a vu mes tableaux; j'ai vu les siens, parmi lesquels quatre m'ayant convenu, je les ai pris à raison de quinze louis pièce; & dès ce moment j'ai eu M. le marquis chez moi, trois fois par jour; c'étoit trois fois plus que je n'aurois voulu l'avoir; car avec tout son esprit, il avoit eu le talent de m'ennuyer d'autant plus, que j'avois entrevu, dans ses caresses, une relation plus directe à ma bourse qu'à ma personne.

Cependant il avoit tant & si souvent rebattu à mes oreilles le narré de son procès de Coblentz, pour un quaterne gagné dans la loterie électorale qui ne le lui payoit pas; que, par ses efforts oratoires, il étoit parvenu à me toucher, & à me faire épouser ses intérêts; en ce qu'il avoit eu l'adresse de les lier au mérite qu'il y auroit, pour un ministre de paix, d'anéantir des procès, de délivrer un prisonnier, dans les fers depuis quatre ans, & de procurer à une multitude de créanciers désespérés des payemens légitimes.

J'étois à la veille d'un voyage pour Spa. Plein de l'idée de contribuer à une bonne œuvre, femblable à celle que j'avois faite dans le Palatinat, (fi je pouvois, à Coblentz, pècher dans la Mofelle, tout comme j'avois, à Neubourg, pèché dans le Danube) je me charge d'un plein pouvoir illimité, en donnant toutefois des reverfales au marquis, par lefquelles je m'engageois à ne pas conclure pour moins de trois mille louis, ou environ.

Outre que cette négociation à une cour eccléfiaftique me fembloit digne du zèle d'un prêtre, ardent pour le bien de la fociété, elle flattoit de plus mon amour propre par les difficultés qu'elle préfentoit, à en juger par toutes les tentatives infructueufes qui déjà avoient été faites. C'étoient précifément encore ces filets de S. Pierre rendus à fon collège par le premier des pècheurs ; ces armes jetées comme inutiles, & que j'ai relevées, parce que leur abandon avoit aiguillonné mon activité.

En paffant à Coblentz je commence par retirer quantité de bijoux, d'habits & d'effets de toutes efpèces qui y étoient en gage chez une dixaine de particuliers créanciers du marquis. Je remets enfuite mes lettres de créance à un confeiller, pour qu'il les communique au prince-électeur, dont je connoiffois les vertus éminentes, principalement fon amour pour la juftice & pour la paix. Je lui dis que fi fon alteffe royale & électorale agréoit que je me mélaffe d'être le médiateur d'un accommodement, je le ferois ; sinon, que j'étois si éloigné de penser à faire la moindre démarche, que je ne repasserois pas même par Coblentz, à mon retour des eaux, dans l'intention où j'étois de prendre par Liège & par Bruxelles, pour voir du pays.

Notez que j'étois convenu avec M. de Chevigney que je ferois, de mes fonds, pour libérer le billet de loterie également en gage, toutes espèces d'avances possibles, desquelles je ne répéterois rien, non plus que de mes débourfés pour frais de voyage & autres, si je ne pouvois parvenir à transiger ; & que si je réussissois, je n'accepterois, pour mon indemnité, que dix pour cent de provision, en place du quart qu'il m'avoit offert dans la totalité du produit : offre que j'avois rejetée par pur désintéressement, comme contraire à ma délicatesse sur l'article de l'honneur.

L'électeur charmé de voir jour à pouvoir se débarasser, sans se compromettre, d'une affaire qui l'inquiétoit, dans l'extrême délicatesse de sa conscience timorée, commence par donner ordre d'envoyer à Strasbourg l'original de ma procuration, chez le notaire même qui l'avoit passée, pour s'assurer de son authenticité par la reconnoissance de sa signature. Cette démarche témoignoit un peu de méfiance ; mais ce prince connoissoit les hommes en général & me connoiſſoit ſi peu en mon particulier, que la même perſonne, qu'il avoit chargée de s'informer de la vérité de mon mandat, avoit également commiſſion de lui marquer quel étoit le dégré de probité, dont je faiſois profeſſion publique.

Plût au ciel que, pour apprécier ma valeur, on ſe fût adreſſé au prévôt de mon égliſe! ſa conſtance à me dénigrer m'auroit ſervi pour cette fois. S. A. Electorale ſe ſeroit bien gardée de traiter avec un *intrigant*, un *uſurier*, un *mauvais ſujet*; & j'aurois épargné mille peines, ma diffammation, une dixaine de procès, ſans compter vingt mille livres & au-delà, que cette maudite affaire m'a coûtée, par la perte de mes avances.

Mais je n'ai pas eu ce bonheur. Le commiſſionnaire a ſans doute mandé, à l'auguſte prince, qu'on pouvoit ſe fier à moi, puiſque S. A. E. me fit écrire à Spa que je l'obligerois, ſi je voulois repaſſer par Coblentz, à mon retour des eaux, pour entamer la *négociation*, comme on l'appeloit en Allemagne; ou le *négoce*, comme on dit en France; ſuivant l'idiome requiſitorial du vénérable conſiſtoire épiſcopal de l'officialité diocéſaine de Strasbourg.

Je me ſuis rendu à ſes ordres, fortement recommandé par feue S. A. R. madame la princeſſe Chriſtine ſa ſœur, & j'ai été accueilli du prince royal avec cette bonté qui le caractériſe. J'y ai fait par la suite trois autres voyages, le dernier nécessité par des obstacles survenus. Il est inutile de griffoner 50 pages pour spécifier toutes mes opérations; je dirai seulement qu'ayant remarqué que le grand point étoit de trouver des fonds, & sachant que, dans l'intervalle de dix ans, l'administrateur du *lotto* s'étoit fait, par ses spéculations, une fortune immense, tandis que ses associés y avoient perdu le leur, j'ai insinué à l'électeur, que c'étoit là où il falloit fouiller; & sur les représentations d'un des co-intéressés, de même avis que moi, le maltotier a été arrêté; puis s'est évadé; finalement s'est arrangé pour payer de tous côtés, en faisant, de ses propres fonds, les honneurs de la caisse commune, dont les comptes ne s'étoient pas trouvés clairs.

Pour moyenner un accommodement suppor-Deux chanoines négocians table, il avoit appelé à son secours un *chanoine* de Ratisbonne, qui, par son entremise, étoit devenu ma partie adverse, *bien payée* par celui qui payoit tout. Mais quoique ce chanoine n'eût pas réussi, comme moi, à libérer des débiteurs, à satisfaire des créanciers, à délivrer des captifs, à éteindre des procès à ses dépens; qu'il n'eût fait que *négocier* un arrangement un peu moins onéreux pour le constituant, qui récompensoit ses peines; j'ai su qu'à son retour à Ratisbonne le promoteur du diocèse, *docteur* ès loix sacrées, l'avoit laisser continuer, dans l'occasion, à agir pour le mieux, en faveur de ses amis, & prier Dieu en paix, comme du passé, sans le flétrir par aucune conclusion déshonorante, & sans lui faire enjoindre, que *désormais il eût à s'abstenir de pareils négoces*; parce que, m'a-t-on dit, sur les rives du Danube, contrée toujours sereine, les SS. Canons n'étoient point interprétés en noir, *in odium* ou à l'ignominie des clercs intelligens & serviables, comme ils pourroient l'être dans la région des pernicieuses vapeurs, produites par les brouillards du Rhin.

Enfin si, depuis plus de cinquante ans, que je promène ma carcasse de boue sur la surface de notre ballon *terro-aérostate*, toujours prêt à me rendre, selon mon pouvoir, utile à mon semblable, j'ai cru avoir fait, dans mon passage, du moins une action digne d'estime & de louange, c'étoit d'avoir su faire à Coblentz *mulcter un doyen* de lotto devenu *despote* dans son régime; d'avoir osé faire *punir un fiscal* qui, en franc étourdi, avoit pris un *requisitoire* contre l'honneur d'un gentilhomme, officier du roi, mon mandant; & d'avoir pu, du même coup, faire rentrer dans leurs droits l'électeur, la société, le marquis, le prisonnier & tout le *chapitre* des actionnaires; tous s'étant vu arrosés du résultat benin d'une éponge financière dûment comprimée: mais *comme ainsi soit que*, sur ce *globe* de misères, toutes choses ont deux faces, ce beau coup, vu & revu à travers les lunettes de mes chefs, s'est trouvé n'avoir été dans le fond qu'une œuvre indécente & *anti-canonique*. Veut-on savoir comment, pourquoi & quand ? un peu de patience encore ; on le saura.

Lorsque j'eus signé ma *transaction* avec le prince, il auroit fallu, pour en toucher le produit, que j'eusse pu remettre le billet de loterie, saisi à Strasbourg par différens créanciers ; j'avois prévu le cas & j'avois laissé des fonds à un ami, pour le retirer au besoin, ledit cas échéant. J'écrivis en conséquence ; mais l'ami pas trop prudent, au lieu de m'envoyer ce billet qu'il avoit dégagé, en payant ce qui étoit dû, s'est amusé à me faire des remontrances, pour me porter à ne le délivrer à l'administration, qu'à mon retour en Alsace : cela ne se pouvoit, vu que sa vérification devoit être faite sur les lieux, par les experts du lotto. D'ailleurs un soi-disant créancier du marquis avoit fait, entre les mains du même ami, une opposition à la délivrance de ce billet, pour une prétention chimérique de dix mille livres, réduites finalement à trente louis, qui encore n'étoient pas dûs. Il auroit pu la mépriser, ou donner à l'opposant sa sureté éventuelle sur les fonds à toucher ; l'acte de sommation lui en laissoit le choix. Il ne l'a pas ait. Le sage commissionnaire, voulant aller au plus sûr, qui, suivant lui, étoit de ne pas se désaisir du billet original, a préféré de me précipiter, par cet excès de précaution, dans un labyrinte d'acrocs & de difficultés si compliquées & si interminables, que depuis deux ans, pourſuivi par un hydre, je mène la vie d'un vrai malheureux, toujours abattant des têtes, que d'autres plus méchantes viennent remplacer à l'inſtant. S'il m'avoit envoyé le billet à ma demande, je l'aurois échangé contre des reſcriptions, dont le marquis ſe fut fait payer le montant, avant même qu'on eût ſu dans le public la concluſion de mon traité: Et dès-lors je n'euſſe plus été pour rien dans ſes affaires; tandis qu'en le retenant, malgré mes cris, une légion de créanciers, réveillés au bruit de la tranſaction, dans l'intervalle de trois ſemaines, qu'ont duré mes vaines inſtances, étoient venus m'aſſaillir à Coblentz, à Francfort, à Manheim, en Alſace & par-tout, pour m'embarraſſer dans des trames, dont il ne m'a plus été poſſible de rompre les innombrables fils.

Accouru à Strasbourg pour retirer, à tout prix, ce billet des mains de mon trop prévoyant ami, je n'en ai obtenu la main levée néceſſaire qu'en faiſant autant d'accommodemens qu'il y avoit eu d'oppoſitions. Il auroit fallu, pour payer le tout, avoir trois fois plus d'argent à toucher, que n'en avoit promis la tranſigeante loterie. Le marquis lui-même, pour ſe moquer de la ſingulière défiance de mon ami, s'é-

MINE ÉVENTÉE.

toit fur un titre fictif de 15000 liv. oppofé, à fon tour, à la délivrance de ce billet de loterie. Autre compofition à faire. J'ai femé de cette manière un millier de louis du mien, avant d'avoir vu un kreutzer des fonds d'Allemagne. En quoi j'ai eu tort. Si je m'en fuffe tenu au proverbe, j'aurois laiffé mes capitaux placés où ils étoient. Ils y feroient encore en fureté, fi je n'avois pas voulu faire là une belle œuvre *d'humanité.*

Pendant que je levois les obftacles furvenus dans ma province, l'adminiftrateur irrité en faifoit naître de nouveaux à Coblentz. À force de manœuvrer il étoit parvenu à faire faifir toute la fomme par lui due, fous le nom d'un nommé Bernier, qui, prifonnier depuis plufieurs années, devoit être élargi, en vertu de la tranfaction; unique grace qu'il eût demandée, n'ayant rien à prétendre fur le billet de loterie du marquis. Il étoit, à la vérité propriétaire d'un billet particulier de 18000 liv. que l'adminiftration n'avoit pas voulu lui payer après le tirage, foutenant qu'il avoit abufé, de fon état de collecteur pour fe le faire délivrer en fraude; mais ce billet même fe trouvoit entre les mains du marquis, qui le tenoit en nantiffement pour mille écus, qu'il avoit avancés audit Bernier; & qui, pour le rendre aux directeurs du lotto, leur demandoit le rembourfement de ces mille écus privilégiés fur fon gage.

Mine éventée.

Pour tirer tout ce maquignonage au clair, je demandai & j'obtins de S. A. E. de pouvoir parler à Bernier dans fa prifon. Quel fut mon étonnement d'apprendre que cet incarceré n'avoit pas la moindre connoiffance de la procédure faite fous fon nom à la cour fuprême de juftice ; & que l'adminiftrateur, formant des répétitions confidérables contre lui, n'avoit pris ce détour que pour s'en indemnifer, en s'emparant pour fon compte de l'argent du marquis! J'en fis mon rapport au premier miniftre; la faifie fut levée, & je comptois enfin fortir de la ville porteur de mes refcriptions; mais on y avoit mis bon ordre. D'autres crochets m'étoient préparés pour m'y retenir un mois encore, à batailler avec une demi-douzaine de créanciers, qui tous avoient fucceffivement mis arrêt fur mon équipage. Il a fallu derechef compofer, arranger, accommoder, tranfiger & payer. Croyois-je avoir fini? c'étoit à recommencer.

Cependant le bruit s'étoit répandu dans toute la contrée du confluent du Rhin & de la Mofelle, que j'emportois du pays plufieurs centaines de mille florins. La fomme dont les nouvelliftes me gratifioient au cabaret, entre la pipe & la bouteille, augmentoit toujours en proportion du nombre des fumeurs & des biberons, qui, en la garantiffant, y ajoutoient, chacun fuivant fa générofité. Si la nouvelle eût roulée

par

par vingt bouches encore, j'aurois paffé, dans l'efprit de la populace, pour enlever de l'électorat plus d'argent effectif, qu'il m'en exiftoit réellement dans toute fon étendue.

Ces bruits avoient attiré de 50 lieues à la ronde les filoux & les voleurs des foires. Semblables à des vautours s'élançants fur leurs proies, ils voloient rapidement vers la pâture qu'ils convoitoient. Quatre de ces efcrocs, affociés entr'eux, étoient venus à mon auberge fondre fur moi, dans l'efpoir de me dévalifer & de m'affaffiner peut-être. Ils étoient entré deux fois dans ma chambre, en étalant une trentaine de montres d'or, rangées dans une petite caiffe, pour me propofer de leur prêter 600 florins fur ce gage. Je les avois chaffés, fans vouloir toucher à leur marchandife ; &, pour n'en être plus importuné, je les avois confignés à ma porte. Cela ne les rebuta pas. Perfuadés que j'allois partir de Coblentz avec une charge confidérable d'efpèces numéraires, ils voulurent m'engager à les prendre pour m'efcorter, en m'affurant que leur chemin étoit également d'aller par Trèves, où j'avois dit que je pafferois pour me rendre en Alface ; quoique ce ne fût pas mon intention. Et en effet, fachant que tous les foirs ces faifeurs *d'affaires* s'informoient près de l'hôteffe du jour de mon départ, je le choifis fi bien, qu'ils ne le furent pas ; & afin de

Montres en cailloux.

les dérouter plus furement, dans le cas où ils auroient voulu me pourfuivre, j'ai pris un beau matin par la porte de Trèves, comme fi j'euffe eu envie d'y aller; puis je fuis revenu fur mes pas, pour prendre, par Simmern, une route toute oppofée; & j'ai fu que non feulement les drôles avoient galoppé vers Trèves, une heure après mon départ, comptant me joindre fur la route; mais que, ne m'y ayant pas trouvé, ils s'en retournèrent à Coblentz, où dès le lendemain, pour fe venger du clergé d'avoir manqué un chanoine, ils avoient leurré un eccléfiaftique en dignité, qui, donnant dans le piége, leur avoit prêté 40 louis pour quinze jours, fur la boîte aux montres d'or. Comme il s'étoit écoulé un mois fans que perfonne fe fût préfenté pour retirer le gage, le dignitaire commençant à s'inquiéter, voulut du-moins en connoître la valeur. Il fit appeler un ferrurier pour vifiter le contenu du coffret, dont les filoux avoient eu la précaution de garder la clef. Vérification un peu trop tardive : elle lui apprit qu'il étoit friponné en plein pour fes 40 louis. Il n'y avoit dans le coffret que des cailloux, couchés proprement fur du coton, comme fi c'eût été de la marchandife de prix; & les coquins n'ont eu garde de reparoître depuis, foit dans la ville, foit dans le pays. Les adreffes qu'ils avoient données de leurs demeures fe font trouvées fausses ; les noms signés dans leur billet, des noms supposés ; la boîte aux *montres*, fermée en préfence du prêtre, ils l'avoient subtilement escamotée, pour lui en substituer une toute pareille, remplie de ces *cailloux* du Rhin à un *batz* le millier.

Si j'ai su à Coblentz échapper à des voleurs de toutes espèces, je n'ai pu à Strasbourg me prémunir contre le manège des *honnêtes gens,* qui, par leur qualité publique, m'avoient inspiré de la confiance.

Escrocs honnêtes.

Le plus difficile dans une négociation d'accommodement pour affaires d'argent, ce n'est pas de tranfiger ; c'est de toucher le montant convenu. Ce n'est pas même tout d'avoir ce montant, si ce montant doit voyager ; il faut encore favoir le conferver dans le transport. Est-il transporté ? de nouveaux périls le menacent au port ; & ce ne font pas les moins dangereux : ils le font d'autant plus au contraire, qu'on s'y livre avec plus de sécurité.

Il y a dans Strasbourg vingt maisons de banquiers ; j'en choisis deux pour les charger des effets que j'avois sur Paris, sur Hambourg, sur Lyon, &c., aux fins de les faire encaisser à leurs échéances. C'étoit d'une part 25000 liv. qui formoient mes avances, & de l'autre 13 à 14000 l. qui devoient revenir à un Sr. Maillet, créancier du marquis de Chevigney ; le reste des fonds

P 2

touchés avoit été délivrés déjà à différens autres créanciers. À peine ces lettres furent-elles réalisées, que précisément toutes les deux maisons, que j'avois choisies, firent faillite l'une & l'autre, comme si elles eussent attendu l'arrivée de mes fonds pour déclarer leurs banqueroutes.

Je n'avois remis ces effets à des *expéditionnaires*, qui par leur profession devoient s'entendre à les *négocier* avec avantage, que parce que je voulois éviter de faire ce *négoce* par moi-même; cependant j'ai été puni, par la perte de mon argent, comme on le voit, pour n'avoir pas fait ce négoce en personne; & j'ai été archi-puni, par la perte de mon honneur, comme on le verra, pour l'avoir fait; suivant que l'a prétendu très sérieusement un vengeur de bonnes mœurs, requérant contre moi, en secret & à mon insu; pour me diffamer en public, & au sçu de toute une province scandalisée de son *zèle*.

Il faut croire que tout profit du jeu porte en lui-même un germe de malheur; ou que la malédiction du ciel avoit été spécialement fulminée contre le gain du marquis de Chevigney, à en juger par tous les désastres qui l'ont suivi.

Il étoit écrit que ce gain de loterie seroit volé; & que, pour en avoir été le porteur, j'étois un homme mort. Je l'étois physiquement, si je me fusse chargé du transport des espèces en nature; moralement, si au lieu d'espèces je me chargeois de papiers. Dans le premier cas on m'aſſommoit, on me pilloit; dans le ſecond, on me flétriſſoit, on me dépouilloit. Alternative cruelle ! Des deux morts également certaines, que n'ai-je eu du moins le bonheur de choiſir la première ! Mais avançons.

J'étois depuis quelques mois en marché pour la terre de Ventoux près de Metz, dans l'intention de m'y établir, pour me rendre aux inſtances de mes amis, qui, n'aimant pas de me voir dans le fond de l'Allemagne, m'avoient déterminé à me défaire de celle que j'y avois acquiſe.

Je venois de conclure, ſur les lieux, avec la dame de Ventoux, pour la ſomme de 72000. liv. lorſqu'à mon retour à Strasbourg, j'appris que, pendant mon abſence, pluſieurs créanciers de M. de Chevigney m'avoit actionné au conſeil ſouverain de Colmar & à l'officialité du diocèſe; qu'un d'ent'reux, brocanteur de tableaux à Manheim, avoit écrit des lettres indignes à mes ſupérieurs, pour ſe plaindre ſottement de ce que je ne le payois pas; tout comme ſi j'euſſe été le débiteur perſonnel de tous les uſuriers de l'Europe, qui auroient eu à former des prétentions contre le marquis.

A la perſpective que me préſentoient tous ces nouveaux procès, j'ai compris qu'avec toute l'activité poſſible, je ne parviendrois jamais à faire face de tous côtés ; à vendre ma terre d'Allemagne; à payer celle de Ventoux; à veiller à son adminiſtration; à reparer, à meubler un château; à conſommer l'acte de ma permutation, & à ſuivre, en même temps les tribunaux, pour y défendre mon bien, contre tant de conjurés qui vouloient me le ravir.

L'eſſieu de ma chaiſe n'étoit pas refroidi de mon voyage de Ventoux, que j'y revole pour rompre mon marché & retirer 150 louis, que j'avois payés à compte. La dame y réſiſta d'autant moins, que, pour m'obliger, elle m'avoit laiſſé la ſeigneurie à 8000 liv. au-deſſous du prix qu'on lui en avoit offert peu avant. Elle me rendit ma parole & mon argent: je ne laiſſai chez elle que pour une vingtaine de louis de mobilier, que j'y avoit déjà fait tranſporter. Elle n'eut pas à ſe repentir de ſa facilité; car quinze jours après, elle fit une vente qui tint, & qui lui valut deux mille écus de plus, que ne lui eût donné notre convention; bénéfice dont j'aurois profité certainement, ſans la multitude de procès des actionnaires du marquis.

Montre d'ingratitude. De toutes ces affaires la plus odieuſe & la plus ſiniſtre pour moi, étoit celle que m'avoit intentée au conſiſtoire, pour une couple de mille francs, ce même Bernier, que j'ai tiré de ſa captivité à Coblentz. Je lui avois promis conditionnellement les mille écus que l'adminiſtration du *lotto* devoit me payer pour le marquis, ſur le

MONTRE D'INGRATITUDE.

billet de 18000 liv., que celui-ci avoit en nantiffement, pour pareille fomme de 3000 l. à lui dûe par ledit Bernier; dans la perfuafion où j'avois été que le marquis ratifieroit cette promeffe; m'ayant laiffé le *maître d'agir* à cet égard fuivant que je le jugerois à propos, *pour le mieux*.

Je comptois par-là mettre, cet homme ruiné & fans reffources, dans une pofition à pouvoir fournir à fa fubfiftance future ; mais, outre que M. le marquis n'a feint d'approuver ce que j'avois fait, qu'à la dernière extrémité, après mille tergiverfations, le Sr. Maillet tiers-faififfant, auquel il avoit cédé & abandonné, devant notaire, toutes fes prétentions fur moi, n'a pas voulu confentir à ce que l'on prit ces 3000 liv. fur un bien, dont le marquis, difoit-il, n'étoit plus le maître de difpofer, depuis la tierce-faifie antérieure à ma promeffe. On confentoit néanmoins à me paffer dans mon compte 804 liv. que j'avois payées à Bernier avant d'aller aux avis; mais on ne vouloit pas que je lui donnaffe au-delà.

Cependant je répugnois de comparoître à l'officialité, où de ma vie je n'avois rien eu à démêler. Je fus trouver mon doyen, qui, en fa qualité de vice-gérent, devoit être mon juge. Je lui dis, qu'étant tiers-faifi par arrêt du confeil de Colmar, je ne pouvois rien payer que de l'agrément du Sr. Maillet tiers-faififfant, & que je le priois de renvoyer cette inftance de Bernier au même conseil, pour y être jugée conjointement avec celle de Maillet, & contradictoirement avec lui. Mais mon doyen, trop ravi d'aise de pouvoir exercer sur moi sa terrible judicature, me reçut en vice-gérent, sans vouloir entendre à rien qu'à juger le fond & le très-fond, pour me faire sentir toute la force & toute la pesanteur de son bras.

A cette époque les dispositions défavorables de M. Lantz à mon égard, avoient, (indépendamment de l'ancienne antipathie renforcée de celle du prévôt) leurs principes dans différentes causes prochaines, qui, pour être développées, exigent quelques détails, qu'on me permettra de faire par une petite digression.

<small>Syndic pour lui.</small>

1°. Certain jurisconsulte son ami, acteur fidèle aux assemblées de jeu, qui se tenoient à l'hôtel décanal, avoit eu le talent de me prouver, par les règles de sa jurisprudence, qu'étant *syndic* de masse pour des créanciers ruinés, c'étoit *à lui*, & non pas aux créanciers, que revenoient 120 liv. formant le prix d'une voiture, qui depuis six ans étoit sous ma remise, en gage pour huit louis de loyer que j'avois à y prétendre. Mon hypothèque étoit privilégiée ; j'offrois de faire estimer la voiture, & de la prendre pour le double de l'estimation ; mais un syndic zèlé, travaillant toujours pour le plus grand bien des créanciers infortunés qui le payent, ne peut pas embrasser une voie semblable. Il fallut broyer du noir, faire des vacations, procéder avec méthode, accumuler les formes, & sur-tout dresser un beau mémoire de dépens à taxer, sans oublier la *minute* dudit mémoire, le *net* dudit mémoire, le *double* dudit mémoire, la *remise* dudit mémoire, &c. &c.

Le juge qui, dit-on, avala l'huître, donna du moins une écaille à chacun des plaideurs : ici le jurisconsulte, plus tenace que *Perin Dandin*, garda tout pour lui & pour ses suppots, sans même laisser aux propriétaires, hypothéquaires, chirographaires, &c. les rais d'une seule roue à partager entr'eux. Il avoit fait légalement environ six louis de petits frais, pour opérer la vente d'un effet de cinq, (valeur déterminée par la dernière enchère) le tout par zèle pour le bien de sa masse.

Il vouloit, qu'en ma qualité de privilégié sur le prix de la voiture vendue, je lui payasse l'excédent de ces frais, qu'il ne vouloit pas perdre : à cet effet il me retenoit trois louis qu'il m'avoit soutirés dans une autre affaire, au moyen d'un mensonge, & que je lui redemandois ; lui ayant prouvé *formellement*, que, pour les avoir, il m'en avoit imposé *dans les formes* ; mais un jurisconsulte qui fait si bien vendre pour le profit des masses, ne rend rien, quand il a tant fait que de mentir pour avoir ; or, ami du vrai &

du juste, comme je me plais à faire un peu la police, quand je trouve dans mon chemin des *courtiers* menteurs & rapaces, j'ai chargé un *juriste*, plus *consulté* & mieux *consultant* que notre *jurisconsulte*, de me faire rendre mes trois louis. Je les ai eus, après que ce dernier eût épuisé en vain toutes les ressources de son art, & qu'il eût payé à son tour la taxe des *formes*, & les grimoires des procureurs, au moyen de cent écus de bons frais, qu'il lui en a coûté, à peu près, en sus de la dette qu'il avoit contestée.

Ce jurisconsulte syndic, s'étoit plaint au doyen de l'injustice que je lui faisois, en ne lui payant pas ce qui lui manquoit, pour compléter les frais, faits pour vendre, disoit-il, *à mon profit* la voiture qu'il avoit adjugée à cinq louis, n'ayant pu en avoir autant qu'il eût fallu, pour contrebalancer ces frais de vente. Cette plainte étoit le comble de l'impudence & du ridicule, surtout dans la bouche d'un homme qui, de bon compte, m'en devoit trois, sur lesquels j'avois consenti qu'il prît ses horribles frais, pour être débarrassé de lui; mais M. le doyen, ne voulant pas se persuader que je pusse avoir raison, m'avoit reproché crûment dans la sacristie, devant mes confrères, (à ce foyer connu, en terme canonisés, sous le nom de *chauffrette*) que je retenois bien injustement l'argent de son ami; à quoi j'avois repondu à M. le doyen, avec un peu d'humeur, qu'il eût à fe mêler de fes affaires ; ce qui donna à M. le doyen une petite contre-humeur, laquelle M. le doyen garda fur fon cœur quafi-épifcopal ; & fon ami finit, comme je l'ai dit, par payer mes trois louis ; plus les cent écus de frais, qui, fans doute, piquèrent encore M. le doyen, parce qu'il devoit avoir fenti que je n'avois fait pourfuivre fon ami le *chicanier*, pour une pareille mifère, qu'en fa confidération, afin d'éclairer M. le doyen fur la jufte valeur tant des caquets que des reproches ; de tout quoi, en bonne *dialectique*, on peut conclure : qu'il eft prudent d'éviter le zèle des fyndics de maffe, dans la vente des voitures ; parce que le zèle des fyndics dévore la fubftance totale des voitures & au-delà : qu'il eft bon de payer trois louis dûs, fans les chicanner dans les *formes* ; parce que les *formes* font chères : qu'il eft fage de ne pas défobliger un doyen vice-gérent, autant qu'il eft poffible, parce que cette forte de doyen peut fouvent défobliger auffi, comme je le prouverai plus bas : qu'enfin fi un doyen prêtoit moins l'oreille aux caquets, il feroit un ufage plus difcret de fa langue, &c. &c.

2°. L'autre caufe prochaine de l'indifpofition de M. le doyen à mon égard, étoit de ce que je n'avois pas voulu me rendre à fon avis, contre les intérêts d'un confrère abfent, qui demandoit une chofe jufte.

Ce capitulaire, official & grand vicaire de Befançon, avoit éprouvé, de la part des chefs, dans une prétention fondée fur les ftatuts, toute la réfiftance qu'il eft poffible d'imaginer. Ils vouloient non feulement lui enlever une partie confidérable de fes fruits; mais lui dérober encore la connoiffance des conftitutions formelles qui les lui attribuoient. Les ftatuts, jurés par tous, fembloient être un *fecret de l'églife*, dont la fcience étoit réfervée à eux feuls ; mais ennemi de l'intrigue autant que de l'iniquité, j'avois plaidé en chapitre la caufe du fpolié. Prefque feul pour lui, j'avois été traité de faux frère par le doyen & par quelques-uns de fes adhérens; qui cependant, forcé dans tous leurs retranchemens, vaincus & humiliés complétement, fe font déportés de leur injufte conteftation, liée au confeil; & en ont payé les frais, qu'ils auroient pu fauver, s'ils euffent voulu adopter mon opinion, au lieu de fe laiffer aller au mouvement d'une vieille jaloufie, dûe aux voix muettes, converties en voix parlantes. V. art. 4. *contre* 5.

Négociateurs faciles. 3°. M. le doyen avoit été à Nancy, accompagné de M. Zaepffel au nom de M. le prévôt, pour y faire juger un procès des plus fimples, fur la validité conteftée d'un teftament, qui portoit pour près d'un demi-million de legs aux pauvres du diocèfe, & dont ces deux chefs étoient les exécuteurs. Il étoit abfolument impoffible de le perdre, si on eut laissé le cours ordinaire à la justice ; parce que l'instrument n'ayant aucun vice, les juges ne pouvoient que le confirmer, comme ils ont fait. Il n'y avoit qu'un moyen unique pour faire manquer le but du testateur, & pour priver irrévocablement les pauvres d'un secours que la loi leur assuroit : c'étoit d'accorder aux juges une extension de pouvoir qu'ils n'avoient pas par leur qualité ; c'étoit de les rendre arbitres modérateurs pour réduire le legs à leur gré, contre le vœu du testateur & de la loi ; c'étoit en un mot de demander acte de ce qu'au nom des pauvres, leurs représentans, ou procureurs fondés, consentoient à perdre une partie du bien qui leur étoit légitimement échu ; & c'est précisément ce que ces messieurs ont fait, fort innocemment, pour enlever, de bonne foi, aux malheureux de la province, les quatre cinquièmes d'une aumône, dont rien au monde, sans cela, n'eût pu les frustrer.

J'avoue qu'à cette nouvelle, dans un premier mouvement d'indignation, j'ai dit sans détours, & avec cette franchise d'une ame droite qui ne sait rien dissimuler, ,, qu'on devroit faire défen-
,, ses à cesdits messieurs de jamais s'immiscer pour
,, accommoder ou pour *négocier* quelqu'affaire
,, que ce pût être ; ni se mêler désormais de tout
,, ce qui pourroit avoir rapport à des pareils
,, *négoces*, dussent-ils vouloir en faire les hon-

„ neurs de leurs poches, fans efpoir de récupé-
„ rer aucuns frais ni débourfés, &c. „

On fent que cette expreffion naïve d'une charité pure, critiquant par zèle la mal-adreffe des exécuteurs teftamentaires, n'a pas dû leur être fort agréable; auffi ne le fut-elle pas. Ils me l'ont rendue avec ufure & fur le champ.

<small>Teftament folemnel.</small> *L'arrangement* fingulier de cette *affaire*, m'ayant fait ouvrir de grands yeux fur la tournure que pouvoient prendre les dernières volontés des chanoines défunts, quelque revêtues qu'elles fuffent de toutes les formalités requifes, m'a porté à chercher, pour l'exécution des miennes, un moyen plus fûr, que ne paroiffoit l'être une difpofition à caufe de mort. Et pour le dire, puifque j'y fuis; j'avois fait mon teftament avant d'aller à Rome, où, en partant, j'avois affez l'air de vouloir me faire enterrer. C'eft Me. Humbourg notaire qui l'a reçu.

Laiffant à ma fœur, ou à fes enfans, comme à mes héritiers, tout ce qui m'avoit été laiffé à moi-même à ce titre, par mes parens, j'ordonnois que le furplus, fruit de mes bénéfices & de mes rentes, feroit employé à l'établiffement & à la dotation d'une maifon d'orphelines dans la ville d'Oberné, fous la direction de deux fœurs de la Charité, qui en même temps tiendroient école françoife gratuite pour les filles de mes *pauvres* concitoyens; oui pauvres, & fi pauvres presqu'en général, qu'ils ne pouvoient plus seulement, comme ils le faisoient du temps de mon père, envoyer leurs enfans en Lorraine, pour y apprendre la langue nationale, devenue en Alsace plus que jamais nécessaire dans le commerce de la vie.

A la vue de la *négociation* malheureuse de mes chefs, choisis par un testateur circonspect, qui, malgré douze codiciles qu'il avoit faits, & malgré cinquante clauses dont chacun s'étoit trouvé chargé, n'avoit pu cependant tout prévoir; j'ai pris le parti de me nommer moi - même mon exécuteur testamentaire. Et pour en remplir tout-de-suite les devoirs, j'ai fait des acquisitions de maisons ; j'ai donné un plan qui s'exécute sur leur emplacement; V. N°. 101. J'ai conclu des marchés & j'ai placé des fonds pour ce monument public, lequel j'espère de pouvoir porter à sa perfection dans le courant de l'année, avec l'agrément de mes persécuteurs. Il le seroit déjà si les procès odieux, qu'ils m'ont suscités depuis, ne m'eussent forcé à suspendre les différentes opérations préalablement nécessaires ; à renoncer absolument à d'autres projets que j'avois encore, & à négliger même mes intérêts de Rorbach, où je n'ai pu aller depuis deux ans, obligé avant tout de me livrer à la défense d'un bien, sans lequel tous les autres ne sont rien.

Si donc je venois à mourir avant d'avoir

rempli en entier l'objet de cette fondation; mes compatriotes foutenus par le magiftrat, connoiffant actuellement ma volonté, qui ne peut plus être équivoque, veilleront fans doute, aux intérêts des pauvres. Une pollicitation faite auffi publiquement eft, je le préfume, un acte authentique & facré. C'eft un *teftament folemnel* qui, ayant toute la nation pour témoin, doit être digne de la protection du gouvernement & de la faveur des loix. Je connois au refte la religion & la piété de mes collatéraux. Je ne prévois point d'oppofitions de leur part; ils ajouteront à la bonne œuvre plutôt que de contefter fur fon accompliffement.

<small>Teftament exécuté.</small> 4°. Pendant que M. le doyen étoit encore à Nancy, où il arrangeoit de fon mieux l'affaire du legs, d'après les inftructions & les confeils de fon co-exécuteur, j'avois foumis à la délibération du chapitre un fujet parfaitement femblable, aux fins d'accomplir le vœu d'un teftateur, qui avoit fondé quatre enfans de chœur dans notre églife. Cet objet fembloit devoir fouffrir d'autant moins de difficultés pour être rempli, que le fervice de ces enfans nous étoit plus indifpenfablement néceffaire. En conféquence le chapitre avoit ordonné, de voix unanime, que le *teftament* feroit *exécuté;* mais parce que M. le doyen n'avoit pu, pour s'y être mal pris, faire exécuter à Nancy celui qui avoit été confié à

fes

ses soins, il trouva fort mauvais que le chapitre eût voulu, comme pour le narguer, faire mieux que lui, pendant que lui n'y présidoit pas. Il refusa nettement de se rendre à sa décision. Et pour qu'il n'entende plus du tout sonner à ses oreilles le funeste mot *testament* , pour lequel il avoit pris autant d'aversion que son associé M. le prévôt; il se fit décharger de concert avec lui, par arrêt du conseil souverain, de sa qualité d'exécuteur de cet acte infortuné, où désormais il n'y avoit plus rien à gagner, tant la situation des choses étoit désespérante. Il fit plus dans sa mauvaise humeur.

5°. Ayant vu qu'on avoit reblanchi, en son absence, le chœur *de son église*, qui en avoit le plus grand besoin; & ne voulant plus voir que du noir, dans le chagrin qui le rongeoit, il s'emporta vivement, & en vint jusqu'à menacer le chapitre de le mener plus vertement encore qu'il n'avoit fait jusques-là, & de reveiller, en sa qualité de doyen, de vieilles prétentions dont on se ressentiroit si....... Je confesse que je n'ai pu y tenir plus longtemps, & qu'à l'aspect d'un empire qui, quelqu'outré qu'il fût déjà, alloit toujours en croissant, j'ai annoncé à mon formidable confrère, premier entre ses pairs, que je prierois le seigneur Ordinaire de venir mettre un peu la police dans notre régime, par une visite épiscopale; ou d'ordonner enfin la reprise des

Q

chapitrés généraux, que je follicitois vainement depuis quinze ans, à l'effet de ladite police.

Négoce. C'étoit à la fuite de toutes ces fcènes qu'étoit venu le *Bernier* avec fa demande des 2000 liv. ou environ qu'il répétoit des deniers du marquis. Son patron, vivant du métier, & s'engraiffant de *faits & articles*, lui avoit révélé pourquoi ces circonftances étoient fi favorables, & comment le nombre de *mauvaifes notes*, requis pour avoir le fouet, s'étoit complété. Auffi en eft-il arrivé, qu'au lieu de renvoyer à Colmar, fuivant tous les principes, une demande liée intimement à celle de Maillet, qui y étoit pendante, le vice-gérent, fecondé de fon collégue & de quelques affeffeurs fes parens ou fes créatures, a préféré, en la retenant, d'inftruire une procédure tellement volumineufe par les préparatoires, par les interrogatoires, par les interlocutoires, par les réquifitoires & par toutes les formes en *oire* poffibles; que d'après mon fidèle repertoire, les feules copies de pièces, collationnées par le greffier du prétoire, pour être envoyées à Mayence, au confiftoire, ont coûté aux créanciers Chevigney, non compris les *pour boire*, cinquante écus d'une part, & dix d'une autre, indépendamment des frais de juftice, payés par la partie adverfe, qui, ayant gagné fon procès, avoit levé les fentences. Au refte, fi le volume des pièces n'étoit pas fort, il falloit que la taxe fût prodigieusement forte ; supposé que, dans les officialités épiscopales des provinces conquises, il y eut des taxes pour les greffiers ; ce que j'ignore ; car en tout pays on met bien des *rôles* de blanc en *noir*, pour soixante écus.

Mais me condamner simplement, dépens compensés, à payer, de l'argent d'autrui, ce que cet autrui ne vouloit pas que je payasse, & ce qui, à moi, m'eût été fort indifférent, pourvu que je fusse dûment déchargé, n'étoit pas une mortification qui pût m'affecter beaucoup. On le comprit ; & pour imprimer à cette sentence un caractère essentiellement piquant ; une vertu poignante & *mortifére*, qui portât directement sur ma personne, on y adapta une queue, armée d'un aiguillon, dont le venin subtil devoit me donner la MORT la plus prompte & la plus douloureuse qu'on pût imaginer, pour tourmenter une ame qui pense ; celle qui détruit l'honneur ; la mort d'une réputation intacte ; mort, que j'appelle SUBITE à mon égard, n'ayant pu être prévue dans la position où je m'étois trouvé ; mort d'autant plus cruelle, qu'elle laissoit subsister le physique de l'être qu'elle frappoit, pour rendre plus durable le supplice de sa dure existence.

Le promoteur, instruit & dirigé par mes chefs, requit que défenses me fussent faites de me mêler désormais d'affaires de *négoce* & de tout ce qui y

avoit rapport, comme contraire aux SS. Canons;
& défenses me furent faites de *négoce*, &c. N°. 42.
Et me voilà inopinément refractaire aux règles
canoniques, déclaré tel par sentence; flétri tout
à coup par un jugement légal ; avili aux yeux
de tous ceux qui n'en croient qu'aux sentences,
sans pénétrer dans les motifs qui ont déterminé
ces sentences; assommé de guet à pens; en ce
que mes persécuteurs avoient eu le plus grand
soin de me cacher leur dessein, de crainte que
je ne pusse me mettre en garde, pour échapper
à leurs coups, en leur faisant ouvrir les yeux
sur l'attentat qu'ils méditoient contre ma vie
morale; vie plus précieuse mille fois, pour tout
homme qui connoît l'honneur, que ne l'est celle
du corps, quelque sain & quelque vigoureux
qu'il puisse être; vie que j'aurois certainement
sauvée, si l'évêque eût daigné me faire la moindre petite saignée salutaire, par une monition
charitable, selon l'esprit des saints conciles ; ou si
seulement, avant de prononcer l'arrêt fatal, il
eut voulu m'entendre une minute, au lieu de
ne prêter l'oreille qu'aux délations clandestines
de mes lâches ennemis. Ils doivent lui paroître
bien odieux, depuis qu'à la vue de ma parfaite
innocence, il a eu du regret d'une précipitation
que sa qualité de juge l'empêche d'avouer ouvertement, quoiqu'il en soit convenu dans le particulier: mais quand même il n'en auroit pas eu;

quand il ne me l'auroit pas dit positivement, lorsque je fus chez lui pour avoir le mot de l'énigme, touchant cette répréhension aussi imprévue qu'elle étoit éclatante ; oui, quand monseigneur auroit voulu insinuer qu'il fût personnellement l'ouvrier de cette animadversion publique; le procédé par lui-même prouveroit suffisamment qu'il ne pouvoit être parti de son cœur charitable. Rien n'y annonçoit les effets de cette bienveillance particulière fondée sur l'estime & témoignée sans interruption pendant trente ans; bien moins étoit-ce des preuves de cette amitié si exaltée dans les lettres dont ce pontife m'a honoré dans ce long inrervalle. J'en copierai quelques-unes, prises à différentes époques, pour qu'on puisse juger de la continuité de ses sentimens à mon égard. N°. 92. &c. Elles viennent d'ailleurs à l'appui de quelques anecdotes que j'ai rapportées dans cette histoire, & elles donneront d'avance le démenti de tout ce qu'on pourroit prêter à mon évêque, ou de tout ce qu'on voudroit lui faire dire de contraire à la régularité de ma vie antérieure au prétendu *négoce*, déféré à son tribunal par le bras droit de mon prévôt. On ne dira pas, je l'espère, que ces épitres soient des certificats mendiés : Je n'ai pas même prévu que je dusse jamais en faire usage; je les conservois simplement par le respect que j'avois pour tout ce qui me venoit de mon supérieur, comme je conserve trois mille lettres, de souverains, de cardinaux, de princes, de ministres d'état, de littérateurs, & principalement de mainte famille infortunée, dont les relations etoient dûes à des services que j'avois été dans le cas de pouvoir rendre. Ces correspondances recueillies depuis une trentaine d'années, en 18 volumes *in-*4to, font le plus précieux ornement de ma bibliothèque. C'est un dépôt que je produirai à mes juges, si mes adversaires vouloient soutenir publiquement devant eux, ce qu'ils avoient osé répondre sourdement dans les cercles, de pernicieux à mon honneur. On y trouvera le tableau de ma vie & de mes œuvres, attesté par quelques centaines de témoins plus dignes de foi, que ne doit l'être un ennemi implacable poussé à la calomnie par l'excès de son animosité. Lui seul, je le répète, est dans l'origine l'auteur des sentences qui m'avilissent, comme il l'est de toute ma diffamation. J'offre de le prouver, si le juge m'y autorise.

Il n'est personne dans le diocèse qui ne connoisse la mansuétude de M. l'évêque d'Arath. C'eut été un phénomène de le voir embrasser le parti qu'il a pris, pour ramener une de ses ouailles aux règles canoniques, (supposé qu'elle s'en fût écartée) s'il n'y avoit été excité par une impulsion artificieuse. En bonne douceur, il pouvoit m'envoyer un de ſes domeſtiques & à l'inſtant j'euſſe été lui préſenter mon hommage; ou m'écrire deux mots, auſſitôt il m'auroit vu à ſes pieds: en toute rigueur, me faire expédier un *veniat*, & mon obéiſſance eut été également prompte; plus encore, me faire citer à ſon tribunal par le promoteur, pour le fait imputé; j'y aurois expoſé mes motifs & je me ferois pleinement juſtifié; mais me condamner ſans me prévenir, ſans m'aſſigner, ſans m'entendre; me faire des défenſes flétriſſantes dans des circonſtances où mon avocat, pas plus prévenu que moi, n'avoit d'inſtructions que pour une cauſe fort étrangère à ces défenſes; mais me traiter tout-à-coup, après trente ans d'eſtime, comme il n'auroit pas traité le dernier tonſuré de ſon clergé; voilà ce qui dénote manifeſtement que la queue meurtrière de ſa ſentence n'étoit rien moins que ſon ouvrage. La cruauté n'eſt pas & n'a jamais été dans le caractère de mon évêque. Cette queue avoit été adaptée par les ruſes de quelques narquois paſſionnés; c'étoit une queue de *renard*, on n'en peu pas douter. Elle careſſoit les juges par des dehors flatteurs, en même temps qu'elle communiquoit ſon venin contagieux à celui qu'elle frappoit. C'étoit en un mot le fait d'un fin matois, qui que ce fût. Que le bon Dieu lui pardonne!

Je ſavois parfaitement que mes détracteurs

acharnés fatiguoient fans ceffe mon doux fupérieur de leurs détestables calomnies. Je les méprifois, comme auroit fait tout autre prêtre, qui, content de n'avoir rien à fe reprocher, laifferoit fiffler les ferpents de la noire envie, & croiroit manquer à la nobleffe de fes fentimens en cherchant à écrafer des reptiles, dont la rage d'ailleurs prouvoit elle-même pour lui. Mais devois-je m'attendre à voir ces détractions préconifées par une fanction juridique, à propos d'une œuvre des plus méritoires que j'euffe pu faire & aux yeux de Dieu, qui a vu la droiture de mon intention, & aux yeux des hommes, qui ont vu les fruits de mon zèle & de ma charité ? Pouvois-je prévoir que le vengeur des délits publics dût provoquer en fecret, contre moi, des défenfes injurieufes, à l'occafion de la pratique de quelques vertus ; tandis que ce même vengeur laiffoit dans l'impunité les crimes les plus fcandaleux de rapt, de crapule, de luxure, &c. commis à la face de la province, & tandis que l'on avoit vu des promoteurs eux-mêmes faire publiquement, fous les yeux de l'évêque, un commerce réglé en vins de Bourgogne & en effets de toutes efpèces, fans que monfeigneur eut jamais penfé à commettre un vengeur d'office pour requérir contre le délinquant ?

Finiffons ; car fi je voulois me livrer aux

NÉGOCE.

réflexions, j'écrirois dix ans, jour & nuit, fans épuifer la matière.

Pour vingt mille francs, qu'il m'en a coûté, je porte, non pas fur l'omoplate, les trois lettres connues, mais, fur le front, l'empreinte du mot NÉGOCE. Ainfi marqué, je fuis dûment *mort*. R. I. P. en attendant ma *réfurrection* & fes fuites: C'eft le fujet du troifième livre.

Fin du deuxième Livre.

UN D.......

| *EXTRAIT du* PANÉGYRIQUE *prononcé par Monfeigneur.* | Teftamur Rev^m D^m Lud. Rumpler, S. Pet. jun. Canonicum vitâ et morum probitate, pietate, ac religionis puritate commendabilem effe. Sign: † Tuss. E^{pus}. Arathensis, Suff. Vic. G^{lis}. Ad mandatum Rev^{mi}. et ill^{mi}. D^i. D^i. Sig: *Weinborn*. |

LIVRE TROISIEME.

Ainsi qu'il eft dans le règne animal des êtres plus ou moins vivaces en raifon de l'harmonie plus ou moins parfaite de leur organifation; de même dans le règne de l'opinion il exifte des vies plus ou moins dures, fuivant le dégré de force & la proportion du fentiment que *l'honneur* lui imprime. Délicat & fluet, vû d'une manière: je fuis un *lion*, confidéré de l'autre. Quelque corrofif que fût le poifon qu'on venoit de me

Lion pour l'honneur.

lancer; ou il avoit trouvé trop de réfiftance, ou il n'étoit pas affez mortel pour m'exterminer jufques dans l'efprit de certains honnêtes gens, qui, me connoiffant de longue main, en croyoient plus à ce qu'ils voyoient en moi, qu'à ce qu'ils entendoient dire de moi, même par des fentences. D'ailleurs celle qui me tuoit étoit du 21 juin 1782; & dès le lendemain mon appel devoit être fignifié pour me rendre à la vie, fi mon juge, vice-gérent, qui ne vouloit me voir que mort, n'eût fait défenfes à l'appariteur de me prêter fon miniftère; afin de retarder ainfi, autant qu'il dépendoit de lui, une *réfurrection*, qui devoit le confondre. Cet officier public avoit ordre de mon doyen, de ne plus me rendre l'acte d'appel N°. 43. que je lui avois confié. N°. 43. Les vérités que j'y expofois avoient paru déplaifantes à ce juge, en ce que c'étoient des vérités, & que toutes vérites, difoit-il, n'étoient pas bonnes à dire, quel que fût l'intérêt que j'euffe à les rapporter pour l'appui de ma caufe & pour ma défenfe légitime. Etrange abus! Des juges devenus mes parties adverfes, veulent, par des coups d'autorité, me priver de la reffource des voies de droit, pour m'empêcher de chercher ailleurs la juftice que je n'avois pas pu trouver chez eux. Ils m'ont mis ainfi dans la néceffité de faire un autre acte, qui, par les refus & par les retards que j'ai éprouvés, n'a pu être fignifié, que dix jours

VERTUS PUNIES.

après cette infraction : il le fut par le ministère d'un huissier royal, pris au défaut de l'appariteur, interdit désormais à mon égard. V. l'un & l'autre Nos. 44 & 45.

Nos. 44 & 45.

A la vue de ces mouvemens de ma part, mes adversaires ont reconnu que je n'étois pas assez mort; & pour qu'ils pussent m'achever *en forme*, au gré de leur désir, je leur en ai facilité le moyen en courant au-devant de leurs armes, bien assuré qu'avec la bonne envie qu'ils avoient *d'occire*, ils ne me manqueroient pas une seconde fois.

Vertus punies

J'ai été déshonoré pour avoir manqué (disoit le vengeur des délits publics) aux règles établies par les SS. Canons, en accommodant des procès, en délivrant des captifs; je vais, me disois-je, demander à suivre ces règles canoniques, en sollicitant leur rétablissement dans mon église ; & je parie qu'on me couvrira d'opprobres. Si j'avois pu trouver quelqu'Anglois qui eût voulu courir les risques d'un enjeu; j'y mettois le mien, & j'aurois gagné.

On avoit vu déjà des prêtres, ne suivre uniformément qu'une seule & même règle, & être punis par deux juges différens; de l'un sous prétexte que, la règle étant bonne, ils ne s'y étoient pas conformés, de l'autre, parce que la règle étant mauvaise, ils y avoient été trop fidèles ; mais on n'avoit pas vu encore un prêtre condamné par le même juge, en même temps, & pour n'avoir pas cherché à suivre sa règle, & pour avoir cherché à la suivre.

Eh bien! ce qu'on n'a jamais vu, on le verra. Les Canons vouloient qu'on acquittât les fondations & qu'on observât les statuts dans les corps ecclésiastiques, sur-tout si les membres de ces corps avoient juré, à leur réception, de les observer, sous peine de péché. Effrayé par une punition première, pour ma non-conformité à ces Canons, j'ai demandé à m'y conformer; j'ai insisté *respectueusement* sur ma demande une fois, deux fois, trois fois; & j'ai été rudement puni une seconde fois, pour avoir insisté *despectueusement* à vouloir me conformer auxdits Canons. V. à la fin des pièces : *Requéte & Sommations*.

J'avois menacé M. le doyen vice-gérent que je présenterois ma requête pour obtenir des enfans de chœur & des chapitres généraux; & aussitôt M. le vice-gérent, sans m'en avoir menacé, m'a jugé à mort, comme on a vu. Revenu précairement à la vie, par un appel suspensif, j'ai exécuté ma menace; & le ton de ma demande a été trouvé beaucoup plus ferme que n'auroit dû l'être celui d'un revenant, ou d'un ressuscité à peine réchauffé, qui, après sa première crise, ne devoit même plus avoir le moindre filet de voix. Pour me faire baisser le ton à coup sûr, j'ai été exclus, interdit, expulſé *en règle* de l'aſſemblée des vivans, par un décret qui frondoit toutes les règles; libre à moi de me faire enterrer là où bon me ſembleroit pour ſix mortels mois; mais non de revenir, avant terme, reprendre ſéance avec mes frères en vie : on y avoit pourvu par ces mots *fatals : nonobſtant l'appel*, & on y avoit ajouté par dériſion : *& ſans y préjudicier.* C'eſt comme ſi un homme, qui m'auroit arraché un œil, m'eût dit, en me le remettant en mains : tenez, mon ami, prenez garde à votre œil. C'eſt ainſi que, deux fois, l'on a puni en moi des vertus : la charité, le zèle, l'amour de mes devoirs. Et c'eſt vous, mon cher *Cicéron*, tout payen que vous êtes, qui avez la bonté de m'en conſoler un peu, par votre belle ſentence : *quandò eſt turpe reverà ? quandò eſt pœna peccati.* (*Exilium.*) N°. 46.

N°. 46.

Ce décret du vicariat étoit la ſuite d'une combinaiſon faite par M. le prévôt Regemorte; cet implacable *vétéran*, qui, depuis vingt ans juſte, n'avoit pu me perdre de vue un inſtant pour me laiſſer reſpirer. Voici comment il raiſonnoit :

„ Tant que cet *intrigant*, que je ne ſupporte
„ pas, ne ſera pas déshonoré plus authentique-
„ ment, qu'il ne l'eſt par les portraits que j'en
„ donne & que je fais débiter par les amis de ma
„ *baſſe cour*, il ne le ſera qu'à demi, comme on
„ peut l'être par des propos. Cela n'imprimera

Monologue chrétien.

„ jamais fur lui cette forte de mépris, dont il eft
„ de ma félicité & de ma gloire qu'il foit cou-
„ vert. Il lui faut fur le front un blâme juridique
„ & itératif ; un caractère d'opprobre mani-
„ fefte & indélébile ; fi je ne veux pas moi-
„ même paffer pour un monftre, de l'avoir tant
„ dénigré fans fujet, & fans y avoir été fecondé
„ que par des gens à moi. J'ai (par mon ami
„ le vengeur, qui, prié ou non, me fait l'hon-
„ neur de manger ma foupe deux fois la femaine)
„ pu parvenir à le mâchurer & à lui faire gra-
„ ver le fobriquet *Négoce* fur fa figure, par un
„ jugement, dont la minute paffera avec les ar-
„ chives du confiftoire à la poftérité la plus re-
„ culée. Eh ! pourquoi ne pourrois-je auffi le
„ faire chaffer de fon corps, à l'aide du même
„ vengeur, & confirmer ainfi, dans l'efprit de
„ nos contemporains, l'idée que je me tue de
„ leur donner de fa valeur fpécifique, depuis
„ quatre luftres révolus ? Et, quoique, depuis
„ huit ans, j'euffe pris congé d'un chapitre, qui
„ m'avoit défobéi, pourquoi n'y retournerois-je
„ pas pour lui demander, comme une dernière
„ faveur, qu'il veuille, encore pour cette fois,
„ me laiffer faire tout feul, afin de nous débar-
„ raffer d'un fujet *defpeƈtueux* envers fes fupé-
„ rieurs, au point de prétendre qu'on lui don-
„ nera des enfans pour le fervir, tandis que fes
„ chefs s'en paffent ; qu'on lui fera voir des ftatuts

„ en plein jour, tandis que ces statuts ne sont
„ pas de nature à supporter la lumière du jour;
„ que *notre digne doyen*, convoquera des cha-
„ pitres annuels pour faire suivre la règle,
„ tandis que nous ne voulons tous deux d'autre
„ règle que celle qui nous plaît ; règle qui
„ s'observe dans notre église depuis que nous la
„ gouvernons; enfin pourquoi ne ferois-je pas
„ rentrer dans son néant un orgueilleux qui veut
„ s'ériger en censeur de ses chefs, faits pour cen-
„ surer les autres ? „

D'après ce raisonnement le prévôt trace adroi- *Prévôt tout prêt.* tement la marche que le doyen auroit à tenir dans cette *affaire*. Il lui recommande, avant tout, d'engager l'évêque à communiquer ma requête au chapitre, qui n'y étoit pour rien; aux fins d'une réponse, que lui, son ancien *maître*, se chargeroit d'y faire. M. le vice-gérent n'eut pas à intriguer beaucoup pour obtenir cette légère faveur, accordée aussitôt que demandée ; mais, comme M. le prévôt s'étoit interdit à lui-même, par dépit, toute assistance aux assemblées, depuis que j'avois réussi, contre son opinion, à disposer de plusieurs prébendes, il se fit inviter, avec appareil, par arrangement pris, à la séance où il s'agiroit de me noircir ; afin que dans son empressement pour se venger, masqué sous ce cérémonial, il parût un peu moins odieux, & qu'il eût l'air d'avoir été désiré par ses confrères ;

quoique la plupart cruffent véritablement rêver, quand, après huit ans d'abfence, ils le virent reparoître à leur tête *en corps & en ame*, tant ils avoient eu peine à concevoir qu'un homme, jaloux de paffer pour un fage, eût ofé fi ouvertement afficher fa paffion, à l'âge de fix bonnes douzaines d'années bien fonnées.

Pour moi, qui ne fuis qu'un *intrigant* de bas aloi, & qui ai quatre luftres d'expérience & trente-deux *quartiers de nobleffe* de moins que mon *maître* ; fi, après que j'aurois eu pris congé abfolu de mon chapitre, l'on fût venu me propofer de m'y reproduire tout exprès, pour noircir mon prévôt, en y employant le faux, contre le cri de ma confcience; ou feulement pour requérir contre la régularité de fon ami, le *vengeur* des Canons ; encore que les fentimens de l'un ne quadraffent nullement avec les miens, & que le *zèle* de l'autre eût effectué fraîchement, à mes dépens, une *vindicte* éclatante : quand même, pour me traîner de force dans une affemblée capitulaire, qui auroit eu à délibérer fur un pareil objet, l'on eût imaginé de me *députer* une brigade de maréchauffée armée de carabines ; je jure que mon petit honneur, feul, m'auroit donné affez de force, pour faire face à *la députation* ; plutôt que d'avancer d'un pas vers le théâtre, où il fe fut agi de confommer une œuvre de cette nature; euffé-je dû appeler

à

Courage lecteur ! vous êtes à moitié chemin de la phrafe.

à mon secours le *Tartare de la grande*, & lui donner, pour prix de sa poudre & de son plomb, quittance générale de mon *gris-pommelé*, qu'il a vendu pour son compte, & qu'il me doit encore.

Mais où irois-je donc me cacher, juste ciel! si, après avoir *arrangé* moi-même les préliminaires d'une *affaire* semblable, j'eusse pu m'oublier, jusqu'à déposer toute vergogne en présence de mes confrères; jusqu'à dédaigner de prendre la moindre précaution de bienséance, pour obvier au scandale; jusqu'à rester une heure chez moi, *tout prêt*, en habits de chœur, à attendre impatiemment l'effet d'une scène aussi odieuse, dont j'eusse été l'auteur & le souffleur; sans même vouloir paroître ignorer le plan d'un batelage, que la pudeur m'eût invité si visiblement à voiler, après que j'aurois eu la bassesse de le tracer? Ah, mes juges! jamais, non jamais je n'aurois pu gagner sur ma délicatesse de me prêter à de si détestables rôles.

Cependant il faut tout dire. Peut-être M. le prévôt n'étoit-il si empressé à se rendre en chapitre, que pour profiter de l'occasion qui se présentoit de pouvoir en saluer collectivement tous les membres, moi n'y étant pas, sans toutefois compromettre notablement sa dignité; & pour s'acquitter ainsi d'un devoir qu'il s'étoit mis sur le ton de ne remplir qu'à l'égard du seul doyen: car il auroit cru déroger à son rang autant qu'à sa *naissance*. Si, depuis trente ans, il

R.

se fût déplacé une seule fois, pour rendre la moindre visite de toutes celles qu'il recevoit de ses confrères; tant il étoit peu allant de sa nature, & peu curieux des bienséances d'usage.

Si donc il a pu se tenir ce jour-là tout prêt à aller par extraordinaire; s'il s'est mis à courir, à voler dans la salle d'assemblée; il est clair que c'étoit uniquement pour faire toutes ses visites en bloc. Preuve de cela, c'est que ne m'y ayant pas trouvé, comme il s'y étoit attendu, il s'étoit fait *écrire*, pour que j'en eusse aussi ma part; quoique, dans le fond, je n'aurois pas été fâché, s'il eût bien voulu ne pas se ressouvenir de moi.

Manège suggéré. Huit jours après que ma requête fut présentée au seigneur Ordinaire, le prévôt, voyant que les refus obstinés & les tons menaçans du doyen n'étoient ni excusables ni soutenables, avoit eu la précaution de porter celui-ci à *ruser*, en faisant inscrire au protocole, que lui doyen remettoit au chapitre le choix des enfans de chœur demandés, lesquels jusques-là il avoit toujours nommés seul, en sa qualité de collateur désigné par le titre de fondation. Cette tournure étoit une de ces feintes favorites, dont l'homme *aux conseils* usoit par principes, dans les affaires désespérées; pour, en se ménageant un échappatoire, pouvoir démontrer *littéralement* que blanc étoit noir. On a vu, à l'article *quatre contre cinq*, son stratagême lui manquer avec M. le premier-président; mais il lui a réussi en

MANÈGE SUGGÉRÉ.

mille autres occafions. Ici, il s'agiffoit d'empêcher que l'arrêté unanime du chapitre n'eût fon effet; & qu'en même temps M. le doyen, qui feul l'empêchoit, parut, *par extrait*, comme fi jamais il ne s'y fut oppofé; quoiqu'à fon retour de Nancy, il eût fait un train, dont il feroit difficile, à ceux qui ne l'ont pas vu, de fe former une idée. Il falloit en un mot pouffer adroitement une quarte *baffe*, derrière le rideau, & s'efquiver fi vîte, que, le coup étant bien appliqué, on pût dire, avec apparence de vérité, qu'on ne l'avoit pas porté.

On ne croiroit pas qu'une pareille entreprife dût avoir du fuccès. Mifère que cela à S. Pierre le jeune! Pour pouvoir le comprendre, il faudroit que mes juges euffent été capitulaires pendant quinze ans feulement, & qu'ils connuffent par eux-mêmes, comme le connoiffent mes confrères & moi, jufqu'à quel point le chapitre, pris même collectivement, étoit fubjugué par fes *maitres*. Ceux-ci favoient très bien que les vôtans n'iroient pas faire d'accord une guerre ouverte à leur doyen, en nommant, malgré lui, aux places vacantes, quel que fût l'intérêt qu'ils euffent de les voir remplies, ou qu'elle qu'eût été leur unanimité à vouloir qu'elles le fuffent. Donc en leur déférant, par pique & pour la forme, la nomination de ces places, après toutes fes réfiftances antérieures, le Sr.

doyen ne rifquoit rien moins, que de fe voir pris au mot. Cependant il fe ménageoit par cette fimulation, une belle porte de derrière, pour pouvoir, devant l'official à Strasbourg, à Mayence, à Colmar & ailleurs, rejeter fa négligence, à exécuter une fondation, fur le chapitre même, qui auroit voulu la réparer ; parce que, (dira-t-il dans les tribunaux) il a la preuve *littérale* en mains que, quant à lui doyen, il n'étoit pour rien dans cette *affaire* ; les regiftres, (qu'il dirige à fon gré & qu'il figne tout feul, au nom du corps) faifant foi qu'il n'avoit jamais été contraire à la nomination défirée ; puifque ces regiftres portoient qu'il s'étoit démis, de tous fes droits à cet égard, en faveur du chapitre, encore que cette démiffion fimulée n'eût éte faite que depuis qu'on lui avoit intenté une action, pour le forcer à faire fon devoir & à fuivre la règle.

<small>Revenant qui fait peur.</small> Ayant ainfi *arrangé l'affaire* du doyen pour lui affurer une excufe au befoin, le prévôt, plein d'ardeur pour *l'arrangement* de la mienne, vole de fon hôtel dans la falle capitulaire, porteur de la réponfe qu'il avoit concertée, digérée & minutée avec fon collégue. Lorfque je defcendois les dégrés, je l'ai trouvé qui les montoit, fémillant & radieux. Il franchiffoit deux marches à chaque pas, tant le feu de fon zèle lui avoit donné de légéreté, en raréfiant tout *air*

froid dans le volume de fa perfonne. J'ai été tenté, à fa rencontre, de lui faire mon compliment fur fon heureux *retour*; mais, réflexion faite, craignant qu'un *retour* fur lui-même, relativement à l'horrible démarche qu'il faifoit là, ne le fît à l'inftant *retour*ner chez lui, je ne lui dis rien; afin de le laiffer achever fa belle œuvre, &, (pour l'en punir) de le voir fe charger lui-même, aveuglé par fa paffion, de toute la maffe d'opprobre dont il cherchoit à me couvrir.

Il n'y avoit pas une ame raifonnable dans tout Strasbourg qui, pour cette fois, à la vue de pareille animofité, n'eût été fcandalifée de l'acharnement de l'homme de Dieu à pourfuivre, fans ombre de retenue, un de fes frères, auquel il ne pouvoit faire le moindre reproche fondé ; & il ne s'étoit pas trouvé un feul membre dans le fein du chapitre qui n'eût été effrayé à l'afpect d'un *revenant*, dont l'apparition imprévue préfageoit néceffairement les révolutions les plus finiftres. Auffi en a-t-on été tellement interdit, que, malgré que j'euffe dans la compagnie des amis fincères ; que partie des chanoines me duffent leur état ; qu'il y eût plufieurs jeunes capitulaires qui ne favoient abfolument rien de ce qu'on leur prêtoit; que l'image de *l'augufte* fouverain de Neubourg les regardât tous en face ; aucun n'eut le courage d'obferver au prévôt que la réponfe, qu'il dictoit à l'écolâtre, n'étoit qu'un tiffu de fauffetés & de calomnies, rédigées finement & préfentées avec art, pour furprendre la religion de l'évêque. Aucun, non aucun, n'eut le cœur d'ouvrir la bouche pour la fermer au chef, interprète arbitraire du filence d'un chapitre ftupéfié. Ce n'eft pas que plufieurs n'euffent rougi, lorfque ce chef dictoit fes paradoxes impofteurs ; c'eft qu'ils étoient ou enchaînés par l'indolence, malheureufement trop ordinaire aux honnêtes gens, ou fubjugués par la crainte d'un adverfaire acharné. Communément les corps font des troupeaux de moutons; on y fait ce qu'on voit faire : & comme la fureur, l'animofité, la vengeance, rendent plus hardi que la vertu ; tandis que l'ami n'ofe fe montrer, c'eft toujours l'ennemi qui donne l'exemple. On imite fans honte dans la foule ce modèle odieux, auquel on frémiroit de reffembler fi l'on étoit feul.

Enfin tous, comme des êtres affervis, quoiqu'indignés peut-être dans le fond de leur ame, répugnèrent de heurter de front ouvertement un vieillard, dont la préfence leur en impofoit d'autant plus qu'elle avoit été moins attendue. Plufieurs même ne faififfoient pas tout l'infidieux de la réponfe de leur truchement, qui, au comble de fa joie, après qu'il l'eût fait tranfcrire fur la requête, prit congé de l'affemblée, où déformais il n'avoit plus rien *à faire* ; n'y étant re-

venu que pour me dénigrer capitulairement &
pour préparer la ciguë qui devoit me détruire.
N°. 46.

Il n'avoit pu, pour disculper son ami de
l'omission des chapitres généraux prescrits, se
servir du moyen *victorieux* employé pour excuser son opposition au choix des enfans de chœur.
C'étoit bien encore au doyen seul, & non aux
chanoines, à remplir ce devoir; mais, dans la
crainte du ridicule, celui-là n'avoit osé, en
renonçant derechef à son droit, transférer au
chapitre le soin de se convoquer lui-même.
Le *maître* de ses confrères fit mieux; pour les
inculper d'une faute, dont aucun n'étoit coupable, il avança hardiment, contre toute vérité,
que le doyen, (notoirement répréhensible,)
avoit proposé *à différentes reprises* ces chapitres
annuels, & qu'à *différentes reprises* les capitulans les avoient rejetés comme inutiles; quoique
ces *différentes reprises* ne fussent sues ni connues
de personne; à moins que l'on ne voulût faire
passer pour une demande sérieuse, la proposition
dérisoire que M. le doyen fit une fois, en mon
absence, pendant que je le poursuivois devant
l'official, à l'effet d'obtenir ces mêmes chapitres.
Il avoit dit par plaisanterie à quelques capitulaires, qui me l'ont rendu : "N'est-il pas vrai,
„ messieurs, que vous ne voulez point de ces
„ chapitres *extraordinaires*, dont nous n'avons

„ que faire ? ce qui, en faisant taire les uns & *rire* les autres, avoit donné au chef le précieux avantage de pouvoir dire les avoir proposés sans qu'on en eût voulu; & aux chanoines *confiſtoriaux*, celui de pouvoir certifier dans l'occaſion, ſans mentir groſſièrement, que M. le vice-gérent n'en impoſoit pas, en diſant qu'il les avoit propoſés : car outre que les regiſtres ne faiſoient pas la plus petite mention, d'aucune de ces *différentes repriſes*; c'eſt que je n'ai ceſſé, depuis que je ſuis dans le corps, de harceler le délinquant, pour la *repriſe* d'un ſeul de ces chapitres, ſans que j'euſſe jamais entendu ſortir de ſa bouche le moindre propos pour la moindre *repriſe* quelconque ; mais très ſouvent l'expreſſion nette & catégorique de ſa perſévérance dans ſes refus.

Eh bien ! lecteur loyal & honnête, comment trouvez-vous ces petits manèges ? On ne connoît pas en Allemagne ces ſubterfuges alſaciens; ces détours ſubtils d'une morale *hétéro-pure*. Il faut, même en France, une expérience pratique d'une cinquantaine d'années pour oſer, avec aſſurance & ſans honte, les conſeiller à ſes amis & pour ſavoir ſoi-même les mettre en œuvre à propos.

A l'iſſue de ce chapitre, que les fortes lumières d'un eſprit *inflammable* avoient ébloui & comme aveuglé, je fus trouver un jeune cha-

noine, qui, fur ce que je lui demandois ce qu'on y avoit réfolu, me dit naïvement en riant :
„ Jugez en vous même : c'eft le prévôt qui vous
„ a recommandé ; c'eft lui feul qui a dicté mot
„ pour mot toute la réponfe, &c. „

Là-deffus j'écrivis à l'évêque ; N°. 47. je fis un petit difcours au chapitre fuivant pour avoir des extraits ; &c. N°. 48 & 49. mais cela n'empêcha pas que monfeigneur, fans daigner m'accorder une minute d'audience, ne rendit fa feconde fentence de *mort* à la réquifition de ce même promoteur fi ardent à *promouvoir*, avec lequel j'étois en procès, lié au confiftoire de Mayence, pour le fobriquet *Négoce*, qu'il m'avoit incongrument imprimé fur la face.

_{Mort par provifion. N°. 47. N°s. 48. 49.}

A voir le décret, en *forme gracieufe*, & la peine qui n'étoit rien moins que cela, on eût dit que j'aurois caffé les *membres* à tout un *chapitre* ; tandis que je n'avois fait que folliciter le rétabliffement *d'un chapitre*, en faifant des vœux pour le falut de *fes membres*.

Le *nonobftant l'appel* de ce décret, que des cauftiques appeloient *ab irato*, m'a fait rentrer *par provifion* dans ma tombe. Là j'admirois *en paix* l'effroyable pouvoir du *for gracieux* d'un Ordinaire fuffragant, qui, d'un trait de plume, fans entendre la partie, avoit le droit acquis, en commuant charitablement le contentieux en *gracieux* de condamner (je le fuppofe) un prévôt de collégiale iniquement accufé, à dix ans de féminaire, au pain & à l'eau; fans que ce prévôt pût fe faire relever de fa pénitence, que fa graiffe ne fût fondue ou que fon ame ne fût rendue; parce qu'il étoit de principe dans le diocèfe que le *for gracieux*, qui tuoit les clercs, s'exécutoit *par provifion & nonobftant l'appel*; mais toutefois; *fans y préjudicier*; c'eft-à-dire que fi le fufdit prévôt, dont l'eftomac, par exemple, feroit fait aux coulis fubftantiels & à la volaille tendre, ne pouvoit réfifter à une diète de dix ans, avec une fimple panade fans jus de perdrix; & fi dans la pratique de ce Jeûne deftructeur, le pauvre décreté, pénétré de plus du fentiment de fon humiliation, fuccomboit à fes maux, il feroit fondé *en titre* à pouvoir conter l'hiftoire de fon innocence aux anges du paradis, en leur montrant, au bout de la pénible décade, coulée à fond par *provifion*, la qualité qu'il avoit d'être entendu & jugé en *définitive*; qualité à lui réfervée par ces paroles confolantes du for *gracieux*: SANS Y PRÉJUDICIER.

On voit, dans la nuit du tombeau, bien des chofes, qu'on ne diftinguoit pas fur terre, à la clarté du jour. Là je m'apperçus, pour la première fois, que j'avois, dans le trouble du commerce de la vie, fait un très faux calcul, de n'avoir pas cherché à griffonner, *pour l'honneur*, pendant quinze ou vingt ans, dans l'antichambre d'un prétoire, ni voulu figner: *plus bas, par monfeigneur Rumpler*, pour devenir à mon tour doyen, prévôt ou pro-vicaire, en récompenfe de mes peines, plutôt que d'aller dans les vallées de la Hingrie, cathéchifer des chrétiens plus bêtes que leurs chèvres. J'y fus convaincu que, fans mon averfion pour la pouffière qu'on refpire dans un greffe de confiftoire, je ne me ferois pas vu, vers la fin de mes jours, tourmenté indûment par celui, qui, plus avifé & moins dédaigneux que moi, auroit acquis, par fes longues & *fidèles copies*, le droit de me perfécuter impunément; certain d'être par tout épaulé à mon *dam*, en vertu de fes provifions pour *fervices rendus*.

Enfin là, à l'ombre du cercueil, un juge, l'appui de l'innocence, qui, pour venger un reffentiment particulier, dû à un petit excès d'amour propre, couperoit les oreilles, ou le cou, à fon antagoniste, d'un glaive qu'il ne tiendroit de fon état, que pour frapper le crime; me fembloit comparable à un médecin, penfionné par une ville, pour la confervation des jours de fes citoyens; lequel, par une baffe jaloufie contre l'un ou l'autre de ceux-ci, tombé fous fa main, figneroit pour fatisfaire fon animofité perfonnelle, l'ordonnance d'un bolus de fublimé corrofif, en place de quelque drogue anodine. Dégagé du voile des préjugés, & libre de toutes considérations humaines, je les voyois tous deux du fond de ma bière, le juge & le médecin, répondre également mal à la sagesse des vues du gouvernement, qui ne leur auroit confié des armes que pour le salut du peuple.

<small>Gracieux disgracieux.</small> Cependant toutes ces belles recollections ne me rendoient pas à la vie. J'avois bien appelé derechef du décret qui venoit de me *réassommer*; <small>N°. 50.</small> N°. 50. écrit différentes lettres au chapitre pour <small>N°. 51.</small> me mettre en règle; N°. 51. mais le *nonobstant l'appel*, *du for gracieux*, m'avoit achevé de manière à m'enlever toutes les ressources. Et quoi- <small>Removere canes, ab ovili, qui latrare possunt, non pastorum, sed luporum stratagema est.</small> qu'on eût trouvé à Mayence que „ *chasser de la bergerie le chien qui abboyoit fut la ruse du loup & non pas celle du pasteur*. (Texte de l'oraison funèbre que m'avoit fait un orateur métropolitain.) Quoique les juges du révérendissime consistoire eussent trouvé ma position assez *disgracieuse*, pour mériter de rentrer bien vîte dans le for *contentieux*, d'où ma cause n'auroit jamais dû sortir ; que touchés de ma catastrophe ils m'eussent donné unanimement leurs suffrages vivifians, même en temps de féries, dans une assemblée extraordinaire; qu'après avoir retiré le fer dont j'avois été frappé injustement, ils eussent versé sur la plaie l'huile salutaire qui devoit la guérir ; qu'ils m'eussent ressuscité, en un mot, <small>N°. 52.</small> *suspensâ manente sententiâ a quâ*: N°. 52. Quoi-

que de retour dans ma province, & pourfuivi par le vengeur public, qui m'avoit porté un troifième coup, par un *appel d'abus*, j'euffe obtenu, du confeil fouverain de Colmar, un arrêt qui ordonnoit l'exécution de mon décret de la métropole. N°. 53. Quoique finalement j'euffe cherché à défarmer mes perfécuteurs, en adreffant à mes frères des complaintes rélatives aux circonftances, pour effayer d'émouvoir les entrailles de mes terribles chefs, s'ils en avoient; N°s. 54 & 55. ils n'en ont pas moins perfifté à ne vouloir que mon trépas. Tout fentiment de douceur, de charité, de clémence, de miféricorde, avoit fui de leurs cœurs. Le pontife trop prévenu, a méprifé les droits de la hiérarchie, pour frayer à fon clergé une voie anti-ultramontaine : Le vengeur *comme d'abus* s'eft prêté gaiement aux impulfions qu'il avoit reçues & du prélat furpris, & du vice-gérent aigri, & de l'oncle animé & du neveu enflammé pour *l'ordre*. N°s. 45 & 56. Celui-ci, par un *zèle* inconcevable pour l'honneur de fa famille, & pour la gloire du grand vicariat dont il étoit un petit confeiller, a cru devoir, en me confpuant *in pleno*, outrager, dans ma perfonne, tout le confiftoire archi-épifcopal, N°. 68. &c. celui-là, par un dernier effort pour le maintien d'un defpotifme déclinant, a imaginé de doubler les gages de fa cuifinière, en doublant fon fervice,

N°. 53.

N°s 54. 55

N°. 56.

pour doubler le nombre des amis qu'il vouloit m'oppofer. C'étoit toujours fon poulailler qui lui ménageoit des troupes auxiliares. Il a remué tous fes patrons de la haute & baffe Alface, pour provoquer *l'abus*, & pour faire rendre par le confeil fonverain de cette province, fur requête non communiquée, un fecond arrêt diamétralement contraire au premier, que, dix jours auparavant, j'y avois obtenu, fur le vu des mêmes pièces qui ont déterminé l'un & l'autre;

N°. 57.
Arrêt nonobftant.

N°. 57. Ici il n'y avoit plus à en revenir. Le funefte *nonobftant* fe trouvoit confirmé & *re*prononcé tout au long par la queue de cet arrêt foudroyant & exterminateur. Jufques-là la vexation avoit donné du reffort à mon ame; j'avois pu défendre ma vie avec mes propres forces, par une forte de vigueur que je me fentois, même dans mon anéantiffement; mais pour le coup, n'ayant plus ni bras ni jambes, mon fpectre, évoqué à la voix de quelques amis vertueux, eft allé chercher du fecours près de ces amis des loix qui protégent les opprimés.

Il fembloit que tous mes compatriotes ainfi que tous mes fupérieurs, euffent, à l'envi, conjuré ma perte, de ce que, touchant légérement à l'extrémité de la chaîne formée par ces derniers, j'avois ofé redreffer, par amour pour *l'ordre*, le chaînon *infime*,

ARRÊT NONOBSTANT.

où l'anneau le plus bas, qui, sous ma vue, s'écartoit de son rang, au préjudice de mes droits communs & individuels. Désolé d'un abandon si général, j'ai cherché des défenseurs généreux & impartiaux ; & pour être assuré de les avoir tels, j'ai imité la sagesse du gouvernement chinois, qui choisit ses mandarins hors des provinces, où il les établit pour rendre leurs oracles. Il y avoit au barreau du conseil souverain trois célèbres orateurs, sortis du sein de la France, pour venir, sur sa frontière, remplir avec dignité, loin de leurs liaisons, le plus noble des ministères. Je n'en connoissois aucun des trois, que par la renommée qui publioit leur mérite. Je n'avois même plus eu de relation avec personne à Colmar, que je tâchois d'oublier de mon mieux, depuis *l'affaire du Castor*. Plein de l'idée de ma destruction, j'ai exposé à ces trois étrangers l'excès d'ignominie, dont on m'avoit couvert sur des imputations ridicules & fausses ; le scandale qu'occasionnoit dans le public une punition flétrissante, qui dans le diocèse n'avoit eu d'exemple sous aucun pontificat. Je les ai prié de me dire le vrai, sans me ménager ; de me traiter au contraire aussi durement que mes actes, que je leur ai laissés, pouvoient le permettre ; mais de se rappeler que, si Caton avoit pu être accusé quatre-vingt *&* dix fois, sans perdre indéfiniment l'estime des Romains ; je devois espérer, quoique je ne fusse pas un Caton, de pouvoir me rétablir encore dans l'esprit de mes concitoyens, après deux accusations, également puériles, faites contre mon honneur, pour lequel je me battrois avec Caton lui-même, s'il vouloit me le ravir.

Mes conseils estimèrent que l'arrêt, qui m'enlevoit *par provision*, sans que j'eusse été entendu, l'unique trésor digne de la passion d'une ame élevée, étoit un de ces arrêts qu'on cassoit aux conseils du roi, N°. 58. Ce sentiment paroissoit d'autant plus fondé, que la *provision* portoit sur un point irréparable en *définitif*. C'étoit si bien le fond du procès qu'on avoit jugé provisoirement, sans daigner écouter mes défenses, que, si aujourd'hui, où j'ai subi en plein ma punition ignominieuse, & où il est reconnu que, dans le fait, j'ai été puni pour avoir rempli un devoir ; on m'adjugeoit pour dommages-intérêts, la jouissance viagère de tous les revenus de l'évêché ; quelque bons qu'ils fussent ; je ne serois rien moins qu'indemnisé du lugubre sémestre passé à Paris ; eu égard au cas que je fais de l'argent comparé à l'honneur. J'affirme que ce n'est pas là une hiperbole de parade : que je le pense comme je le dis ; & que je suis persuadé, dans le fond de mon ame, que tout homme, qui ne pense pas de même, est un pauvre homme.

Certes, si je suis poursuivi avec tant de fureur,
c'est

N°. 58.

c'est sur-tout parce que j'ai des sentimens pareils, qui sans doute heurtent ceux de mes persécuteurs ; car si j'eusse été un ladre, un être insensible & aussi méprisable qu'ils auroient voulu que je le fusse, ils m'auroient laissé en repos. Peu digne de leur courroux, je ne me serois point vu en but à leurs coups.

J'ai voulu, avant de quitter Colmar, faire visite à M. le premier président, non comme à mon juge, car, étant mon parent au dégré de l'ordonnance, sa délicatesse l'avoit porté à se récuser, de même que M. de Poirot l'aîné, qui étoit de sa chambre ; mais comme à un ancien ami, que j'avois en toutes occasions cherché à obliger, dans la sphère étroite où la Providence m'avoit placé, & où j'avois été assez heureux pour le pouvoir. Je voulois simplement lui présenter mes devoirs & prendre ses commissions pour Paris ; mais quelle fut ma surprise d'entendre ce magistrat me reprocher mon délit, d'avoir cherché à connoître les statuts de mon église ! „ Il vous convient bien, me dit-il, de „ vouloir réformer des abus !.. Son ton, son air, ses gestes, tout m'invitoit à *gagner la porte*, sans demander mon reste.

Gain d'une porte.

Cependant je ne savois à quoi attribuer un procédé semblable. *Ce gain de porte* ne contrebalançoit pas *la perte* provisionnelle de ma *provision* métropolitaine ; il est vrai que j'avois pour moi ma conscience. Elle ne me reprochoit rien ; & on est bien fort, quand on est fort de ce côté-là.

Dans l'amertume de mon cœur, je me rappelois les amusemens de notre jeunesse. Je comparois l'aimable gaieté d'un avocat sensible, à la morgue d'un président quelconque ; & je *concluois* en faveur de la première. Je me consolois, dans ma détresse, par le souvenir de la tendre amitié, dont m'honoroit le père respectable, qui, passant ses soirées dans mon cabinet, où il exaltoit mon ame par le feu de son génie, n'auroit certes, s'il eût vécu, jamais applaudi aux dédains de son fils. Je repassois sombrement, dans ma mémoire, les riantes & agréables journées, que j'avois coulées si souvent dans la société des dames ses filles, qui toutes, distinguées par leur esprit & par leurs vertus, auroient été bien affectées de la conduite de leur frère à mon égard, si je n'eusse, dans la crainte de les attrister, évité de m'en plaindre à elles.

Seroit-il donc possible, me disois-je, que mon cher cousin m'en voulût, parce que j'aurois désiré *indiscrétement* de suivre ma règle, dans un temps, où suivre les règles n'étoit plus de règle ? Ses anciens sentimens pour moi, auroient-ils donc changé tout à coup, uniquement parce que j'eusse voulu être, *comme un étourdi*, fidèle à mon serment ; tandis que violer les sermens étoit devenu presque généralement un petit jeu à la mode ?

Cela ne fe peut. M. le Premier eft un homme d'honneur. Il eft le digne fils de fon père ; le digne frère de fes fœurs.

Mais ne m'auroit-il pas fait un fi *repouſſant* accueil, parce que mon zèle inculpoit un peu de négligence mon doyen ; que mon doyen fe trouvoit être en même temps un vice-gérent ; que, comme vice-gérent il étoit le co-opérateur de l'official fuffragant ; que l'official fuffragant repréfentoit le prince-évêque ; que le prince-évêque étoit auffi cardinal ; & que demander des chapitres généraux à mon doyen, qui n'en vouloit pas, c'étoit attaquer fon alteffe féréniffime & éminentiffime monfeigneur le prince cardinal en perfonne ? Or cela ne fe peut pas davantage.

Quelqu'empreffé que pût être M. le Premier pour témoigner fa reconnoiffance à S. A. Em. il étoit trop pourvu d'efprit pour n'avoir pas fenti que des petits débats en affaires de règles & de rubriques, entre deux chanoines, (dût l'un d'eux être dignitaire, même vicaire général), n'étoient point de nature à devoir occuper un grand prince, qui remplit, & à la cour & dans fon diocèfe, des fonctions bien autrement importantes ; que quand même ces difputes euffent été dignes de fon attention, S. A. Em., pleine de fentimens d'équité & de bonté, n'auroit pas trouvé mauvais que mon ami & mon parent m'eût continué, comme préfident, une ancienne bienveillance, que je n'aurois pas dû perdre, quoique je fuffe exclus, par fon grand vicaire, pour fix mois de mon chapitre : car enfin cette exclufion, encore qu'elle m'anéantît moralement dans l'efprit de mes contemporains, qui ne m'auroient connu que par ce décret flétriffant, ne devoit pas me détruire dans l'eftime de ces amis de trente ans, dont le nombre étoit déjà fi petit. Du-moins ce fupérieur décrétant n'avoit-il pas prétendu, en m'interdifant les affemblées capitulaires, m'interdire par-là phyfiquement, & dans le cercle de ma famille, & dans le commerce des hommes raifonnables, l'ufage du *feu* & *de l'eau*; non plus que le droit que j'aurois eu, avant ce décret, aux égards d'honnêteté dus dans la fociété.

Qu'eft-ce donc qui pourroit avoir indifpofé contre moi M. le Premier ? Je n'en fais rien. Il y en a tant d'autres qui font indifpofés, & qui ne favent pas, plus que moi, pourquoi ils le font ; qu'un de plus ou de moins ne doit pas me défefpérer. M. le préfident fera le premier à me rendre fes bonnes graces, quand il faura que, fi j'ai paru ceffer de les mériter, c'étoit à mon infu & malgré moi.

<small>Voyage d'un défunt.</small> Muni de la *recommandation* de mon prévôt, du *paffeport* de mon évêque, & des *lettres de crédit* de mes trois *agens* de Colmar, je m'en fus à Paris ; où arrivé, je n'ofois qu'en tremblant me

faire voir à mes connoiſſances ; il me ſembloit, même par les rues, que tout le monde liſoit dans mes yeux les ſentences *diffamatoires* que je cachois dans mes poches. Dès que je voyois deux perſonnes ſe parler à l'oreille, je croyois les entendre ſe dire : ,, Connoiſſez-vous ce grand ,, abbé ſec & *crucifer* ? il a été chaſſé de ſa com- ,, pagnie pour quelque coquinerie ; & il vient ,, ici s'en faire laver pour ſon argent. ,, En tout cas ſi ce n'étoit pas-là ce qu'ils ſe diſoient, ils ne ſe feroient pas abſolument trompés, en tenant de ſemblables propos. Il étoit bien certain que j'avois été chaſſé de mon corps, mais non pour coquinerie ; *ains* au contraire. Il étoit très vrai qu'il m'en coûtoit mon bon argent mais non pour me *faire* laver ; car quoiqu'on ne m'eût pas lavé, l'on n'en garda pas moins mon argent. Trois ſemaines s'étoient même écoulées ſans qu'on eût penſé à tailler dans la capitale une plume pour ma défenſe ; parce qu'ignorant les uſages, je n'avois pas commencé par mettre en avant ledit argent.

Je m'étois informé par-tout du plus fameux, Eplucheur de formes. du plus brillant *patron* aux conſeils du roi. Je fus le trouver pour lui conter mon vilain cas.

Aſſis, dans un de ces fauteuils, dits *cabriolets*, les pieds étendus ſur un commentaire des *pan- dectes*, il diſſéquoit des édits à la loupe de leurs gloſſateurs ; il *épluchoit* des arrêts pour y découvrir leurs vices, où leur *difformité*, au milieu d'un cercle de cliens fes auditeurs, qui, par la magie des lunettes de la glofe, voyoient toutes les loix pour eux. Toujours je le rencontrois, ainfi entouré de plaideurs à faces blêmes & décharnées, ou donnant fes ordres à une *efcouade* de fecrétaires & de copiftes qui *gardoient* les antichambres de fon *anti-boudoir*. A peine pus-je lui parler à la dixième vifite. C'étoit neuf matinées perdues pour moi ; car il logeoit à une lieue de mon hôtel, dans ce quartier *d'enfer* où j'avois enterré, dans mon jeune temps, un Bas-Breton de *Baffe-Bretagne*, gentilhomme verrier, que je n'avois jamais vu, & où dans mes vieux jours je vifois à me faire reffufciter par un enchanteur, qui ne fe preffoit pas pour me voir.

Bone Deus! m'écriois-je, en regagnant mon fiacre, combien d'arrêts *informes* fort-il donc par jour des différens tribunaux de France, pour donner tant de befogne aux 99 avocats titulaires ès confeils de fa majefté ? ou plutôt, quelle eft donc la fureur des *chicanno-maniaques* françois, de vouloir à toute force payer l'amende de 225 liv. & 25 louis de frais de requête, pour faire caffer des arrêts *incaffables*, dictés par la fageffe ? ou encore, quelle eft donc la rage de ces embrouilleurs de *formes*, d'aller défigurer, pour le malheur de la patrie, des ordonnances claires, par de gros livres qui les *obfcurifient*, & qui leur font dire oui & non dans les mêmes circonſtances ? mais ce n'eſt pas à moi, qui ſuis un défunt, à raiſonner de ces choſes-là. Mon patron lut mon arrêt ; y trouva des parties peccantes dans la forme & hors de la forme ; me fit faire une requête par un faiſeur en ſous-ordre, qui travailloit à la toiſe, ou à tant par rôle. J'en ai jugé par le volume de la marchandiſe livrée. Un membre aſſocié aux ſix cent académies du royaume ne l'auroit pas lue en trois heures, tant elle étoit *adroitement* allongée. L'amende fut conſignée, la requête préſentée, le rapporteur nommé ; mais aucun des trois maîtres des requêtes, que j'avois propoſés, ne fut choiſi. Un quatrième, auquel je ne m'étois pas attendu, le fut de préférence ; quoiqu'il ne pût me rapporter avant l'expiration de mon ſémeſtre de douleur, tant il étoit accablé de rapports en caſſation. Je pris en conſéquence la liberté de lui écrire; N°. 59. mais il me fit dire qu'il n'avoit pu lire ma lettre, parce qu'elle étoit trop longue ; ce qui m'inſpira d'en faire une plus courte, à une autre adreſſe. N°. 60.

N°. 59.

N°. 60.

Cependant, ſollicité & importuné, par une vingtaine de ſeigneurs & dames de la cour, au point qu'il dit lui-même, à un ami commun, qu'il ne pouvoit plus diner nulle part, qu'on ne lui préſentât un précis de mon procès, au ſortir de table, il eut la bonté de s'occuper de mon fort, vers la fin de mon deuil, au moment où j'y avois le moins compté; & je reçus de son secrétaire, avant que j'eusse pu voir aucun de mes juges, le billet N°. 61.

N°. 61.
Non-recevable nonobstant.

J'ai été déclaré *non-recevable* pour avoir respecté le *nonobstant* de Colmar, auquel j'aurois dû m'opposer, disoit-on, *nonobstant* la défense, qui m'en avoit été faite. Voilà comme on s'embarrasse *follement* dans les *formes* & qu'on en paye *l'amende*, quand on ne connoît pas la force des *termes* constitutifs d'un arrêt. Tel prédicateur de la loi divine qui, n'ayant jamais eu de procès, croiroit savoir sa langue, se trompera du blanc au noir, dans son propre pays, si des prêcheurs de la loi humaine lui font un beau discours dans l'idiome du palais.

Pour n'être plus la dupe de la valeur des *mots*, j'ai fait ce que j'aurois dû faire avant d'aller aux oracles des conseils de S. M.; j'ai consulté ceux de la cour des pairs. Les aigles que tout le public avoit vus s'élever avec le plus de majesté vers l'astre de la lumière, je les ai choisis, *entre mille*, pour m'éclairer dans ma route, qui de jour en jour devenoit plus scabreuse.

Voyez, à la fin du second volume, leur consultation.

Par leur conseil j'ai vu qu'effectivement j'étois à juste titre un *non-recevable* en cassation. Que n'ai-je eu l'esprit de saluer MM. Piales, Gerbier, Elie de Beaumont, Dalleas, &c. six semaines plutôt? j'aurois épargné bien des courses à mes protecteurs & à mes amis; fans compter ni mes peines ni mes louis.

Noble fonction que celle d'un jurifconfulte défintéreffé qui, fans acception de perfonnes, donne fon avis, comme il le donneroit dans la vallée de Jofaphat, en face du juge univerfel, dont la balance ne pèfe, pour les grands comme pour les petits, que leurs œuvres !

Méprifable métier que celui d'un légifte à gages qui, dans la vue de complaire à un homme en place, figne des abfurdités, qu'il couvre, comme il peut, de raifonnemens bifcornus, pour (en effayant de déshonorer celui, dont le zèle & la vertu ne le font pas rougir) furprendre les juges & fe déshonorer foi-même !

Qu'un fifcal de bailliage quelconque parvienne, pour obliger un tiers fon ami, à faire flétrir, fans forme de procès, à propos de bottes, & par des manœuvres clandeftines le plus ancien membre d'un corps refpectable; que ce membre iniquement flétri, expofe au parlement de fa province l'attentat commis fur fa perfonne; que ce tribunal fuprême, fcandalifé de pareille vexation, fufpende provifoirement la peine prononcée; que le fifcal confus, mais animé de plus en plus à faire punir, (fans ofer toutefois avouer les honteux motifs de fon acharnement), follicite une confultation, dont il puiffe *abufer*, au mépris des règles & de la décence; qu'il trouve

plusieurs hommes à *talens*, même des plus anciens de leur ordre, qui, sans examen, ne repugnent point à dire, pour un peu d'argent :
„ Cet arrêt du parlement, méritant d'être cassé
„ avant même que les parties ayent été enten-
„ dues, la sentence injurieuse du bailli doit
„ être exécutée provisoirement, de préférence
„ au jugement équitable de la cour souveraine
„ qui, en bonne forme, l'avoit infirmée ; la
„ *provision* est dûe, non au titre, non à la pos-
„ session, non au vœu des juges supérieurs,
„ mais *au droit* le plus *apparent* ; or il n'est pas
„ possible de se méprendre sur la distinction de
„ ce droit *apparent*, qui emporte tout le fond
„ du procès. Ce droit est irréfragablement du
„ côté de celui qui prévarique dans son devoir,
„ non du côté de celui qui remplit dignement
„ le sien ; de celui qui frappe & qui blesse, non
„ de celui qui relève, & qui déterge la plaie ;
„ de celui qui est juge inférieur & subordonné,
„ non de celui qui lui est préposé pour réformer
„ ses injustices ; de celui, en un mot, qui a
„ sévi contre le cri des loix & de sa conviction
„ intime, non de celui qui a protégé, à la voix
„ de ces loix & du sentiment de sa droiture. „

Que, nanti du témoignage de ces *apparences trompeuses*, le fiscal persécuteur entreprenne de séduire le tribunal auguste des cassations ; qu'il y réussisse contre toute vraisemblance ; que celui-ci, fur de pareilles *apparences*, préjuge le fort d'un citoyen, pour lui ravir provifionnellement fon état, fans daigner écouter fes défenfes, encore que le tort très *apparent* qu'on lui fait, foit *irréparable* en définitif Voilà, ô mes juges! de ces chofes dont la poffibilité fera toujours difficilement conçue par une ame honnête, amie du vrai & du jufte; mais de ces chofes, qui, trop fouvent, n'en exiftent pas moins dans la nature pour le malheur des humains.

J'étois à faire ces triftes réflexions, dans mon quartier *des damnées*, rue du four, au moment que je vis entrer chez moi un confeiller de ma province, que fes affaires avoient appelé à Paris. Je lui dis ingénûment qu'il me furprenoit là à voir *en noir* tous ceux de MM. fes confrères, qui, fur les fauffes accufations de quelques canoniftes, trompés par de fauffes *apparences*, m'avoient *repouffé* dans ma tombe; d'où un pafteur charitable, en haute vénération dans une belle contrée de l'Allemagne, m'avoit tiré, en vertu d'un pouvoir qu'il tenoit du ciel; mais qui lui avoit été contefté fur terre de France, en vertu de *l'abus* d'un droit *apparent*. Je lui fis enfuite mon compliment de ce qu'il n'avoit pas été du nombre de ces meffieurs qui difputoient ainfi à mon illuftre archevêque le droit de ranimer *par provifion* les clercs, *provifoirement* anéantis par les évêques de fon reffort; & je mis fous fes yeux les élégies qu'on m'envoyoit de toutes parts sur ce renversement funeste, pendant que, pour me défennuyer, je m'occupois à minuter mon *histoire véritable*, ne sachant que faire de mieux, dans ma position de *trépassé* à laquelle je n'étois pas encore trop accoutumé, quoiqu'il y eût cinq mois & trois quarts que j'en fisse l'essai.

Peur d'enfant   Toujours logé à l'hôtel de S. Pierre, d'autant plus fidèle à mon saint que c'étoit malgré lui, ou sans le consulter, qu'on m'avoit expulsé du sein de sa compagnie, je n'osois presque quitter ma chambre. En sortant, pour la messe, j'avois une *peur d'enfant* que les polissons du coin ne courussent après moi, pour me huër, en criant : Le voilà ; c'est lui que les deux puissances sur la frontière du Rhin poursuivent, parce qu'il est un malfait*eux*, ou pis encore, un despect*eux*, en *termes* qu'on ne connoît pas ; c'est lui qu'on a été forcé de chasser de son chapitre, parce que ce beau monsieur avoit eu l'insolence de demander, en *suppliant*, certains chapitres tout-à-fait *extraordinaires*, & qu'il étoit fort malhonnête à lui de demander ces chapitres-là, en *suppliant* très *humblement*, comme auroit fait un manant ; c'est lui qui a eu la honte de se voir souffler sous le... son cabriolet par un Sr. Blan.... & qui a été condamné aux dépens pour avoir voulu trouver çà mauvais ; oui, c'est lui qui, dit-on, a mis le feu aux quatre coins de son église, avec un *ballon* verniffé, qui a *petté* en tombant devant la porte d'une *facriftie* : preuve de cela, c'eft qu'il eft interdit par fon pieux évêque, par fon bienfaifant prévôt, par fon digne doyen, par le doux cenfeur de fon diocèfe ; par quatre zélés protecteurs de l'innocence, par fept fages magiftrats du parlement de fon pays, & par plufieurs autres de ce pays-ci; fans compter les SS. Canons des conciles, qui fuivant *les apparences* l'interdifent tout de même.

J'ai bien fenti, depuis mon retour en chapitre, qu'il étoit comme impoffible que les poliffons du quartier St. Honoré à Paris euffent effectivement pu tenir ces propos trop au-deffus de leur fphère; qu'ils fuffent auffi généralement au fait (qu'euffent pu l'être ceux du quartier de S. Pierre le jeune à Strasbourg) de toute la file des cenfeurs qui me couvroient d'opprobre, en *conformité des loix*. Ceux-ci étoient à portée d'entendre les bruits vrais ou faux, journellement répandus par les deux *creffelles* canoniale & paroiffiale, qui écorchoient les viles oreilles de la populace dans les rues, tout comme les nobles organes des races privilégiées dans les hôtels; bruits dont les vibrations ne pouvoient certainement pas s'être étendus fi vîte au loin, jufqu'à S. Honoré ; mais on eft en vérité fi *interdit* quand on eft exclus de l'affemblée des vivans; on est si gauche dans le calcul des possibilités physiques ou morales, qu'on ne peut guère raisonner d'après les vrais principes de l'acoustique.

Peur d'interdit.

Souvent lorsqu'on frappoit à ma porte, je n'ouvrois qu'en rechignant, dans l'idée que ce pouvoit être quelqu'appariteur du *for gracieux*, avec un nouvel *interdit* à la main, pour me punir encore d'avoir osé présenter au roi une requête *despectueuse* : je l'aurois été pour 72 ans au moins, si la durée de la peine eût dû être relative à la force & à la quantité des *termes*, comparés à ceux de ma requête à l'évêque, punie par six mois de *provision*. Sur vingt-quatre feuillets, à 12 liv. 10 sols la page, il y en avoit certes bien plus que pour mon argent. Le *foudroyant*, *l'absurde*, *l'inique* ; le *déni de justice*, la *vexation*, la *violence*, &c. tout cela m'eût bien mal mis dans l'esprit de supérieurs un peu difficiles sur le choix des *termes* : cependant, comme S. M. qui étoit censée avoir lu tous ces *mots âpres*, n'y avoit pas trouvé à redire, & comme ce n'étoit pas moi qui avois fait cette pièce, j'aurois mis en cause, (si, pour ce *despect*, on m'eût *réinterdit*) & mon avocat *ès* conseils, & les deux anciens ses co-estimans, & les rédacteurs de requêtes, & les copistes, & toute la famille des antichambres du cabinet de monsieur, en tant qu'elle eût eu part à ces *termes defpectueux*; mais, m'auroit-on dit, outre que peut-être ces mots n'auront pas été remarqués faute de promoteur ou de quelque *prépofé* cauteleux, pour les relever dans le moment, c'eft qu'on ne punit pas l'avocat qui les emploie; on ne condamne que celui *pour lequel il parle*. Je le fentois : & voilà précifément pourquoi j'avois peur en ouvrant ma porte.

Enfin le fémeftre d'ignominie vint à fa *fin*, parce qu'*enfin* tout prend *fin* dans le monde.

Un évêque de maifon illuftre, que je voyois prefque tous les jours, m'avoit offert, pendant fa durée, des lettres de grand vicaire, pour me donner une certaine confiftance dans mon abattement ; je les ai refufées : je ne voulois point de nouveaux honneurs; je ne cherchois qu'à ravoir celui qu'on m'avoit pris. Eh! qu'auroit dit mon doyen, fi j'avois voulu être *grand* comme lui!

Un autre m'a propofé un canonicat de fa cathédrale à la place du mien; je n'en ai pas voulu : je ne défirois que d'être, à la vue de ma patrie, rendu à mes frères, à mon *fiège*, à mes devoirs; *à la vie* en un mot : je le fus; mais à quelle vie! Grand Dieu!.... Tant que ces flétriffures refteront, fans correctif, dans le nécrologe de mon églife, & dans les regiftres de tous les tribunaux que j'ai parcourus, tout paffant de mauvaife humeur, que j'aurois pu froiffer par mégarde, n'a-t-il pas droit de me dire: „Il

„ convient bien à un *ex-interdit* de m'appro-
„ cher ainsi!... Si tu végètes encore, en traî-
„ nant ta basse existence en chapitre avec tes
„ confrères, humiliés de l'opprobre que ta pu-
„ nition a jeté sur leur corps; à qui le dois-tu?
„ à la diligence du soleil, dont six révolutions
„ plénières ont éclairé ta honte; mais non à
„ l'activité de la justice, qui sans doute t'auroit
„ réhabilité, s'il y avoit eu, en ta faveur, quel-
„ qu'*apparence de droit.* „ À cela que répondre? rien. Que faire? se cacher. Où? dans un trou. Comment le supporter? en patience. Combien de temps encore? tant qu'il plaira aux juges. Et s'ils ne jugent pas? tant qu'il plaira à Dieu, qui juge tout.

Aéro-fuge.
Auro-phage.
Souverainement mécontent de l'ordre des choses, sur la superficie de ce bas monde, je me flattois de trouver dans la région des planètes une toute autre disposition. Je venois de faire la connoissance du Sr. Blanchard qui, à un dîner, m'ayant entendu parler physique & spécialement mécanique, m'avoit pris en amitié au point de me révéler ses secrets, ses projets, & ses *hautes* prétentions sur un élément, dont la légéreté spécifique, *jusqu'à lui*, n'avoit pu être atteinte ou surmontée par aucun animal sans plumes; les montgolfières ne volant encore pour-lors que dans le génie de leur inventeur. Il me fit voir un vaisseau avec ses ailes & ses agrès;

AÉRO-FUGE. AURO-PHAGE. 289

agrès; m'y plaça pour m'en faire mieux comprendre la manœuvre, & m'assura que sous trois semaines il *voleroit*, en plein jour, à la vue de tout Paris, sans que la police pût y trouver à redire. À l'entendre il n'eût tenu qu'à moi d'aller voir avec lui si, pour obtenir des chapitres généraux dans la lune, les chanoines étoient, de même que dans la planète que nous habitons, condamnés *par provision*, à se passer de chapitres ordinaires pendant six mois solaires, *nonobstant* l'appel & *sans y préjudicier*.

Dans le dégoût de la terre où j'étois, je crois que pour me rendre mon existence plus supportable, j'aurois entrepris le voyage, après la correction néanmoins de quelques parties défectueuses que je lui avois fait remarquer dans sa machine; si mon pilote ne m'eût manifesté son humeur, qui absolument n'auroit pu s'accorder avec la mienne, rectifiée depuis quelque temps. Il étoit naturellement emprunteur; & je n'étois plus prêtant du tout, graces aux gens du *bon ton*, qui m'avoient guéri de ce foible. Il auroit voulu que je lui avançasse 25 louis seulement, pour l'aider à mettre quelqu'ailerons de plus à son *aéro-fuge*; & les avocats & les secrétaires, & les cochers & les Suisses, & tant d'autres *aurophages* m'avoient mangé tous mes louis. Tout bien calculé, j'ai préféré de rester sur *terre*. Le Sr. Blanchard, après avoir mis tout Paris en *En un seul jour de pluie il a eu 2000 visites en ca-*

T

fosses, & 4000 lettres ou billets des AMATEURS *oisifs de la capitale.*

l'air, a fini par faire comme moi; & son vaisseau rampant, également *terro-phile*, qui voloit *en peinture* sur les quais de la capitale, au souffle du moindre vent, n'a *volé en nature* que chez l'abbé de *Cavagnole*, au *gré* de sa sale valetaille.

Sortant de son jardin, où j'avois pris congé & de la machine & du machiniste, je m'en fus pédestrement au quai des Théatins, acheter de ces estampes enluminées, qui représentoient le vaisseau volant vu de toutes ses faces; je ne les eus pas plutôt payées & fourrées dans mon machon, qu'un bouquiniste voisin me fit voir une belle édition de la *Pucelle*, avec figures assez bien burinées, mais très lascives: scandalisé des instances qu'il me faisoit pour m'engager à l'acheter, je la pris; &, par une vertu communicative des vaisseaux dont j'étois porteur, je fis voler à pleines ailes l'impudique Pucelle dans la Seine, après en avoir arraché & mis en pièces les feuillets, & en avoir compté le prix, comme de raison.

J'avois eu occasion aussi de faire quelque temps auparavant la connoissance de M. l'abbé Raynal qui, je ne sais pourquoi, me fit mille amitiés au premier abord, quoique je n'eusse jamais *commercé* dans les Indes. Il me proposa même par la suite de m'accompagner en Alsace, pour de-là passer en Suisse; mais comme je ne me sentois pas plus disposé à cheminer avec lui par terre, que je ne l'avois été à voguer par air avec le Sr. Blanchard, je le prévins franchement que je croyois en Dieu, fuivant le catéchifme de mon diocèfe, & que j'étois *inconvertiffable*. Il me comprit & ne me parla plus d'affociation de voyage.

Cependant le lendemain du dimanche *Reminifcere* approchoit. C'étoit le jour fixé par le ftatut pour les chapitres généraux. N°. 62. Je connoiffois la trempe du génie de mon adverfaire en *chef*, qui feul m'avoit fufcité tout ce que j'avois éprouvé de tracafferies depuis vingt ans. J'en ai auguré que, forcé de fe rendre, il ne manqueroit pas de confeiller à fon collégue d'en convoquer un, en mon abfence, quand ce n'eût été que pour faire voir, par un *extrait de protocole*, (qu'on auroit eu foin *d'arranger*,) que le *bon ordre* & la *difcipline s'obfervoient* au mieux à S. Pierre le jeune, & que ce n'étoit qu'une pure méchanceté, fi, depuis 15 ans, j'invoquois l'obfervance de la règle & des ftatuts.

J'ai arrangé mon départ en conféquence pour arriver jufte le famedi, avant-veille de *Rèminifcere*, fans me faire voir à perfonne dans Strasbourg, qu'au moment même, où je me fuis rendu à l'affemblée ordinaire, dans laquelle il s'agiffoit d'indiquer ce chapitre folemnel. C'étoit le prévôt lui-même, qui, à force de m'avoir battu en rufant, m'avoit appris à *contre-rufer*.

Chapitre général.
Reminifcere.

Par cette *marche savante* j'ai empêché le doyen de retourner à l'oracle, pour changer la sienne; & comme je savois qu'au défaut d'un contre-ordre, il ne s'écarteroit pas de celle qui lui seroit tracée, j'étois moralement sûr qu'en évitant de me montrer, il y auroit un chapitre général; quoiqu'on n'eût confié le secret de ce projet à aucun des chanoines, de crainte que je n'en fusse instruit.

À la première séance de ce chapitre (qui fera époque dans les fastes de S. Pierre, par tout ce qu'il m'en a coûté d'honneur, de peine & d'argent, pour y arriver) j'ai lu la protesta-

N°. 63. tion N°. 63. Et pour n'être plus frappé, fouetté à coups d'extraits, comme je l'avois été, j'ai

N°. 64. fait signifier à l'écolâtre l'acte N°. 64. afin de corriger un peu la tournure, que le doyen faisoit prendre aux résultats des délibérations.

Sitôt que je me vis un peu libre, je m'en fus à Colmar, pour y exécuter à la lettre tout ce que portoit la consultation de Paris, après en avoir fait part à S. A. électorale Mgr. l'archevêque & à MM. de son révérendissime consistoire. J'y suis retourné quatre fois depuis quinze mois, pour presser les avocats & procureurs de mettre plus de diligence dans leur travail. À en juger par la lenteur que j'éprouve dans l'avancement de mes affaires, on pourroit croire que je ne suis pas plus *recevable* au conseil de Colmar, que je ne l'ai été à celui de Versailles : mais j'entends raison ; je conçois qu'il y a, dans la haute & basse Alsace, d'autres plaideurs encore, qui, calomniés & interdits de plus vieille date que moi, ont droit d'être jugés de préférence. Aussi, loin d'en murmurer, ne fais-je que verser des pleurs amers sur la malheureuse passion de mes compatriotes, d'aller ainsi s'entre-déchirer journellement, pour importuner, de leurs débats scandaleux, des magistrats, dont les momens sont si précieux.

L'opposition reçue à Colmar & mon appel comme d'abus, (à introduire seulement lorsque la cause seroit placée au rôle, N°. 65. & 66.) ne m'ont pas empêché de poursuivre les fins de mon appel simple. Je me suis rendu à cet effet à *Mayence*, où l'on ne se pressoit pas davantage pour me juger, qu'on ne le faisoit ailleurs ; parce que l'on s'y persuadoit qu'en temporisant, mes parties adverses s'exécuteroient d'elles-mêmes, pour me faire les réparations qui me sont dues. L'esprit des juges métropolitains est de ne jamais rien précipiter ; à moins qu'il n'y ait visiblement *periculum in morâ*. Cet esprit est puisé dans les principes de douceur, de modération & d'équité qui les dirigent ; mais j'ose espérer qu'à la vue de l'ensemble des vexations que j'ai supportées si constamment dans

Voyage à Mayence.
N.os 65. 66.

le filence ; & après deux années de vaine attente, à dater des fentences injurieufes, qui m'ont avili, ils ne tarderont plus à s'occuper de l'objet de mes conclufions pour le rétabliffement de mon honneur, auffi indignement flétri ; de même que pour les dommages-intérêts confidérables, qui ne peuvent m'être refufés, & qui, à telle fomme qu'ils puiffent monter, font deftinés à œuvres pies.

Tant de troubles & de perfécutions ayant derechef miné ma foible fanté, mon médecin m'avoit confeillé d'entreprendre un quatrième voyage aux eaux de Spa ; & pour m'y déterminer il s'étoit offert de m'y accompagner lui-même. J'ai accepté la propofition ; & avant de partir j'ai préfenté au Sgr. évêque une re-
N°. 67. quête N°. 67. pour obtenir enfin, non par fon *autorité*, dont il ne vouloit pas ufer contre un grand vicaire, mais par fon *interceffion*, le choix des quatre enfans de chœur, au défir des fondateurs : choix, que le chapitre avoit unanimement réfolu, & que le doyen refufoit toujours obftinément; quoiqu'il eût donné fa rénonciation fimulée, fous prétexte qu'il ne fe préfentoit pas de fujets *idoines* ; & malgré que j'euffe envoyé chez lui plufieurs enfans de bons bourgeois de la ville, qui follicitoient, par requêtes, ces places comme une faveur.

A mon retour des eaux on a tenu la cinquième féance du chapitre général contre la volonté de M. le doyen, qui avoit réfifté de fon mieux, pour l'empêcher; mais qui commençoit à n'être plus fi ftrictement obéï, quand il s'écartoit des règles & des premiers principes d'équité. J'y ai lu un long détail d'articles de réforme, qui l'ont fingulièrement ennuyé; Meffieurs du chapitre au contraire y ont eu égard, & ont pourvu aux objets les plus preffans; fauf à revenir aux autres dans les affemblées ordinaires du courant de l'année ; ce qu'ils ont unanimement réfolu de faire, dès que le temps le permettroit. N°. 68.

Il ne feroit pas abfolument impoffible que ces articles d'affaires de chanoines n'ennuyaffent des lecteurs indifférens, tout autant qu'ils avoient ennuyé mon doyen; mais comme il leur eft permis de les paffer fans les lire, ils me permettront auffi de les *rapporter*, afin de les faire lire à mes juges, auxquels j'ai trop intérêt de prouver combien j'avois fujet d'invoquer la règle, pour avoir pu les retrancher du *doffier* de mes pièces.

Peu après le Sr. doyen, toujours infpiré par fon génie tutélaire, cherchant encore, felon la méthode pratique de l'ancien régime, à faire dire au protocole toute autre chofe que ce qu'il devoit dire pour être *véridique*, je me fuis vu forcé à faire fignifier un fecond acte au Sr. Protocole *in*-véridique.

N°. 69. écolâtre, N°. 69, pour ne plus être pris au trébuchet des *extraits*.

Qu'il est désolant pour une ame loyale & honnête de se trouver dans la déplorable nécessité de veiller sans cesse, pour se défendre des piéges & de la surprise, avec des chefs en âge de raison éclairée, qui devroient, dans leur état, donner l'exemple, non seulement de la candeur & de la droiture ; mais de toutes les vertus !

Eh ! pourquoi tant d'injustes manigances, mises en œuvre principalement lorsque j'eus présenté ma première requête à l'évêque ? Pourquoi se casser la tête à combiner des amphibologies insidieuses, au lieu d'exposer la vérité dans son costume naturel ? Pour charger, pour écraser un frère qui avoit eu la sainte ardeur de vouloir connoître sa règle, à l'effet de la suivre ; & qui, pour y parvenir, avoit eu le courage de faire voir à ses préposés qu'ils s'en écartoient. C'étoit les *despecter* que de les rappeler à des devoirs qu'ils négligeoient; eux, qui ne vouloient que du *respect*, pendant qu'ils n'avoient que du *mépris*, pour leurs frères, plus encore que pour leurs règles. Notre divin modèle avoit dit que celui qui étoit le premier seroit comme le dernier de tous, par sa simplicité, par sa douceur, par son humilité; & pour me donner, en paraboles, des leçons de ces vertus, mes chefs, plutôt que de faire un seul petit pas en arrière, ont cru devoir en faveur de leurs ruses, de leur dureté, de leur hauteur, me dénigrer, abuser de toutes les loix, surprendre la religion de tous les grands; afin de se maintenir dans un despotisme enraciné, contraire à tous les élémens de la justice primitive, & honteux pour leur corps véritablement *despecté* par le fait.

On avoit eu le secret d'abuser, en toute occasion si victorieusement contre moi des arrêtés glissés sur ces cahiers informes, appelés fort improprement *registres*, qu'on étoit, à leur aide, parvenu à faire éclipser, aux yeux de l'évêque, jusqu'aux moindres vestiges de la conduite insolente qu'avoit tenue à mon égard le Sr. Blampain, *neveu de son cher oncle*, comme je l'ai nommé quelquefois; s'étant persuadé qu'en cette qualité il avoit droit de succéder à celui-ci, même de son vivant, & qu'il devoit *en conscience* m'outrager par amour pour *l'ordre*; afin d'être colloqué, plus utilement, dans le codicile dudit *sien* oncle.

Ce chanoine-*neveu* m'avoit insulté très rustaudement, en plein chapitre, à mon retour de Mayence; sous le prétexte pitoyable & ridicule que S. A. électorale n'avoit pas eu qualité, quoiqu'archevêque de *droit divin*, de me restituer à mon *siège*, que lui, interprète coiffé ès

_{Neveu escamoteur.}

loix canoniques, avoit cru devoir *m'escamoter* pour le maintien du *droit humain* dans l'églife Orthodoxe.

On prendroit cela pour une bourde, s'il n'y avoit pas eu dix témoins qui ont vu le docteur fe démener, comme s'il eût eu à lutter contre un énergumène, ou comme s'il l'eût été lui-même. À moins de vouloir m'afficher, à la vue de ma compagnie, pour un être intrinféquement méprifable, je devois, de toute néceffité, quoique déshonoré par deux jugemens injuftes, demander une forte d'excufes. Je voulois fimplement, pour fauver les dehors, que ce frère cadet convînt que, par fes voies de fait, il n'avoit pas eu intention de m'offenfer, ni S. A. électorale fon légitime fupérieur.

La religion & l'*ordre* focial invitoient fans contredit mon aggreffeur à remplir ce devoir, qu'il n'auroit pu négliger, pour peu qu'il eût été fufceptible de fentimens de charité & de fubordination; mais, forcé d'établir une procédure en règle pour obtenir une auffi mince fatisfaction, je fuis, après 18 mois de patience, à l'attendre encore à l'heure qu'il eft, graces aux *extraits* d'arrétés captieux & ambigus des regiftres du chapitre; ou, fi on l'aime mieux, à l'indulgence du Sgr. official pour tous ceux qui ont l'honneur de fiéger avec lui; ou encore, fi l'on veut, à fes égards pour tous ceux qui me traitent en proscrit, depuis qu'il a lancé ses foudres contre moi : car ainsi qu'il est dans le cœur de l'homme de combler de bien celui à qui on a commencé d'en faire ; de même voudroit-on battre toujours, rebattre, & battre encore celui qu'on a une fois battu, pour n'en avoir pas le démenti. Jamais bon général n'a reculé d'un pas, fut-il battu lui-même. Il seroit superflu de m'étendre ici sur les détails de ce premier épisode de mon histoire du doyen sur les chapitres généraux. Ils sont circonstanciés de reste dans les pièces recueillies, N°s. 70. 71. 72. 73. 74. 75. 76. 77. 78. & 79; j'ajouterai seulement que M. l'évêque d'Arath a eu la bonté, à ce sujet, de me recommander à Mayence *sub sigillo*, N°. 80. pour éviter de me rendre la justice qu'il me devoit, sur le renvoi qui lui avoit été fait de la procédure, par les juges métropolitains, aux fins de la terminer par accommodement.

N°s. 70. 71. 72. 73. 74. 75. 76. 77. 78. 79.

N°. 80.

Il a si bien développé toute ma valeur, vue dans le *faux* jour où il se trouve, qu'il croit avoir excusé sans doute le peu de cas qu'il en a fait, depuis deux ans révolus, par ses procédés envers moi. Il m'avoit traité comme si, déjà perdu d'honneur, je n'eusse eu aucun droit à l'estime publique ; & il a compris ensuite que, pour être conséquent, il falloit me dénigrer. Ce n'étoit plus là un premier mouvement; il

Défi solemnel.

avoit eu pour cette fois tout le temps de s'inftruire du vrai, s'il eût voulu en être inftruit. J'ignore fur quoi peuvent porter fes imputations nouvelles ; je fais feulement qui les a fournies & rédigées. Mais comme je viens de faire ici mon *hiftoire véritable* qui eft fidèle & entière, je donne le *défi* folemnel à mon prévôt, à fon neveu; à mon doyen, à fon vengeur, & à tous mes détracteurs des deux mondes connus, de prouver contre moi le moindre fait d'indécence, d'irrégularité, ou tout autre péché quelconque prétendu omis ou déguifé, dans ma préfente *confeffion générale*. Je préviens que dès ce moment je défére à l'indignation publique, tout diffamateur clandeftin, qui, après cette déclaration ingénue de mes fautes, voudroit encore me noircir par la calomnie. Permis, à tout homme fage, de fondre fur le *bafilic*, que je lui livre pour une bête envénimée, dont même le feul regard eft mortel.

NB. Le bafilic eft l'emblême de la calomnie. Qu'on n'aille pas encore interpréter mes termes eu defpectueux.

Quant à mes adverfaires déclarés, je les fomme, s'ils ofent fe réproduire à découvert, de faire également leur hiftoire *véritable*; d'y montrer auffi leurs ayeux, s'ils ont *des ayeux à montrer*; de m'y déchirer, à leur gré, plus même qu'ils n'ont fait jufqu'ici, s'il eft poffible; mais d'y mettre la preuve au bout; car j'appellerai toujours calomnie tout ce qui ne fera pas prouvé & difcuté *contradictoirement* avec *celui pour lequel je parle* ; lequel en vérité commence à être raſſaſié d'entendre les échos journaliers des miſérables caquets, que des ennemis factices & gagés, plus miſérables encore, ont la cruelle baſſeſſe de répandre ſans retenue, & ſans ſe douter qu'il y ait un vengeur dans l'autre monde, s'ils n'ont rien à craindre des *vengeurs* de ce monde - ci.

Il m'en étoit tant revenu l'année dernière, ſur le compte de celui qui, le premier, avoit oſé lever le bouclier, pour provoquer contre moi des flétriſſures, que je n'ai pu me diſpenſer de l'attaquer lui-même, en envoyant à l'official ma requête de plainte N°. 81. accompagnée d'une lettre N°. 82. mais il en a été de cett requête, comme de toutes celles que j'avois préſentées juſques là à monſeigneur. Quoique j'euſſe fait de vives inſtances, il eſt encore à la décréter. Je n'étois plus tenté de recourir à la voie des ſommations preſcrites par l'ordonnance. Faites à mains jointes, les genoux à terre & en *termes* expreſſifs de la plus profonde vénération, elles n'en euſſent pas moins paru *deſpectueuſes*; & l'on me renvoyoit peut-être à la porte hors de mon chapitre, avec un quatrième jugement de *proviſion* ſur le corps, *nonobſtant & ſans préjudice*: mais en attendant, l'homme public, à la ſuite de différentes menées occultes, s'oublioit au point d'oſer dire dans la

Vengeur pris au criminel.

N°. 81.
N°. 82.

sacriftie de son église, en présence des chanoines ses confrères scandalisés de son imprudent babil, qu'*on travailloit à faire venir une lettre de cachet, pour m'exiler au loin, &c.* Tout comme si l'on pouvoit *faire venir* ces lettres, de Versailles, de même qu'on *fait venir* des mirabelles, de Metz; des fromages, de Meaux; de la moutarde, de Dijon.

<small>Promoteur indiscret & despectueux.</small> Est-il, depuis qu'il y a des *promoteurs* sur terre, sorti de la bouche d'aucun d'eux un propos plus *indiscret* & en même-tems plus *despectueux* ?

Tenu par celui, qui, à raison de son état, & notamment de ses inquisitions *surérogatoires*, étoit censé instruit de toutes les iniquités du clergé, il donnoit à comprendre que la mesure des miennes étoit comble ; il imprimoit ainsi, dans les esprits, les idées les plus pernicieuses à mon honneur.

Débité par l'homme de l'official ce propos, faisoit, en trahissant le secret de l'évêché, une satyre mordante du gouvernement du diocèse; il laissoit voir que lorsqu'on ne pouvoit inculper en rien, suivant les formes légales, un ecclésiastique de bonnes mœurs, on ne se faisoit aucun scrupule de le perdre par des manœuvres sourdes, dès qu'il avoit su déplaire à des chefs, par un zèle dont ils auroient eu à rougir.

Il n'insinuoit pas moins, que le prince évêque,

qui ne se fait connoître que par des bienfaits, par des largesses, par des graces, seroit capable de solliciter en cour, de ces lettres effrayantes, pour, en violentant l'impulsion de son ame généreuse, commettre un crime qui révolteroit le cœur le moins sensible : opprimer l'innocence.

Il insultoit à l'intégrité des magistrats suprêmes de la province, dont on sembloit se méfier, dès qu'après un appel comme d'abus lié au conseil, on pouvoit vouloir soustraire à leur justice la victime qu'on y avoit traduite, sur un exposé qui, fait par des supérieurs, ne devoit pas être présumé faux, encore qu'il le fût. C'est bien fort; mais ce n'est rien.

Oui, ce propos inoui, sur les lèvres d'un *modérateur* de diocèse faisoit plus que tout cela. Il injurioit manifestement le plus doux, le plus équitable des monarques; le plus tendre, le plus vigilant des *pères*, qui aient existé pour le bonheur *du peuple*. Il attaquoit ce vertueux roi par l'endroit le plus cher à sa délicatesse ; par ses sentimens de justice, toujours dans l'activité d'une sollicitude continue ; il supposoit que ces sentimens précieux pourroient céder à l'importunité de la calomnie, pour, en sacrifiant un sujet fidèle, ancien officier de sa maison, décoré par son auguste ayeul *en considération de ses services*, l'enlever aux tribunaux, ainsi que la connoiffance des prévarications, qui leur étoient déférées, & qui n'attendoient que leur tour pour être jugées.

Pardon, Sire! (je le demande pour mon perfécuteur) de l'injure que, dans l'excès de fa paffion, ou dans le délire de fon afferviffement à la paffion d'autrui, il a eu l'audace de faire à Votre cœur par fon propos indifcret! Profterné aux pieds de Votre Majesté je ne follicite d'autre grace, que celle de mes injuftes ennemis, lorfqu'ils feront confondus : mais afin qu'ils le foyent; afin qu'un prêtre fans reproche ne meure pas, fous Votre glorieux règne, couvert d'opprobre pour avoir été fidèle à fes devoirs, en dépit de fes chefs, offenfés de fa ferveur; daignez, Sire! je Vous en conjure, par Votre amour pour la vérité fainte, foutenir fa foibleffe de l'appui de Vos loix, en laiffant à celles-ci toute leur force pour le punir, s'il a mérité de l'être !

<small>Gallia teftis.</small> Si dans le code des loix pénales, il ne s'en trouvoit pas d'affez rigoureufes, au gré de mes ennemis, pour l'expiation des crimes dont me charge leur haine; fi pour fuppléer à l'infuffifance des peines établies, il falloit invoquer le remède de ces profcriptions miniftérielles, néceffitées quelquefois par le vif intérêt du falut de l'état, ou par celui de l'honneur des familles; qu'il me foit permis, ô lecteur équitable! d'élever

ver ma voix avec le prophète; que, rassuré par le témoignage intime de mon ame, j'ose dire à toute ma nation : „ Me voici : *ecce præstò sum.* Regum I. c. 12.
„ Vous m'avez vu, depuis mon enfance; vous
„ me voyez encore, tel que je suis, dans un
„ âge avancé : parlez, en présence du Seigneur
„ & de son Christ, si j'ai fait la moindre *injus-*
„ *tice* à aucun d'entre vous; si jamais j'ai eu la
„ lâcheté de *calomnier* l'un ou l'autre; si, dans
„ ma vie, j'ai *opprimé* qui que ce fût; si je me
„ suis laissé *corrompre* pour faire le mal....
„ Me voici prêt à restituer, prêt à satisfaire,
„ prêt à expier : mais à moins que vous n'en
„ sachiez, sur ma conduite, plus que je n'en sais
„ moi, qui ne me suis pas perdu de vue un instant;
„ à moins que vous ne m'ayiez vu pécher en
„ mon absence, en confondant l'idendité de ma
„ personne, je dois me flatter que vous me serez
„ tous témoins que mes délits n'ont point été
„ jusqu'ici de nature à pouvoir allarmer l'état,
„ troubler la société, déshonorer ma famille.
„ Vous serez mon témoin, Dieu trois fois
„ saint ! Vous le serez Fils du Dieu vivant ! que
„ j'ai toujours désiré ardemment de Vous aimer
„ d'un amour pur, & de Vous servir en servant
„ mon prochain; que je ne hais, dans mes
„ persécuteurs, que le vice & le mensonge, dont
„ ils se souillent à leur détriment & à leur
„ honte; que tous les jours je Vous adresse,

V

„ du fond de mon cœur, les vœux les plus
„ ardents pour leur bonheur; que je travaille
„ pour leur bien, en cherchant à les éclairer fur
„ leurs vrais intéréts, qui ne peuvent être indé-
„ pendants de la vérité, de la juftice, de la
„ charité; que je refpecte mes fupérieurs, même
„ en leur prouvant que je ne méritois pas leur
„ mépris; oui, mon Dieu! Vous ferez mon
„ témoin de la droiture de mes vues: ma géné-
„ reufe nation me repondra: *teftis*, ainfi que le
„ peuple d'Ifraël répondit à Samuel; & je finirai
„ ma vie en paix, dans le fein de mes proches,
„ fans porter au tombeau, pour prix de mon
„ zèle, un opprobre, dont eux-mêmes auroient
„ pu être humiliés.

Plufieurs mois s'étoient écoulés fans que j'euffe pu porter M. l'évêque d'Arath à s'occuper en quoi que ce fût de ce qui me concernoit. Les juges de la métropole l'avoient chargé, comme je l'ai dit, de me faire donner fatisfaction par le Sr. chanoine Blampain; il n'en faifoit rien. Il ne répondoit pas mieux à la requête de plainte, préfentée contre le Sr. Zaepffel. C'étoit le troifième déni de juftice, compris celui dans l'affaire avec mon doyen pour les chapitres généraux. À la vue d'un mépris auffi marqué, je lui ai écrit pour

N₀. 83. effayer d'émouvoir fes fentimens d'équité, N°. 83. Cette lettre n'a pas eu plus d'effet que n'en avoient eu mes inftances précédentes, toutes reftées fans réponse. Le plus souvent je ne gardois pas copie de ces lettres missives. Je ne prévoyois pas que je dusse jamais écrire l'histoire d'un défunt dont la mémoire me fût si chère, ou dont le sort pût m'intéresser aussi vivement, & que ces lettres pussent me servir, pour y jeter un plus grand jour. Il me manque même presque toutes celles que j'ai adressées à S. A. Elect. de Mayence, à S.A. Em. le cardinal prince-évêque, aux ministres, au chapitre, &c. En revanche j'ai conservé la collection complète, tant des requêtes que des lettres concernant le second épisode de la pièce principale, dont, depuis deux ans, nous donnons, M. Lantz, son souffleur & moi, le spectacle au public. Dans cette nouvelle farce il y auroit eu de l'étoffe à faire un roman comique en douze gros volumes, ou un poëme anti-épique en trente-six chants; mais je l'ai traitée sérieusement dans ma poursuite au consistoire; il faut donc en parler gravement & avec dignité dans mon *histoire véritable*.

M. le prévôt étoit fâché, mais très fâché con- Prévôt poli.
tre moi de ce que, pour prouver combien l'abus *pulluloit* dans mon église, j'eusse cité entre autres, pour un exemple, certains complimens de nouvelle invention, dont il étoit l'auteur. Outre que, pendant le Service divin, il saluoit avec affectation de son stalle des dames qui arrivoient dans la nef & qui n'étoient rien moins qu'occupées de lui, il

avoit imaginé, pour faire fa cour d'une manière toute particulière à M. le commandant de la province, de s'arrêter pendant quelques minutes devant fon fauteuil, à l'iffue de l'office, à la tête du chapitre en corps & de tout le bas-chœur de l'églife, pour inviter ce chef à quitter fa place; encore qu'il n'en eût pas envie (n'ayant pas fini fa prière) & que ce feigneur plein de politeffe ne voulût pas, aux pieds des autels, dans le fanctuaire de la collégiale, prendre le pas fur tout le clergé marchant en habits de chœur & en ordre de proceffion.

J'avois, à la fuite de quelques repréfentations infructueufes, fait part de l'introduction furtive de cette nouvelle étiquette à S. A. E. Mgr. le cardinal ; N°. 84. ce qui donna lieu à mon féal prévôt de reprendre la manivelle de la machine aux *faux bruits*. Il fit débiter par tous fes commenfaux, fecondés du népotifme, que M. le commandant étoit outré contre moi de ce que je critiquois les *honneurs* qu'on lui rendoit, *au nom du Roi*; quoique M. le commandant fût très bien, comme tout le monde, que S. M. ne vouloit pas d'autres honneurs à l'églife, que ceux d'ufage par Elle réglés ; & qu'à Verfailles même fa perfonne facrée, qui n'étoit encenfée qu'après le prêtre, ne marchoit qu'après lui à la proceffion.

Sans doute qu'il eft très libre à M. le commandant de fortir de l'églife au moment qu'il lui plaît,

N°. 84.

même avant que l'office soit fini, s'il le veut; mais lorsque tout le corps du chapitre, en marche pour se retirer, est aux pieds du tabernacle, à la porte du chœur, qui n'en est qu'à un pas de distance, je ne crois point qu'il puisse être d'une étiquette décente & admissible, que ce chapitre s'arrête devant le chef de la province, pour, en parlamentant avec lui, par l'organe d'un de ses dignitaires, savoir qui des deux passera ou ne passera pas le premier.... Il est même ridicule d'inviter qui que ce soit à sortir de l'église, pendant qu'il prie. On devoit présumer que si M. le commandant eût été prêt à s'en aller, il n'auroit pas affecté d'attendre, pour le faire, l'instant du passage de tout le clergé en surplis & en aumuces, pour se mettre à sa tête; & si cette invitation n'étoit, de la part de M. le prévôt qu'un rafinement de pur cérémonial honorifique, qu'il prétendît introduire, elle annonçoit une distinction d'autant moins flatteuse qu'elle sembloit méséante & inacceptable, pour peu qu'on voulût supposer de sentimens de religion & d'honnêteté à celui qui, comme le premier des *fidèles*, en étoit l'objet. Il faut croire que M. le prévôt, naturellement courtisan, s'imaginoit être seul dans son cabinet avec un général d'armée, & encore auroit-il été, dans sa distraction, peu poli envers ce seigneur, en lui montrant la porte, avant que de lui-même celui-ci n'eût fait mine de vouloir la prendre.

Enfin de deux choses l'une : ou M. le commandant avoit droit de se mettre à la tête du chapitre pour passer avant lui, ou il ne l'avoit pas. Dans le premier cas, il devoit paroître tout aussi plaisant à un observateur qui a des yeux, de voir M. le prévôt réitérer chaque fois ses instances déplacées ; qu'il le paroîtroit que j'allasse faire à M. le prévôt, dans les mêmes circonstances, pareilles invitations pour le prier de passer devant moi. Bien certainement je donnerois, en les faisant, matière à rire & au clergé & à toute l'assemblée des fidèles. Dans le second cas, c'étoit se moquer du chef de la province que de lui proposer une démarche contraire à l'usage, ou à la décence ; & c'étoit en même temps, de la part de M. le prévôt, méconnoître la dignité de son état, en compromettant son corps, pour faire personnellement sa cour d'une manière aussi originale que peu réfléchie.

Doyen impoli. Il arrive dans le mouvement de ces discussions que le chapitre est dans le cas d'envoyer une députation à ce représentant de S.M. Le doyen avoit ordre de s'y prendre finement pour empêcher que je ne fusse député, afin de ne pas donner un démenti public aux bruits, par un fait qui eût révélé leur fausseté ; mais, comme M. le doyen n'est pas absolument fin, il s'y prit gauchement. Il n'avoit qu'à se taire ; laisser aller les choses, & sa commission eût été bien faite : il vouloit parler ; interrompre les suffrages, & tout fut bouleversé. Je n'étois rien moins qu'empressé d'accepter l'honneur, que me faisoient quelques confrères, en me nommant à la députation. Je l'avois refusée mainte fois dans d'autres occasions ; j'aurois fait de même dans celle-ci, si l'impatience de M. le doyen pour m'exclure eût pu se contenir ; mais à peine deux vôtans eurent-ils prononcé mon nom, que sa *finesse* lui suggéra de dire, en pleine compagnie, que j'étois un homme *désagréable* au chef, & qu'il se députeroit *lui-même*, plutôt que de souffrir que je le fusse *par le chapitre*. Il le fit, comme il le dit ; & sans prendre les voix davantage il se fit accompagner par deux chanoines de son choix, pour me couvrir d'une confusion, dont tout homme qui a de l'ame peut aisément se faire une idée.

Cette scène & les suivantes sont trop développées dans les procédures que j'ai été obligé de faire & dont j'ai recueilli les actes Nºs. 85. 86. 87. 88. 89 & 90, pour qu'il soit nécessaire de m'étendre davantage sur son historique.

Nᵒˢ. 85. 86. 87. 88. 89. 90.

Si on daigne lire ces pièces, on y verra un quatrième déni de justice de la part du seigneur official, qui n'a pas jugé à propos de décréter la dernière requête, par laquelle je demandois qu'il me fût permis de faire assigner M. Lantz aux fins de se voir condamner, avec dépens, à dire s'il convient ou s'il disconvient de la fidélité de l'exposé du chapitre qui prétendoit que les excuses exigées m'avoient été faites; ce que le doyen refusoit d'avouer, soutenant que pareil aveu seroit contraire à sa dignité.

Cartel donné. L'affaire en est encore au même point; & quoique je n'y aie pas renoncé, tant s'en faut, je n'oserois faire ni instances ni sommations, à moins que je ne voulusse être dénigré derechef, (ou *détaillé*, comme dit mon procureur d'Allemagne) par des lettres *secrètes* adressées au Rév^{me}. consistoire de la métropole. L'inquisition cependant n'est pas plus fêtée à Mayence, qu'elle ne l'est dans nos provinces; & j'ose présumer de l'équité des juges consistoriaux de mon sérénissime archevêque, qu'ils ne verront qu'avec indignation les trames sourdes de mes adversaires, toujours ennemis de la lumière qui pourroit éclairer leur marche. S'ils avoient eu des vices réels à me reprocher, ils n'auroient pas été deux ans sans le faire avec éclat, au lieu de me calomnier constamment dans les ténèbres. Quand on est en procès, tout étalage de complimens cesse. Chaque partie amène à sa cause tous les moyens qui peuvent lui être favorables; sur-tout si de sa cause dépend, je ne dis pas sa fortune, je ne dis pas le salut de ses jours; mais plus que tout cela, la conservation de son honneur, l'estime publique; qui, dans notre passage momentané, est la seule gloire qu'il soit permis d'ambitionner, le seul soin qui, après celui du salut de l'ame, soit encore recommandé à l'homme par le divin législateur.

Je trouve dans l'écriture un précepte pour l'amour des ennemis ; Je n'y en trouve pas qui, en intervertissant l'ordre de la charité, ordonne le sacrifice de sa propre réputation à la conservation de la leur ; qui nous défende de révéler leur honte, si notre justification n'est pas indépendante de cette révélation ; de confondre leurs calomnies, si ces calomnies ont gagné tout un peuple ; je n'y en trouve pas finalement qui enjoigne de donner sa vie pour sauver la vie de ses persécuteurs, à l'exemple d'un Dieu incarné. Ce sont là des vertus héroïques excellentes à imiter quand on le peut, mais elles ne sont point commandées.

De ce que je n'ai pas la force de pratiquer ce renoncement à moi-même ; de ce que j'ai tout autant de sentimens que mes adversaires, qui crient au *despect* quand on veut la règle, s'ensuit-il que ceux-ci aient le droit d'accumuler sur ma personne les effets de leur mépris & de leur haine, pour avoir voulu cette règle ? Ce n'est pas pour un combat de force ou d'adresse que je leur *donne le cartel* ; combat où je pourrois en savoir autant ou plus qu'eux, & où souvent le coupable est vainqueur : C'est un duel de raisons & de vérités, que je leur propose ; duel où il est louable de s'escrimer, où il est honorable de vaincre ; parce qu'il n'y a que le juste qui doive nécessairement y triompher, si la faveur & la corruption restent neutres. Mais non seulement on refuse de croire à la vérité, de peser mes raisons ; on refuse même de connoître cette vérité, d'écouter ces raisons : je ne dois pas même oser en avoir, ni dire que j'en ai. Toutes expressions propres à les établir paroissent dès-lors repréhensibles, en ce qu'elles compromettent des personnes en place qui, ce semble, ont le droit d'être les arbitres de l'honneur, au gré de leur prévention ou de leurs vues personnelles, sans risques de pouvoir être jamais contredits, eu égard (*Nota bene*) au *respect* qui leur est dû.

Si cependant il étoit permis de supposer qu'un supérieur voulût, par un ressentiment particulier, abuser de sa fonction de juge, il faudroit donc que toute la série des supérieurs majeurs le maintînt dans l'exercice de sa prévarication, pour l'entretien permanent d'une subordination absolue, seule digne de leur vigilance, quel que fût le détriment qui en résulteroit, ou quels que puissent être les droits irréfragables de leurs subalternes ?

Puissent dans ce cas tous les préposés se voir dépouillés de la nature humaine ! puissent-ils être revêtus de celle des anges ! ou puissent tous les inférieurs avoir la patience & la résignation de Notre Divin Sauveur !

Quoiqu'il me soit impossible d'avouer avec vérité que j'aie commis la moindre faute; quoique je sois disposé à faire encore à l'instant tout ce que j'ai fait, persuadé intimement que je pouvois & que je devois le faire, mon sort n'en est pas moins pire que celui d'un excommunié. On veut à toute force que je persévére à rester dans l'opprobre & dans l'avilissement; que j'y meure plutôt, qu'aucun de mes détracteurs, qu'aucun de mes agresseurs me donne le moindre signe de christianisme; que dis-je? la moindre marque seulement d'honnêteté politique. La personne de M. le vice-gérent, qui a *despecté* la mienne à toute outrance, est tellement inattaquable au consistoire de ses pairs, qu'il lui est permis de tout oser, de tout hazarder, sans crainte de se voir jamais traversé dans ses entreprises; fussent-elles contraires à toutes les loix de l'église & de l'état. Que tout autre membre du clergé fasse, non un faux pas, mais une chose indifférente, une action même louable, une œuvre quelconque susceptible seulement de la plus légère interprétation; s'il n'est pas du nombre de ces élus rampants, qui briguent la faveur par les bassesses de l'adulation, il n'aura pas le temps de se retourner, que déjà il sera, sans qu'il ait été appelé en justice, condamné par provision, sur le réquisitoire isolé de celui qui dans le secret conclut à tout ce qu'on veut. Inattaquable lui-

<small>Moyens tirés du sens commun.</small>

même, ce miniftre de la *vindicte* joue à un jeu fûr; il ne rifque rien, à fon compte en aucune circonftance. C'eft pour le bien public qu'il agit. Sous ce prétexte il perdra d'honneur impunément, s'il le veut, le particulier le plus exact à tous fes devoirs; parce que, dira-t-il, n'y ayant point de prife fur lui, c'eft tant pis pour le malheureux fur qui tombe fa vengeance, n'importe qu'elle foit fuggerée par l'erreur ou par la paffion. Ciel! eft-ce donc là la juftice qui, felon vos faintes loix, doit régner fur la terre! ou, ferois-je donc devenu un être fi effentiellement abject, pour avoir voulu connoître les conftitutions de mon églife, contre le gré d'un confrère qui, obligé par fon pofte de me les enfeigner, ne le faifoit pas; que, dès l'inftant de ma fermeté & de ma perfévérance à vouloir le redreffer pour être inftruit, je me fuffe rendu digne dans l'efprit de mon évêque d'un mépris fi *fouverain!* Que tel outrage qui puiffe m'être fait, il ne dût plus dès-lors y avoir d'action pour moi à former devant fon tribunal; où jamais cependant il ne m'avoit vu, depuis près de trente ans que je fuis prêtre, & où il ne m'auroit pas vu encore, s'il eût fallu y défendre toute autre chofe que mon honneur!

Si cependant j'étois moins fenfible aux atteintes qu'on y porte; fi, pour ces mépris, injurieux à mon état plus encore qu'à ma perfonne,

j'avois moins de répugnance que n'en témoignent eux-mêmes mes persécuteurs; je dirois à mon évêque : „ Monseigneur! *Détonsurez*-moi; re-
„ prenez le caractère du sacerdoce que vous m'a-
„ vez conféré: ou, si vous ne le pouvez, enlevez
„ moi à la vue du peuple. Je suis indigne d'être
„ revêtu d'un habit que je déshonore ; je ne
„ mérite point de paroître à la tête de l'assemblée
„ des fidèles. "

Tels sont mes sentimens : tels doivent être ceux de tout prêtre pénétré de la dignité de son ministère.

Si les supérieurs, généralement parlant, vouloient se persuader qu'il n'appartient qu'à eux d'en avoir de semblables ; si tout ecclésiastique qui ne partageroit pas avec eux les soins du gouvernement, devoit, dans leur système, se familiariser avec le mépris passif, au point d'être indifférent sur toute espèce de ravalement, quelqu'injuste qu'en fût la cause ; je dirois à ces supérieurs qu'ils se trompent; qu'il y a pour un diacre, un honneur propre, comme il y en a un pour un primat; que chacun doit conserver & fait bien de défendre le sien ; que l'un & l'autre de ces *honneurs* influe sur l'affermissement & sur le maintien du respect dû en général aux ministres des autels : respect aussi incompatible avec l'avilissement dont on prétendroit avoir droit de couvrir ceux qui ne seroient pas d'un haut rang, qu'il eſt indiſpenſablement néceſſaire à ceux-ci pour pouvoir, avec décence & avec fruit, remplir leurs fonctions ſaintes.

Mais à quoi bon inſiſter ſur des réflexions auſſi ſimples ? il n'eſt perſonne qui ne les faſſe, ou qui ne les ait faites. Il n'y a pas de ſupérieur qui ne ſache que ſon état, en lui donnant charge de correction, ne lui donne point droit de vexation ; que pour ne pas ſe mettre dans le cas de commettre des injuſtices, il faut, avant de condamner, avoir entendu les parties ; qu'il eſt ſage, avant de punir avec rigueur, d'avoir eſſayé quelque voie de douceur ; que, pour ne s'expoſer jamais à revenir ſur ſes pas, il eſt eſſentiel de ne point s'avancer légèrement, il eſt prudent de ne pas courir avec précipitation ; que dans le militaire même, où la diſcipline d'une ſubordination ſtricte eſt la plus rigoureuſe, nous ne voyons point qu'un colonel ait droit de déshonorer impunément ſans ſujet le dernier officier de ſon régiment, &c.

Toute la queſtion ſe réduit donc à ſavoir ſi j'ai manqué de reſpect à mes ſupérieurs, en appelant *deſpotiſme* le duumvirat de mon doyen qui, depuis près de trente ans, au ſu de toute la province, faiſoit à St. Pierre le jeune, d'accord avec ſon collégue, tout ce qu'il vouloit, & rien de ce que vouloit St. Pierre ; ſi pour avoir dit dans une requête que je ferois là-deſſus mes *respectueuses* représentations au seigneur Ordinaire, on a pu avec justice altérer mon texte, en tranchant la tête d'un mot péremptoire, pour lui substituer malignement une tête postiche; après m'avoir déjà, dans une affaire précédente, joué à-peu-près le même tour, en coupant les pieds & la queue d'un autre mot, pour me compromettre avec les SS. Canons, par le tronc *Négoce* qui restoit; si, en dépit de l'académie des quarante, on peut ainsi, au préjudice de la langue nationale & de la bonne foi des sujets de S. M. qui en usent, dénaturer les termes pour, d'un mot poli & reçu, en faire un mot barbare & réprouvé, dans la vue d'imputer des délits & d'infliger des peines; si, pour le dire nommément, il peut être permis de transfigurer sans scrupule des expressions, ne fût-ce que par l'échange d'une seule lettre, pour en travestissant le mot *respectueux* admis par tous les littérateurs, en celui de *despectueux* interdit de tous les vocabulaires, tomber, à la faveur de cette décomposition hétéroclite, sur celui qui, sans y avoir connivé, n'en est pas moins traité comme s'il en eût été l'auteur. Tout dis-je se réduit à savoir si c'est avec équité que j'ai été flétri pour ce prétendu manque de respect, ou si la punition du soidisant *despect* n'étoit que l'effet d'un ressentiment personnel, dont on n'eût osé avouer le principe. Et c'est cette unique question qui, dans un intervalle de deux ans, n'a pu encore être agitée devant des tribunaux, où l'on a cru devoir s'attacher de préférence à me condamner *par provifion* ; ce qui paroiffoit bien plus court que d'aller differter fur des *termes* pour, avant de les juger, en pefer la valeur. Il eft vrai que l'on rifquoit de ne pouvoir plus, lors de la difcuffion du fond, rendre au condamné ce qu'on lui enlevoit par la punition provifoire. Qu'importe fi peu de chofe ? De quoi s'agiffoit-il ? du mince honneur d'un fubalterne : autant en emporte le vent. Il faut *primò primò* de la fubordination. Un fupérieur ne peut décemment être cenfé avoir tort. Et quand il pourroit l'être ! il ne convient pas dutout que ce tort là paroiffe. Que deviendroient la confidération, le refpect, la vénération dus à la fupériorité ? . . . .

Promeffel de moyens de droit.
Je laiffe à mes défenfeurs la tâche d'appuyer du texte des autorités les *moyens de droit* qu'ils emploiront pour ma réhabilitation. Je n'ai fait qu'expofer la fuite des perfécutions que j'ai éprouvées de la part de mes chefs. J'avoue que quoiqu'avocat je n'ai jamais feuilleté le code deux minutes, par égard pour ma difpofition aux vapeurs ; j'ai oublié depuis trente-fix ans le petit peu de connoiffance du droit, requis pour être gradué *docteur* moyennant tant ; ou, à parler vrai, puifque je me confeffe, je n'y ai jamais rien fu, non plus que tant d'autres bons enfans,

promus

promus pour leurs florins dans la même université que moi : mais je vois toutes les loix tracées dans mon ame. C'est là le recueil que je compulse pour distinguer le *juste* & le *vrai*, quand j'ai à combattre l'inique & le faux.

Je pourrois cependant fort bien n'avoir pas saisi au *juste* le *vrai* ton d'un bon mémoire à *justi*fier un coupable *en termes*; je prie dans ce cas mon lecteur d'excuser mon impéritie. Il en est, je pense, de l'art de faire des mémoires comme de tous les arts. Il faut pour y réussir avoir acquis une certaine expérience que je n'ai pas. Je crois d'ailleurs qu'ainsi que tout défendeur *d'abus* se trouve avoir une voix, une bouche, un nez, en un mot une configuration quelconque, différente de celle de tout autre défendeur *d'abus*; de même chacun de ces plaideurs a spécialement un style à lui, qu'il ne lui est pas plus possible de changer que de transformer son nez; ou qu'il ne pourroit, je le suppose, chanter la basse s'il n'avoit qu'un *fausset* de haute-contre. Il est vrai qu'on seroit en droit de dire à l'un : jetez-là votre plume & ne fatiguez pas nos yeux; à l'autre : taisez-vous & ne déchirez pas nos oreilles ; mais si celui-ci peut se passer de chanter sans rien perdre, celui-là peut-il se dispenser d'écrire sans rien risquer ? Et si je ne fais pas moi-même mon *histoire véritable*, qui est-ce qui la fera ? Et si personne ne peut ni ne veut la conter, comment me faire connoître? Et fi l'on ne me connoît pas, fur quoi me jugera-t-on? — Sur les portraits croqués par votre prévôt; fur les réquifitoires braqués par fon ami. — Et c'eft précifément ce qui m'a fait interdire & *ré*interdire ; & c'eft là tout net ce qui me pouffe à faire ce coup d'effai, pour n'être plus interdit. Je fupplie donc mes juges de ne prendre dans ma *confeffion*, que ce qui pourra les porter à me donner l'abfolution, & de m'accorder leur indulgence pour tout le refte, principalement pour les *termes* qui pourroient paroître n'avoir pas été affez mefurés. À peine ai-je pu relire mes cahiers avant de les paffer à la preffe. On imprimoit mes minutes à fur & mefure que je les griffonnois, fans qu'elles fuffent copiées, excepté le peu que j'avois noté à Paris, bien éloigné de penfer à me faire jamais *typographer*. L'idée ne m'en eft venue, au bout de quinze mois de follicitations & de patience, que lorfque j'ai vu clair comme le jour que par-tout mes juges étoient prévenus par des délations clandeftines; que toute ma province étoit perfuadée que pour le moins j'avois voulu eftropier mes chefs & arracher les yeux à tous les frères de mon collège; puifqu'après avoir été puni avec éclat par une expulfion aviliffante, comme fi le délit eût été conftaté, je ne pouvois obtenir feulement d'être entendu, pour démontrer qu'il n'y avoit pas eu de quoi fouetter un chat; & que si mes adversaires n'ont pas paru repréhensibles en commettant les excès dont je me plains, je devois l'être bien moins qu'eux, n'ayant fait autre chose qu'exposer fidélement leurs outrages.

En tout cas si j'ai besoin d'une seconde édition, j'aurai soin de la châtier, de la limer, d'y retrancher le superflu, suivant les observations qu'on me fera faire, & d'y ajouter les traits d'érudition que me fourniront mes avocats, sans même supprimer les passages scientifiques des *Wamesius*, des *Gailius*, des *Espenius*, des *Farinacius*, &c. je les ferai marcher avec M. *d'Héricourt* des loix, M. *Févret* de l'abus, M. *Thomassin* de la discipline, M. *Bertrand* de la jurisdiction, à la suite des édits, ordonnances & déclarations; l'ensemble terminé par un groupe d'auteurs des diverses nations, qui ont traité *ex professo* des délits & des peines. Enfin je ferai tout ce qu'il faudra pour me mettre en règle, en observant une méthode qui répandra dans l'ouvrage à faire, plus d'ordre qu'il n'en règne dans celui-ci, fait à l'*impromptu*; pourvu toutefois qu'on me promette de me réconcilier avec l'estime d'un certain public dont j'ambitionne le suffrage : c'est le public des cœurs droits qui n'ont ni compères ni commères. Il s'y prêtera, je n'en doute pas, quand il sera instruit.

Il est trop équitable & trop impartial, pour vouloir sérieusement, parce que je suis brouillé avec mon prévôt, qui donne bien à manger, se brouiller avec moi, qui *campe* depuis deux ans sans marmite & sans pot au feu. Je proteste solemnellement que dès qu'on m'aura *lavé*, je vais, afin d'avoir également le reste de la société pour moi, remonter ma cuisine, de manière à contenter les *amateurs* & à effacer dans l'esprit des *curieux* toutes mes iniquités passées; dussent les pauvres orphelines d'Oberné souffrir un peu de ma fougue dissipatrice; dût par-là chacune d'elles être frustrée de cent francs sur la dot, promise par le testament dont je suis l'exécuteur.

<small>Apostrophe aux concitoyens.</small>

Mais en revanche si on me force soit à retrancher sur leur nombre, soit à rogner sur leur pitance, par les nouveaux procès qu'on pourroit vouloir me susciter encore, & que bien certainement je soutiendrai à leurs dépens jusqu'à extinction; accourez mes *concitoyens*, qui ne voulez pas que je périsse sous la dent du calomniateur! Vîte allez vous jeter aux pieds des autels avant qu'on n'achève de me dépouiller! Invoquez vos patronnes, la miraculeuse Vierge du calvaire, la glorieuse Ste. Odile! Demandez au ciel par leur intercession, qu'il daigne me donner des ennemis aveugles, gauches & allobroges! qu'il veuille ne pas étouffer dans leur esprit l'ardeur d'une vengeance furibonde! que dans le transport de leur paffion ils faffent des fotifes tant & plus ! & ils me fourniront eux-mêmes de belles armes pour les battre ; je conferverai à vos enfans le petit bien que je leur ai légué & que de grands procès réduiroient à *néant*, à leur grand *préjudice*. Mais non. Profternez vous plutôt devant les faints tabernacles & conjurez le Dieu des miféricordes d'infufer dans mes perfécuteurs, fût-ce contre leur gré, un efprit de paix, de douceur & de charité ! qu'il leur infpire de me pardonner fincérement, comme je leur pardonne du fond de mon ame, pour qu'ils me laiffent confommer tranquillement ma bonne œuvre & mourir fans chicannes, fans rancune & fans ignominie, après qu'on m'aura reftitué, s'entend, l'honneur qu'ils m'ont ravi.

Raffurez vous cependant, mes bons compatriotes ! Nous n'en fommes pas là encore. L'ennemi qui pourroit vous effrayer fait trop que mon hiftoire eft vraiment une *hiftoire véritable*. Il fe confultera mieux déformais avant de fondre fur moi qui en vaux peut-être un autre ; & il finira par fe tenir en repos ou par m'y laiffer. S'il ne le fait pas, tant pis pour lui : je lui arrache fon mafque tout en plein ; *pellem detraham*. On ne verra plus que fes grimaces & fa face enflammée ; la plaidoirie s'en ira en rifée, fuivie d'un fage *hors de cour*, qui vous garantira mon legs : *maître* Horace vous en affure dans fon plaidoyer contre *maître* Trébace , liv. 2. *Solventur rifu tabulæ: tu miffus abibis.*

Sans doute que fi, en me faifant un bon gros procès, cet ennemi pouvoit faire en même temps que ce que j'ai dit ne fût pas vrai, il auroit tort de ne pas *ferrailler*. Ami de l'équité je ferois le premier à lui dire : confondez l'impofture ! c'eft un bien infame métier que celui de calomniateur ; pourfuivez moi le à toute outrance ! qu'il foit condamné à vous demander pardon à genoux & décalotté ! qu'il paye tous vos frais, & vingt mille écus par-delà pour vos dommages-intérêts, à prendre fur le plus clair donné à fes orphelines &c. ! Si au contraire, pour fa défenfe & pour le retabliffement de fa réputation indignement déchirée , ce prétendu impofteur a rempli fimplement la tâche d'un *hiftorien véridique*, fans altérer aucun fait ; s'il n'a rapporté de vos injuftices que celles qui avoient trait à fa caufe, fans fouiller dans votre conduite relative à cinquante autres, auffi maltraités que lui ; avalez la couleuvre , rentrez en vous-même , renoncez pour jamais à toutes efpèces d'*affaires*, dont la manifeftation pourroit encore vous faire rougir , & laiffez aux pauvres petites filles d'Oberné leur pauvre petite fortune, qui, duffiez-vous parvenir à la leur extorquer, ne vous rendroit pas plus *gras*. Mais fi nous laiffions charitablement repofer un peu tous mes procès *defpectueux* pour reprendre haleine?.... Encore faut-il respirer.

Depuis que j'ai suspendu mon ménage, logé dans le petit pied-à-terre que j'avois pris en attendant mon départ pour Rorbach, (où j'allois m'établir lorsqu'un requérant de vindicte est venu en tapinois me déconcerter avec ses *mots sauvages*,) je n'ai eu qu'un seul domestique, m'étant défait des autres; même de mes chevaux, pour me livrer à une guerre où les troupes de basse cour, par les *armes légères* qu'elles portoient, autant que par leur *finesse*, étoient plus de service que ne l'est la cavalerie.

Serviteur hypocrite, ad oculum & nequam.

Ou leur délicatesse.

Ce domestique unique, poltron comme le sont assez communément tous les valets de prêtres, voyoit si souvent depuis quelques mois faire sur mon palier de grands exploits *parlant à sa personne*, avec des traits pointus fournis par des oies ou par des dindons, qu'il en gagna la fièvre, due à une colique compliquée, néphrétique & venteuse; tant il avoit peur des plumes & de leurs porteurs.

Ne quittant plus son lit, il me mit dans la nécessité de lui donner un adjoint, soit pour le servir lui-même, soit pour le représenter dans mon anti-chambre, en qualité de *vice*-laquais. Je connois des maîtres, & plus de six, qui auroient envoyé le malade tout fin droit à l'hôpital; mais quoique peut-être, (ce que je ne garantis pas,) les hôpitaux foient mieux régis par leurs adminiftrateurs, que ne le font bien des collégiales par leurs chefs, j'ai toujours fait foigner chez moi mes domeftiques malades ; n'ayant jamais fu ni voulu être de ces maîtres qui dédaignent de partager les peines d'un infirme, dont les fervices, (abftraction faite de tous ces beaux motifs d'*humanité*, toujours fur les *lèvres* de nos cruels *humains*,) méritoient ce femble quelque retour d'attention, encore qu'ils fuffent mercenaires.

Le coadjuteur donné à mon fiévreux étoit un petit faint *né-natif* de Raon-l'Etape. Je le furprenois toujours fes heures ou fon chapelet à la main. Il m'avoit été recommandé par le courtier des afpirants de fon efpèce, lequel à ma demande, avoit fièrement répondu pour lui : il le faifoit avec d'autant plus de fécurité, que lui-même n'avoit pas un écu vaillant. Ce prodige de Raon étoit fi fcrupuleufement fidèle, que lorfqu'il revenoit d'une pharmacie ou d'une boutique, après y avoir payé des *drogues*, il m'en rapportoit quelquefois des deux fous, des fix liards, fous prétexte que je m'étois trompé et que je les lui avois donnés de trop.

En moins d'un mois voyant mon domeftique quitte de fa fièvre et de fes coliques, j'ai congédié le devot lorrain, qui, fachant que je devois envoyer le lendemain fon camarade en commiſſion à une lieue de la ville, me pria de lui permettre de coucher encore une nuit dans la maiſon, bien intentionné ſans doute de mettre ce temps *de grace* à profit pour ſon compte. Et en effet le convaleſcent étant parti pour la campagne et moi pour l'égliſe, mon ſaint de *Raon*, prêt à prendre ſon *étappe*, entra dans ma chambre par la pièce voiſine, dont il avoit eu ſoin la veille d'enlever la clef, qui toujours reſtoit intérieurement dans la ſerrure. Pour la première fois ce jour-là mon cabinet ſe trouva fermé, par une ſorte de méfiance que j'avois priſe de la dévotion du lorrain; mais il ne fut pas rebuté de cet obſtacle. Il avoit eu tout le temps de manœuvrer, depuis neuf heures juſqu'à dix, pour le ſurmonter. Il força la ſerrure avec des inſtruments qu'il trouva dans la cuiſine. Il fit de même main baſſe ſur les ſerrures de mon ſecrétaire, et il parvint à gagner, à la dérobée, deux montres d'or, l'une a répétition, ſix couverts d'argent, différens petits bijoux, une cinquantaine d'écus en eſpèces et un habit neuf qu'il ſe mit ſur le corps, laiſſant ſon fraque à la place, comme une relique en mémoire de ſa vertu.

Maitres confiants! ne vous fiez pas trop aux valets qui rapportent des ſous marqués donnés de trop! défiez vous des *Tartuffes* de *Raon* qui, pour avoir leur *étappe*, n'attendent point avec leur chapelet aux doigts qu'on la leur donne!

Ballon vu en flagrant délit.

Quelque temps après un charlatan de la Lombardie qui, pour faire fortune avoit depuis quarante ans lutté en vain contre tous les élemens, s'avifa, pour fe donner du crédit, de caufer une nouvelle frayeur à mon chambellan, par des *exploits* qui ne vifoient pas à moins qu'à des faifies tierces et mobiliaires, capables *d'abattre* l'homme le plus robufte.

Cet empyrique, outre qu'il favoit chaffer du corps humain & le *Syphilifme* & la gale, avoit encore des connoiffances très *élevées* dans la *haute* phyfique. Il avoit travaillé au grand-œuvre, de fociété avec le Marquis & le *Bernier*, qui tous deux s'en font fi mal trouvés, qu'à la tranfmutation des métaux, le réfultat s'eft borné pour leur part, en fus du *caput mortuum*, à une couple de mille francs, dont ils font demeurés reliquataires envers leur collaborateur, qu'ils avoient voulu *berner*.

Pour s'en débarraffer fans frais & fans rifques, ils lui ont délivré des affignations fur moi, comme tréforier de leurs fonds provenants du *négoce* de Coblentz; mais, par un malheur affez commun aux tréforiers en général, & aux *négocians* en particulier, il n'y avoit plus depuis dix-huit mois un denier dans la caiffe. Ce qui n'empêchoit pas M. le marquis de tirer fans ceffe de tous côtés, tant qu'il pouvoit, fur ce tréfor évanoui. Son refrein ufuel, quand il falloit faire refsource, étoit toujours de donner, à ses fournisseurs, de ces délégations hypothétiques, dont personne ne connoissoit mieux que lui la futile valeur.

Le physicien lombard avoit compris que, comme le Sr. Maillet tiers-saisissant emportoit, en vertu d'arrêts de Besançon & de Colmar, tout le *restant* des sommes dues au Sr. marquis, il ne lui *resteroit* plus rien à prendre. En conséquence il s'étoit tenu bien tranquille avec sa cession dérisoire ; mais la fureur lui ayant pris d'approfondir la vertu du gaz-montgolfier pour prendre dans les airs un essor digne de son *feu sublime,* il voulut donner plus de consistance à son titre, afin qu'il pût s'en servir en guise d'amorce pour avoir des toiles, des cordes & du vernis. À cet effet il me fit assigner au conseil de la province pour m'y voir condamner à vuider mes mains dans les siennes, jusqu'à la concurrence de sa prétention sur l'argent du marquis, *si argent y a.* J'ai fait répondre par mon avocat que je consentois à remettre au Sr. fabriquant de ballons tout ce qui me resteroit, après que j'aurois acquitté tels & tels objets privilégiés qui absorboient le total & au delà. Arrêt conforme, qui m'autorise à payer audit Sr. le restant *s'il y a.* C'est sur cet arrêt que l'alchimiste *inflammable* a imaginé, en vrai désespéré, de me faire saisir de tous côtés, pour se venger sur mes fruits *sacrés,* de ce que son *sorcier* de ballon, dévoré par les flammes, avec partie de fa cafaque, ne lui avoit pas valu la bonne aubaine qu'il s'en étoit promife & qu'il auroit voulu fouffler à fon concurrent, lequel cependant avoit à cet égard *priorité* d'hypothéque fur la curiofité publique; ainfi & de même que Maillet l'avoit fur le fond de la caiffe du marquis, au préjudice dudit *inflammable*.

Le Sr. Gabriel avoit annoncé trois mois avant, un ballon qui n'étoit pas encore prêt.

Il s'étoit adreffé, pour cette expédition, à différens huiffiers. Aucun n'a voulu fe prêter à faifir fur un femblable arrêt, convenu entre les parties, qui néceffairement devoient avant tout procéder à un compte pour voir s'il y avoit ou s'il n'y avoit pas des fonds pour le *ballon*. Un Lorrain, (que je ne défignerai pas, en faveur du nom qu'il porte), fe crut plus fin que fes confrères, ou au moins avoit-il plus faim qu'eux. Il entrevit qu'il y auroit lieu de faire des faifies, ne fût-ce que pour faire des vacations & du barbouillage dans ce précieux ftyle, dont les lignes font comptées & payées plus furement, que ne pourroit l'être la *toile* de l'aëroftat.

J'eus beau fignifier à ce phœnix écrivailleur que j'étois prêt à rendre mon compte devant notaire & à délivrer à fon commettant le réfidu, *s'il y a;* il vouloit du comptant, qu'il y eût ou qu'il n'y eût pas. Cet officier de juftice, guidé machinalement par la plus profonde ignorance, ou fciemment par la plus avide cupidité, mit fous la main du roi tout ce que je poſsède. Il fit arrêter mes revenus & mes capitaux dans cinq différens endroits. Ils le font encore dans ce moment-ci; quoique le Sr. Maillet, accouru au bruit du *tocſin*, ait obtenu un ſecond arrêt au même conſeil de Colmar, qui lui adjuge tout le reliquat des deniers du marquis. Vainement depuis ſix mois je crie pour avoir mainlevée. Je n'ai pu être admis à l'obtenir ſur l'expoſé fidèle de tous ces faits: ma requête a été rejetée. Les proviſions ne ſe donnent point en affaires d'argent, comme elles pourroient ſe donner en affaires d'honneur; où il ne s'agiroit, par exemple, que de l'état d'un chanoine. Il faut plaider: & ſi, en attendant que la cauſe ſoit au rôle ou à la liaſſe, je n'avois pas trouvé quelques reſſources, j'aurois eu tout le temps de jeûner; tous mes vivres étant coupés.

On l'a ſonné à la vue du feu, mis par le ballon, aux magaſins du roi.

C'eſt donc à dire que parce qu'il plaira à un avanturier, venu de la région éthérée, d'abuſer du diſpoſitif d'un arrêt, clair comme le flambeau qui l'éclairoit dans ſa deſcente; & parce qu'il trouvera un âne ou un famélique qui lui proſtituera ſon miniſtère, pour exécuter ſur cet arrêt, ce que cet arrêt ne porte pas; il faudra qu'un honnête patriote meure de faim dans ſes foyers bien garnis, comme Tantale mouroit de ſoif au milieu des eaux, & toujours *nonobſtant* & par *proviſion*, en attendant qu'il ſoit jugé

NB. Libre au lecteur, qui n'aime pas les périodes à quatre membres, de faire ici une pause. contradictoirement si ces porteurs d'arrêts étoient des imbéciles ou des fourbes ; encore que ni l'un ni l'autre n'eussent une obole de vaillant, à l'effet d'indemniser le saisi, en cas qu'il en rechappe à temps pour entendre prononcer l'arrêt définitif qui le remît en jouissance.

Pour me consoler, mon procureur vient de m'annoncer qu'il tâcheroit de me faire mettre à la *liasse* dans le courant de l'année prochaine ; mais qu'il ne sauroit me dire vers quel temps je pourrois être expédié ; que telle cause se trouvoit dans cette liasse, à attendre depuis dix ans son tour pour être jugée. Celà n'est pas trop consolant pour un saisi de mon âge.

NB. Les grains maintenant à 19 l. en vaudront peut-être 12. quand j'oserai les vendre.

Voilà cependant les effets funestes qui résultent de la belle invention montgolfière, sans compter les brûlures & les ruptures de reins !

Doyen gausseur.

Voilà ce qui vient de fournir à mon benin *doyen* nouvelle matière à de nouveaux brocards contre un confrère foncièrement *désagréable* à ses yeux !

En plein chapitre, le 4 septembre dernier, à propos de certaines discussions au sujet du clocher collégial, condamné par lui & par quelques capitulaires ses adhérans, au mépris des rapports de huit habiles architectes, maîtres maçons & charpentiers, il prit le ton *gausseur*, tout fier d'avoir su, dans une affaire vivement contestée, triompher de la raison par la force d'une pluralité éphémère, en l'abfence du plus grand nombre des chanoines, dont partie s'étoit retirée du chapitre pour ne pas participer à une œuvre fans néceflité ruineufe, & qui vifiblement n'étoit dûe qu'à la puérile jaloufie du chef. Ne fachant quoi me dire d'affez dur pour bien me rabaiffer, de ce qu'en ma qualité de directeur des bâtimens, j'avois, avec les huit experts, opiné & même *prêché* comme je le devois, pour le falut d'une tourelle, bonne *à refifter* encore un fiècle aux *ouragans*, tout *comme* auroit pu faire *une tour neuve*; il fe mit à me *railler* fur les faifies *éclatantes*, qui arrêtoient tous mes revenus. Il me dit d'un air & d'un ton de perfifflage que, quant à lui, *il jouiffoit librement de toutes fes poffeffions; perfonne au monde n'ayant qualité pour les lui faifir....* fut-ce un alchimifte ou un fyphilifte lombard......

Expreffions d'un architecte gothique, fameux expert, feul d'avis pour la deftruction.

Et voilà donc, dis-je, le beau réfultat, ou le *produit net* du gaz-inflammable, de mettre le feu aux toiles d'un marchand confiant, aux magafins du meilleur des rois, à la capote d'un grand naturalifte, à la caiffe d'un marquis fans fonds, aux vivres d'un *chanoine qui vit encore*, & au génie d'un doyen qui *pour fix mois* avoit mis le *vivant à mort;* le tout au fcandale de cent mille témoins, fans compter tout un chapître qui, quoique témoin *infigne*, ne *témoigne* qu'en fous-ordre.

Dieu lui fuffe paix.

Mais fi j'étois juge dans le cas particulier de ces faifies tortionnaires & vexatoires, qui, outre les pertes qu'elles me caufent, m'expofent encore à la rifée de mon doyen; ce n'eft pas le pauvre malheureux Lombard que je condamnerois aux dommages-intérêts inconteftablement dûs. Il eft affez puni d'avoir été moitié rôti au feu d'un combuftible obtenu à crédit.. De retour de fon voyage aërien, la peur encore dans le corps, pour avoir été *pris en flagrant délit* dans les chantiers du roi, à peine lui reftoit-il cinq fols pour fe faire phlébotomifer. Si jamais une balourdife, faite pour avoir du comptant, fur un arrêt conditionnel, peut être excufable; c'eft certainement lorfque celui qui la hazarde fe voit dans une pofition auffi défefpérante. Il eft permis d'ailleurs à un proto-phyficien de de-là les Alpes d'ignorer la valeur des mots *fubftantifiques* d'un arrêt rendu en-deçà des monts, où fouvent les docteurs du pays ont peine à la comprendre. Non, ce n'eft pas le Lombard; encore une fois, que je condamnerois; c'eft le Lorrain, qui, dans fon métier, doit connoître la fignification des *lettres* en parchemin à lui adreffées, comme je pourrois connoître dans le mien celle du texte de mes ftatuts, fi on me la laiffoit voir; ou comme un promoteur d'official connoîtroit la portée des termes d'une requête,

s'il

s'il y regardoit à deux fois, oui, c'est le héros aux *exploits* qui seul, à mon avis, est vraiment punissable. Nulle excuse pour lui, dans les *œuvres* lumineuses de *Gauret*, qui, après une pareille équipée, puisse le souftraire à la condamnation envers mes orphelines, légataires universelles de tous mes dommages-intérêts quelconques.

Au moment où j'allois recommander ici mon petit établissement patriotique aux magistrats souverains de la province, comme aux protecteurs nés de toute fondation pour œuvres pies autorisée par lettres patentes, il entre chez moi un exprès dépêché par mon imprimeur de Kehl, qui m'apprend que l'on faisoit toutes les tentatives imaginables pour corrompre son *prote* à l'effet de le porter à délivrer une *épreuve* de chaque feuille d'impression à mesure que l'ouvrage avanceroit. Peu après un ami est venu m'avertir que tous les flagorneurs & les mouchards de l'hôtel du prévôt étoient en l'air pour séduire ou pour intimider le maître de l'imprimerie lui-même, en le menaçant de lui faire perdre son état, s'il se refusoit à perdre son honneur ; ou, ce qui est la même chose, à se faire inscrire dans la *frèrie* des coquins. Pleins de ces vues odieuses ils ont été chez le bailli, chez les associés littéraires & typographiques, chez le curé du lieu, & par-tout, pour prêcher la perfidie & la prévarication, afin de former des traîtres qui vouluſſent me livrer à mon perſécuteur. Son ami le vengeur a rodé & fureté de tous côtés pour trouver des *gens ſurs*, comme il les appeloit, pendant que l'autre a écrit au premier miniſtre du margrave pour obtenir par ſon autorité tout le manuſcrit ſeulement; voir un peu de quoi il traitoit, & le confiſquer s'il diſoit vrai. N°. 91.

N°. 91.

On peut croire que je ne l'avois pas porté à la cenſure chez mon prévôt; que bien certainement il ne ſavoit pas ce qu'il contenoit, encore qu'il eût des mouches & des eſpions ſoudoyés juſques dans l'intérieur des maiſons les mieux fermées. Connoiſſant l'inquiétude & les intrigues de mon implacable ennemi, je ne montrois cet écrit à perſonne, pas même à mes proches. Cependant déſeſpéré de ne pouvoir déterrer à Kehl de la race diſpoſée à pratiquer ſa morale; (quoique Kehl ne ſoit pas, ſtrictement parlant, l'aſyle de la vertu,) il ſe mit à débiter par-tout que j'y faiſois imprimer un libelle abominable contre S. A. S. Mgr. le cardinal, contre M. l'évêque d'Arath, contre les membres du conſeil, & contre tous mes ſupérieurs. En un mot, il me dépeignoit comme un forcené, ou comme un écervelé, qui alloit ſe faire anathématiſer, pour le plaiſir ſacrilège d'invectiver tous les dieux de la terre.

Creſſelle menteuſe.

Mais, mon cher prévôt, laiſſez donc là une

bonne fois votre *menteuse* de *cresselle*, & ne déchirez pas constamment nos oreilles avec vos pitoyables bruits ! Pourquoi donc irois-je dire des injures à tous ces seigneurs que je révère comme les images de la divinité ? Toujours admirant l'excellence du cœur généreux de mon prince-évêque, ainsi que la droiture de ses vues, prises dans le foyer de ses lumières propres ; souvent accueilli par lui avec une bonté dont le souvenir est ineffaçable dans mon esprit, ai-je passé un instant de ma vie sans être pénétré de la plus haute vénération pour son auguste personne ? ai-je été, dans l'intervalle de trente ans, un jour sans témoigner à son respectable suffragant la plus profonde soumission ; sans exalter ses connoissances, sa douceur, sa gaieté & toutes ses qualités aimables ; sans désirer de lui ressembler & de lui plaire ? y a-t-il un être dans la nature qui puisse dire que j'aie cessé depuis mon existence d'avoir pour les magistrats suprêmes de ma province le respect dû à leur mérite personnel, autant qu'à leur état distingué ? pouvois-je rendre un hommage plus solemnel à l'éclat de leur rang, à l'honneur de leur compagnie, que d'ambitionner d'en être jugé digne ; de me voir à même de pouvoir me concilier leur amitié ?

En vérité, M. le prévôt, vous en direz tant, vous en ferez tant dire, qu'on finira par ne plus croire à vos *bruits*, quand même ils cefferoient d'être *faux!* Oui, non feulement j'ai toujours eu & j'aurai conftamment, pour toutes ces têtes élevées, les fentimens qu'infpirent leur alteffe éminentiffime, leur grandeur & leurs excellences; mais j'ai pour mon doyen même, quoiqu'on en puiffe dire, toute la révérence dûe à fa dignité. Je n'y ai jamais dérogé dans aucune de mes inftances pour des chapitres généraux, ni en aucune autre circonftance de nos plaifans démêlés. Il me femble au contraire que j'aurois eu pour lui quatre fois plus de confidération que tout autre n'auroit pu en avoir, fi feulement M. le doyen eût daigné m'accorder le quart de ces attentions d'honnêteté, de ces égards recherchés, qu'il témoigne indiftinctement à tout autre qu'à moi, depuis que la difcuffion des droits décanaux a un peu réprimé l'excès de fes prétentions, ou depuis que fa politique lui a infpiré de flatter amicalement les plus jeunes & les derniers de fes confrères pour, en fe les attachant, me les oppofer au befoin.

Je fuis perfuadé que lorfque mes fupérieurs eccléfiaftiques & laïcs auront lu mon hiftoire, qui n'eft pas un conte; que lorfqu'ils y auront diftingué, dans la marche du faint homme mon prévôt, un acharnement foutenu depuis vingt ans pour me perdre d'honneur, de bien & de réputation, fans avoir pu trouver à y mordre qu'en calomniant, (ce que je démontrerai, si mon diffamateur me force à le traîner aux pieds des juges,) leur prévention contre moi se changera en compassion, & la faveur qui dans l'origine a protégé ou secondé les entreprises de mon formidable adversaire, se convertira en indignation pure.

Ce n'est pas uniquement pour S. A. électorale Mgr. l'archevêque de Mayence & pour son révérendissime consistoire, que j'ai essayé d'écrire mes défenses; c'est aussi pour S. A. sérénissime Mgr. le cardinal, mon prince-évêque dont je recherhe la bienveillance; pour Mgr. l'évêque son suffragant dont j'attends un retour d'estime; pour nosseigneurs du conseil souverain, dont j'implore la justice, & dans l'esprit desquels je ne puis avoir démérité par le simple refus d'un caudebec, fait à un de leurs confrères moins délicat qu'eux. J'avois intérêt de les instruire tous pour faire revenir de leurs préjugés ceux qui auroient pu s'y être laissé aller, avec un public d'autant plus excusable d'avoir jugé sur les bruits, produits par le fait de mon ennemi; que les échos de ces bruits se trouvoient soutenus par des réquisitoires, par des décrets, par des arrêts. Je ne pouvois faire connoître à tant de monde la singularité de ma position, sans la voie de l'impression; n'étant pas assez riche pour faire transcrire nettement quelques milliers de copies qu'il m'eût fallu, & qui, mal-rendues, n'auroient pas même été lues.

Oracle de Portail.

Mes mémoires ont paſſé à la cenſure en Allemagne, où l'indignité du traitement que j'ai eſſuyé dans mon diocèſe a intéreſſé les cœurs les moins ſenſibles ; & je ne crois point que la conſtitution du gouvernement françois dans les provinces frontières veuille néceſſairement qu'un chanoine, pourſuivi par des chefs deſpotiques, qui cherchent à l'étrangler, n'ait qu'à y prêter ſon cou & à ſe taire, parce que l'un de ceux-ci aura trente-ſix mille livres de rentes, & que l'autre ſera un grand-vicaire vice-gérent ; qu'il ſoit défendu à ce chanoine de crier au ſecours, ſi l'on ne s'attache qu'à l'étouffer par *proviſion*, & ſi les tribunaux, prévenus par des délations fauſſes, le menacent de ne le juger définitivement que lorſqu'il aura rendu l'ame ; qu'il doive s'abſtenir de rappeler *tout haut* des excès que ſes perſécuteurs n'ont pas rougi de commettre *publiquement* ; qu'enfin il ne puiſſe peindre ſa ſituation qu'en *termes* impropres & inſuffiſants pour la rendre, à l'effet de ménager avec ſcrupule la ſenſibilité de ſes détracteurs. Si cela étoit ainſi, M. l'avocat général *Portail*, qui ne paſſoit pas pour un hableur, ſe feroit bien lourdement abuſé, lorſqu'il a dit, à la face de ſa compagnie, dans la capitale du royaume : *qu'il eſt des eſpèces où l'on ne peut défendre la cauſe ſans offenſer la personne ; attaquer l'injustice, sans déshonorer la partie ; expliquer les faits, sans se servir de* TERMES DURS, *seuls capables de les faire sentir & de les représenter aux yeux des juges. Dans ce cas les faits injurieux, dès qu'ils sont exempts de calomnie, sont la cause même, bien loin d'en être le dehors ; & la partie qui s'en plaint doit accuser le déréglement de sa conduite, &c.*

Enfin les créatures de mon prévôt ont si bien manœuvré à Kehl, qu'ils m'ont forcé à y renoncer, pour me mettre en sûreté ailleurs contre toutes tentatives violentes, qui, à Kehl, menaçoient de suivre incessamment celles de la subordination ou de la séduction abusée ou désespérée. L'imprimeur avoit, sur la foi de mon traité, fait provision d'un papier fort & d'une grandeur à ne pouvoir lui servir dans son commerce ordinaire ; non seulement il a fallu l'indemniser, mais la nécessité où je me suis vu d'envoyer au loin mes manuscrits, m'a jetté dans d'autres dépenses bien plus considérables ; outre qu'elle m'a causé un retard de plusieurs mois, dû en partie à la difficulté de pouvoir soigner à temps la correction des épreuves, qui, faites par des compositeurs westphaliens, m'ont donné & me donnent encore plus de peine que je n'en ai eue à écrire les mémoires mêmes. On en jugera par les fautes laissées encore quoique je les eusse corrigées. Elles prouvent que le réviseur étoit aussi bien que le compositeur, ou un apprentif teuton, ou un écolier lapon.

<small>Certain babillard.</small> La clique des furets, envoyés à la découverte, recevoit les ordres d'un petit neveu, qui les prenoit de son grand oncle, auquel il rendoit compte de ses expéditions; suivant que me l'a rapporté un de ces hommes *surs*, qui, fidèles aux *Wighs* & aux *Toris*, engagent leur *sureté* au plus offrant. Quelquefois le *fin* neveu se mettoit lui-même en campagne pour aller sonder *adroitement* l'imprimeur *Müller* sur *certain* mémoire, fait par *certain* quidam de *certain* chapitre, dont *certain* chef désireroit avoir *certain* exemplaire.... Mais la sonde de *certain* questionneur se trouvant trop courte pour la profondeur de *certain* typographe, le CERTAIN *babillard* s'en retournoit toujours, pédestrement comme il étoit venu, vers *certain clocher gothique*, ne remportant de vraiment *certain* qu'un *volant* de taffetas violet, une calotte de *chagrin*, de belles boucles *brillantes*, à la *figaro*, & un pied de nez.

Lui & son commettant m'ont fait perdre une bonne journée que je regrette encore de tout mon cœur. Comme il arrivoit tous les jours à l'imprimerie des lettres & des messages avec offres de payer grassement les feuilles que l'un ou l'autre maraud voudroit bien leur délivrer, je me suis mis à barbouiller une vingtaine de pages tout exprès pour la famille curieuse. J'ai transporté la scène en Ethiopie pour dire à nos

CERTAIN BABILLARD.

fondeurs mille goguettes qui les auroient fait rire pour leurs douze louis. C'étoit la somme que le prote devoit se faire payer d'avance, pour prix de sa perfidie simulée, en livrant la première feuille d'impression, laquelle j'avois promis dailleurs de payer encore *extrà* de ma poche, pour le plaisir d'en régaler les vénérables subornateurs ; mais à force d'inquisitions ils étoient parvenus à s'assurer que j'avois retiré mes manuscrits : ils ne revinrent plus à la charge ; & mon histoire éthiopienne, au lieu d'acquérir de la célébrité par la presse, est restée confondue dans mon porte-feuille, pour paroître sans doute un jour, par les soins de mes petits-neveux, comme œuvre posthume de *certain* chanoine goguenard, mort tout de bon, très-content de quitter une vie, où *il falloit de nécessité se fâcher contre tout le monde, ou se moquer de lui.* C'est là remarque qu'a faite un grand *homme* rimant en *ope*. Je me dispenserai de le nommer, pour ne pas le brouiller *avec certain monde* qui aime mieux lire les nouvelles à la main, les *baisers* de Dorat, les *miracles* de Mesmer, &c. que des *essais* philosophiques.

Ce mot de *philosophique* me rappelle celui de *logique* : celle-ci m'invite à *raisonner* ; & quoique, pour avoir voulu raisonner, j'aye été plus d'une fois fouetté dans ma vie ; raisonnons encore deux minutes, avant de mourir *physiquement*, aux risques d'être *refouetté*.

<small>Fouetté qui raisonne.</small>

Mais quelle doit donc être la pureté &, le dirai-je, l'inculpabilité d'un homme contre lequel, en vingt ans de haine, de fureur, de recherches perpétuelles, on n'a pu ramaffer que des puérilités, rendues importantes en apparence par une calomnie également continuelle? Mes mains cependant ne font point fouillées, ma confcience eft intacte ; & on me dévoue à l'opprobre. On me prête toutes fortes de vices, & on ne trouve à attaquer en moi que l'exercice de quelques vertus. On m'accufe d'avoir fait un négoce prohibé par les canons, & c'étoit une négociation confeillée par l'évangile. On foutient qu'en préfentant une requête j'ai méprifé des règles, & je n'ai préfenté cette requête que pour revendiquer des règles. On veut que j'aye manqué de refpect, & on ne le prouve pas. Je demande à me juftifier, & on ne m'écoute pas. Je dois avoir offenfé un doyen, & ce doyen ne s'en plaint pas. On critique des termes, & on ne les cite pas. On les dit *defpectueux*, & il n'y en a pas. On fait par écrit parler tout un chapitre, & ce *chapitre par écrit ne parle pas.* On rapporte des extraits de fon protocole, & ce protocole n'exifte pas. On pofe en *fait* différentes chofes, & le *fait* en lui-même démeut toutes ces chofes. On dreffe de prétendus arrêtés fur des feuilles *volantes* qui devroient être *fixées* dans la falle capitulaire, pour n'en jamais fortir ; &

toute l'année ces feuilles *volent* par-tout ailleurs que dans la salle capitulaire, où jamais elles ne passent une nuit. Ces arrêtés sont rédigés & minutés par des membres qui seuls les signent exclusivement; & ces membres sont, (par procès pendants, ou en *litis-trainance*) les parties adverses de celui qu'ils y calomnient. Eux-mêmes, dans l'intervalle des six jours de la semaine, s'érigent en créateurs, ou en forgerons, sous le nom du corps, de ces armes à deux tranchants, qu'ils jugent les plus propres pour battre leur censeur; & le septième jour ils se reposent sur la facilité de ce corps abusivement asservi, qui voit avec douleur porter dans ses assemblées, au mépris des règles, ces armes perfides taillées à doubles faces, sans oser les réprouver. En un mot, on ne se fait pas le moindre scrupule de fouler la vérité, de la travestir, de la masquer, (& ce sont des chefs!) pour induire en erreur des supérieurs, séduire des juges, surprendre des décrets, des sentences, des arrêts; à l'effet d'éterniser des abus, subjuguer ses pairs, se maintenir dans l'usurpation d'une autorité arbitraire; & on veut, on enjoint, on ordonne, qu'on se taise, qu'on obéisse, qu'on respecte.

Voilà en gros la récapitulation de ce que j'éprouve depuis trop long-temps; quinze à vingt ans dans le silence, souffrant tout avec résignation; & depuis deux années avec éclat, cherchant enfin à faire ouvrir les yeux à mes compatriotes abusés. J'ai soutenu, j'ai défendu les droits de mon corps ; j'ai imploré la justice pour sortir avec lui d'un esclavage aussi scandaleux qu'invétéré ; & c'est dans cette scène de gloire, (que chacun de mes frères devroit m'envier,) qu'on va chercher des prétextes pour me diffamer, en compromettant leur nom.

Il est temps de mettre fin une fois à ces menées, à ces indécentes tracasseries, qui n'ont que trop choqué le public & fait rougir la justice. L'unique grief que l'on puisse m'objecter, c'est de n'avoir pas toujours été un agneau, un Job, un ange ; d'avoir mis peut-être, quoique forcément, par le ton de ma requête, un peu de vivacité dans un zèle reconnu légitime par les événemens qui l'ont suivi. Si c'est là une offense faite à à un supérieur visiblement coupable, il doit y avoir des satisfactions autres que la perte de mon état & de mon honneur pour l'effacer. Qu'on en eût fixé une, je m'y ferois soumis pour le bien de la paix : mais des refus obstinés faits à des demandes justes, des haines associées à la calomnie, des vengeances cruelles, font des crimes ; une vivacité passagère n'en est pas un. On me reproche du mépris ou de la vanité ; & les persécutions, qu'on me suscite, ne font que l'effet de ces mêmes passions, dont on voudroit me voir exempt. Il a fallu, pour me punir, des peines flétriffantes par provifion & nonobftant l'appel : toutes autres n'auroient pas répondues aux vues de mes chefs, au zèle actif ou paffif de leurs prête-noms. Intimement convaincus qu'ils fuccomberoient en définitive, & qu'ils ne trouveroient d'autre jouiffance dans le réfultat de leurs intrigues, que le plaifir de me voir dans l'humiliation dont un interdit de fix mois devoit me couvrir, toute leur ardeur s'eft portée à en affurer l'exécution *provifoire*. Ils ont réuffi à m'en faire avaler l'amertume jufqu'à la lie, en follicitant & en faifant folliciter au confeil l'arrêt inoui qu'ils y ont furpris, fur des expofés, dont la fauffeté a été démontrée & notoirement avouée depuis.

Les differtations des avocats du *zélé* promoteur, au lieu de s'attacher à ne difcuter que des points de droit problématiques, s'il en eût exifté, ont mis en queftion les maximes les plus conftantes pour fophiftiquer & pour donner à leur client, au compte des *archi-moteurs* animés qui le pouffoient, finon des raifons, du moins de quoi flatter un moment leur paffion. C'eft ainfi que le miniftère des interprètes de la loi, qui ne devroient être que les moraliftes & les prédicateurs de la vérité & de l'équité, eft employé indignement à foutenir le menfonge & l'injuftice, pour exciter & rançonner des parties qui feroient trop tôt d'accord, fi la bonne foi dirigeoit les conseils qui leur sont vendus. O Vertu!... où es-tu?

Quoi! si j'ai des détracteurs impudens, il ne suffira pas que ma conduite soit irréprochable; on opposera leurs discours à mes actions! le soupçon qui m'inculpe l'emportera sur l'évidence qui m'absout!

Mon cœur est pur; je ne peux assez le répéter; ma vie est régulière. Tant que je n'aurai à faire qu'à des juges intègres; tant qu'ils ne voudront prononcer, entre mes oppresseurs & moi, que d'après les loix de l'équité & de l'honneur, ce ne sera pas à moi à trembler.

Plagiat qui va. Je leur dirai, avec un célèbre persécuté; & j'ai pour le dire encore meilleure raison que lui: plus vous aurez la bonté d'y penser, ô mes juges! plus vous verrez combien l'éclat, le scandale qu'on a fait à mon occasion, est fâcheux & dangereux!

Il est fâcheux, parce qu'il a compromis le nom des chefs & des tribunaux qui l'ont ou provoqué ou autorisé; parce qu'il fait appercevoir en eux de ces passions, de ces foiblesses, de ces vengeances, qui ne se voyent que trop dans le commun de la société & qu'il faudroit pour le moins dissimuler dans notre état: car il n'est pas à douter que par-là le respect qui lui est dû ne risque infiniment de s'affoiblir; surtout dans une ville *où la critique aiguise volon-*

tiers ſes traits contre nous; & où nous trouvons, dans nos concitoyens, des obſervateurs ſévères de notre conduite.

<small>Paſſage d'une lettre que M. l'évêque d'Arath m'a écrite dans ce bon temps où il m'annelloit ſon ami.</small>

Il eſt dangereux, parce qu'il les place dans une poſition délicate entre une injuſtice & une rétractation. Il faut ou perdre un prêtre évidemment innocent, ou avouer que ſes ſupérieurs ſe ſont aſſociés à la plus odieuſe manœuvre pour l'immoler, ſinon à leur haine, tout au moins à leur amour-propre.

Si cette ſeconde partie de l'alternative vous répugne, la première doit vous faire frémir. Entre deux extrémités dont l'une n'eſt que déſagréable & juſte, tandis que l'autre ſeroit affreuſe & criminelle, pourriez-vous balancer? Le ſecond moyen de venger le chapitre des iniquités dont on a voulu le faire paroître complice, c'eſt d'en punir les chefs qui en ſont les auteurs; le premier c'eſt d'en ſauver la victime.

L'Auteur de la Nature m'a donné une ame ſenſible & toute enflammée pour l'honneur; mais cette flamme active ſe change en mur d'acier contre les revers. Mon cœur, plein d'un amour ardent pour la juſtice, s'irrite par les obſtacles & s'anime par les dangers. Il ſeroit poſſible que je ſuccombaſſe ſous les coups de l'iniquité; (on a vu en tout temps des exemples révoltans;) mais ce ne ſeroit du moins qu'à ce terme où l'orgueil & les mépris des grands &

l'humiliation des petits fe trouvent confondus dans la même pouflière; ce ne feroit qu'en rendant le dernier foupir, pour aller me réfugier aux pieds du juge univerfel.

J'ai attaqué, après quinze ans de patience, l'obftination d'un confrère mon doyen, qui abfolument réfiftoit à une règle primitive, qu'il avoit jurée ainfi que moi: je l'ai fait avec ce feu qu'allume la haine du défordre & d'un defpotifme abufif, dans une ame honnête & vigoureufe, qui avoit qualité pour le pourfuivre ; & c'eft pour un pareil fait que je fuis puni, privé de mon état, voué à l'ignominie : & c'eft dans une monarchie *très-chrétienne*; à l'ombre des tribunaux du plus équitable des rois ; à la requête des miniftres du Dieu de toute juftice, que cette cataftrophe m'arrive. Ciel !....

Le remords feul pourroit abattre mon ame ; mais elle ne s'eft jamais rien permis qui puiffe lui en occafionner.

C'eft à la fierté honnête que la paffion d'un ennemi vaniteux fera fatale ; tandis qu'elle fympathifera avec la prévarication, toujours accorte & rampante.

On exige une grande modération dans les *termes* d'un eccléfiaftique qui réclame les droits les plus facrés, violés à fon détriment, & qui fe plaint des outrages fanglans faits à la compagnie dont il eft membre ; & pour lui donner l'exemple

de

de cette modération, comme je l'ai observé déjà, on se porte à son égard à des excès inouis; on le proscrit, on l'expulse de son corps pour le familiariser avec la douceur & la retenue.

Qu'il est difficile! qu'il est pénible de parler de faits semblables dans des termes mesurés!

Pontifes! Magistrats! Citoyens, qui m'écoutez! descendez dans le fond de vous-mêmes! daignez, pour un instant, vous placer idéalement dans ma triste, dans mon accablante position; puis jugez!

O vous, mon respectable Pasteur! qui pendant trente ans m'avez comblé de bienveillance & d'honnêtetés; pour qui mon cœur ne s'est jamais démenti, lors même que je vous voyois plus rarement; qui m'auriez continué vos tendres sentimens, si la basse jalousie de mon diffamateur n'eût trouvé moyen de les refroidir ou de les étouffer : daignez donc me restituer un bien sans lequel, par le cas que j'en fais, mon existence me devient insupportable! Mes regrets de l'avoir perdu déchirent mon ame toute pénétrée d'amertume. Mes larmes, en traçant ces lignes, coulent abondamment de mes yeux, & je m'en fais gloire, parce qu'elles vous honorent. Oui, elles m'empêchent de poursuivre mes instantes prières. Je les suspends pour me livrer plus librement à ma douleur.......

Ce bien, monseigneur, c'est votre estime; &, oserai-je le dire à un grand prélat mon

Z

supérieur ? c'est cette précieuse amitié dont, suivant vos propres expressions, vous vouliez bien me donner des preuves. N°. 92.

N°. 92.

Rendez-la moi authentiquement, je vous en *conjure*, & aussitôt je renonce à toutes espèces de réparations de la part de mes diffamateurs: un retour de la vôtre rétablira pleinement mon honneur dans l'esprit d'un public impartial ; surtout si ce retour, qui ne pourroit être que sincère, en est véritablement reconnu pour tel. Puissiez-vous à l'instant, mon doux, mon gracieux pasteur, vous transporter dans mon cœur ; y voir tous les mouvemens, affectueux autant que pleins de vénération, dont il est agité ! Puisse votre belle ame présumer encore de la candeur & de la vérité dans la mienne ; croire à la sincérité de la confession que je viens de faire ; à la profession solemnelle que je hasarde de consigner ici dans cet essai de mes défenses ! & je me flatterai de l'espoir d'oser encore, avant d'expirer, embrasser les genoux de mon vertueux évêque ; de jouir de l'inappréciable bonheur de pouvoir répandre dans son sein des pleurs de tendresse, pareils à ceux qui, (vous les voyez ô puissances célestes !) arrosent dans ce moment mes cahiers.

Je suis persuadé que si monseigneur daignoit me donner des démonstrations publiques de cette ancienne bienveillance dont il m'a honoré

CONJURATION INGÉNUE.

jusqu'à l'époque fatale, où les *faux bruits répandus dans la province* étoient venus le *surprendre* avec les trois quarts de la société, N°. 100, mon doyen, en digne émule, ne tarderoit pas un instant à imiter son exemple; il n'est de lui-même que trop porté à faire ce qu'il voit faire. S'il avoit moins imité son collègue au chapitre, je n'aurois pas eu si souvent à me plaindre de ses procédés; je rends justice à ses sentimens de religion, à sa parfaite probité : il n'a erré à mon égard que par une suite de sa déférence servile aux conseils de son ami, toujours pernicieux pour moi. L'excès de son attachement pour l'un voiloit à ses yeux les injustices qu'il faisoit à l'autre. Lent à saisir le vrai, souvent il me persécutoit croyant faire le bien, certes bien différent de celui qu'il m'avoit promis. N°. 94. Le promoteur, qui de même n'a N°. 94. point de mouvement à lui propre; qui n'agit que par l'impulsion qu'on lui donne ; qui ne me hait que par pure complaisance pour son ami, suivroit nécessairement les traces de ses guides principaux, & je me verrois tout à coup réconcilié avec tout le diocèse.

Le seul prévôt, l'auteur primordial de toute Désespoir ma diffamation, est l'unique adversaire, dont je d'un retour. *désespère* pour *un retour* de sentiment; ne comptant pour rien son neveu, dont le suffrage ne peut être apprécié à le bien prendre, & contre lequel je ne plaide que pour le corriger, s'il eſt poſſible, en eſprit de dilection fraternelle, après avoir épuiſé vainement tous les autres moyens.

Ce n'eſt pas que M. de Regemorte ſoit un prêtre qui manque de bonnes qualités ; il en a au contraire d'excellentes & beaucoup. À un eſprit judicieux il joint une charité active pour le ſoulagement des pauvres : toute la ville le ſait. Toujours le premier au chœur, il y ſoutient le chant & la pſalmodie avec une perſévérance édifiante : j'en ſuis témoin. Retiré chez lui, il y dirige de ſes lumières tous ceux qui ſe trouvent dans l'embarras d'affaires épineuſes : cela eſt notoire. Bon envers ceux qui l'entourent, il fait noblement les honneurs de ſa table : on me l'a aſſuré. Il comble de bienfaits ceux qu'il a véritablement pris en amitié : c'eſt très vrai. Mais hélas ! a-t-il malheureuſement pris en averſion l'un ou l'autre ? C'en eſt fait, il n'en revient plus ; il le tourmentera ſans relâche, & toujours en deſſous, par des voies obliques, autant que faire ſe pourra. Je le ſais d'expérience, & je ne le ſais que trop.

Ah ! mon digne prépoſé ! donnez-moi le démenti, je vous le demande au nom de Dieu. Prouvez-moi que j'en impoſe, en me prouvant que vous ſavez vous vaincre ; revenez de cette injuſte haine qui depuis vingt ans fait mon tourment ; & je livre aux flammes mon *hiſtoire véritable*. Oubliant vos torts à mon égard, discontinuez enfin de les augmenter; & je vole dans vos bras. Excufez les miens *vis-à-vis* de vous, fi jamais j'en ai eus; & je n'en aurai plus de ma vie. Ceffez, je vous en fupplie, non de me déchirer, non de me calomnier, non de me vilipender, (cela ne fera plus fenfation;) mais de me détefter. Pardonnez-moi de n'avoir pas voulu mourir couvert de l'opprobre qui, fur votre parole, m'avoit anéanti dans l'efprit de mes compatriotes; & je vous pardonne du fond de mon ame tout ce que j'ai fouffert des effets de votre averfion, depuis la maudite époque de notre malheureux traité de Colmar. Parvenu par votre crédit & fur vos contes courans à me mettre mal dans l'opinion de mes fupérieurs, de mes juges, de plufieurs de mes amis & de la plupart de nos concitoyens, il ne vous manquoit plus que de me brouiller avec la raifon ou avec le fens commun, & j'étois un homme perdu.

Vous ne me croiriez pas capable de pouvoir devenir encore votre ami, après tous les maux que vous m'avez caufés? Eh bien! fachez que je fuis un original, inconféquent, fi vous voulez, aux yeux des *fages* du fiècle, mais chrétien au vœu de l'évangile; que j'irois à l'heure qu'il eft baifer vos pieds, vous jurer une tendreffe à toute épreuve, refter à jamais très fidèle au ferment, fi.... oui, fi feulement vous pouviez vouloir le permettre, ou le voir de bon œil. C'eſt alors que je ferois grandement fatisfait & pleinement triomphant ; qu'il n'y auroit plus pour moi d'ennemis dans toute l'Europe ; que je renoncerois pour la vie & aux avocats & aux procureurs, & aux huiſſiers & à tous les fuppôts de tous les tribunaux de l'univers, pour vivre & mourir en paix, comme j'aurois fait certainement, fi jamais je ne vous euſſe connu.

Auſſi près peut-être de votre fin que, dans un corps miné par votre fait, je fuis près de la mienne, paſſons du moins dans l'union d'une charité fraternelle le peu de jours que nous avons à ramper encore dans cette vallée de mifères. Rendez-moi vos bonnes graces, & vous aurez foumis un cœur qui, pour vous aimer, n'a jamais demandé que votre *agrément*. Accordez-moi le plus petit témoignage d'affection *& fratrem lucratus eris* ; & je dirai avec Siméon dans la jubilation de mon ame : *Nunc dimittis fervum tuum in* PACE ; et tous deux nous dirons à notre Père commun, avec cette confiance qu'infpire la vérité qui feule peut la fonder : *& dimitte nobis ficut & nos dimittimus* . . . . .

Mais non : vous n'en ferez rien. Vous me pourfuivrez à nouveaux frais, pour avoir ofé me défendre avec la liberté que donne à une ame droite la conviction intime de fa parfaite innocence. En tout cas je vous attends; mes témoins font *tout prêts* à dépofer contre vous de vos fempiternelles détractions; Et quand finalement je vous aurai confondu, en juftice *impartiale*, je me profternerai encore à vos pieds, pour implorer les fentimens de cette charité chrétienne, fi néceffaire à notre falut refpectif; de cette charité, qui en général vous diftingue fi vifiblement dans les fecours abondants que vous verfez avec choix dans le fein des malheureux. Oui, je vous toucherai enfin à force de m'humilier, puifque vous ne vous plaifez qu'à me voir dans l'humiliation. Mais j'aurai en même temps ôté de la vue de nos concitoyens un fcandale *formel*, dont graces à vos foins, j'ai été trop longues années & bien mal à propos l'objet involontaire, qu'un *ergoteur diftinguant* auroit nommé, avec plus de jufteffe ou avec plus d'emphafe, l'objet *matériel*.

Cependant tout ainfi qu'une pièce dramatique, dont les deux héros feroient par état des apôtres de la paix, finiroit, ce femble, très mal, fi fa folution ou fa fin ne trouvoit dans le fruit de la vertu des rivaux mis en fcène, que fentences ou arrêts à faire voir aux fpectateurs; de même le drame de mon hiftoire comico-tragique ne pourra véritablement fatisfaire ni l'efprit ni le cœur d'un *amateur* chrétien tant foit peu délicat, à moins que je lui laiffe fagement entrevoir que *derrière le*

Dénouement touchant.

rideau nous allions, pour le *dénouement*, nous embrasser avec tendresse M. le prévôt & moi.

Puisse ce baiser de paix se donner avant même que la toile ne tombe!.... le spectacle n'en seroit que plus *touchant* & plus beau. *Amen. Amen.*

Implorations. O illustres protecteurs des sujets d'un monarque, ennemi déclaré de la discorde autant que de l'iniquité! O patrons zélés de la justice & de la candeur! Vous aussi, amis équitables & vertueux! soyez tous, je vous le demande à mains jointes, mes intercesseurs; je ne dis pas près de mes juges; (ce feroit les offenser que de les prier de s'acquitter de leur devoir,) mais près de mon chef, connu déjà pour un ministre des autels humain & charitable; afin que, par une suite de ce penchant qui le porte à assister les infortunés, il daigne accueillir avec la même bonté un cœur qui, souffrant depuis si longtemps de n'oser l'aimer de son aveu, l'est plus que personne.

Joignez vos instances aux miennes pour forcer mon adversaire à cette réconciliation précieuse qui, si je pouvois l'obtenir enfin, me feroit, je le proteste du fond de l'ame, bien plus chère que ne me l'est la vie.

Ah! si je ne craignois de blesser la vénération profonde que je dois à tous les chefs distingués qui, avec une sagesse généralement applaudie, gouvernent au nom du roi la haute & basse Alsace, je les supplierois nommément de ne pas dédaigner concourir à rétablir l'union & la concorde parmi les pasteurs primitifs d'une église qui se glorifie d'être leur paroisse.

Je dirois à M. le maréchal avec cette confiance que son affabilité autorise : Vous m'avez si souvent favorisé d'une bienveillance, dont les témoignages publics, & à votre table & dans vos brillantes assemblées, ont influé en partie à augmenter encore la jalousie de mes détracteurs ; daignez, en me la continuant, me protéger près de mon prévôt ! à M. le général qui commande en son absence : Vous avez su résister à toutes les insinuations défavorables dont on n'a cessé de fatiguer vos oreilles, pour me noircir ; couronnez l'œuvre en portant votre ami à un effort généreux, qui fera honneur aux sentimens de l'un & de l'autre ! à M. l'intendant : Vous m'avez accueilli & à Nancy & à Strasbourg avec une bonté qui, m'ayant touché très-vivement, sera toujours présente à ma reconnoissance ; vous, & madame, qui m'honoroit de ses commissions & de ses lettres, m'avez constamment comblé d'attentions & d'honnêtetés ; ne me refusez pas votre médiation pour obtenir une paix dont dépend le bonheur de mes jours !

Je dirois à tous trois : parlez, & je n'aurai plus d'ennemis ; parlez encore, & je n'aurai que des amis ; insistez, & on me couvrira de gloire. Je m'e ravife. N'infiftez pas, leur dirois-je; l'eftime publique fuffit à mon ambition. La gloire feroit de trop; elle exciteroit, elle réveilleroit l'envie.

Vous toutes, connoiffances d'ancienne liaifon, fociétés chéries, refpectables familles établies dans la capitale, où mon état m'a fixé! Vous avec qui j'ai paffé une partie de ma vie dans ces cercles & dans ces affemblées particulières, où les ames honnêtes vont chercher un délaffement innocent fur le déclin du jour! permettez-moi de vous nommer ici, afin que mes diffamateurs foient convaincus que dans le lieu de ma réfidence, de même que dans les pays étrangers, j'ai toujours vu, j'ai toujours cultivé, par choix & par principe, des gens de mérite, des perfonnes bien nées, la meilleure compagnie en un mot. J'ofe efpérer que vous voudrez bien coopérer de concert à la paix que je défire avec tant d'ardeur; que vous comblerez mes vœux en vous intéreffant à mon fort. On ne pourra réfifter à vos inftances réunies. *Vis unita fortior*.

<small>Invitation aux belles ames.</small> Et commençant par l'églife, fuivant le rang d'honneur qu'elle a, par refpect pour la religion, je vous prierai, cher du Conte! mon ami de trente ans, & invariablement mon intime depuis dix-fept que nous fommes confrères; dites à haute voix, je vous y *invite*, mon doux, mon pieux cuftode, fi dans nos entretiens journa-

liers nous n'avons pas d'accord fouhaité mille fois de voir notre vénérable chef revenir de fes préjugés contre moi ! publiez les fentimens les plus fecrets de mon cœur ! vous les connoiffez mieux que perfonne. Soyez leur interprète & leur caution, comme vous en avez été jufqu'ici le confident & le témoin ! M. de Salomon notre grand-chantre & M. de Boug l'official fe joindront à vous ; leur amitié me le promet. M. le doyen de Martigny & MM. Dorfener de S. Pierre le vieux, avec lefquels je fuis plus fpécialement lié : M. Donnery roi du chœur, M. de Boug & M. Lieder prébendiers de la cathédrale, qui me témoignent également un attachement fpécial ; ce dernier depuis trente ans mon ami fans variation : enfin M. le commandeur de S. Jean & M. le prieur de S. Louis, qui me connoiffent de très-vieille date ; tous vous accompagneront, mon bon cuftode, pour folliciter chez notre chef la faveur que j'ambitionne !

D'autres *belles ames* encore s'y uniront, je l'efpère, fans que je les y engage. Son alteffe royale même, monfeigneur le duc de Cumberland ; leurs alteffes féréniffimes, meffeigneurs les princes Maximilien des Deux-Ponts, de Heffe-Darmftatt, de la Tour & Taxis, (qui me font la grace de m'accorder leur eftime,) pleins d'humanité, de douceur & de bonté, ne répugneront point à exercer ces vertus, pour affurer ma félicité par leur haute entremife.

Invocation aux cœurs, & aux ames nobles.

Du corps illustre de la *noblesse* je ne citerai pareillement que ceux que j'ai le plus fréquentés: & quoiqu'il y en ait plusieurs qui m'honorent de leur affection depuis trente à quarante ans; d'autres avec lesquels je suis intimement lié d'une amitié aussi étroite qu'elle est ancienne, & qu'à ce titre je devrois mettre à la tête de mes patrons ou de mes pacificateurs; ils n'occuperont ici de place que suivant l'ordre alphabétique pour ne point offenser celles des familles qui, par leur antique origine, pourroient avoir de préférence droit à ces distinctions.

M. le baron de Berstett, M. le major de Bithienville & madame, M. le baron de Bodeck, Mad. la baronne de Bürckenwald, M. de Burgerot, M. le commissaire de Cappe avec madame, Mesdes. les baronnes de Glaubitz, M. & madame d'Espiard de Colonge & Mrs. les capitaines ses fils, M. le baron de Cronhielm, Mad. la comtesse de Fienne, M. le baron de Gail Stettmeistre, Mad. la baronne de Gail douairière, M. le général de Gelb, M. le baron & M. le chev. de Hahn, M. le baron de Heuffler, M. le baron d'Ichtratzheim, Mad. la baronne d'Ichtratzheim-Schoenau, Mad. la baronne de Joham, M. & Mad. de Kempfer, M. le baron & Mad. la baronne de Lafage, M. le baron & Mad. la baronne de Landsperg, Mad. la commandante de Linois, Mad. la comtesse de Lœwenhaupt, M. le commissaire de Marabail, Mad. de Montaigu, M. le baron de Neuenstein Stettmeistre & Mad. la baronne, M. son frère & Mad. sa belle-sœur, M. le baron d'Oberkirch, M. le comte de Pac, M. le baron & Mad. la baronne de Rathsamhausen, Mad. la baronne de Sanleque née baronne de Gail, Mad. la comtesse de St. Félix, Mad. la comtesse de Sauveterre née baronne de Zuckmantel, M. le commandeur de Schœnau, Mad. la baronne de Weitersheim & MM. ses fils, M. le comte & Mad. la comtesse de Wittgenstein, M. le baron de Wittinghoff, M. le général baron de Wurmser fixé depuis peu à Paris, &c.

Je n'ajouterai plus que ceux des principaux magistrats & des savans de l'université de la ville, qui m'ont témoigné quelqu'amité particulière.

M. le préteur royal m'ayant, depuis l'époque de mon séjour à Versailles, honoré constamment d'un attachement distingué, me le continuera, j'ose l'espérer, malgré tous les efforts qu'on a tentés pour me desservir dans son esprit. Vingt de ses lettres que je conserve me répondent de l'invariabilité, ainsi que de la franchise des sentimens dont elles sont la vive expression. MM. les Ammeistres Nicart, Engelmann & Poirot, MM. les XV. Hennenberg, Guérin & Gangolff, MM. l'avocat-général de Hold, Froereisen & Horrer, MM. les professeurs Schurer, Lobstein & Koch, &c. &c.

Tous par un effet de votre générosité vous me ferez goûter, dans l'hyver de ma vie, les fruits salutaires d'une bienveillance dont je n'ai jamais mésusé. Vos anciennes bontés ne se démentiront point dans des circonstances où elles me deviennent si importantes pour ma tranquillité. Mon chef, qui vous considère tous, ainsi que moi, ne pourra se refuser à mes vœux, s'il se voit pressé par des conciliateurs aussi éclatans par leur naissance, aussi respectables par leur état, aussi chers à la société par leurs qualités personnelles.

Ames sensibles & vertueuses ! fasse le ciel que mes plaintives instances aillent jusqu'à vous ! Puissent les vôtres réunies attendrir ce cœur, dont la perte est l'objet unique de mes gémissemens, comme elle est le seul principe de ma douleur ! & ma reconnoissance portée, au-delà du tombeau, se perpétuera pour ce bienfait dans tous les siècles des siècles.

Signé : Rumpler, *chan^e. capit^{re}*.

Da Deus ut, notus jam nimis omnibus, ignotus non moriar mihi!

F I N.

NB. La suite pour l'année prochaine, si la paix ne se fait.

CONSULTATION.

Le Conseil souffigné qui a lu & relu l'histoire véritable de la vie, &c. de même que les pièces tirées du sac, &c. le tout signé par le sieur chanoine Rumpler, &c.

Estime que tout ecclésiastique du second ordre, qui se trouveroit dans la position de ce chanoine, seroit sans doute bien à plaindre si, après avoir été tourmenté indûment comme lui, il ne lui restoit, pour être quitte, qu'à payer ses frais & à se taire.

Quoique ce ne soit pas ainsi que l'ayent entendu MM. de Cujas & de Barthole dans ces savantes dissertations *de justitiâ & jure*, qu'on lisoit de leur temps; les moyens toutefois que le chanoine *véridique* a cru pouvoir puiser dans le sens commun, pour l'appui de sa cause, valent bien ceux qu'il auroit pu tirer de leurs œuvres, ou emprunter ailleurs : & si les anecdotes qu'il rapporte du cours de sa vie, n'ont pas également toutes un rapport direct à ses procès ; au moins prouvent-elles que personnellement il n'étoit pas à juste titre cet objet de scandale public, que les décrets & les arrêts sur requêtes, rendus contre lui, sembloient annoncer par les peines flétrissantes qu'ils avoient ordonnées & infligées provisoirement *nonobstant*, &c. En poursuivant les fins de ses conclusions, aux différens tribunaux saisis de ses appels, le Sr. chanoine doit s'attendre à y obtenir, avec dépens, une satisfaction complète de la part de tous ses adversaires, compris principalement le promoteur, dont certes les excès ne peuvent fous aucune face être vus d'un œil indifférent par des juges inftruits. Enfin de bons gros dommages-intérêts, auffi inconteftablement dus au chanoine vexé, que pourroient lui appartenir les fruits de fon bénéfice pour le temps de fa réfidence, ne manqueront pas de lui être adjugés & d'enrichir la dotation de fes orphelines, fi juftice fe fait.

Délibéré à Colmar ce 24 feptembre 1784.

Signé : R. DE RORBACH avocat,
avec paraphe.

DOSSIER
DES
PIÈCES
POUR
UN CHANOINE RESSUSCITÉ A DEMI,
CONTRE
LES AUTEURS DE SA MORT
ET LEURS COMPLICES,

Tirées du Sac des procès *despectueux*, rapportés dans son *histoire véritable*, édition de Mayence.

―――――

„ *Le chemin est pénible, escarpé ; mais l'honneur*
„ *est au bout. On sent bien que ce ne sont pas*
„ *là des procès d'argent.*

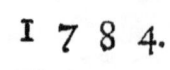

1 7 8 4.

NOTE
DU
TRADUCTEUR. *

J'AI eu la discrétion de n'imprimer aucun nom ; de passer sous silence, par pur ménagement, des anecdotes très-curieuses ; de ne pas même conter le plus petit mot de certain *toquet* brillant, tombé du crâne d'un docteur, *interdit* de sa mésavanture : mais si mes adversaires, qu'une defense légitime m'a forcé de nomer, persistoient toujours à prétendre q'uil fût *despectueux* a moi, qui suis à moitié-mort, d'oser encore rire, & de ne pas vouloir être indûment *despecté* par eux, qui voudroient me voir pleurer ; ou si quelque *Vengeur*, public ou privé, parvenoit, sur de fausses interprérations, à faire supprimer mon *histoire véritable*, & les pièces *probantes* qui l'appuient ; j'ai l'honneur de prévenir mes amis que toute l'édition paroîtra *revue, corrigée, & augmentée*, avec des notes croustilleuses, qui ne laisseront rien à désirer, & dont les manuscrits sont deja déposés à Mayence, à Francfort, à Bâle, à Ratisbonne, pour se montrer, au besoin, si l'on continue à me rendre la vie dure ; ou pour être voués aux ténébres, si on me laisse enfin mourir en paix, de ma *belle mort*.

* Qui traduit ses persécuteurs, au jugement du Public.

CONFIRMATIO NOBILITATIS

Cum melioratione Armorum & Denominatione für die drey gebrüdere Johann Heinrich, Johann Georg, und Johann Michaël RUMPLER.

Wir LEOPOLD von Gottes Gnaden Ervælter Rœmifcher Kayfer, zu allen zeiten Mehrer des Reichs ---

Bekennen für uns, und unferer Nachkommen offentlich mit diefem brief, und thun kund aller maenniglich;

Wiewohl wir aus Roemifcher, Kayferlicher Hoehe, und Vuirtigkeit, darum der Allmaechtige uns nach feinem goettlichen willen gefetzet hat, auch angeborener Güte und Mildigkeit allezeit geneigt feynd, aller, und jeder unferer und des Reichs, auch unferer Erbkoenigreichen, fürftenthums und landen, Unterthanen, und getreuen Ehr, nutz, aufnehmen und beftes zu betrachten und zu befœrdern; fo wird doch unfer kaiferliches gemüth bevegt, denen unfere Gnad und Sanftmüthigkeit mitzutheilen, auch ihren Namen und ftammen in hoeherer Ehr, und Würde zu fetzen, deren voreldern und fie in alten erbahren und redlichen ftand, herkommen, desgleichen fich adelicher guter fitten, vandels, tugent und vefens befleiffen, und uns und dem heiligen Roemifchen Reich, und unferm loeblichen Ertzhaus Œfterreich mit unterthaeniget, getreuer, und beftaendiger dienftbarkeit vor anderen gehorfamlich anhaengig, und vervandt feynd.

Wan uns nun unfere und des Reichs liebe getreue Johann Heinrich, Johann Georg, und Johann Michael RUMPLER Gebrüdere, durh vorzeigung glaubvürdiger Abfchrifft ihres bey handen habenden *Diplomatis*, unterthaenigft hinterbracht, wasgeftalten von unferm Vorfahrer Friedrich Roemifchen Kaifer, glorwürdigfter Gedæchtnis, deren Vorelderen und fambtliche *Defcendentes* wegen ihrer vielfaeltigen dienften bereits anno 1490. in dem Adelftand erhoben und ihnen das bis anhero geführte adeliche Wappen gnaedigft ertheilt worden, und Uns auch in unterthaennigkeit angelangt, und gebetten, Vir gedachten deren adelftand zu confirmieren, und ihr adeliches wappen mit einem offenen Helm zu verbefferen gnaedigft geruhen moegten; als haben wir angefehn und betrachtet nicht allein derenfelben Ehrbarkeit, Redlichkeit, gutes, adeliches Herkommen, Sitten, Tugent und Vernunft, fondern auch ervogen die angenehme treue gehorfame und nutzliche dienfte, fo fie dem heiligen roemifchen Reich und unferm loeblichen Ertzhaus Œfterreich treu eifrigft geleiftet, und fuirterft hin bis in ihre Gruben nach deren kraeften zu erveiffen des allerunterthaenigft Erbiethens feyn, auch wohl thun koennen, moegen und follen; fo haben wir demnach mit vohlbedachten Muth, gutem Rath, und rechten Viffen bemelten Johann Heinrich, Johann Georg, und Johann Michael RUMPLER die befondere Gnad gethan und fie mit allen ihren ehelichen Leibserben und derfelben Erbens Erben, Man und Veibsperfohnen, in den ftand — Grad des Adels unferer und des Reichs, auch unferer Erbkoenigreich-fürftenthumb, und landen rechtgebohrnen Lehens-turniersgenos und rittermaeffigen Edelleuthen nicht allein gnaedigft confirmiert und beftaettiget, fondern auch auffs neue, da es noethig, darein erhebt, darzu gevuirdiget, gefchoepft, und fie derfelben Schaar, gefell- und gemeinfchaft zugefellet, und vergleichet, als ob fi von ihren vier Ahnen, Vatter und Mütterlichen gefchlechts, beederfeits recht gebohrene Lehen-turniergenos, **und** rittermaeffige Edelleuthe vaeren.

Ferner &c. . . . . *Suivent la description & le blazon figuré des armoiries, le détail les priviléges, franchises &c. Le diplôme finit par ces lignes:* ,, Mit urkund dieses brieffs besigelt mit unserm anhangentem kayserlichen Insigel, der geben ist in unserer Statt Wien, den 17 monatstag februarii, nach Christi, unsers lieben herren und seligmachers, gnadenreichen Geburt, im sechszehnhundert drey und neunzigsten; unserer Reiche, des Roemischen, im 35ten, des hungarischen, im 37ten jahre. *Sig*: LEOPOLT.

(L. S.)

Vorstehende abschrifft ist nach dem in der kayserlichen Reichs - registratur verwahrten originalconcept collationiert und von wort zu wort gleichlautend befunden worden, urkundlich dieser meiner fertigung. Wien den 8. aprilis 1703. *Underschrieben* M. T. MOLITOR, kayserlichen geheimen Reichs Hoff - Cantzley Registrator.

(L. S,)

N.° 3.

Nous les Conseiller du Roy Préteur royal & Magistrats de la ville d'Ober - Ehnheim, —— Certifions, que M. François - Louis Rumpler, Chanoine de l'insigne Église collegiale d'Haguenau, & Avocat au Conseil souverain d'Alsace, Nous est connu comme un homme de très-bonnes mœurs; que ses ayeux étoient, de leur vivant, des premiers Juges ou Magistrats de cette ville, dits vulgairement Bourguemaitres; que feu son grand - pere a rempli une pareille charge pendant près de trente années; & que feu M. son pere, décedé en 1755, a servi la ville & le public avec exactitude & probité pendant l'espace d'une cinquantaine d'années en qualité de Notaire royal & apostolique; en foy de quoy nous avons fait figner les préfentes par notre Greffier fyndic, & icelles muni du fçeau de notre ville. Fait a Ober-Ehnheim ce 11 février 1765. Par Ordonnance, *Signé* EGGS, Greffier Syndic.

(L. S.)

Nous Jean-Thomas d'Aquin Laquiante, Conseiller du Roy & son Juge ès citadelle & fortifications en la ville de Strasbourg, certifions a tous q'uil appartiendra que M. Eggs qui a figné le Certificat ci-deſſus, eſt Greffier Syndic de la ville d'Ober-Ehnheim, & que le cachet appofé a-côté de fa fignatture eſt celui de ladite ville ; q'uen confequence foi doit eſtre ajoutée a ladite fignature tant en jugement que dehors ; atteſtons en outre que le papier timbré ni le Contrôle des actes n'ont point lieu en cette province d'Alface. En foi de quoi nous avons figné les préfentes & y appofé le fcel royal de notre fiége. À Strasbourg le 7 mars 1765. *Signé* LAQUIANTE,
(L. S.) Juge Royal.

N.º 4.

Anno Domini 1728, *die* 15 *Februarii*,
In Domino Dominus Nicolaus Rumpler obivit ;
Dum propè ter denis Conful benè præfuit annis
Huic urbi. Felix in fanctâ pace quiefcat. Amen.

N.º 5.

Remanet poſt funera virtus.
HIC JACET

Nobilis & clariſſimus Dominus Nicolaus RUMPLER per annos 50 Notarius Apoſtolicus & Regius, per 44 circiter Regiorum & patrimonialium Civitatis hujus reddituum Sequeſtor, nec non Infignis Eccleſiae collegiatae S.^{ti} Leonardi ad quercum Œconomus.

Virum juſtum & vigilantem doletis Conſules &
Cives Ober-Ehnhemiani ;
Optimum parentum flemus liberi afflicti :
Ejus omnes imitemur exempla.
Piè in Domino obiit A. R. S. MDCCLV,
ætatis 67.

Da Deus ut felix in ſanctâ pace quieſcat.

N.º 6.
AVIS AU PUBLIC.

On fait ſavoir à tous Antagoniſtes du Célibat, Mariagi-pétes, Epouſeurs, & autres, que Mad.^{lle} Marie-Charlotte-Eliſabeth-Anne-Félicité-Pierette RUMPLER, Fille à-peu-près unique de M^e. Nicolas RUMPLER, Notaire royal & apoſtolique &c. à Ober-Ehnheim, & de Dame Jeanne-Madeleine MADER, cherche à fixer ſérieuſement ſon État.

Ses avantages & ſes qualités attrayantes étant juſqu'ici demeurées comme aſſoupies & enſevelies dans le centre mème du beau monde, elle entend aujourd'hui, pour en avoir juſtice, uſer de la dernière voye qui lui compète, & en tirer parti, pour parvenir à ſes fins.

Elle débute en conſéquence, par dévoiler naïvement le plus clair & le plus ſéditieux de ſes charmes, au gout de la plus nouvelle mode; conſiſtant en vingt cinq mille livres de dot libre & franche.

Elle ſe borne d'ailleurs à notifier modeſtement qu'elle n'eſt rien moins que ſurannée, & qu'outre qu'elle joint l'embonpoint au bon naturel, elle darde encor d'un œil, noir comme un Caſtor de Lion, un regard des plus doucereux.

Ses traits au reſte, ſa vertu, ſon humeur, enſemble ſon petit néceſſaire (pour ne point amuſer les paſſans & parler en gros) ſont faits & pris de façon a faire taire les Contrôleurs du Sexe, & la mettre à l'abri de tout attentat critique.

NB. Les *Amateurs*, *Curieux*, *prétendans*, *Epouſeurs*, *& généralement tous ceux à qui il appartiendra de ſe preſenter*, *pourront s'adreſſer à* Mlle. Marie-Sibille RUMPLER à Strasbourg, *qui*, *à deux doigts près*, *ſe trouve dans le cas de ſa Tante*; *Elle donnera les éclairciſſemens ultérieurs*.

N.º 7.
LETTRE A MESSIEURS DU MAGISTRAT D'OBEREHNHEIM.

Strasb. le 20. Novembre 1753.

CE que vous propoſéz de faire, Meſſieurs, en faveur du ſieur RUMPLER eſt fondé ſur des motifs trop juſtes, pour que je n'y donne pas mon approbation : Et vous pouvez en conſéquence ſtatuer ſur la requette q'uil vous a préſenté & que je vous renvoye. Je ſuis Meſſieurs &c.

Signé : DE LUCÉ.

N.º 8.

CEJOURD'HUI quatorze Janvier mil ſept-cent ſoixante-quatre, Je ſouſſigné François-Joſeph de Regemorte, Conſeiller au Conſeil ſouverain d'Alſace, Prévôt de la Collégiale de S. Pierre le jeune de Strasbourg, en qualité de Mandataire & comme fondé de procuration ſpéciale de Monſieur Jean-Baptiſte-Denis de Regemorte mon frère, Conſeiller d'État, ancien Préteur royal de la ville de Strasbourg, Conſeiller vétéran au ſuſd. Conſeil, propriétaire de l'office de Conſeiller dont je ſuis titulaire ; confeſſe & reconnois avoir vendu, cédé & délaiſſé, a Mr. François-Louis Rumpler Chanoine de la Collégiale de Haguenau & Avocat aud. Conſeil ſouverain d'Alſace, led. office & état de Conſeiller que je poſſede, & ce moyennant le prix & somme de vingt mille livres tournois payables dans les termes cy après stipulés, savoir douze mille livres dans trois mois, à compter du jour de la passation du contrat des présentes, qui sera reçu par devant Notaire royal. Pour les huit mille livres restantes Mr. de Regemorte soussigné au nom qu'il agit consent que led. S. Rumpler acquéreur les garde & retienne à titre de Constitution de rente, à raison de cinq pour cent, dont la premiere rente commencera a courir *du jour de la réception du d. Sr. Rumpler au dit office de Conseiller, & attendu qu'i-celui a déclaré & promis de payer a Pâques prochain les susd. douze mille livres, Mr. de Regemorte consent & entend que ledit S. Rumpler percevra les gages pour la présente année mil sept-cent soixante-quatre en plein, à charge par ce dernier de supporter ainsi qu'il est de coutume, les retenues ordinaires, dont lesdits gages sont affectés : en considération de la présente vente, mon dit sieur de Regemorte veut bien céder & abondonner gratuitement, audit sieur Rumpler la robe rouge de l'office de Conseiller :* & moi soussigné François-Louis Rumpler je reconnois & confesse avoir accepté, comme par ces présentes j'accepte, ladite vente, cession, & abandonnement dudit office ; en conséquence je promets, m'engage, & m'oblige d'exécuter fidellement toutes les clauses & conditions susdites, & de m'y conformér exactement ; à l'effet de quoi il a été expressément stipulé, convenu, & arresté entre nous, que contract en forme sera passé incessament par-devant Notaire royal, du présent traité & vente faite sous seing-privé pour l'exécution duquel, les parties s'engageront pour lors, sous l'hipotheque générale de tous leurs biens meubles & immeubles présents & futurs, qu'ils soumettront à toute justice, avec renonciation à toutes exceptions contraires ; & notament le dit Sr. Rumpler hypothèquera spécialement & par privilége, led. état & office de Conseiller, pour

Ces lignes en lettres italiques ont été rayées au refus du castor.

sureté des huit mille livres à lui laissées à titre de constitution de rente. Fait double à Colmar ledit jour & an que dessus, & ont lesdit. parties signé les présentes, après que lecture en a été faitte de part & d'autre. *Signé* : REGEMORTE, RUMPLER.

Collationné & trouvé conforme &c.

N.º 9.

LETTRE

A MONSIEUR REGEMORTE PRÉVOST &c.

Monsieur ,

LE marché que nous avons passé ensemble pour votre office de Conseiller est du 14 janvier dernier. Il y est stipulé qu'incessament nous les ferions recevoir ès minutes d'un Notaire royal aux fins d'hypothèque. Voudriez vous donc, Monsieur, avoir la bonté de me faire savoir par le premier ordinaire si vous étes disposé, ainsi que je le suis, à remplir vôtre engagement à cet égard, afin que je puisse me rendre à Strasbourg en consequence vers la fin de cette semaine.

Il y a peu que mon beau-frere m'a proposé divers moyens d'arrangements singuliers, disant qu'il me les annonçoit de votre part. Je présume que c'étoit une feinte de sa façon, pour me faire renoncer à des prétentions qui ne lui plaisent plus depuis qu'elles paroissent vous déplaire. Quoiquil en soit aucun de ces moyens n'entroit dans nos conventions; je n'ai donc pu les accepter, puisque mon unique intention a toujours été, & sera toujours, de les remplir à la lettre, dûssent - elles m'être, dans les circonstances presentes, onéreuses ou préjudiciables.

Je me flatte que vous daignerez m'honorer d'une reponſe, étant &c. *Sig:* RUMPLER Chan.

Haguenau du 23. avril 1764.

„ NB. Cette lettre & toutes les inſtances précé-
„ dentes ont été repondues par des refus, ou par
„ des propoſitions *d'arrangements* baroques & *inac-*
„ *ceptables.*

N.º 10.

LETTRE

A MONSIEUR RUMPLER CHANOINE A HAGUENAU.

A Ober-Erckheim le 29. janvier 1764.

J'AI reçu, Monſieur, la reponſe que j'attendois à votre ſujet. Elle m'a fait plaiſir, puis-qu'elle m'aſſure que vous avez les qualités requiſes pour remplir dignement l'office dont vous venez de faire l'acquiſition ; ainſi vous pouvez être certain que mon ſuffrage vous ſera favorable, ſi le placet que vous préſenterez a la Cour, m'eſt renvoyé.

J'ai l'honneur d'etre &c.   *Signé* KLINGLING.

N.º 11.

Nous Doyen, Chanoines & Chapitre de l'Égliſe Collegiale de St. Leonard près de Boerſch Diocèſe de Strasbourg, au Sieur Nicolas Rumpler ſalut. Eſtant bien & duement informez de voſtre capacité, diligence, exactitude, fidelité, & probité, dans l'adminiſtration des biens temporels, nous vous avons receu & recevons par ces preſentes en qualité de Receveur de noſtre ditte Egliſe Collégiale, pour en adminiſtrer le temporel, & faire tout ce qui eſt de la charge d'un Receveur, aux conditions, appointemens & emolumens, dont nous ſommes convenus avec vous, & qui ſont enoncez dans le procès-verbal, ou protocol du Chapitre qui s'eſt tenu aujourd'hui. En foi de quoi les préſentes ont eſté ſignées par Monſieur Servais Gillert Doyen, & M. Michel Maſſis Ecolâtre & le ſceau du Chapitre appoſé. Fait a St. Léonard en Chapitre, le quatrieme février mille ſept cent treize.

 (L. S.) *Signé* : SERV. GILLERD Doyen.
         MASSIS Ecolâtre.

N.° 12.

DAS der S. T. Herr FRANZ LUDWIG v. RUMPLER Canonicus zu Hagenau unter der Churpfaelziſchen Bottſchafftsprotection ſtehe, ſolches wird krafft dieſes beurkundet. Frankforth den 25ten Mertz 1764.

Signatum : Churpfaelziſcher Bottſchaffts-Cantzley Handſchrifft.

(L. S.)

N.° 13.

A MADAME DE C....

IRIS, vous m'ordonnez de rimer vos hauts faits,
Je les ignore en gros; j'en connois quelques traits.
Brillante *Partener*, vous *Wiſckez* comme un ange :
Aux cartes vous ſavez donner le vrai mélange.
Quelquefois cependant vous êtes ſans *honneur* ;
Faites vous *le devoir*, c'eſt un coup de bonheur :
Vous negligez *le cri*, *le trique* & la partie,
Pour eſſayer un *ſchlem*, malgré l'antipathie.
Je vous invite a pique & vous jouez carreau,
Pour me faire couper ce que j'ai de plus beau.
Je reviens a vos vœux, & vous faites l'impaſſe,
On me mange mon Roy, la Dame on la fricaſſe.
Puis après vous grondez, vous invoquez les Dieux,
Vous voulez qu'à votre aide, ils deſcendent des
           cieux.
Morphée eſt députe, pour vous faire juſtice ;
Accompagné d'Orphée, il vous ſera propice.
Deja vous ſommeillez, le blanc vous paroit noir,
Fermant enfin les yeux, vous n'y pouvez rien voir.

Comment, jamais un robre, aurez vous beau nous dire,
Je ne pourrai gagner! On ne fera qu'en rire.
Malheur au Partener, quand ce feroit Comus,
S'il doit être le vôtre. Avec les yeux d'Argus,
Payant fa part des frais du bon foporifique,
Il ira fe coucher fans avoir fait un trique.
  Le plaifir nonobftant que j'ai du vis-a-vis;
Fait que de préférence, Iris, je vous choifis,
Pour me mettre avec vous. La raifon en eft claire;
C'eft qu'uen perdant ainfi, je ne pouvois mieux faire.
C'eft gagner en perdant &c.

N.° 14.

Nous permettons à M. l'Abbé Rumpler Aumônier du Roi, d'aller prendre des petits oifeaux à la pipée dans les bois près la porte de Buc, grand Parc de Verfailles, à condition que les préparatifs, & les pipées mèmes, fe feront en la préfence du garde du Canton. La préfente permiffion fera bonne jufqu'au premier Décembre prochain. A Verfailles le 8 Octobre 1766.

(L. S.)   *Signé* : Le Comte de Noailles.

N.° 15.

LETTRE A M. L'ABBÉ F.....

Chapelain du Roi, à Verfailles.

A Strasbourg ce 12 Octobre 1766.

Je vous ecris encore celle cy, mon cher ami, pour vous prier & vous conjurer de travailler férieufement & efficacement a ma fortie de Strasbourg. Ce n'eft ny chagrin ny défefpoir, mais gout & un gout très reflechi; & je mourrois je crois fi je restois encore une année a Strasbourg. Soyez donc mon ami comme vous l'avez toujours été & travaillez a me sortir d'icy. Ce que vous ferez sera bien fait ; je vous laisse le maître, & je vous deveray la vie & ma fortune, dites moy seulement le lieu, ou l'endroit, où reside le Canonicat que j'auray a la place du mien. Enfin je ne dors plus tant j'ai de plaisir & d'impatience a voir conclure cette affaire &c.

De grace, mon cher ami, dites moy si je puis faire fond sur vous *je me tuerois* si cela n'avoit pas lieu : travaillez-y donc sérieusement & le plutot est le meilleur ; quant a être placé a Paris je vois que ce n'est pas mon fait ; & d'ailleurs je suis malheureux en entreprise & il suffiroit que je voudrois réussir que je n'y reussirois pas. Ainsi je n'en veux pas. Cela n'est pas même de mon gout, je vous le dis sans déguisement ; ne pensez donc pas à ce projet ; mais a celuy du changement de Bénéfice ; je vous le repéte, cher ami, je mets toute ma confiance en vous pour la réussite de ce projet & attends votre réponse pour petit a petit prendre mes arrangements pour partir de cette ville que je déteste, & oublier & perdre de vue *mes horribles confrères.* J'en trouverai peut-être d'aussi sots & d'aussi ridicules, mais n'importe, quand ils le seroient, ils ne me paraitroient jamais tels. Adieu, mon cher ami, & vous dis tout ce que l'amitié a de plus tendre & de plus sincère, & suis jusqu'au tombeau votre fidel ami.

Signé : B. . . .

N.º 16.

AUTRE A M. F. . . . CHAP. DU ROI.

A Strasbourg ce 7 Décembre 1766.

Mon cher confrere, c'est pour vous prier de faire votre possible pour arriver dans le 1.ᵉʳ jour de janvier a Strasbourg, & de me mander au juste le jour de votre arrivée : il m'est survenu une affaire que je vous dirai de bouche, & qui m'engage a précipiter la permutation : Que ne peut-elle se passer dès demain ! je serois au comble de mes vœux, car je meurs ici de langueur. Votre parent a-t-il pensé a une maison pour moi a Haguenau ? je voudrois pouvoir deja aller la meubler & l'arranger ; car dès votre arrivée il faut que l'affaire se fasse, & que tout soit terminé & rangé, voulant me rendre sur le champ a Haguenau & quitter mon *maudit* Chapitre. Secondez, je vous, prie, mon empressement ; si non je douteray de votre sincerité à mon egard touchant cette affaire. Pardonnez moi ce terme ; mais quand l'on est attaqué de la maladie de quitter comme je le suis, l'on souffre à en voir tarder l'execution aussi long-temps ; Déterminez-vous donc à partir le plu-tôt que faire se poùrra, & prévenez-moi de votre arrivée & par là vous rendrez la vie a votre ami qui le sera jusq'ua la mort, & qui n'oubliera jamais l'obligation que je vous aurai de m'avoir délivré d'ici. Mon sang ne suffira pas pour vous en exprimer toute l'étendue de ma plus vive & eternelle reconnoissance. Mille amitiés a votre cher parent, que j'embrasse de tout mon cœur & que j'attend avec l'impatience la plus vive. Adieu mon cher & unique ami. Et suis fidelement le votre

Signé : B. . . .

S'ensuit une autre écrite sur la mèm feuille :

A M. RUMPLER AUMONIER DU ROI A LA COUR.

Paris 15 *Décembre* 1766.

PUISQUE vos affaires sont telles, Monsieur & cher cousin, que n'ayant pu me parler qu'en courant sans me rien dire, soit a Paris soit a Versailles, du moins dictez-moi la reponse que je dois faire a Mr. B . . . ., si je ne reponds pas ce sera la seconde que nous laisserons sans reponse. Il est

aſſez intereſſant pour vous cependant de faire
uſage de cette occaſion, ſans amuſer perſonne
ni moi ni mon ami. Je voudrois de tout mon
cœur que mes parens aprouvaſſent le projet de
mon voyage en Alſace, & n'euſſé-je point d'autres affaires que celle de vous obliger vous ver-
riez que je ferois le voyage uniquement par
raport à vous. Mais comme je ſuis en butte au
plus méchant des hommes ;... Dites moi donc ſans
faute & ſans retard ce que vous voulez faire,
& ce que je dois repondre; je vois de la bonne foi
dans B..... & dans moi ; j'exige qu'il en pa-
roiſſe chez vous, & que vous rendiez juſtice aux
ſentimens de mon cœur & aux motifs charitables
de mes inſtances. Adieu. *Sig:* F.....

N.° 17.

A MESSIEURS LES PREVOST, DOYEN, CHANOINES
ET CHAPITRE DE L'INSIGNE EGLISE COLLE-
GIALE DE S. PIERRE LE JEUNE.

FRANCOIS-LOUIS RUMPLER, Chanoine de
lad. Egliſe a l'honneur de vous repréſenter, que
ſa qualité d'Aumônier ordinaire de la maiſon du
Roi le mettant dans la necéſſité de réſider conſtamment à la cour. Il n'en ſeroit parti pour prendre
poſſéſſion de ſon nouveau bénéfice qu'après avoir
obténû l'agrement du miniſtre, & avoir prié un
Chanoine de la Cathedrale de Toul de ſuppler
pour lui. Ce confrère étoit le ſeul qui fût ſur les
lieux, tous les autres ſe trouvant abſents pour
cauſes légitimes. Ce bon office ne pouvan à beaucoup près lui être rendu pour tout le temps que
réquierroient les ſtatuts de votre Chapitre pour
le ſtage uſité, l'expoſant ſe trouve quant a préſent dans la facheuſe perplexité, ou de manquer
avec riſque au devoir de ſa charge d'Aumônier,
ou d'uſer de ſes privilèges contre l'uſage dudit
Cha-

Chapitre; il espère donc qu'en vue de sa position vous ne désaprouverez pas le dessein qu'il a de retourner à la cour pour faire le service qu'il doit à Sa Majesté. Il sait que la règle usitée demanderoit qu'il commençât par faire son stage; mais ne lui étant pas possible de concilier son inclination à y satisfaire avec les devoirs qui le demandent ailleurs, il ose vous supplier, Messieurs, de consentir capitulairement, au bas des présentes, á ce que, sans préjudice à la jouissance des fruits de son bénéfice, il diffère son année de stricte résidence pour le temps auquel le service de sa charge lui permettra de le faire, aux offres qu'il fait de prendre des arrangements pour traiter de sa charge dans l'année, afin d'être à même de vaquer librement aux devoirs de son bénéfice; & au cas où il ne vous plaise souscrire à sa demande, il vous supplie de faire protocoler les présentes; comme aussi de prendre pour communiqué le brevet de sa charge, d'ont copie est ci-jointe, sous telle protestation qu'il vous plaira faire pour le Chapitre. *Signé* : RUMPLER.

A Strasb. le 29 Jan. 1767.

Signifié &c. Signé BOOTZ.

N.º 18.

PARDEVANT le Notaire juré & public de la ville de Strasbourg soussigné fut présent en personne Mr. François-Louis Rumpler, Prêtre & Aumônier ordinaire du Roi &c. Chanoine de l'insigne Eglise Collégialle de St. Pierre le jeune de Strasbourg y demeurant. Lequel a dit que le neuvième du courant il auroit présenté au Chapitre de ladite église un Mémoire en forme de placet concernant les priviléges de sa charge d'Aumônier de la maison du Roi, dans l'espérance que ledit chapitre feroit droit sur sa demande : mais ledit chapitre a jugé á propos delaisser cette pièce sans réponse & de n'en faire peut-être aucune mention au protocole, encore que depuis ce temps le second chapitre ait été tenu : comme cependant il importe au sieur comparant d'avoir une preuve des diligences qu'il a faites à ce sujet, il a requis ledit Notaire de prendre en dépôt un double dudit placet signé de lui & qu'il a représenté à cet effet ; comme aussi de lui donner acte de la protestation qu'il fait contre les refus que ledit chapitre a faits par son silence de le protocoler, & ce pour employer les moyens y retenus contre qui il appartiendra, le cas échéant & en temps & lieu. De tout quoi a été dressé acte & pour plus grande authenticité, le double dudit placet signé dudit M. Rumpler a été paraphé *ne varietur* par lui, ledit Notaire, & les témoins ci-après nommés, pour rester annexé au présent acte, se réservant mondit Sieur Rumpler de retirer ledit placet ainsi que le présent acte de dépôt & de protestation quand bon lui semblera, moyennant décharge. De tout quoi a été donné acte. Fait, lu passé & interprété en langue allemande audit Strasbourg, en l'étude dudit Notaire, le dix-huit Avril mil sept-cent soixante-huit après midi, en présence des Srs Jean-Melchior Repp, & Jean-George Persohn, tous deux Bourgeois m^{es} cordonniers, domiciliés audit Strasbourg, témoins requis, qui ont signé avec ledit Sr. comparant & ledit Notaire : ainsi signé en la minute restée vers lui : RUMPLER ; REPP ; PERSOHN ; & DINCKEL Notaire avec paraphe.

S'ensuit Copie du Mémoire mentionné dans l'acte cy-dessus & d'autre part.

A MESSIEURS

Les Prévôt, Doyen & Chanoines de l'insigne église collégiale de St. Pierre le jeune de Strasbourg.

L'ABBÉ RUMPLER Chanoine soussigné croit devoir vous exposer Messieurs, à l'occasion de l'arrêté capitulaire qui a été redigé à son insu & qui lui a été communiqué dans votre dernier chapitre, que les moindres démarches qu'il a faites à votre égard depuis sa prise de possession ont dû vous persuader du véritable & sincère attachement qu'il a pour les intérets du corps dont il est devenu membre; la bonne foi & la confiance avec laquelle il s'est abandonné aux promesses simplement verbales qu'il en a reçues, doivent être aujourd'hui pour lui un sur garant qu'il ne sçauroit être trompé dans l'espérance & dans l'opinion qu'il s'en étoit formée.

Immédiatement après sa prise de possession le soussigné vous a presenté, Messieurs, une pièce en forme de placet où il déclaroit qu'il étoit Oficier commensal de Sa Majesté ; que son service comme Ordinaire l'exigeoit à la Cour, qu'en conséquence il demandoit acte de sa déclaration & de la présentation qu'il faisoit de son brevet, pour être mis au protocole ; mais le vénérable Chapitre lui ayant temoigné la satisfaction qu'il auroit de le voir traiter de sa charge dans l'année pour être à même de remplir ici ses fonctions canoniales, le soussigné lui a promis de le faire à condition que cet engagement ne lui préjudicieroit en aucune chose. Cette condition a été agréée, & vous l'avez assuré, Messieurs, qu'il n'auroit pas lieu de se repentir du sacrifice qu'on lui proposoit de faire ; qu'au contraire il feroit satisfait du traitement que lui préparoit le Chapitre, le cas échéant.

Le soussigné ne vous a pas caché dans le temps le desir qu'il avoit d'avoir ces conditions reciproques par écrit ; mais il auroit cru offenser le Chapitre s'il y avoit insisté ; il est donc parti pour la Cour, où il est parvenu à remplir ses engagements, & sur l'avis qu'il vous en a donné, M. le doyen, pour le chapitre, lui a reiteré l'assurance qu'il n'auroit point à se plaindre du traitement qui lui feroit fait ; il lui a même fait entendre à fon retour, ainfi qu'il le lui avoit déjà mandé à Verfailles, que la qualité d'Aumonier ordinaire qu'il s'étoit refervée pourroit porter ombrage, encore qu'elle ne l'obligeât point à un fervice ftrict ; fur quoi il a, au défir du chapitre, figné un billet par lequel il s'obligeoit à être traité comme un autre chanoine pour raifon de fes abfences, s'il fe trouvoit dans le cas de faire les fonctions de la charge qu'il confervoit.

Cette foumiffion donnée de fa part pour l'avenir, rempliffoit les vues que vous aviez d'avoir un privilegié de moins dans le chapitre ; il la donneroit encore fi c'étoit à recommencer, tant il eft bien intentionné pour le fervice de fon églife & le foulagement de fes confrères.

Jufques là, Meffieurs, il n'y avoit encore que lui d'obligé ; mais vous avez trouvé bon de reconnoître à votre tour, le privilège qu'il avoit eu & auquel il venoit de renoncer pour l'avenir, en lui faifant remettre un bon de cent louis fur le récéveur : parlà & en dérogeant, fans tirer à conféquence, à vos ftatuts, vous l'avez traité comme préfent pour les quatorze mois de fervice qu'il avoit fait à la cour depuis fa prife de poffeffion. Rien ne pouvoit être plus équitable, ni plus conforme aux conditions fous lefquelles il vous avoit promis de vendre fa charge, & fans lefquelles il n'auroit jamais donné fa foumiffion.

Cependant le fouffigné a eu la mortification de voir que le chapitre, par un acte dreffé fans lui, fe préparoit de l'aftreindre à une quatrième année de carence, independamment de fes quatorze mois de fervice à la cour.

D'après cette circonftance le fouffigné prend la liberté de demander au chapitre, s'il entend lui faire une faveur, ou le bien traiter, en le privant quatre années & deux mois de l'honneur qu'il met dans le droit d'affifter à fes déliberations & d'y donner fon fuffrage le cas échéant, tandis que fes autres confrères n'ont été privés de cet avantage que trois ans feulement à compter de la datte de leur prife de poffeffion.

Le fouffigné regarderoit ce traitement dans un fens bien oppofé, puifqu'il perdroit parlà le fruit d'un privilège qui ne fauroit s'apprécier, & auquel il n'a pas renoncé pour fes quatorze mois de fervice à la cour. Il fe difpenfera de vous faire ici le détail de ces prérogatives, ou de vous rapeler les différentes bulles des Papes, ainfi que les arrêts & déclarations qui les confirment; ce feroit d'ailleurs une chofe fuperflue après la renonciation qui en conftate la réalité & que vous avez exigée de lui pour l'avenir. Ces privilèges, vous le favez, Meffieurs, le difpenfoient de faire fon ftage indépendamment de tout ftatut; & n'eut-il été qu'au nombre des femeftriers, il avoit le droit de le faire, ce ftage, après fon fervice fans perdre aucuns des autres droits de fon bénéfice. C'étoit auffi là Meffieurs l'unique objet de fon premier placet, & ç'a été la première condition acceptée verbalement par le chapitre lorfqu'il a promis de fe défaire de fa charge. A quel titre voudriez-vous donc, Meffieurs, l'obliger encore à trois années de carence? Ce feroit faire fa condition moindre que celle des bénéficiers ordinaires; le facrifice qu'il a fait en traitant de fa place & en renonçant à fon privilège pour l'avenir, devoit être le prix d'un avantage refpectif dont vous travaillez à faire difparoitre les moindres veftiges.

Vous lui oppoferez peut-être que les cent louis qu'il a réçus doivent lui fervir de gratification & de dédommagement pour le facrifice qu'il a fait. A cela, Meffieurs, il a l'honneur de répondre qu'il n'eft point d'un état à récévoir des gratifications; qu'il ne vous en jamais demandées; que fi cette fomme pouvoit paffer pour en être une, elle n'auroit pu être mife en compenfation ni en parallèle, avec le défavantage qui refulteroit pour lui d'une quatrième année de carence.

Comme le fouffigné n'a pas encore été à même de connoître la force de vos bénéfices, il a réçu ladite fomme pour fon révénu des quatorze mois, que vous lui avez fait payer d'une façon un peu plus généreufe en confidération du billet qu'il a figné pour l'avenir; il ofe même vous affurer qu'il eût préféré de retourner à la cour s'il lui avoit été permis de préfumer que quelques louis devroient tendre à le priver, quatorze mois de plus, du prix qu'il met au droit de voter avec fes confrères. Des refléxions précédentes il eft permis de conclure:

1°. Qu'en payant le fouffigné jufqu'à l'échéance du quartier de la notre Dame de Mars, vous l'avez reconnu préfent au chœur durant les quatorze mois de fon fervice à la cour, fuivant la promeffe verbale que vous lui aviez faite qu'il feroit content & qu'il ne perdroit rien.

2°. Qu'étant revenu faire fon ftâge après fon fervice, il s'eft conformé aux bulles des Sts Pères & aux déclarations de Sa Majefté les moins favorables aux privilèges des commenfaux, même fémeftriers.

3°. Qu'ayant été réputé préfent & payé comme tel durant quatorze mois, fes trois années de carence doivent commencer du jour de fa prife de poffeffion.

4°. Que fi le chapitre n'a pas compté avec lui à la rigueur fur les fruits de fon bénéfice, ç'a été principalement pour prévenir les inductions qu'auroient pu en tirer d'autres privilègiés contre le chapitre lui-même.

5°. Que fi le chapitre a cru lui faire en cela une faveur, le fouffigné l'a méritée à tous égards par l'accompliffement de fa promeffe, & fur-tout en renonçant, pour l'avenir s'entend, à tous genres de privilèges.

Telles sont, Messieurs, les observations, que le Chanoine soussigné avoit à vous faire. Comme il abhorre toute espèce de contestations, & qu'il seroit le premier à se condamner si l'évidence étoit contre lui, il vous rend juges dans votre propre cause. Rappelez vous, Messieurs, les conditions auxquelles il a promis ce qu'il a fait. La parole sacrée d'un corps respectable vaut en cette circonstance pour lui les contracts les plus authentiques : au moyen de ce il espere que vous aurez pour agreable de faire protocoler ses présentes observations, & qu'en conséquence vous revoquerez le contenu de l'acte capitulaire fait à son sujet & à lui communiqué dans le dernier chapitre. Fait à Strasbourg le 9 avril 1768.

Signé RUMPLER.

Certifié véritable & paraphé *ne varietur* au désir de l'acte de dépôt passé cejourd'hui devant le Notaire soussigné, à Strasbourg ce 18e avril 1768.

Signé RUMPLER; REPP; PERSOHN; & DINCKEL Notaire avec paraphe.

Collationné. Signé DINCKEL, Notaire mppr.

Signifié &c. Signé BOOTZ.

N.º 19.

A MESSIEURS,

Messieurs les Prévôt, Doyen, Chanoines & Chapitre de l'insigne Eglise collégiale de S. Pierre le jeune à Strasbourg.

Messieurs,

S'IL est toujours facheux d'avoir des discussions d'intérêt avec un corps, jugez quelle doit être ma peine de trouver dans les difpofitions du chapitre à mon égard, une refiftance fi marquée aux éfpérances flatteufes qu'il m'avoit fait concevoir.

Je croyois, Meffieurs, qu'après avoir fecondé toutes vos vues par les différentes démarches que jai faites, relativement à mes charges d'Aumônier, pour me concilier votre bienveillance ; il ne me refteroit plus qu'a jouir du bonheur de l'union & de la paix, & à percevoir fans obftacle les fruits de mon bénéfice, à l'inftar des autres chanoines réfidans. Vous m'en aviez, Meffieurs, donné des affurances par lettres, & verbalement par l'entremife de M. Laquiante mon beaufrère ; on voudroit cependant aujourd'hui qui je fiffe une quatrième année de carence, & que je fuffe exclus pendant quatre ans & deux mois des affemblées capitulaires, comme pour me punir d'avoir cherché à me rendre agréable à mon corps, & d'avoir eu en lui une entière confiance.

Je répugne tellement, Meffieurs, à tout ce qui pourroit m'eloigner de l'eftime & de l'amitié de mes confrères, que j'ai prié il y a trois femaines Mr. le doyen de faire au chapitre de ma part des propofitions auffi pacifiques que defintéreffées ; il m'avoit dit qu'il s'en chargeroit à fon retour d'une vifite qu'il devoit faire pour le diocèfe. J'ai voulu famedi dernier les rappeler à fa mémoire, mais il m'a temoigné, avec un peu d'humeur, qu'il ne vouloit faire pour moi aucune propofition au chapitre.

C'eft là-deffus, Meffieurs, que je me fuis prefenté moi-même a la porte de votre falle. Le Bedeau qui m'a annoncé m'a rapporté pour réponfe qu'on ne vouloit point m'entendre & que mon affaire n'étoit point digérée.

Je ne fais qu'augurer d'un refus fi humiliant. Il n'eft pas à fuppofer qu'une demande auffi fimple & auffi naturelle que la mienne puiffe avoir donné de l'aigreur à un corps qui, je le présume, ne se règle que suivant les principes de la charité & de l'équité.

C'est, Messieurs, le vingt & unième du mois dernier que mes trois années de carence ont finie. Le chapitre n'a jamais prétendu que je perdisse rien de mes droits, lorsque je lui ai promis de traiter pour ma charge chez le Roi; il est donc conséquent que je sois admis aux assemblées capitulaires, & que je jouisse du plein de mes fruits, après avoir rempli le temps de mon stage & de mes carences.

C'est, Messieurs, la justice que je vous demande: & si vous trouviez mes prétentions douteuses ou équivoques, suivant que je vous les ai exposées plus au long dans les pièces que j'ai eu l'honneur de vous présenter les 29e janvier 1767. & 9 avril 1768; je les soumets à la décision des arbitres qu'il vous plaira nommer conjointement avec moi, pour obvier aux désagréments qu'entraine après soi toute espèce de procédure.

J'espère enfin, Messieurs, que vous daignerez protocoler mes présentes observations.

Je suis très-respectueusement,

Messieurs,

Strasb. du 1er février 1770.

Votre très-humble & très obeïssant serviteur
Signé RUMPLER Chanoine.

P. S. Je viens d'apprendre, Messieurs, que vous vous proposez de procéder incessament à la nomination de la cure de Dinsheim. Si cela est, J'espère que vous ne le ferez pas sans moi; sinon je proteste, en ma qualité de Capitulaire, de nullité contre lad. nomination.

Signé RUMPLER.

Signifié au vénérab. chapitre &c. Signé BOOTZ.

N.º 20.

EXTRACTUS

Ex Protocollo insignis Ecclesiæ collegiatæ ad S.^{tum} Petrum juniorem intra Argentinam, de die 10.^a Februarii 1770.

1. LEGIT Ad.^m R.^{dus} D.^{nus} Decanus, litteras ab Apparitore Regio ad R.^{di} D.ⁿⁱ Rumpler Canonici confratris nostri requisitionem D.^{no} Œconomo nostro intimatas; quibus exponebat: se à tribus annis jam elapsis Canonicatum possidere suum, proindeque locum in Capitulo & integram competentiam petere; sin minus petebat, ut hæc difficultas arbitris à se & à Capitulo seligendis committeretur decidenda. — Visâ conclusione capitulari de die 12.^a Martii 1768; conclusum est: R.^{do} D.^{no} Rumpler respondendum esse: Quod (quamvis Capitulum spectatâ conventione cum D.^{no} Rumpler initâ, & in dictâ capitulari conclusione retentâ persuasum habent, nullum litis rationabilem adesse causam) nihilominus pacis studio consentiat, ut ex parte Capituli quæstionis hujus fusior expositio D.^{no} Kieffer supremi senatûs Colmariensis Advocato intra quindenam transmittatur; D.^{nus} Rumpler autem similiter alium in eodem senatu sibi eligat advocatum, cui facti seriem omnesque suas rationes exponat, ut hi duo libratis utrinque rationibus quæstionem decidant. Vel si opus fuerit, tertium adhibeant advocatum, cum quo decisionem pronuntient. Conclusum insuper: hoc capitulare responsum à D.^{no} Œconomo ad manus D.ⁿⁱ Rumpler hodie adhuc esse tradendum.

Præsentem Extractum de verbo ad verbum Protocollo conformem propriâ manûs subscriptione testor. Argentinæ die 10.^a *Februarii* 1770.

Signatum: JEANJEAN
Can. Scholasticus.

Le soussigné Chanoine de l'Eglise collégiale de St. Pierre le jeune certifie avoir reçu par les mains de M. Eggs, Receveur de lad. Eglise, l'acte d'autre part. Il a l'honneur d'observer au vénérable Chapitre que M. Laquiante son beaufrère, chargé de négocier pour lui avec M. le Doyen, a commencé par lui déclarer hier de sa part que, pour les motifs qu'il étoit chargé de lui déduire, il nommoit pour son arbitre la personne de Mr Fournier avocat aux Conseils du Roi, dans le cas ou l'on accepteroit le parti d'un compromis. Il y persiste.

Il ne peut-être proposable de soumettre au jugement des avocats de Colmar la décision d'une affaire dont la connoissance est attribuée au Conseil, & interdite à toute autre cour, parceque les édits & déclarations du Roi concernant les privilèges dont s'agit ne sont point enregistrés au Conseil de Colmar; les jurisconsultes par conséquent, ainsi que les juges & autres personnes de la province, pourroient n'en avoir pas connoissance, ou ne vouloir point les reconnoître. D'ailleurs l'arrêt du Conseil d'état rendu contre le chapitre en règlement de juge dans l'affaire de Mr. Faure chapelain du Roi, a jugé & décidé la compétence.

Quant a l'arrêté capitulaire du 12 mars 1768, dont est fait mention dans celui-ci, le soussigné est très étonné qu'on veuille sérieusement réclamer une pièce faite à son préjudice & sans lui, contre laquelle il a protesté dans le temps.

Fait a Strasbourg le 10 février 1770, en double remis aud. Sr. Eggs receveur, pour le communiquer au chapitre le même jour 10. fév. 1770.

Signé : RUMPLER.

Reçu Copie des susdits observations pour les communiquer au Chapitre les jour & an que dessus.

Signé : A. R. EGGS Receveur.

N.º 21.

A MESSIEURS,

Messieurs les Prévôt, Doyen, Chanoines & Chapitre de l'insigne Eglise collégiale de S. Pierre le jeune à Strasbourg.

Messieurs,

J'AY pris la liberté de vous faire quelques observations en reponse à l'acte capitulaire qui m'a été remis de votre part samedi dernier 10e de ce mois. Vous étes trop éclairés, Messieurs, pour ne pas pénétrer la force des raisons que j'ai eu l'honneur de vous alléguer. Vous avez d'ailleurs votre avocat de confiance à Paris tout comme à Colmar ; si, comme je n'en doute point, vous désirez sincérement la justice & la paix, je dois me flatter que vous soumettrez, ainsi que moi, la décision de l'objet qui nous divise, à l'arbitrage de deux ou de trois *jurisprudents* à la suite des conseils du Roi. Il sera, si vous le désirez, stipulé un dédit de cent louis payables par celle des parties qui ne voudroit pas s'en rapporter à ce qui seroit ainsi règlé.

S'il s'élevoit dans notre province une contestation sur le droit ou sur la forme du *Dinghoff*, je ne crois point qu'on voulût s'adresser aux avocats de Paris pour la faire décider ; c'est par la même raison que ceux de Colmar ne peuvent prudemment être choisis pour porter jugement dans une question qu'il leur est très permis d'ignorer.

J'ose, Messieurs, vous supplier, quelque parti que vous puissiez prendre, de vouloir bien donner vos ordres au receveur pour qu'il ait à me délivrer du 21. janvier dernier le plein des fruits de mon bénéfice, après la signature de la feuille du quartier courant, qui doit se faire demain en chapitre ; & d'agréer les offres, que je fais de compter avec lui des 2400 liv. que j'ai touchées, pour carences de 14 mois, à mon retour de Verſailles; bien entendu que je rendrai au chapitre tout ce qui ſera juſtifié m'avoir été payé au delà de ce qui pouroit m'etre dû, ou que le chapitre ſuppléera à ce qui pourroit y manquer.

J'ai appris, Meſſieurs, que, ſans égard à mon oppoſition, vous aviez procédé à la nomination de la cure de Dinsheim; j'eſpere que lorſqu'il ſera décidé ſolemnellement que je ſuis capitulaire, vous conviendrez que votre nomination eſt radicalement nulle, comme faite au mépris du ſuffrage d'un chanoine capitulaire préſent & réclamant en vain ſon droit.

Je ſuis avec tout le reſpect poſſible,

Meſſieurs,

Strasb. du 16 fév. 1770.

Votre très-humble & très-obeiſſant ſerviteur
Sig: RUMPLER.

P. S. J'ai oublié, Meſſieurs, de vous prévénir que le Receveur ne m'a juſqu'ici délivré que dix ſacs de froment, au lieu des vingt ſacs dont vous avez augmenté les canonicats il y a quelques années.

Les carences, vous le ſavez, Meſſieurs, doivent leur origine aux temps malheureux & à l'inſuffiſance des égliſes pour payer en plein le nombre des chanoines fondés. Notre collégiale paroit annoncer la ceſſation prochaine de ces carences par la ceſſation établie de leur cauſe. Il n'eſt donc point à préſumer qu'en augmentant les bénéfices ſur un excédent de récette, qui naturellement devroit revenir aux ſeuls carenciers juſqu'à concurrence de ce qui leur manque, vous ayiez entendu les reduire encore à la moitié dans cette augmentation poſtérieure certainement à la rédaction de vos ſtatuts. Cette inégalité de partage paroîtroit d'autant moins juſte que les chanoines carenciers ſont absolument le même service que leurs confrères capitulaires.

Comme je suis par l'événement le premier chanoine dans le cas de faire ces remarques au chapitre, ayant pris posséssion peu de temps après cet arrangement; mes succésseurs auroient pû me reprocher ma négligence, si j'eusse évité de les faire.

J'ay reçu copie de la présente lettre pour remettre à Messieurs du Chapitre, fait a Strasbourg le 16 *fév.* 1770. *Sig:* A. R. EGGS, Receveur.

N.º 22.

BREVET DE PERMISSION POUR M. L'ABBÉ RUMPLER.

AUJOURD'HUI sept septembre mil sept-cent soixante-dix, LE ROI, étant à Versailles, ayant égard à la très-humble supplication, que lui a fait faire le S^r abbé RUMPLER, Aumônier ordinaire de la Maison de SA MAJESTÉ, & Chanoine capitulaire de la Collegiale de S. Pierre le jeune à Strasbourg, d'aller à Rome; SA MAJESTÉ lui a accordé à cet effet le temps de six mois à compter de ce jourd'hui, pendant lequel Elle l'a relevé de la rigeur de ses Ordonnances, à la charge par led. S.^{r} abbé Rumpler d'obtenir un Bref de sa Sainteté portant qu'en cas qu'il vint à décéder à Rome pendant ledit tems, le droit que SA MAJESTE aura sur les bénéfices qu'il possédera pour lors lui sera conservé; m'ayant au moyen de ce commandé de lui en expedier le présent Brevet, que SA MAJESTÉ a pour assurance de sa volonté, signé de sa main & fait contresigner par moi Conseiller Secrétaire d'État & de ses Commandemens & Finances.

Signé LOUIS; *Et plus bas,* LE DUC DE CHOISEUL.

N.° 23.

A MESSIEURS DU Vble CHAPITRE DE S. PIERRE
LE JEUNE.

Messieurs,

J'AI l'honneur de vous prévénir, que j'ai destiné aux pauvres, ou à quelqu'autre œuvre pie, le montant des présences qui me reviennent pour le voyage d'Italie, que j'ai entrepris par ordonnance des Médecins.

Vous me les avez retenues à mon retour, sans doute pour les appliquer suivant leur destination ; n'étant pas présumable que vous soyiez plus inclinés à conserver dans votre *masse* des fruits qui me sont dus, que disposés à les répandre dans le sein des malheureux, dont le nombre augmente tous les jours.

La résistance que j'ai éprouvée déjà avant mon départ m'avoit fait juger que peut-être M.rs les chefs qui l'avoient faite, auroient cru la délicatesse de leurs consciences compromise s'ils m'eussent assimilé aux malades ; j'ai cru devoir à cet égard les rassurer, & les guérir d'un scrupule, que cependant, le temoignage de 4 Médecins d'une probité reconnue n'avoit su y effacer.

Si l'autorité du Pape jointe à l'acquiescement de l'Evêque peuvent opérer sur elles, l'indult que j'ai l'honneur de vous présenter, avec la lettre de Mgr. le Cardinal, doivent m'être de surs garants qu'il n'y aura plus d'obstacles.

Cette lettre du Prince notre Evêque me paroit d'ailleurs si flateuse & si intéressante pour le chapitre, que je ne pourrois, sans manquer à la fidélité que je lui ai vouée, me dispenser de lui en donner communication. Elle vous constitue, Messieurs, juges dans votre propre cause ; elle déclare que cette prérogative vous appartient de droit. Un titre de cette valeur mérite certainement d'être consigné dans vos regiſtres. Je vous le laiſſe ici à cette fin. Elle prouve en même temps que Son A. Em.ᵐᵉ conſent à l'effet de l'indult, ſi vous y conſentez; il reviendra donc aux pauvres une vingtaine de louis que vous ne pourrez leur refuſer plus long temps avec juſtice. Et comme il eſt bien différent pour leur ſoulagement que cette ſomme repoſe ou elle eſt, au lieu de circuler & d'être réellement diſtribuée pour du pain, je me décharge ſur votre diligence, Meſſieurs, de l'emploi de cette partie de mon ſuperflu, dont je ne ferai plus reſponſable après ces dernières repréſentations.

Si toutefois vous préfériez de le conſacrer à l'ornement de notre égliſe, il pourroit entrer dans la dépenſe nécéſſaire pour couronner l'architecture de nos ſtalles, qui ſeront toujours imparfaites, ſi l'on ne place quelque ſculpture ſur la corniche qui les termine.

Je joins ici le croquis d'un plan, pour qu'il vous plaiſe l'examiner & l'approuver; vous ſuppliant, Meſſieurs, que ſi, ſans égard aux raiſons déduites, vous perſiſtiez à retenir ces préſences, que les premiers adminiſtrateurs des biens de l'égliſe m'adjugent, vous me permettiez au moins de faire exécuter à mes frais les ornements portés par ce plan : c'eſt, Meſſieurs, à quoi réduira tout le procès que je vous ferai pour obtenir l'effet de mes juſtes prétentions ; perſuadé que la paix vaut encore mieux que la diſcuſſion des droits les plus légitimes, qui pourroient l'altérer.

Signé : RUMPLER.

N.º 24.

A MONSIEUR RUMPLER CHANOINE DE WARSOVIE.

MONSIEUR le Chanoine RUMPLER. Sur les témoignages avantageux qui m'ont été rendus
de

de vos mœurs & de vos talens, je me suis déterminé avec plaisir à vous accorder les grâces que vous désiriez de moi & dont vous trouverez ci-jointes les patentes; persuadé qu'elles vous seront des motifs pour vous attacher à moi avec reconnoissance et vous concilier mon estime. Sur ce je prie Dieu qu'il vous ait, Monsieur le Chanoine Rumpler, en sa sainte garde. Fait à Warsovie ce 14 Janvier 1773. Signé: STANISLAS-AUGUSTE ROY.

N°. 25.

BREVET

De permission au Sieur Abbé Rumpler d'accepter un Canonicat honoraire de Warsovie, et d'en porter la croix.

AUJOURD'HUI vingt cinq May mil sept cent soixante treize, à Versailles, LE ROI ayant égard à la très humble supplication que lui a fait le Sr. Abbé Rumpler ancien Aumônier ordinaire de la maison de SA MAJESTÉ, et Chanoine capitulaire de l'église de S. Pierre-le-jeune à Strasbourg, de lui permettre d'accepter le titre de Chanoine honoraire du Chapitre de Warsovie que le Roi de Pologne a bien voulu lui accorder; Et SA MAJESTÉ voulant traiter favorablement le dit Sr. Abbé Rumpler, en considération de ses anciens services, elle lui a permis d'accepter le titre de Chanoine de Warsovie, dont il a plu au Roi de Pologne de le décorer; Permet en conséquence SA MAJESTÉ au dit S.r Abbé Rumpler de porter dans son Royaume la croix du chapitre de Warsovie, non obstant les ordonnances et déclarations contraires, aux quelles SA MAJESTÉ a dérogé et déroge pour ce cas, sans tirer à conséquence; et de la rigueur desquelles SA MAJESTÉ a relevé et dispensé le dit S.r Abbé Rumpler: M'ayant en conséquence SA MAJESTÉ commandé de lui expédier le présent Brevet qu'Elle a signé de sa main et fait contre-signer par moi Conseiller secrétaire d'Etat et de ses commandemens et finances. *Signé:* LOUIS et plus bas: le Duc d'Aiguillon avec paraphe.

N°. 26.
23 Octobre 1773.

A MESSIEURS DU VENERABLE CHAPITRE DE S. PIERRE LE JEUNE.

Messieurs,

LE chanoine Rumpler a l'honneur de vous représenter que depuis sept ans qu'il est dans le chapitre, il a beaucoup entendu parler de vos statuts, mais que ne les ayant jamais vus, il a demandé dans l'assemblée du 2 de ce mois qu'il vous plaise, Messieurs, lui permettre de prendre chez lui pour quelques jours, sur son *récépissé*, le livre qui les renferme, afin qu'il puisse, en y étudiant ses devoirs, se faire un plan de conduite uniforme & assuré par la connoissance des différens réglemens qui doivent le diriger & qu'on veut qu'il ait jurés. Rien ne sembloit plus légitime que cette demande ; car il n'est pas plus naturel d'observer des règles particulières que l'on ignore, qu'il n'est raisonnable de lier un honnête homme par serment à des pratiques qu'il ne connoît point. On agitoit d'ailleurs dans le même chapitre une question relative à ces statuts mystérieux, dont la solution a été remise au jugement de deux théologiens, contre l'avis de l'exposant qui auroit voulu dabord essayer de concilier la difficulté proposée avec le texte du statut, avant de recourir à des lumières étrangères. Cependant M. Lantz doyen, au lieu de recueillir les voix de MM. ses confrères pour prendre une résolution capitulaire, refusa (de son chef & par un mouvement *d'habitude*) ce livre à l'exposant, sous prétexte qu'il n'étoit permis de le lire qu'en chapitre, quoique mondit Sr. le doyen l'eût emporté chez lui en différens temps, même de son autorité privée, & que M. du Conte Custos & d'autres chanoines l'eussent gardé dans leurs maisons pendant huit ou quinze jours, du sçu & de l'agrément de la compagnie.

Dans ces circonstances, Messieurs, en éloignant toute espèce de personnalité, toujours à éviter comme peu honorable pour un corps, quel que puisse être l'esprit d'aigreur de l'un ou de l'autre de ses membres, l'exposant ose espérer de votre équité qu'attendu la difficulté qu'il éprouveroit de prêter, comme il le doit, son attention aux matières qui se traitent dans les assemblées capitulaires, & d'y lire en même temps, par intervalles, un vieux manuscrit pour en saisir le vrai sens; que vue la cessation absolue des chapitres généraux depuis le décanat de M. Lantz, qui ne veut pas que le livre des règles soit lu; qu'eu égard au préjugé établi par l'usage d'emporter chez soi ce précieux dépôt pour en consulter à loisir les sages préceptes; & vu principalement la décision, dont copie ci-jointe, par laquelle le chapitre a arrêté que ce recueil ne *pourroit point être pris par les chanoines à l'insçu de leurs confrères, mais qu'il ne seroit refusé à aucun d'eux, s'ils le demandoient*, il vous plaira lui permettre de parcourir chez lui pendant quelques jours le livre en question, aux offres qu'il fait d'en donner son *récépissé*, avec promesse de le représenter à la premiere réquisition; si mieux vous n'aimez en faire expédier une copie qui puisse circuler parmi les capitulaires, tous également intéressés à connoître leurs obligations respectives. Il vous supplie, Messieurs, en cas de refus, de vouloir bien charger vos registres de sa demande & de votre décision, & il continuera d'adresser au ciel les vœux les plus ardens pour l'augmentation & pour la continuation de votre bienveillance.

Signé RUMPLER.

NB. *Sur ce placet, M. le doyen a refusé de prendre*

les voix; & ignorant la valeur des TERMES *françois, il s'eſt cru offenſé du mot* HABITUDE *, pour lequel il a demandé une ſatisfaction, qu'il a eue.* V. N°. 27.

N°. 27.

EXPLICATION SUCCINTE

Sur ces mots: refuſa par habitude *: qui ont été pris en mauvaiſe part par M. le doyen, dans un écrit préſenté au chapitre de S. Pierre le jeune, le 23 octobre 1773, par le ſouſſigné qui demandoit à n'être pas traité différemment de ſes confrères, & qu'il lui fût permis de lire chez lui les ſtatuts, en attendant un chapitre général, refuſé conſtamment par ledit Sr. doyen.*

HABITUDE, eſt une qualité acquiſe par pluſieurs actes. *Refuſer par habitude*, n'eſt donc autre choſe qu'être accoutumé à ne pas accorder.

Savoir ſi c'eſt un mal d'être accoutumé de refuſer. Cette queſtion, qui n'a pas été mûe par mon écrit, ne peut ſe décider que d'après la connoiſſance du principe qui détermine la répétition ſuivie du refus.

On peut refuſer habituellement par des motifs louables, comme par convenance, par juſtice, par égard pour des intérêts plus forts; par la vue, ou *en vue* d'un plus grand bien; même par amitié & par bienveillance, quand ce qui eſt demandé pourroit nuire à celui qui demande.

On peut auſſi refuſer conſtamment par paſſion; comme par animoſité, par haine, par vengeance, par groſſièreté, par obſtination, même par vanité, pour faire ſentir ſa ſupériorité.

Mais ſans déſigner aucun de ces différens motifs,

j'ai dit tout uniment que M. le doyen me refuse par *habitude*. Le fait n'a pas besoin de preuves, car je défie d'articuler une demande que j'aie jamais formée & qu'il m'ait accordée.

Reste donc à savoir par quelle habitude M. le doyen refuse. C'est là proprement (si les motifs des refus étoient vicieux) ce qui pourroit rendre la phrase dure ou offensante. Le reproche, dans ce sens, seroit même une injure, quelque vrai & quelque fondé qu'il pût être; mais c'est justement ce que j'ai évité de faire, en ne qualifiant point cette habitude.

C'est à Messieurs du chapitre, c'est à leurs lumières & à leur équité à pénétrer dans les vues de M. le doyen pour les approuver ou les redresser, suivant qu'elles pourroient être bonnes ou mauvaises. Quant à moi, je dois plutôt les présumer sages & louables, que bornées, méchantes ou passionnées.

Comme cependant il m'importe de savoir ce que disent nos statuts ; qu'il y a plus d'un mois que M. le doyen me les refuse, & qu'il m'a même refusé, dans la dernière assemblée, de faire mention de mes instances réitérées dans le protocole, dont il s'étoit chargé en l'absence de M. L'Ecolâtre, j'ose espérer, qu'indépendamment de ses vues & de leur qualification, il plaira au vénérable chapitre de me confier le recueil de nos règles, pour le parcourir chez moi, aux offres portées par ma dernière demande.

Signé RUMPLER, chan.

N°. 28.

Décembre 1773.

COPIE des mémoire et acte préfentés et fignifiés au VENERABLE CHAPITRE.

A MESSIEURS

Les prévôt, doyen, chanoines & chapitre de l'infigne églife collégiale de S. Pierre le jeune.

MESSIEURS,

LOUIS Rumpler, chanoine de votre chapitre, prend la liberté de vous rappeler la fuite des faits relatifs à fes demandes, dont il n'a point été fait mention dans vos regiftres & qui, par la tournure qu'elles prennent, deviennent de jour en jour plus intéreffantes pour lui; il a l'honneur de vous expofer en conféquence que lors de l'affemblée capitulaire du 2 du mois paffé, où délibérant fur la lettre écrite par M. de Bong au fujet du *Stage*, le plus grand nombre des chanoines préfens a été contraire à ce jeune confrère, dans la perfuafion, qu'un certain ftatut s'oppofoit à fes vues.

La clarté de ce ftatut fembloit cependant n'être pas abfolument reconnue; car on en foumettoit pour lors l'explication aux lumières de deux théologiens, à la pluralité de quatre voix contre trois, qui auroient défiré que l'on eût préféré l'interprétation du feigneur ordinaire.

Si la fageffe de ce dernier avis n'a point prévalu, c'étoit fans doute parce que M. le doyen avoit obfervé qu'il ne feroit point prudent de la part du chapitre de fe fier à un interprète, d'autant plus fufpect, que dans une queftion à peu près femblable, il avoit déjà décidé au préjudice de la maffe & des ftatuts.

Cependant cet arrêté capitulaire, qui invoquoit des théologiens confultans ou arbitres, n'a point eu son effet ; une lettre envoyée au nom du chapitre à M. le premier préfident pour lui faire part de la décifion, en a vraifemblablement fait manquer l'objet. Ou cette lettre n'étoit pas plus claire elle-même que le ftatut, ou elle avoit été au moins mal interprêtée par le chef du confeil ; car la réponfe ironique qui y fut faite, laiffoit entrevoir que le chapitre avoit été compromis en fuivant trop bonnement l'ufage où il étoit depuis quelques années, de ne point voir par lui-même les lettres qu'il écrivoit.

C'eft dans le cours de ces agitations que l'expofant vous a priés par écrit, Meffieurs, 1°. de vouloir bien lui permettre, fur fon *récépiffé*, de parcourir chez lui, à fon loifir, le recueil de vos ftatuts, afin qu'il pût, en y étudiant fes devoirs, fe faire un plan de conduite uniforme & affuré, par la connoiffance des différens réglemens qui doivent le diriger & qu'il doit avoir jurés, quoiqu'il ne les ait jamais vus ; fi mieux vous n'aimez en faire expédier une copie qui puiffe circuler parmi les capitulaires, tous également intéreffés à connoitre leurs obligations refpectives.

Cette demande paroiffoit d'autant plus légitime que pour vôter, en connoiffance de caufe, dans la queftion agitée pour lors, il auroit fallu que chaque chanoine eût pénétré déjà & approfondi le vrai fens du texte ; que d'ailleurs le manufcrit qui le renferme, avoit été pris en différens temps & emporté par M. le doyen, même de fon autorité privée ; que plufieurs capitulaires l'avoient gardé dans leurs maifons pendant des mois entiers ; qu'en un mot, il avoit été fait une décifion formelle, inférée au protocole 15, page 134, par laquelle il étoit arrêté, qu'il ne pourroit être refufé à un chanoine qui demanderoit à le lire chez lui, comme en effet il ne l'a jamais été.

Cependant, Meffieurs, après plufieurs délais réitérés pendant cinq à fix femaines, il vous a plu, le 13 du mois dernier, fur le rapport fait par M. le doyen, de la part du seigneur ordinaire, décider enfin, que le livre des statuts ne sortiroit plus de la salle capitulaire, & qu'il y seroit gardé sous la clef.

2°. Dans la même assemblée, Messieurs, vous avez entendu la lecture d'un libelle diffamatoire qui doit avoir été envoyé au chapitre par M. F... inspiré par M. le prévôt.

C'est le second qui paroît sous le nom du même auteur, à l'adresse de la compagnie ; le premier, envoyé avant la nomination au dernier canonicat, étoit attentatoire à l'honneur de M. le doyen. Tous deux avoient été également lus par celui-ci en son particulier, conséquemment au privilège qu'il dit avoir de décacheter toutes les lettres & les paquets, pour ne communiquer à l'assemblée que ce qui, à son jugement, en est digne. Il avoit supprimé celui qui l'attaquoit, & il n'en a point fait lecture, quoiqu'il contînt plusieurs articles qu'il importoit au chapitre de ne pas ignorer. Ce dernier libelle au contraire, qui n'est d'un bout à l'autre qu'un amas d'injures atroces, ou un tissu de pitoyables calomnies, a été, Messieurs, présumé très-digne d'occuper votre séance. Ecrit *ex professo* contre l'honneur de l'exposant, il y a été lu par M. le doyen, depuis le commencement jusqu'à la conclusion, par laquelle le calomniateur vous demandoit mille écus d'emprunt, pour récompense sans doute d'avoir si bien saisi le véritable objet de la charité chrétienne.

Vous avez été scandalisés, Messieurs, de l'animosité outrée que témoignoit contre l'exposant, un confrère qui cependant, au bout de dix années de liaison, n'avoit d'autre reproche à lui faire que d'avoir présenté un placet au Roi, pour obtenir le fruit d'un engagement d'honneur.

Vous êtes bien persuadés sans doute, que ce placet n'étoit point un libelle : il étoit signé & mis (quoiqu'un peu trop tard) sous les yeux d'un monarque qui, loin d'accueillir le mensonge, ou les délations passionnées, auroit su au contraire le réprimer ou les punir.

Les sentimens d'équité qui vous animent, Messieurs, vous ont portés à charger sur le champ M. le Doyen de répondre à M. F... que le chapitre avoit désapprouvé hautement son épitre indécente, & qu'il lui conseilloit de s'abstenir de pareils procédés, toujours odieux; &, par cette prompte justice, vous avez mis l'exposant dans le cas de pardonner l'injure & de renoncer à toute action, en l'assurant que ce libelle ne lui faisoit point tort dans votre estime, laquelle il a trop à cœur de ménager pour être insensible à sa perte.

Cependant, Messieurs, dans le chapitre dernier, l'exposant n'a pas douté un instant qu'on ne voulût, par une suite conséquente de ce qui s'étoit passé, anéantir la pièce infâme qui avoit été unanimement reconnue scandaleuse. Il vous a rappelé la nécessité qu'il y avoit de la déchirer, parce que M. l'Ecolâtre, n'ayant point fait mention dans les registres de la décision du chapitre précédent qui la désapprouvoit, elle ne pouvoit subsister qu'au déshonneur ou à la honte de l'exposant; qu'il n'en étoit point d'un mémoire injurieux, adressé à un corps, comme d'une lettre écrite à un particulier; que celle-ci étoit secrète, & l'autre publique; que le contenu de l'une se brûloit dans le silence, tandis que les injures de l'autre se communiquoient de bouche en bouche.

Mais vous avez, Messieurs, décidé à la pluralité des voix, d'après le discours prononcé par M. le prévôt, qu'il falloit conserver ce libelle pour le besoin & le cacheter du sceau de votre église, sans prétendre par-là en consigner solemnellement la mémoire, ou en perpétuer le scandale.

Si cependant il n'est aucune société, fut-ce la plus mondaine, qui aujourd'hui ne fasse montre de beaux principes, capables d'entretenir la paix, si nécessaire au bonheur, que ne doit-on pas attendre d'une compagnie qui n'est composée que de respectables ministres du Dieu de charité?

L'exposant a trop bonne idée de la religion & de

la prudence de ses confrères pour croire qu'ils veuillent sérieusement insister à leur arrêté verbal & conserver avec formalité un levain de discorde & de haine, qui ne pourroit que reproduire de nouvelles fermentations par la suite. Il vous prie en conséquence, Messieurs, de vouloir bien décider, 1°. comment au défaut des chapitres généraux qui ne se tiennent plus depuis une douzaine d'années, on pourra à l'avenir avoir communication ou copie des statuts, pour se les rendre familiers ? quelles seront les heures & les jours qu'il conviendra de prendre pour s'établir dans la salle capitulaire, d'où ils ne doivent plus sortir ? qui en gardera les clefs? &c.

2°. Remettre à l'exposant copie du libelle envoyé au chapitre par M. F..., aux fins de le poursuivre en réparation, si vous n'aimez mieux supprimer vous-mêmes cet écrit scandaleux, en le déchirant; si non il se pourvoira par les voies de droit, peiné de s'y voir forcé. *Signé* RUMPLER.

Ce mémoire a été lu en chapitre, qui en a gardé un double, ce 4 décembre 1773.

A LA requête de M. François Louis Rumpler, chanoine honoraire de S. Jean de Warsoire & capitulaire de S. Pierre le jeune de Strasbourg qui fait élection de domicile en celui où il demeure, soit représenté à Messieurs les prévôt, doyen, chanoines & chapitre de cette dernière église:

Que le requérant ne sauroit être que peiné des dispositions, dans lesquelles Messieurs les chefs paroissent persister à son égard depuis les époques des dernières nominations, où les liaisons du sang & de l'amitié l'avoient obligé à s'écarter de leur opinion.

Des refus réitérés sur des demandes justes & raisonnables, des défenses faites à des employés subalternes, pour le priver secrétement de certains objets à lui légitimement dûs, des réponses obscures & des délais superflus, opposés à des demandes simples & cathégoriques; tels font au moins les effets qui lui donnent lieu de fuppofer une femblable caufe.

Inquiété de toute manière, le requérant avoit porté partie de fes griefs au chapitre du 4 de ce mois, dans l'efpérance que fur fon mémoire, dont copie eſt ci-deſſus, ce corps refpectable daigneroit, pour l'amour de la paix, anéantir une pièce capable d'alimenter le reſſentiment qu'il falloit détruire dans fa racine; mais quel a été fon étonnement, de voir dans l'arrêté capitulaire, fait à cette occafion, que ce mémoire feroit envoyé à Colmar & que le chapitre s'en rapporteroit à l'avis ou au jugement de trois avocats du confeil, fans qu'il ait été décidé, qui nommeroit ces avocats, quand, ni fur quoi l'on les confulteroit.

En fuppofant que c'eut été le cas de recourir encore à des lumières étrangères, il refteroit toujours indécis par cet arrêté, de favoir 1°. fi ces avocats feront de fimples confeils ou des arbitres? 2°. S'ils feront nommés par le chapitre feul, ou conjointement par les parties refpectives? 3°. Quand ils feront nommés? 4°. Sur quelles queſtions ils doivent donner leur avis, foit fur celles du choix des jours & des heures les plus propres à la lecture des ſtatuts, foit fur celle de la perfonne qu'il conviendra de nommer pour la garde des clefs; foit fur celle de favoir lequel des deux partis eſt le plus fage, ou de déchirer un libelle reconnu fcandaleux par le chapitre même, ou de le fceller pour le conferver comme une pièce précieufe & néceſſaire? Ce ne fauroit être décemment celle de favoir, fi le vénérable chapitre a bien ou mal agi, en défapprouvant un écrit calomnieux, & en chargeant M. le doyen de faire de fa part des réprimandes à l'auteur. Le requérant fe gardera de préfumer qu'on veuille prendre un pareil détour pour mortifier le calomnié, en communiquant aux avocats un écrit qui auroit dû s'anéantir dès qu'il a paru. En tout cas, le requérant a l'honneur de déclarer au vénérable chapitre que, fi contre toute attente, il vouloit se prêter aux vues de M. le prévôt, manifestées à cet égard, & donner à cette espèce de libelle qui lui a été adressé de la part de M. F...., un plus grand degré de publicité, en le communiquant à trois avocats; dès lors dispensé du propos qu'il s'étoit fait de pardonner l'injure, il se croira fondé de poursuivre en justice la réparation qui lui est dûe par le confrère qui en est l'auteur apparent; & le vénérable chapitre aura conséquemment à s'imputer à lui seul le scandale qu'il pouvoit prévenir & empècher : c'est pourquoi il l'invite derechef à décider au chapitre de samedi prochain, tant cette dernière question, que celles mentionnées dans le mémoire des autres parts, sur lesquelles ledit vénérable chapitre n'a rien voulu statuer dans l'assemblée dernière, quoique de ce justement sollicité par le requérant, qui ne se persuadera jamais qu'une société d'ecclésiastiques veuille garder dans ses archives le germe de la discorde, sous le cachet de S. Pierre, & laisser sans réponse, des demandes fondées sur la justice & sur l'équité.

Le requérant ajoute encore, qu'à toutes espèces d'arbitrages il préfère, pour l'honneur du chapitre, la décision du chapitre même; & qu'à tout événement, si de nécessité absolue il falloit des arbitres pour décider un point relatif à la charité chrétienne, il feroit plutôt choix d'un prêtre que d'un jurisconsulte; il en appelle ici à la propre conscience de ses confrères, auxquels il rend cette justice de croire qu'ils ont plutôt erré sur les moyens que péché dans l'intention; & s'il prend là voie juridique pour leur notifier ses raisons, ce n'est qu'à regret & après avoir épuisé toutes les autres ressources qui sont d'usage & de bienséance, dont acte, qui sera délivré au Sr. Eggs, receveur, pour le communiquer au vénérable chapitre.

Signé RUMPLER.

Signifié & délivré copie à M. Eggs, receveur en cette ville y dénommé, en son domicile & parlant à sa servante, avec sommation de donner communication audit chapitre pour qu'il n'en ignore; par moi huiſſier royal ce jourd'hui dix-ſeptième décembre mil ſept cent ſoixante & treize.

Signé COMES, avec paraphe.

S'ENSUIT la copie d'un écrit qui a été lu par M. Rumpler, en chapitre le 8 du préſent mois d'octobre 1774. L'acte ci-deſſus étant reſté ſans réponſe, par la réſiſtance des chefs au vœu du chapitre, maîtriſé par eux.

Meſſieurs,

PUISQUE nous avons actuellement le plaiſir de voir M. F.... parmi nous, je crois devoir vous dire qu'avant mon départ pour les eaux, je m'étois vu forcé, par vos délais, de préſenter enfin ma requête à Monſeigneur le cardinal, avec les mémoires & actes que je vous avois fait ſignifier, relativement au libelle que ledit ſieur F.... doit avoir adreſſé au vénérable chapitre, enſemble les certificats que ce confrère m'avoit donné antérieurement, dans des circonſtances à peu près ſemblables, pour démentir „d'avance *toutes les calomnies* „ *qu'un ſcelerat pourroit imaginer ou haſarder contre* „ *mon honneur, ou pour nous diviſer, proteſtant qu'il* „ *déſireroit me reſſembler pour la droiture, le caractère* „ *& les mœurs, &c....* ce ſont ſes termes.

Depuis mon retour de Spa j'ai été à Mutzig, pour voir ſi notre ſupérieur avoit décreté ma requête, & pour, en cas de refus, retirer les pièces & me pourvoir ailleurs.

Son Alt. Emin. m'a témoigné, Meſſieurs, qu'elle répugnoit de ſe mêler de nos querelles, & qu'elle déſireroit que le chapitre ſtatuât lui-mème ſur mes demandes; à l'effet de quoi elle m'a engagé de vous faire une dernière repréſentation pour l'anéantiſſement d'un libelle qui auroit dû ou n'être jamais produit en chapitre, ou y être ſupprimé dès qu'il a paru.

Je vous prie donc, Messieurs, de vouloir bien faire inviter M. F.... à venir prendre ici sa place & lui demander si réellement il se déclare auteur de cet écrit injurieux, dont la lecture vous a tellement scandalisés, qu'à l'instant même où M. le doyen venoit de l'achever, vous l'avez chargé de faire, de la part dudit chapitre, audit Sr. F.... (s'il en étoit l'ouvrier) les reproches que méritoit une pareille indécence.

Cependant, Messieurs, quel qu'en puisse être l'origine, il importe au bien de la paix que cette pierre de scandale soit enfin levée. Ce libelle, reconnu pour tel par le chapitre même, sera donc, je l'espère, déchiré d'un consentement unanime. C'est le vœu de S. A. E. Mgr. le cardinal, c'est celui du seigneur ordinaire, & j'ose présumer que c'est également celui d'un ami de dix ans, & d'un parent qui ne m'auroit trouvé tout à coup si odieux, que parce que j'eusse voulu, pour sa gloire autant que pour l'intérêt d'un frère, conserver les fruits de ses engagemens d'honneur ; ou parce que peut-être des *scélérats*, comme il les appelle, auroient su, dans un moment d'humeur, abuser de sa crédulité, pour le précipiter lui-même dans la honte dont ils eussent voulu me couvrir.

Il me seroit douloureux, Messieurs, que pardonnant comme je le fais du fond de mon ame tout le mal qu'on a cherché à me faire, ou qu'on pouvoit me préparer encore, je fusse néanmoins dans la nécessité de porter plus loin mes plaintes, pour obtenir la suppression d'un recueil de calomnies que l'honneur de mon état, & ma délicatesse à cet égard, ne peuvent me permettre de laisser subsister.

S'il faut, aux pieds du trône, implorer enfin la justice qui m'est dûe, forcé d'y reparoître, je le ferai aux risques d'y publier une turpitude que j'aurois voulu, pour l'honneur de mon confrère (supposé qu'il en fût l'auteur) dérober à la vue du dernier des hommes, si par sa publicité, &

par les précautions singulières, prises par M. le prévôt pour la conservation de sa mémoire, mon propre honneur n'y eût été trop fortement compromis.

Mes sentimens au surplus, m'inspireront partout la patience & la fermeté nécessaires; & la conduite que j'ai tenue dans nos démêlés respectifs, rassurera toujours pleinement ma confiance.

A LA requête de M. François Louis Rumpler, aumônier ordinaire de la maison du Roi, & chanoine de l'église collégiale de S. Pierre le jeune à Strasbourg, qui fait élection de domicile en celui où il demeure.

Soit dit & signifié à M. F.... chapelain du Roi & chanoine de la même église, qu'il a dû remarquer, par le détail des faits rapportés ci-dessus & autres parts; que les mesures prises par Messieurs les dignitaires, relativement à une lettre scandaleuse adressée au chapitre, n'ont pas eu tout l'effet que la sagesse de leurs vues pouvoit en attendre, soit pour l'union & la concorde de leurs confrères actuels, soit pour l'édification future des chanoines leurs successeurs.

Cette lettre, quoique conservée jusqu'ici sous le sceau sacré de notre église, n'a pas contribué encore à augmenter le degré de charité qui règnoit parmi ses ministres. Attribuée à M. F...., signée de son nom, & écrite d'un bout à l'autre contre l'honneur du requérant, elle a mis celui-ci dans le cas de demander samedi dernier, qu'il plût au vénérable chapitre de la déchirer enfin, ou de faire déclarer audit Sr. F...., si réellement il en étoit l'auteur, ou s'il ne l'étoit pas, &c.

La matière mise en délibération, M. le doyen prit les voix de Messieurs les capitulaires, & voyant que les premières qu'il recueilloit, se trouvoient conformes aux conclusions du requérant, il interrompit l'ordre des suffrages, pour faire un discours

pathétique que lui suggéra dans le moment son amour pour la paix, & dont la conclusion fut, sans aller ultérieurement aux opinions, que le requérant „ feroit sommer ledit Sr. F.... par un acte juridi-
„ que, pour obvier par-là à tout ce qui pourroit alté-
„ rer la bonne harmonie qui doit régner entre des
„ confrères.

En conséquence, le requérant (qui depuis près d'un an s'évertue en vain à concilier cette harmonie avec le rétablissement de son honneur, si indignement attaqué) prie mondit Sr. F.... & en tant que besoin, le somme & l'interpelle, de reconnoitre, dans le délai de trois jours, s'il est, ou s'il n'est pas l'auteur de la lettre, envoyée au chapitre le 13 novembre dernier; pour, sur sa réponse, pouvoir diriger une marche assurée, lui déclarant que faute par lui de s'expliquer dans ledit délai, le requérant prendra son silence pour un aveu tacite de l'envoi de ladite lettre, fait par lui audit chapitre; protestant dans ce cas de se pourvoir contre lui en réparation pardevant & ainsi qu'il appartiendra; & de récupérer tous frais, dépens, dommages & intérêts, &c. Ce qui sera signifié avec les mémoires & actes qui ont été présentés & signifiés au vénérable chapitre dans cette affaire, pour qu'il n'en ignore, dont acte. *Signé* RUMPLER.

Sgnifié, &c.

Nota. Le doyen poussé à bout, sur le désaveu de M. F.... a consenti enfin à brûler cette lettre, malgré la résistance du prévot qui, à l'exemple de la bonne mère, au jugement de Salomon, vouloit toujours qu'elle fût conservée.

Tantæ-ne animis cœlestibus iræ...!

Et c'est ainsi que le vénérable chapitre de S. Pierre le jeune est gouverné en général depuis le règne des deux chefs, qui ont changé sa constitution en Duumvirat parfait.

N°. 29.

1774.

A MONSEIGNEUR L'ÉVÊQUE D'ARATH, &c.

Monseigneur,

SUPPLIE humblement Louis Rumpler, chanoine de S. Pierre le jeune, disant : Qu'il auroit désiré de lire les statuts de son église, & de voir supprimer, pour l'union & la concorde fraternelle, un écrit, adressé au vénérable chapitre, sous le nom de M. F.... son confrère, contre l'honneur du suppliant; que depuis plusieurs mois il en fait & réitère inutilement la demande en chapitre, ainsi que le prouvent les mémoire & acte ci-joints.

Comme cependant il importe au suppliant de connoître sa règle ; plus encore de soutenir son honneur, il ose espérer de l'équité de votre grandeur qu'il lui plaira, Monseigneur, ordonner que le vénérable chapitre de S. Pierre le jeune prononcera sans délai sur ces demandes, ou qu'elle voudra bien elle-même les décider à son refus, en fixant ou en déterminant les moyens convenables pour faciliter aux chanoines la lecture de leurs statuts, & en se faisant représenter la lettre de M. F.... pour juger si elle est de nature à être scellée & conservée dans les archives de la collégiale, ou s'il ne seroit pas plus juste & plus décent de l'anéantir pour le bien de la paix & de la charité, qui fait l'unique objet des vœux les plus sincères du suppliant. Et ferez bien.

Signé : RUMPLER.

6 Février 1774.

À MONSEIGNEUR L'ÉVÊQUE D'ARATH,
SUFFRAGANT, &c.

Monseigneur,

Louis Rumpler, chanoine capitulaire de S. Pierre le jeune, &c. a l'honneur de représenter à votre grandeur, que depuis longtemps il a eu le malheur d'encourir la disgrace de M. le prévôt Regemorte, qui, pour ne lui laisser aucun doute à cet égard, s'empresse à saisir les occasions, même les plus petites, pour lui en donner des preuves; témoins les difficultés & les refus que, sur ses discours prononcés en chapitre, le suppliant vient d'éprouver de la part du plus grand nombre des capitulaires, dans les demandes les plus simples, ainsi que votre grandeur le verra par le détail des faits, rappelés dans les mémoire & acte ci-joints.

S'il est vrai, Monseigneur, qu'il n'y ait rien de nouveau sous le soleil, le suppliant doit croire qu'il y a eu déjà des chanoines avant lui, qui, sans avoir la moindre notion des règles qu'ils avoient fait serment de suivre, n'ont pu par aucune voie, s'en procurer la communication pour les connoître. Il doit croire encore qu'il a existé des chapitres qui, pour le plus grand bien de l'union & de la concorde fraternelle, ont accueillis des libelles, par eux-mêmes unanimement reconnus scandaleux; qu'ils les ont cachetés du sceau de leur église, pour les conserver dans leurs archives, & les faire servir à l'édification future des chanoines leurs successeurs.

C'est, Monseigneur, ce que le suppliant a peine à se persuader; mais c'est ce que le vénérable chapitre de S. Pierre le jeune vient d'effectuer à son égard. Ce chapitre, composé de quinze chanoines, se réduit à sept capitulans, dont quatre, formant la pluralité, ont opérés ces refus & décision mémorables, qui trouvent leurs principes dans l'impulsion du chef.

Que les statuts cessent d'être lus ou annoncés en substance, du moins une fois l'an, cela se conçoit, si l'on fait attention, qu'il n'y a plus de chapitres généraux, les chefs absolus n'en voulant pas; mais qu'on fasse un mystère de ces statuts à ceux mêmes dont le devoir seroit de les étudier à fond; cette pratique ne peut être fondée ni sur des statuts, ni sur l'ordre d'une sage discipline.

Il en est à peu près de même de la lettre attentatoire à l'honneur du suppliant, attribuée à M. F.... & cachetée en chapitre *ne varietur*, à la réquisition de M. le prévôt, pour être conservée à la honte de deux confrères, l'injuriant & l'injurié.

Un procédé pareil, s'il ne prouve pas absolument que la confection du libelle ait été suggérée, & qu'on ait vu avec plaisir l'envoi qui en a été fait; il démontre au moins que l'esprit de charité n'a pas triomphé dans les cœurs de ceux qui l'ont résolu.

Par le mandement zèlé que votre grandeur vient de donner aux fidèles du diocèse, elle défend, sous les mêmes peines, ou de lire des mauvais livres, ou de les garder.

Une lettre, qui dans quatre pages ne renferme autre chose que des propos insultans & calomnieux, ne pouvoit être lue publiquement sans scandale, ni être conservée un instant sans passion.

C'est d'après ces réflexions, Monseigneur, que le suppliant ose avec confiance recourir à l'autorité de votre grandeur, pour qu'il lui plaise ordonner, 1°. que le vénérable chapitre de S. Pierre le jeune ait à décider incessamment quels seront les jours & les heures qu'il conviendra prendre, pour donner aux chanoines communication de leurs règles. 2°. Que la lettre de M. F.... lui soit représentée, pour connoître & juger si elle est de nature à être scellée avec formalités & conservée à la honte éternelle du suppliant dans les fastes du chapitre; & au cas contraire, la supprimer. Et ferez bien.

Signé RUMPLER.

N°. 31.

REPRÉSENTATIONS AU VÉNÉRABLE CHAPITRE.

Messieurs ,

EN parcourant quelques-uns de nos registres, j'ai remarqué que l'on avoit toujours eu la précaution d'y inscrire les noms des différentes personnes attachées au service du chapitre, après qu'elles avoient été choisies de l'aveu des capitulaires. Cependant, Messieurs, vous devez avoir observé que cette sage pratique commençoit à être négligée; & je me crois d'autant plus fondé à vous faire à cet égard les remontrances nécessaires dans cette assemblée ordinaire, que les chapitres généraux, dans lesquels ces sortes d'observations devroient être faites, ont cessé absolument d'avoir lieu, au regret de la plupart des membres intéressés à les voir rétablis, tant pour le maintien du bon ordre que pour la conservation des droits personnels de chaque individu.

Un de ces droits, Messieurs, & le moins équivoque certainement, c'est celui qui compète aux capitulaires de voter dans toutes les affaires communes. Rien ne pourroit excuser un ou plusieurs membres qui voudroient y porter atteinte, en préjugeant & réglant certaines matières à l'insçu de la compagnie. Pareille entreprise seroit d'autant plus abusive qu'elle annonceroit un mépris formel des règles, même des premiers principes.

Or, Messieurs, depuis plusieurs années que M. H...... a quitté les fonctions de sa charge de notaire, le chapitre, dont il avoit la confiance, n'a pas encore opiné pour lui désigner un successeur.

Il est vrai qu'un de nos chefs, par des vues qu'il est inutile de relever présentement, a cherché de soustraire à la décision de son corps, l'objet de cette *affaire*; il a, du consentement tacite sans doute de quelques-uns de ses confrères, adopté un notaire *ad interim* qui déjà a passé, pour le chapitre, différens actes en cette qualité, quoiqu'un autre en ait également passé quelques-uns à la réquisition de la pluralité: mais, Messieurs, un officier d'une aussi grande importance pour les intérêts de notre église doit être, vous le savez, choisi capitulairement, & son admission insérée dans le protocole. Telle a été la marche de nos prédécesseurs en pareille circonstance; tel est l'ordre qu'il convient de suivre pour le bien de tous en général & pour le droit de chacun en particulier: Et c'est là, Messieurs, en quoi je me croirai frustré de ce droit, si le vénérable chapitre pouvoit refuser de soumettre à la discussion de l'assemblée une matière qui devoit y être portée & qui ne l'a jamais été. On y défère le choix d'un masson, d'un vitrier ou de tout autre artisan, dont les receptions se voyent couchées au long sur nos registres, à plus forte raison un homme public, dont le ministère nous est d'une nécessité indubitable, doit-il pour être agréé, commencer par nous être proposé.

Je prie en conséquence M. le doyen, de vouloir bien prendre là-dessus les avis de Messieurs les capitulaires. *Signé* RUMPLER.

Strasbourg le 15 févr. 1774.

NB. Et M. le doyen ne les a pas pris; & le notaire n'a jamais été admis que par les duumvirs; parce que M. le prévôt avoit pressenti qu'en soumettant le choix au vœu du chapitre, *l'affaire* n'auroit pu *s'arranger* à son gré; car en effet, le plus grand nombre des votans étoit pour un autre notaire, qui a eu la générosité de prier les capitulaires ses amis de ne pas y insister, par égard pour le prévôt; mais celui-ci n'en a pas moins continué à le desservir en toutes occasions, en *faveur* du *remontrant*.

N°. 32.

LETTRE A M. DE REGEMORTE.

Monsieur le Prévôt,

Comme je présume que la pollicitation, que vous avez faite dernièrement en chapitre, a été sincere, je me crois obligé, pour le bien des pauvres, de vous communiquer les extraits ci-joints de deux lettres, en vous prévenant que j'en ai plusieurs autres de la même force, dont je vous produirai les originaux, s'ils peuvent opérer efficacement sur votre ame charitable la donation des dix mille livres annoncées; mais je vous avoue, Monsieur, que je n'aimerois point de nommer les personnes qui m'ont donné avis dans le temps des démarches que vous faisiez pour me traverser; à moins que je ne fusse assuré que l'aumône promise sera réellement versée dans le sein des malheureux.

Vous vous rappellerez, Monsieur le prévôt, que vous aviez promis également à mon beau-frère & à moi, que vous me donneriez (ainsi que la justice l'exigeroit) votre procuration *ad resignandum*, telle chose qui pût arriver, & qu'ensuite vous me l'avez refusée sous prétexte que *la condition principale sous laquelle notre accord a été fait, étoit que le conseil m'agréeroit*; cependant cet accord n'en faisoit pas la moindre mention, & certainement personne au monde ne voudra prétendre que pareille condition soit sous-entendue, d'autant moins que j'avois dès-lors des assurances positives de la réussite de mon *affaire*, si vous eussiez fait honneur à vos engagemens; & qu'il ne me convenoit point de solliciter l'agrément du conseil, avant d'avoir obtenu de vous, ce qu'avec justice vous ne pouviez me refuser.

Mon espérance actuelle, Monsieur, relativement aux nouvelles promesses, qu'inopinément vous venez de faire, ne risqueroit-elle pas d'être pareillement vaine? En tout cas je laisse à la délicatesse de votre conscience, le soin de régler la portion de dommages-intérêts, qui reviennent bien légitimement aux pauvres de votre part, à mon intention, pour le refus mal fondé que vous m'avez fait, dussiez-vous n'avoir eu, en le faisant, d'autres motifs qu'une politique humaine, ou un ressentiment personnel.

Finalement, Monsieur le prévôt, si vous vouliez une fois pour toutes, oublier de bonne foi les torts respectifs (que nous pouvons avoir tous deux depuis plusieurs années, ainsi que vous l'avez observé); cesser en conséquence de me nuire à moi & à ma famille, qui ne vous fait aucun mal, je vous proteste bien sincèrement que vous trouveriez en moi des sentimens que vous n'y auriez pas soupçonnés, prévenu comme vous l'êtes; ceux de ma reconnoissance particulière, pour cet oubli généreux, ne pourront être égalés que par la considération distinguée & le respectueux dévouement avec lesquels je ne cesserai d'être, &c.

Signé RUMPLER.

Strasbourg le 25 nov. 1773.

N°. 33.

EXTRAITS de deux lettres de M. le baron de S.... à M. le chanoine Rumpler, son parent, et pour-lors son ami.

Colmar ce 12 février 1764.

JE vous fais, mon cher, &c......

Le second a écrit à votre vendeur que l'assemblée des chambres étoit remise à lundi, mais j'espère toujours l'empêcher tout-à-fait, ayant donné à connoître que vous alliez rassembler vos pièces justificatives sur le fait imputé à feu M. votre père, ou en tout cas vous arranger tout-à-fait de façon à contenter tout le monde. En attendant, passez la procuration *ad resignandum*, c'est toujours là le point nécessaire pour ôter l'idée de l'assemblée des chambres, qui vous perdroit si elle avoit lieu, &c.

Colmar du 29 avril 1764.

Tout votre, &c......

Pendant votre séjour à Manheim, R...... votre antagoniste a sollicité par lettres & par ses amis au conseil, une assemblée de chambres. On la lui a accordée. J'ai fait tout ce qui a été en mon pouvoir pour parer le coup; cela n'a pas été possible : il a été dit que l'on vous refuseroit si vous vous présentiez. Quant à la question de savoir si M. de Regemorte seroit obligé de vous passer procuration *ad resignandum*, c'est une affaire particulière, dans laquelle le conseil n'a pas voulu entrer. Il n'a été au surplus rien protocolé. Voilà le vrai, & j'en fais assez pour, &c.

N°. 34.
À M. RUMPLER, CHANOINE.

J'ai l'honneur, Monsieur, de vous renvoyer les pièces que vous avez bien voulu me communiquer; je vois par la copie d'une lettre du 29 avril 1764 que je dois avoir demandé une assemblée des chambres pour être assuré des dispositions de Messieurs du Conseil à votre égard; cette démarche de ma part fait connoître, que je n'ai cherché qu'à justifier mon refus de ma procuration *ad resignandum*, mais il en résulte nullement que j'ai sollicité messieurs mes confrères de vous donner une exclusion; & c'est ce dernier fait que j'ai désavoué en plein chapitre : je désavouerai également d'avoir jamais persécuté ni vous, Monsieur, ni aucun de votre famille. Il me seroit même facile de rapporter des preuves, que j'ai fait des démarches en faveur d'une personne qui vous apppartient.

J'ai l'honneur d'être très parfaitement, &c.
Signé: REGEMORTE.

ce 27 nov. 1773.

N°. 35.

Instructions pour M. l'abbé Rumpler, chanoine député à Manheim.

Le chapitre mettant toute la confiance au zèle de M. Rumpler, le prie de faire tout son possible pour terminer les prétentions du chapitre par rapport aux dettes qu'il a à répéter sur les villes de Neubourg & autres; il lui envoie pour cet effet une procuration générale & illimitée, de laquelle cependant mondit Sr. Rumpler ne pourra se servir qu'aux conditions détaillées dans cette instruction, ainsi qu'il a promis lui-même dans sa lettre du septieme du courant, savoir :

1°. M. Rumpler pourra renoncer à tous les intérêts échus jusqu'à présent de la somme capitale de vingt-deux mille florins.

2°. Il pourra renoncer même en partie au remboursement du capital jusqu'à la somme de douze mille florins, de manière qu'il pourra se contenter *de dix mille florins*.

3°. La convention portera expressément: que les dix mille florins seront payés comptant, espèces de France, ici à Strasbourg, dans une année, en deux payemens de six mois en six mois, chaque payement de cinq mille florins.

4°. Qu'il n'acceptera en payement aucun autre effet, bien ou fief, &c.

5°. *Le chapitre se réserve expressément de fixer les gratifications*, lorsque le traité sera conclu.

6°. M. Rumpler fera inférer dans ledit traité un article, par lequel il réservera au chapitre la ratification du même traité.

Strasbourg ce 11 Sept. 1775.

LES PRÉVÔT, DOYEN, CHANOINES, ET CHAPITRE DE S. PIERRE LE JEUNE.

Signé : *JEANJEAN*, chan. écol.

N°. 36.

NOMINATION à un canonicat, pour une dame *d'honneur* de la cour de Manheim qui, en badinant, me tourmentoit pour être chanoinesse de mon chapitre.

EXTRAIT des registres du chapitre de l'insigne église collégiale de S. Pierre, fol. 333.

CE JOURD'HUI 9ᵉ du mois de mars de l'année 1775, les prévôt, doyen & chanoines, dans leur assemblée ordinaire, pleinement persuadés que l'homme est un animal sociable, ont capitulairement délibéré sur les inconvéniens attachés à la vie solitaire nommément maudite par l'oracle sacré *væ soli*; & considérant que dès l'origine de la psalmodie le fondateur des chanoines, le père de l'éternel bréviaire, David le grand chantre des louanges du Très-Haut, avoit reconnu lui-même que vivre seul étoit un pitoyable passe-temps; que depuis lui les prophètes, & après lui les apôtres, avoient également senti que la Genèse avoit eu ses bonnes raisons pour donner une compagnie à l'auteur du genre humain; que dans les décrétales des papes, pas même dans les extravagantes, rien ne s'opposoit à ce que les ministres des autels pour l'office public, eussent des coadjutrices raisonnables & pieuses; que finalement l'abus de végéter seuls, dans une terre de bénédiction & d'abondance, ayant frappé les organes de tous les capitulaires, & désirant y remédier efficacement, ils ont unanimement statué & ordonné, qu'à dater de ce jour les prébendes canoniales seroient & demeureroient par la suite mi-parties, pour être la moitié d'icelles conférées, à la pluralité des voix, à des demoiselles de bonnes mœurs, doctrine & naissance; qu'en conséquence dès que le nombre des prébendes féminines seroit complet, les maisons superflues qui resteroient, seroient vendues au profit de la *masse* sacrée : & attendu qu'il vacquoit actuellement une chanoinie dans les hautes stalles, par le décès de messire Paul

Marc Luc Roch de Broucfrouque, de friande & croustilleuse mémoire, & voulant les capitulaires donner à la sérénissime cour palatine une preuve de leur respectueux dévouement; ayant aucunement égard, & sans que cela puisse tirer à conséquence, aux très instantes prieres de messires Ferdinand comte d'A... & François baron de S.... grands officiers au service de ladite cour, ils ont canoniquement nommé ainsi qu'ils nomment par les présentes à la chanoinie vacante, la personne de dame Françoise baronne de S... chevalière de l'ordre d'Elisabeth, & officière de sa maison, dont le mérite éminent & les hautes qualités leur sont parfaitement connus; pour par elle posséder ledit canonicat, ainsi que l'a possédé, ou dû posséder, ledit Sr. de Broucfrouque dernier titulaire; avec toutes les prérogatives tant au chœur qu'au chapitre; à la différence seulement qu'elle ne jouiroit point d'une maison canoniale distincte; mais que, comme première chanoinesse en titre de ladite insigne collégiale de S. Pierre, elle partageroit par moitié l'hôtel de M. le prévôt, qui pour lui & ses successeurs jusqu'à la consommation des siècles, consentoit de le lui céder, à telle fin que de raison; bien entendu que madite dame feroit son *stage*, à l'instar des autres chanoines, la dispensant néanmoins du *biennium*, qu'elle seroit censée avoir fait, par les services qu'elle a rendus à la cour palatine, en très-haute vénération audit S. Pierre.

Fait à Strasbourg en chapitre les jour & an que dessus.

Signé: KERKABON écolâtre, avec paraphe.
(L. S.)

N°. 37.

A MESSIEURS,

Messieurs les prévôt, doyen, chanoines & chapitre de l'insigne collégiale de S. Pierre le jeune.

SUPPLIE très humblement Jean Frederic Kaüffer, prêtre-vicaire de votre église, disant: que les

Srs. K...., S...... & comp^e. l'avoient éconduit depuis quelques années, toutes les fois qu'il s'étoit présenté pour faire diacre ou sous-diacre, au nom & par commission de M. le chanoine Rumpler, avec assurance néanmoins de leur part que le suppliant continueroit à en percevoir le salaire de mondit Sr. le chanoine; que principalement aux jours solemnels, célébrés plus pompeusement tant à l'autel qu'à la table décanale, le suppliant s'étoit vu plus d'une fois repoussé avec une indécence qui ne pouvoit être excusée que par l'appétit apparent de MM. ses confrères; que cependant le bruit couroit que le Sr. S..... avoit obtenu de Messieurs du vénérable chapitre une charité fort honnête, en vue des mêmes fonctions de diacre qu'il avoit faites pour le suppliant, quoique celui-ci en eût déjà reçu le payement de M. son constituant; qu'enfin se trouvant dans une position toute semblable à la sienne, à l'égard de M. B....., le suppliant a été conseillé de recourir à l'équité du vénérable chapitre.

Dans ces circonstances, Messieurs, il ose réclamer vos bontés, non pour une aumône, qui l'humilieroit, (quoique MM. ses confrères lui eussent coupé les vivres, & qu'insensiblement ils l'eussent réduit en quelque manière à ne pouvoir plus gagner sa pauvre vie); mais pour obtenir de votre justice qu'il vous plaise retenir sur le quartier de mondit Sr. B..... la somme de neuf livres qu'il doit au suppliant, suivant la *pièce probante* ci-jointe, & qu'à l'appui & par le conseil de M. .... chanoine sous-diacre, il refuse de lui payer sous des prétextes aussi spécieux que frivoles. Et ferez bien.

Signé: KAÜFFER.

N°. 38.

PIÈCE PROBANTE.

JE soussigné certifie d'avoir, pendant six mois consécutifs, dit fort gratuitement un chapelet par semaine pour M. B.... docteur &c., afin qu'avec l'esprit de doctrine qu'il a, au su de tout le monde, le ciel daigne lui donner encore celui de difcernement & de prudence pour diriger fa langue, ou y mettre un frein.

J'attefte en outre que, n'ayant point été exaucé, j'ai chargé le Sr. Kaüffer, prêtre-vicaire de notre églife, de faire une neuvaine à Ste. Marguerite pour obtenir ladite grace en faveur dudit Sr. docteur, à raifon de vingt fols par courfe, ou par ftation, faifant en tout neuf livres.

En foi de quoi j'ai figné cette *pièce probante* pour fervir audit Sr. Kaüffer dans fon affaire contre ledit Sr. B.....; à Strasbourg ce 29 mars 1781.

Signé: RUMPLER.

N°. 39.

Billet envoyé à M. le curé, avec les 25 louis.

JE viens, Monfieur le curé, d'apprendre que mes confrères avoient, à la follicitation de M. votre coufin, bourfillé pour former une dixaine d'écus d'aumônes en faveur du Sr. S....., qui cependant, fi, dans le fait, il étoit affez pauvre pour recevoir cette charité, ne m'avoit pas l'air du tout d'être un pauvre honteux; car je vous protefte qu'à ce titre, il ne m'auroit pas demandé deux fois les 12 liv. qu'il répétoit, en vrai glorieux, avec autant de hauteur que d'injuftice.

Je vous prie donc, Monfieur, d'ajouter encore à ces dix écus les douze francs de charité que j'ai mis fur la table du chapitre, lorfque M. le doyen m'eût annoncé qu'il avoit été décidé capitulairement que je ne devois pas les payer.

J'y ajoute finalement 25 louis dont vous difpoferez, s'il vous plaît, en faveur des autres pauvres honteux de votre paroiffe.

J'ai l'honneur de vous fouhaiter le bon jour.

Signé: RUMPLER.

Strasbourg ce 25 mars 1781.

N°. 40.

25 Mars 1781.

Billet à M. S.... prébendier.

J'ai l'honneur de vous prévenir, Monsieur, que sur ce que M. Lantz m'avoit annoncé de la part du chapitre, que je ne payerois point les 12 liv. que vous me répétiez injustement, je les ai remises à M. le curé pour les pauvres ; mais comme j'ai été instruit depuis, que par un effet de la sagesse & de la générosité de notre vénérable doyen, vos plus ardens protecteurs dans le corps, ainsi que les autres capitulaires, avoient été invités par lui & aiguillonnés pour, en bourfillant entr'eux, vous former une aumône capable de vous consoler, en même temps qu'elle vous humilieroit ; je crois devoir vous assurer que si j'avois pu prévoir que vous voulussiez accepter cette chétive somme à titre de charité, ainsi que vous venez de recevoir celle qui vous a été donnée, bien certainement je ne vous l'aurois pas contestée un instant. Je viens même de prier M. le curé de vouloir bien ajouter encore à ce que vous avez reçu de la poche de nos Messieurs, ces mêmes 12 liv. dont je l'avois chargé de disposer en faveur des autres pauvres honteux de sa paroisse. Je suis, &c.

Signé RUMPLER.

N°. 41.

Certificat contre celui que M. le doyen a fait donner par le Sr. Kaüffer, qui désavouoit d'avoir entrepris la neuvaine.

LES comte de C...... & son Barbier ont l'honneur de certifier à Messieurs du vénérable chapitre de S. Pierre, que sortant de chez le confesseur de Ste. Marguerite incommodé d'une indigestion de sirops, ils ont trouvé étendu devant la porte de l'église, le 20 de ce mois à six heures du matin, un pauvre prêtre qui, menaçant de rendre l'ame, est revenu à lui au moyen d'un *bolus* qu'ils lui ont fait avaler ; que ce prêtre leur a dit qu'il s'appeloit Kaüffer, & que depuis neuf jours à pareille heure, il étoit venu là à jeûn prier pour un certain docteur B....., affligé d'une langue & d'une mâchoire dangereuses ; qu'une défaillance venoit de lui prendre, & que dans son délire il avoit cru voir ledit docteur couvert d'une robe noire, retroussée sous ses deux bras en manière de polonoise, ayant un écrit qui sortoit de sa bouche, où étoient tracés en grands caractères, couleur de sang de bœuf, ces trois mots : *nos insanabiles sumus* ; qu'en conséquence lesdits soussignés sont déterminés à entreprendre la guérison de *l'incurable* par des bains d'extrait de Saturne, qu'il prendra en y plongeant la tête & le bonnet, &c.

En foi de quoi les présentes ont été délivrées pour pièce *probante* contre ledit Sr. docteur.

Fait à Strasbourg ce ... avril 1781.

N°. 42.

SENTENCE du 20 Juin 1782.

PARTIES ouies & les conclusions du promoteur, de l'avis de nos assesseurs, nous avons condamné le défendeur à payer au demandeur la somme de 3000 liv. provenant du billet de loterie, sauf à déduire ce qu'il justifiera avoir payé déjà. Et quant au chef de la demande de deux mille florins d'empire, avons débouté le demandeur, sauf son recours contre qui & ainsi qu'il avisera. Et faisant droit sur les réquisitions du promoteur, avons fait défenses au défendeur de se mêler désormais d'affaires de *négoce* & de tout ce qui y a rapport, comme contraire à l'état ecclésiastique & aux Sts. Canons, néanmoins sans dépens. Fait & jugé au prétoire du vénérable consistoire les jour & an que dessus.

Signé : TOUSSAINT, évêque d'Arath.

Collationné, *Signé* : WEINBORN.

N°. 43.

J'ATTESTE que j'ai des défenses de rendre à M. Rumpler l'acte qu'il m'a donné pour signifier; ce 27 juin 1782.

Signé : AANNION.

N°. 44.

ACTE du 21 juin 1782, enlevé chez l'appariteur, par ordre de la partie adverse, en sa qualité de supérieur.

A LA requête de Monsieur Rumpler, ancien aumônier ordinaire du ROI, chanoine honoraire de Varsovie & capitulaire de S. Pierre le jeune, qui fait élection de domicile en celui où il demeure en cette ville de Strasbourg & encore en l'étude de M°. Huber avocat à Mayence, soit signifié à Gaspard Bernier, marchand de Besançon au domicile de M°. Rame son avocat; que si négocier dans une cour ecclésiastique, à la prière d'un archevêque-électeur & d'un marquis mestre-de-camp de cavalerie, pour y accommoder & anéantir des procès, rétablir la concorde, payer des dettes & racheter des prisonniers, étoit une fonction interdite par les Canons à un chanoine canoniste, ce seroit à tort que dans les fastes de nos saints on célébrât les vertus qui ont produit de pareilles œuvres proposées pour l'imitation des fidèles : Et si refuser les honoraires présentées ou les gratifications offertes en vue d'un tel service, pour n'en accepter qu'une très foible partie en dédommagement des pertes & frais considérables qu'une négociation de cette nature devoit nécessairement occasionner, est un trait de désintéressement marqué, ce même trait sera une action de générosité la mieux caractérisée dans le cas, où, ne réussissant pas, le négociateur charitable auroit consenti à perdre toutes les avances, frais & débours, auxquels sa médiation devoit l'exposer.

Que tel est positivement le cas particulier qui,

sur

sur les conclusions du promoteur, vient d'exciter contre le requérant l'animadversion du seigneur official par sa sentence du 20 de ce mois de juin, que ledit Sr. requérant a semé réellement, des fonds de son patrimoine, une somme effective de plus de vingt mille livres, à payer des dettes pour opérer efficacement le bien de la paix, l'extinction de plusieurs procès & la liberté du captif, qu'il s'étoit chargé de moyenner, en courant les plus grands risques de tout perdre si, par un zèle actif, il n'eût su surmonter autant de difficultés qu'il avoit eu de pas à faire; qu'après quatre voyages faits à Coblentz dans l'espace de huit mois, & une infinité de conférences avec S. A. Elect. de Trèves & ses ministres, il étoit parvenu à terminer le tout à l'entière satisfaction des parties respectives; qu'il en a reçu les complimens de la part des ecclésiastiques les plus distingués de la cour & du diocèse qui, en le qualifiant d'ange de paix, *angelus pacis*, le félicitoient d'avoir rendu la tranquillité à leur prince, en même temps qu'il avoit procuré à vingt de ses sujets, créanciers du Sr. marquis de Chevigney, des remboursemens jusques là désespérés; & que pour tous ses frais, pour ses pertes de toutes espèces (indépendamment des peines qu'il a eues & des hasards qu'il avoit courus pour les sommes avanturées) le requérant n'a pas même, au moyen du peu qu'il a accepté du Sr. marquis, été indemnisé de la moitié seulement de ce qu'il auroit pu réclamer aussi légitimement que S. Paul pouvoit exiger dans son commerce le remboursement du prix de l'étoffe qu'il employoit pour fabriquer ses tentes.

Que depuis 25 ans que le requérant est chanoine, même depuis plus de 50 qu'il est dans ce bas monde, très souvent victime de la cupidité & de l'injustice qui y règnent sous le masque des grands sentimens, il n'avoit eu cependant aucune sorte de procès ni à l'officialité, ni au conseil souverain de la province, soit en demandant, soit en défendant; qu'il n'avoit jamais fait aucune espèce de négoce, pas même celui des *vins* ni celui de la *banque*, si publiquement tolérés dans son état; qu'avant l'affaire de Coblentz,

E

dont il avoit cru pouvoir être le médiateur, sous les auspices de S. A. royale madame la princesse Christine de Saxe, non seulement avec décence, mais avec honneur, il ne s'étoit de sa vie chargé d'aucune autre, si ce n'est de l'affaire du chapitre de S. Pierre le jeune, à la cour de Manheim, où, sous le mêmes conditions d'indemnité éventuelle, improuvées aujourd'hui dans celle de Coblentz, & porteur d'un plein-pouvoir qui l'autorisoit d'en traiter pour la moitié de la somme principale, même au-dessous, il avoit obtenu à la cour électorale palatine le remboursement complet d'une dette véreuse de quarante-quatre mille livres, dont depuis plus d'un siècle on n'avoit pu toucher une obole d'intérêts; quoique le Sr. Regemorte, prévôt de la même église, très expert en négociations, ou arrangemens d'affaires, (qui pendant 15 ans avoit employés successivement les ambassadeurs de France à cette cour & tous ses autres protecteurs, sans avoir pu y réaliser un denier) eût rendu les titres à son chapitre, en lui annonçant qu'il pouvoit hardiment les mettre au rebut, ou même les brûler sans courir de grands risques.

Que le seigneur ordinaire, loin de faire à ce sujet aucune monition au requérant, avoit au contraire pour lors exalté son zèle & son intelligence; que piqué par un pareil motif d'émulation, celui-ci se seroit plûtôt attendu à être canonisé de son vivant, s'il réussissoit encore dans sa nouvelle négociation, qu'à voir requérir contre lui le ministère public pour avoir entrepris près d'un électeur ecclésiastique ce qui, exécuté près d'un électeur laïc, lui avoit valu des louanges si flatteuses.

Que si un grand-vicaire recteur & un promoteur docteur, faits pour donner l'exemple de toutes les vertus, autant que pour éclairer par la profondeur de leur science, pouvoient être susceptibles de quelques foiblesses humaines, le requérant auroit à se reprocher de s'être attiré lui-même les désagrémens dont il s'agit, par l'indiscrétion qu'il a eue de critiquer tout récemment leur conduite avec cette franchise d'une ame droite, qui ne sauroit politiquer

& qui lui a fait, dans ce siècle d'un philosophisme tolérant, la juste portion d'ennemis que sa *tolérance* & son *humanité* comportoient. Et pour retracer ici l'anecdote en peu de mots : ces deux messieurs de l'officialité venoient d'être chargés, non pas d'*accommoder*, mais de faire juger un procès des plus simples, sur la validité contestée par des héritiers opulens, d'un testament qui portoit pour près d'un demi million de legs aux pauvres du diocèse. Il étoit absolument impossible de le perdre, si on eut laissé le cours ordinaire à la justice ; parce que l'instrument par lui-même n'ayant aucun vice, les juges ne pouvoient que le confirmer comme ils ont fait. Il n'y avoit qu'un moyen unique pour faire manquer le but du testateur, & pour priver irrévocablement les pauvres d'un secours que la loi leur assuroit ; c'étoit d'accorder aux juges une extension de pouvoir que leur qualité leur refusoit ; c'étoit de les rendre arbitres modérateurs pour réduire le legs à leur gré, contre le vœu du testateur & de la loi ; c'étoit en un mot de demander acte de ce qu'au nom des pauvres, leurs représentans ou procureurs fondés consentoient à perdre une partie du bien qui leur étoit légitimement échu : & c'est précisément ce que ces messieurs ont fait fort innocemment pour enlever de bonne foi aux malheureux de la province les quatre cinquièmes d'une aumône, dont rien au monde, sans cela, n'eût pu les frustrer ; & c'est ce qui avoit porté le requérant, dans un premier mouvement d'indignation, à dire sans détours qu'on devroit faire défenses à cesdits messieurs „ de jamais „ s'immiscer pour accommoder ou pour négocier „ quelqu'affaire que ce pût être, ni se mêler désor„ mais de tout ce qui pourroit avoir rapport à de „ pareils négoces, dussent-ils vouloir en faire tous „ les honneurs de leur poche, sans espoir de récu„ pérer aucuns frais ni débourfés. " Et c'est finalement ce qui (joint à quelques débats de chapitre contre le scandale d'un despotisme abusif & certains refus injustes, faits à un chanoine absent) avoit immédiatement précédé le réquisitoire du promoteur & la sentence de l'official, dont l'honneur intacte du requérant l'oblige à demander la réforme.

Que pour ces motifs & autres plus forts encore, à déduire en temps & lieux; plein du défir d'être utile à ses semblables, autant qu'il lui seroit possible, dans la sphère étroite où la Providence l'avoit placé, le requérant se sentoit disposé à faire incessamment, si le cas s'en présentoit, même pour des frères ingrats, tout ce qu'il avoit cru devoir faire pour l'électeur de Trèves & le marquis de Chevigney ; que les défenses, à lui faites par l'official de s'en abstenir, donnoient, en paroissant l'inculper, atteinte à la délicatesse de ses sentimens, autant qu'à la pureté de ses vues; que pleinement persuadé qu'il ne pouvoit, ni ne devoit y déférer ou y acquiescer, ledit requérant se portoit pour appelant de ces défenses pardevant le seigneur métropolitain, ainsi que du contenu de toute la sentence, protestant de s'en faire relever, & sous toutes autres réserves & protestations de droit ; ce qui sera signifié tant à M. Zaepffel, promoteur, qu'au greffe de l'officialité & à Bernier, dont acte. *Signé :* RUMPLER.

N°. 45.
ACTE D'APPEL.
4 juillet 1782.

A LA requête de M. Rumpler, ancien aumônier du roi, chanoine honoraire de Warsovie & capitulaire de S. Pierre le jeune de Strasbourg qui fait élection de domicile en celui où il demeure, & encore en l'étude de M. Hubert à Mayence.

Soit signifié à Gaspard Bernier, négociant à Besançon, au domicile de M^e. Rame son avocat en cette ville de Strasbourg, qu'encore que M. le marquis de Chevigney ait, par sa lettre au Sr. Adorne du dix-neuf de ce mois de juin, consenti à ce que le requérant remit à Gaspard Bernier les mille écus, au payement desquels en sa qualité de mandataire dudit Sr. le marquis, il vient d'être condamné par sentence de l'officialité du vingt dudit mois, le Sr. Maillet, négociant audit Besançon, ayant par sa saisie-tierce du 24 mars dernier, barré toutes les sommes qui revenoient audit Sr. marquis de la part du requérant, & n'étant rien moins qu'intentionné d'acquiescer à ladite sentence, qui lui fait grief, celui-ci a été chargé par ledit tiers-saisissant d'en interjeter appel au seigneur métropolitain. Que quant aux défenses faites sur les réquisitions du promoteur, de se mêler d'affaires de négoce, le requérant (si ces défenses le concernent lui personnellement) ne comprend pas quel rapport elles peuvent avoir avec le procès qui étoit soumis à la justice de l'Official ; que n'ayant jamais fait de négoces prohibés par les Sts. Canons ni eu envie d'en faire, il a lieu d'être très étonné d'un réquisitoire semblable ; plus encore de la sentence qui prononce contre lui sur un pareil chef, sans qu'il ait été ni prévénu ni entendu ; & quoique depuis vingt-cinq ans, qu'il est chanoine, le seigneur official lui eût témoigné une estime particulière, bien loin d'improuver quelqu'indécence dans sa conduite. Il ne peut se persuader que la consonnance des mots de *négoce* & de *négociation*, aussi différent pour le sens, les aient fait entendre, ou qu'à propos de l'un on ait voulu lui défendre l'autre, si l'envie de s'en mêler pouvoit jamais lui prendre ; que sollicité pour être médiateur dans une cour ecclésiastique, à l'effet d'y accommoder quelques procès ; d'y délivrer un prisonnier, le requérant avoit cru faire, en s'y prêtant, une œuvre d'autant plus méritoire, que pour opérer le bien de la paix, il y sacrifioit généreusement une partie de son patrimoine ; qu'enfin les réquisitions du promoteur, faites sans objet, sans informations & sans preuves, étoient injurieuses à l'honneur intacte du requérant ; que comme le jugement rendu en conséquence à son insçu & au grand étonnement de son avocat, même de l'avocat adverse, lui avoit enlevé tout moyen de se justifier sur l'inculpation supposée, il se voyoit dans la nécessité de la faire réformer, d'autant plus que le requérant n'avoit fait pour S. A. E. de Trèves & le marquis de Chevigney, que ce que tout chrétien charitable auroit fait à sa place ; que pour ces motifs & autres à déduire en temps & lieu, il se portoit pour appelant par ces présentes, au seigneur métropolitain de ladite sentence dudit vingt-un juin, sous toutes les réserves & protestations de droit ; ce qui sera signifié tant audit Sr. Zaepffel, promoteur, qu'au greffe de l'officialité & à Bernier, dont acte.

Signé: RUMPLER.

Signifié, &c. le 4 juillet 1782. *Signé*: BOOTZ.

N°. 46.

EXTRAIT DES REGISTRES

Des expéditions du grand-vicariat de l'évêché de Strasbourg, du vingt-six août mil sept cent quatre-vingt deux.

Toussaint, par la miséricorde Divine & de l'autorité du saint siège apostolique évêque d'Arath, suffragant vicaire-général & official de Son Alt. Sér. Monseigneur le cardinal-prince de Rohan, évêque & prince de Strasbourg, landgrave d'Alsace, prince du St. empire, commandeur de l'ordre du St. Esprit, grand aumônier de France, proviseur de Sorbonne, &c. &c.

Vu la requête à nous présentée par M. Louis Rumpler, prêtre & chanoine capitulaire de l'insigne église collégiale de S. Pierre le jeune en cette ville expositive : que M. l'abbé Lantz, chanoine & doyen de la même église, *vicaire-général & vice-gérent dudit évêché*, ayant été pendant plus d'un mois retenu à Nancy pour y accommoder un procès au profit des pauvres du diocèse, le suppliant auroit exposé au chapitre de ladite collégiale dans une assemblée ordinaire, que les deux enfans de chœur, attachés à ladite église, souvent inexacts ou empêchés, étoient insuffisans pour remplir avec décence toutes les parties du service qu'exigeoit leur ministère ; qu'une fondation considérable, ayant pourvu richement à la dotation de quatre places, le chapitre de ladite collégiale, qui en tiroit les revenus pour en augmenter sa mense, auroit dû plutôt les porter à six, que les réduire à deux seulement, par une économie mal entendue, étant arrivé plus d'une fois à différens prêtres de n'avoir pu célébrer le saint sacrifice de la Messe, faute de serveurs pour y répondre ; que

NB. Cette qualité a été ajoutée par M. l'évêque d'Arath, elle n'étoit point dans la requête.

ces raisons auroient porté les capitulaires à décider d'une voix unanime que la fondation faite pour lesdites quatre places seroit incessamment remplie; qu'au retour de M. le doyen, lecture lui auroit été faite par le chanoine écolâtre de l'arrêté capitulaire dont s'agit, pour qu'il ait à nommer les deux nouveaux sujets, si comme il le prétendoit, ce droit lui appartenoit exclusivement en vertu du titre de fondation; mais que ce dernier, loin de se rendre au vœu unanime de ses confrères, y auroit résisté vivement sans donner la moindre raison de ses refus, s'étant même permis à ce sujet des menaces contre tout le corps, dont le suppliant auroit été scandalisé, en disant, (ledit Sr. Doyen) qu'il étoit très piqué de ce que lui absent, le chapitre eût osé donner un signe d'existence, & qu'il se fût émancipé au point non seulement de lui avoir fait, à lui doyen, une injure aussi marquée, mais encore d'avoir entrepris d'ordonner sans lui que la voute du chœur seroit reblanchie pour la fête titulaire; ce qui à l'entendre sembloit être un attentat inoui à sa prétendue puissance, un crime de lèze-autorité décanale; que le suppliant, stupéfait de pareilles prétentions, n'auroit pas hésité de les taxer de despotisme, en protestant qu'il feroit à cet égard ses respectueuses représentations au seigneur Ordinaire, aux fins de rétablir, en conformité des Sts. Canons, l'ordre & la discipline convenable dans le gouvernement d'une église, laquelle, plus viciée qu'aucune autre du diocèse par des abus innombrables, auroit été la seule cependant qui, lors de la visite générale par nous faite, eût su s'y soustraire, & laquelle depuis vingt-cinq ans que mondit Sr. abbé Lantz en est le doyen, n'auroit pas tenu au seul chapitre général, parce qu'il auroit plu à celui-ci de réformer absolument ce louable usage, quoique pratiqué avec fruit par toutes les églises collégiales du diocèse, & constamment en vigueur dans la sienne même jusqu'à l'époque de son décanat; que comme c'étoit dans ces chapitres solemnels, que les statuts & les règles des chanoines devoient être lus & communiqués principalement aux nouveaux capitulaires, qui, à leur reception, faisoient serment de les obferver, & qui ne les auroient jamais vus ni connus; que c'étoit là que chaque individu pouvoit s'inftruire, tant de l'étendue de fes devoirs, que des limites de fes droits; qu'il pouvoit & devoit réclamer également contre le relâchement dans l'harmonie & la concorde fraternelle, & contre l'exercice ufurpé de tout pouvoir arbitraire; que c'étoit en un mot dans ces affemblées annuelles, que tous les capitulaires devoient concourir à réformer de leur mieux les abus, qui peuvent s'être introduits pendant l'année, foit dans la forme du culte public, foit dans les objets relatifs à la difcipline, foit enfin dans ceux qui concernent l'adminiftration du temporel; que le fuppliant privé jufqu'ici des droits les plus légitimes attachés à fon état, ofoit avec confiance implorer notre autorité, aux fins qu'il nous plût remédier aux abus multipliés de de ladite églife, & à cet effet y faire, fi nous le jugeons à propos, la vifite épifcopale, qui n'a pas eu lieu depuis près d'un fiècle; ou à ce défaut & en attendant ladite vifite, enjoindre au moins à mondit Sr. le doyen de convoquer inceffamment un chapitre général, pour en continuer enfuite la tenue régulièrement une fois par an, fuivant l'ancien ufage & le droit commun de toutes les collégiales de l'univers chrétien; ou permettre audit fuppliant de faire affigner ledit Sr. doyen pardevant l'officialité pour y voir ordonner ainfi la tenue defdits chapitres généraux, & le condamner aux dépens, fauf au promoteur à requérir fuivant qu'il avifera pour la vindicte publique, réfultante du mépris des règles & ftatuts, ainfi que de l'inobfervance des Sts. Canons. Ladite requête fignée Rumpler, avec paraphe; icelle accompagnée d'un acte de fommation de la part dudit fuppliant: le tout à nous fignifié le cinq du courant par Tifferand, huiffier royal; ledit acte portant qu'au mois de juin dernier ledit fuppliant nous auroit préfenté fa requête, conçue à peu près dans les termes de celle ci-deffus; qu'ayant fait, par différentes lettres, les plus vives inftances, pour qu'elle fût décrétée, fans y avoir pu réuffir jufqu'à préfent, & voulant exercer, pour le bien de fon églife, la plénitude des droits inséparables de sa qualité de chanoine, il nous réitéroit sadite demande, & en tant que de besoin nous sommoit derechef avec respect, afin d'obtenir de notre justice un décret sur sadite requète ; notre décret de soit communiqué à MM. les prévôt, sénior, chanoines & chapitre de S. Pierre le jeune, en date du treize du courant, pour, sur leur réponse au contenu en la requête dudit suppliant, qu'ils nous fourniront par écrit dans la quinzaine, être dit ce que de droit ; réponse fournie en conséquence par ledit chapitre assemblé le dix-sept même mois, par laquelle il nous déclare par écrit, qu'*il voyoit avec la plus vive douleur les termes despectueux dont ledit suppliant se sert à l'égard de son respectable & digne doyen dans la requête à nous présentée ; termes d'autant plus blâmables, qu'ils ont pour prétexte d'une part une prétendue opposition de M. le doyen à une augmentation d'enfans de chœur, résolue par le chapitre ; d'autre part le refus que fait mondit Sr. le doyen de tenir les chapitres généraux, tandis qu'il constoit pour le premier article, que M. le doyen a déféré au chapitre la nomination des sujets qui doivent être choisis pour enfans de chœur, conformément à la conclusion capitulaire du premier juillet dernier, suivant l'extrait joint à ladite réponse ; & que, pour le second article des plaintes, le chapitre assemblé déclaroit & assuroit d'une voix unanime, que M. le doyen, bien loin de se refuser à la tenue des chapitres généraux, auroit au contraire offert à différentes reprises de les célébrer, & que les chanoines capitulaires n'avoient pas cru devoir déférer auxdites offres, parce qu'ils croyoient ces chapitres sans objets essentiels, le bon ordre & la discipline s'observant dans leur église ; que quant aux invectives, pour ne pas dire injures contre le chapitre, que renferme également ladite requête, le chapitre, uniquement occupé pour le présent, à rendre vis-à-vis de M. le doyen hommage à la vérité, se réservoit à un autre temps cet objet ;* vu aussi un extrait des arrêtés capitulaires des premiers juin & juillet derniers, mentionnés ci-dessus ; nouvel acte de sommation à nous signifié de la part du suppliant ledit dix-sept du présent mois, tendante à ce qu'il nous plût, pour les raisons y contenues, user de notre

<small>Réponse dictée par M. le prévôt de Regemorte.</small>

Les vrais motifs de cette seconde sommation ne sont point insérés ici. Voyez la à la suite de la consultation de Paris.

autorité pour opérer la communication des règles & le rétablissement de l'ordre négligé depuis vingt-cinq ans, dans la première collégiale du diocèse, malgré les réclamations, qui auroient été faites à différentes reprises contre cet abus & contre une infinité d'autres, dont la réforme dépend dudit rétablissement, & lui accorder enfin la justice qu'il demande ; notre décret de soit communiqué, ensemble l'acte à nous signifié ledit dix-sept du courant, au promoteur, en date du vingt même mois, ensemble les conclusions du promoteur, données par écrit le vingt-un suivant, tout vu & considéré : Nous suffragant, vicaire général & official de l'évêché de Strasbourg, sans nous arrêter aux demandes du suppliant & faisant droit sur les réquisitions du promoteur, enjoignons audit suppliant, sur les peines de droit, de porter à ses chefs & supérieurs le respect qui leur est dû ; & pour y avoir manqué lui ordonnons de faire des excuses en plein chapitre à M. l'abbé Lantz, tant en sa qualité de doyen qu'en celle de grand vicaire ; lui interdisons l'assistance aux assemblées capitulaires pendant l'espace de six mois, à moins qu'il se présente quelque nomination ou élection auxquelles il ait droit d'être appelé ; lequel interdit sera exécuté nonobstant appel, & sans préjudice à icelui. Donné à Strasbourg au palais episcopal, sous notre seing, le contre-seing du secrétaire de l'évêché & le sceau du grand vicariat, le vingt-six août mil sept cent quatre vingt deux.

Signé † L'ÉVÊQUE D'ARATH, suffragant vicaire général, & plus bas : PAR MONSEIGNEUR : WEINBORN, avec paraphe. Et scellé, collationné. *Signé* WEINBORN, chanoine secrétaire de l'évêché, avec paraphe.

(L. S.)

N°. 47.

LETTRE A MGR. L'ÉVÊQUE D'ARATH, *official, &c. envoyée le 18 août 1782, lendemain de la réponse dictée en chapitre par le prévôt, sous le nom du corps, & une huitaine de jours avant que cet official eût lâché son décret d'interdiction contre le chanoine Rumpler.*

MONSEIGNEUR,

J'AI très sérieusement à cœur de faire mon salut. Vous êtes le bon pasteur. Si je suis une brebis qui s'égare, de grace daignez m'accorder deux minutes pour m'entendre. Vos avis charitables, Monseigneur, feront bien certainement plus d'impression sur mon ame, que ne fera jamais tout l'appareil judiciaire ; la terreur des coupables.

J'aurai l'honneur d'expliquer à votre grandeur, Monseigneur, par quelles manœuvres elle a sous ses yeux une résolution capitulaire, soi-disante unanime, sur des faits dont la réalité, ignorée de partie des vôtans, sera établie & reconnue, dans le temps, par ceux mêmes qui *semblent* en disconvenir. Les ruses de M. le prévôt font cette illusion ; il excelle à ce jeu-là, & je n'y entends rien. La partie n'est pas égale. Je vous produirai le certificat de M. Weinborn du jour de la présentation de ma requête, dont la date, antérieure de 15 jours au consentement apparent de M. le doyen à la nomination des enfans de chœur, prouvera pourquoi il a affecté de le donner, en prenant toutefois ses précautions pour que jamais ces enfans ne soient nommés.

Je remettrai à votre grandeur, si elle l'ordonne, l'état des abus qui sont de ma connoissance ; elle sera étonnée de leur nombre, quoiqu'on veuille éloigner les chapitres généraux, sous prétexte qu'il n'y en a pas. C'est cependant par une suite de ces mêmes abus que je suis forcé de solliciter votre grandeur pour un moment d'audience, M. le doyen m'ayant refusé de recueillir les suffrages, pour savoir si on chargeroit les registres de mes observations sur la réponse arrêtée hier, & si on me donneroit les extraits que j'ai demandés. M. le prévôt, qui a fabriqué cette réponse, de concert avec M. le doyen, n'a pas eu plus d'égard aux opinions de ses confrères pour le mettre sur leur compte. Il n'a pas daigné prendre les voix pour sa confection, non plus que pour son enrégistrement, signé de l'écolâtre, toujours fidèle aux chefs.

J'ai retiré, Monseigneur, la minute de mes observations susdites, pour les communiquer à V. G. Si, après qu'elle les aura vues, elle veut bien aviser à quelque moyen de pacification, je me rendrai à tout ce qu'elle désirera ; pourvu que M. Lantz convoque un seul chapitre général, à l'effet de voir une fois du moins des statuts que pas un chanoine ne connoît, quoique tous aient juré leur observance.

Je suis avec un respect infini, &c. *Signé*: RUMPLER.

N°. 48.

REPRÉSENTATIONS AU VÉNÉRABLE CHAPITRE.

MESSIEURS,

JE crois devoir vous faire quelques observations sur ce qui s'est passé en chapitre Samedi dernier ; & attendu que nos registres ne se chargent qu'au gré du duumvirat qui les dirige, je les ai nottées pour prouver qu'elles ne sont point des infamies, & afin qu'on puisse se les rappeler un jour s'il en étoit besoin ; car souvent un mois ou deux d'intervalle suffisent pour donner le change à la mémoire sur les faits les plus marqués. Témoin la réponse que vous avez paru faire, Messieurs, par l'organe de M. le prévôt, à la requête que j'ai présentée à Mgr. l'évêque d'Arath, contre M. Lantz notre doyen, pour obtenir le rétablissement des chapitres généraux. Cette requête, Messieurs, qui vous a été communiquée, je ne sais pourquoi, avant même de l'avoir été légalement à ma partie adverse, quoique vous ne soyiez ni mis en cause, ni partie intervenante, ni même cités dans tout son exposé comme prenants son fait & cause ou le mien. Cette requête, dis-je, vous êtes censés l'avoir déclarée infidèle dans le récit des faits. Toutes ses parties cependant sont calquées sur la vérité pure. Une seule, très indifférente à la chose, auroit pu à la rigueur être arguée de faux. C'est le début où il est dit, que M. le doyen se trouvoit à Nancy pour y accommoder un procès *au profit des pauvres ;* mais on sent parfaitement que, si j'ai été peu véridique à cet égard, c'étoit un ménagement de bienséance, pour ne pas blesser la délicatesse d'un confrère que nous honorons tous, & que je considère autant que personne, quoiqu'il semble avoir peine à se le persuader.

Je ne crois donc point, Messieurs, que ce soit sur ce passage de ma requête que doive tomber le démenti porté par la réponse qu'on vous prête ; mais vraisemblablement notre vénérable chef, après 8 à 9 ans d'absence du chapitre, trop charmé de trouver encore, dans ses vieux jours, une occasion favorable pour pouvoir donner à son corps une preuve de son zèle, a cru qu'appelé au secours de M. le doyen son commensal, il devoit le servir en ami, en inculpant à vos yeux un capitulaire qui, parce qu'il veut l'ordre, est indocile sans doute & récalcitrant; & qui, par ses représentations au supérieur, s'étoit cependant non seulement borné à n'exposer que l'exacte vérité, mais s'étoit interdit avec scrupule tout ce qui auroit pu vous compromettre, Messieurs, n'agissant simplement qu'en qualité de chanoine personnellement intéressé à vôter pour le bien, dans les assemblées annuelles des chapitres généraux, dont, depuis quinze ans, il demandoit en vain la tenue prescrite par les statuts, pour s'instruire des règles, & concourir à réformer les abus qui s'étoient introduits, & qui pouvoient avoir été remarqués par l'un ou l'autre de ses confrères, ainsi qu'ils l'avoient été par lui.

C'est, Messieurs, comme si je demandois, ou comme si nous demandions, vous & moi, à psalmodier au chœur trois fois par jour, & à retirer les présences y attachées, supposé qu'il eût pris envie à M. le doyen d'en abolir l'usage.

J'ai cru qu'ayant juré de même que M. le doyen, d'assister également & au chœur & aux chapitres ordonnés, en jurant l'observation des règles générales & de celles particulières à mon corps, il étoit de mon devoir de faire, pour y parvenir, les démarches nécessaires, aux risques même d'encourir sa disgrace.

Il a voulu interpréter mes instances réitérées,

comme fi elles avoient pour principe un excès de fenfibilité aux atteintes qu'il a voulu, en différens temps, porter à mon honneur. En tout cas, fi cela étoit, ce feroit une vengeance & bien noble & bien méritoire, que celle de rendre le bien pour le mal ; en mettant M. le doyen dans la néceffité falutaire de remplir des devoirs, dont l'oubli ou la négligence pourroit être nuifible à fa vertu, autant que préjudiciable au maintien de la bonne difcipline dans fon églife.

J'avois fouvent tenté les voies les plus honnêtes ; j'avois mis par écrit dans le temps, comme je le fais ici, les motifs les plus preffans, pour y perfuader M. le doyen. Ne le pouvant pas, j'ai effayé d'importuner dès-lors Monfeigneur l'Ordinaire, pour obtenir une décifion fur cette importante matière ; mais je n'étois parvenu à autre chofe qu'à un décret provifoire, portant qu'il feroit libre, à qui voudroit de MM. les chanoines, de lire les ftatuts dans la falle capitulaire, fans déplacer. J'ai fenti depuis, tout comme vous le remarquez auffi, que cette manière de s'inftruire de fes obligations, inufitée d'ailleurs & incommode dans la pratique, ne rempliffoit pas l'objet principal du ftatut pour les chapitres généraux, qui eft la réforme du relâchement ; & c'eft, Meffieurs, ce qui m'a porté à infifter derechef à la convocation de ces affemblées folemnelles, prefcrites pour y remédier.

Si je ne vous ai point follicités de vouloir bien rétablir vous-mêmes ces affemblées omifes depuis vingt-cinq ans, ce n'étoit pas certainement par aucune défiance de votre zèle pour la pratique des règles, moins encore de votre amour pour l'ordre de notre conftitution, que vous avez, en différentes circonftances, défendu avec tant de vigueur ; mais parce que, préfumant que vous auriez peine à délibérer fur un point, pour lequel M. le doyen avoit toujours témoigné de la répugnance, j'ai préféré de vous fauver le défagrément de rompre avec lui, pour porter à moi feul (en implorant la juftice du feigneur official) tout le poids de fon averfion, s'il pouvoit en prendre contre moi pour un fujet pareil.

Ma cause, Messieurs, ainsi considérée sous l'aspect du bien commun que je réclame, seroit la cause même du chapitre, si toute prévention cessoit; j'aurois donc pu vous demander avec raison à assister à votre délibération dernière, quoique M. le doyen n'eût pu y rester décemment. Peut-être l'aurois-je fait, si j'eusse pu prévoir que celui-ci useroit d'une feinte, qui vraiment n'étoit pas de bonne guerre; en se faisant remplacer par M. le prévôt, dont les dispositions à mon égard sont notoires.

Mais qui se seroit attendu à voir reparoître tout à coup, dans sa maison, un *maître* qui depuis si longtems l'avoit abandonnée? Juste & prudent, comme il l'est, n'auroit-il pas dû dans cette circonstance s'y refuser d'autant plus, qu'il n'avoit pas la moindre notion des faits articulés par ma requête, & que sa démarche empressée pour s'y rendre pouvoit, sans efforts, être susceptible d'une interprétation très défavorable à ses sentimens de christianisme?

Son ardeur cependant m'a peut-être plus servi que n'eût fait son indifférence. Je sais que dans la réponse qu'il a dictée, pour la justification de son ami, il a si peu combiné les probabilités, si mal ménagé la vraisemblance, que pour en avoir voulu dire trop, il n'a rien dit qui puisse me préjudicier. Nier tout, c'est convenir que j'ai raison si les faits que j'ai rapportés sont vrais. Dire qu'ils sont faux, c'est vouloir établir que M. le doyen, de retour de Nancy, a approuvé, sans témoigner de mécontentement, ce que le chapitre avoit ordonné pendant son absence, relativement aux enfans de chœur & au blanchissage de l'église; qu'il n'a pas hasardé de faire à ce sujet des menaces au chapitre; que jamais il n'a été question de ma part d'aucun reproche de despotisme, sur les propos qu'il avoit tenus & le ton qu'il avoit pris; que le gouvernement de notre église étoit exempt de tout vice; que le service public s'y faisoit exactement dans la forme & dans la décence requises; que tous les ans les chapitres généraux avoient été convoqués, & qu'enfin c'étoit en imposer & injurier de parler indifféremment. Or,

Messieurs, pour prouver le contraire de toutes ces assertions, & la vérité de celles que j'ai avancées dans ma requête, je m'en rapporterai toujours avec confiance au témoignage, libre & judiciaire, de ceux mêmes qu'on semble vouloir m'opposer; ou à l'affirmation seule, s'il le faut, de ma partie adverse, qui, quoique plus intéressée que personne à la négative, ne voudroit sûrement point, quand même sa religion ne soutiendroit pas sa probité connue, s'abaisser au point de disconvenir de ses propres actions, dont le désaveu suffiroit, aux yeux les moins clairvoyans, pour complèter sa défaite & pour manifester la justice de ma demande.

Si j'ai dit au reste, Messieurs, que notre église étoit *viciée* par des abus, cela ne pouvoit déplaire tout au plus qu'à ceux qui en ont éloigné depuis environ quatre-vingt dix ans toute espèce de visite, & depuis vingt-cinq tout chapitre général, pour se maintenir peut-être avec plus de sécurité dans l'administration exclusive, par la suppression du plus important de vos droits.

Il y auroit vraiment du surnaturel si, sans employer ces remèdes efficaces pendant un intervalle aussi considérable, vous n'aviez éprouvé à aucun égard quelque relâchement; mais c'est encore là un de ces faits, dont la vérité ou la fausseté s'établira par la preuve. Car enfin si les abus existent, & s'ils existent en grand nombre, j'aurai eu raison de chercher à y remédier. Or, Messieurs, quand nous en serons là, si justice se fait, vous conviendrez unanimement qu'il y avoit nécessité d'y pourvoir. Vos sentimens de religion & votre amour pour l'équité m'en répondent.

J'ose vous prier en attendant de me permettre de faire extraire copies des titres dont j'aurai besoin pour poursuivre le rétablissement dont il s'agit, si M. le doyen vouloit persister à s'y refuser; sur quoi j'espère qu'il daignera s'expliquer aujourd'hui sans ambiguité; désirant plus que personne de vivre en paix & en bonne harmonie avec lui.

A LA requête de M. Rumpler, chanoine de l'insigne église collégiale de S. Pierre le jeune à Strasbourg, qui fait élection de domicile en celui où il demeure, soit remontré & dit à Messieurs les prévôt, doyen, chanoines & chapitre de ladite église, que les observations ci-dessus & d'autres parts ayant été lues en chapitre samedi dernier 24 de ce mois, avec prière faite à M. le doyen de vouloir bien recueillir les suffrages pour savoir s'il en seroit fait note dans les registres & si les extraits demandés seroient délivrés; celui-ci bien loin de consulter sur ces demandes le vœu des capitulaires, auroit absolument refusé de s'y prêter sous prétexte que c'étoient des *infamies* que ces instances pour des chapitres généraux; termes qu'il avoit empruntés de M. l'écolâtre, qui, peu de mois auparavant, avoit fait au requérant même réponse à pareille demande; que sur ces refus réitérés, ledit requérant avoit représenté audit Sr. doyen, que par cette conduite même il donnoit des preuves manifestes d'un pouvoir arbitraire, dont l'exercice habituel justifioit de plus en plus la légitimité, ainsi que la nécessité de la demande du requérant pour le rétablissement du bon ordre; que d'après la lecture de la réponse minutée par M. le prévôt au nom du chapitre, laquelle jusques-là le requérant n'avoit pas encore vue, celui-ci ajouteroit aux observations susdites quelques réflexions capables de faire comprendre comment des faits réels & strictement vrais, pouvoient être masqués avec art & devenir équivoques en apparence, sous la dictée d'un adversaire aussi habile que malveillant.

Tout s'y réduit à trois chefs. Imputation de *termes despectueux*. Interprétation captieuse de la répugnance de M. le doyen à la nomination des enfans de chœur; & attestation de ses offres pour les chapitres généraux.

1°. Le requérant par sa requête n'a manqué de respect à personne. Il a exposé les faits tels qu'ils étoient. Le seul qui ait paru offenser le chapitre, c'étoit d'avoir cité le gouvernement de son église comme plus *vicié* qu'aucun autre, par des abus sans nombre; mais c'est là précisément l'objet unique de la justice qu'on demande. La lecture des règles dans les assemblées générales les feroit connoître;

F

& la résistance que pourroit mettre le vénérable chapitre à la tenue de ces assemblées, au mépris de son serment, prouveroit elle-même l'existence de l'abus.

2°. Par ladite réponse on s'est bien gardé de nier que M. le doyen ne se soit livré à des reproches vifs & indécens contre ses confrères, & à des menaces, qui ont véritablement scandalisé, de ce que sans lui & en son absence, on avoit osé conclure à remplir une fondation & reblanchir l'église ; ces traits au contraire sont tacitement avoués, parce que, pour les déguiser, on a été réduit à dire qu'il constoit par l'extrait des registres du premier juillet que le Sr. Doyen avoit déféré au chapitre la nomination des enfans de chœur. A quoi il auroit fallu ajouter que cette déférence affectée n'avoit eu lieu que forcément & après coup, sur les représentations réitérées, faites par le requérant au seigneur ordinaire, dans le courant du mois de juin précédent, dont par précaution ledit requérant avoit même pris *récépissé* au secrétariat de l'évêché, pour constater les époques. Le Sr. doyen étoit dans le fond si éloigné d'avoir quelqu'égard au désir unanime de ses confrères, qu'il n'a donné, comme il le paroît, cette tournure à l'affaire que pour empêcher obliquement l'exécution de leur arrêté, prévoyant bien que le plus grand nombre préféreroit d'y renoncer, plutôt que de batailler avec lui, comme le requérant est nécessité de le faire, pour parvenir à la chose du monde la plus juste également & la mieux fondée.

3°. Finalement M. le prévôt n'a pas hésité pour affirmer au nom du chapitre que M. le doyen avoit à *plusieurs reprises* offert de célébrer lesdits chapitres généraux. Il a eu l'attention d'expliquer que c'étoit d'une *voix unanime* que les votans le déclaroient ainsi.

Le requérant rend assez justice à la véracité de ses confrères pour les croire incapables de pareille imposture. Aussi plusieurs d'entr'eux disconviennent-ils hautement de ce qu'on a osé leur prêter. Ils assurent qu'ils n'ont jamais entendu faire lesdits offres au Sr. doyen ; & que pour avancer ce fait, prétendu unanimement avoué, on avoit eu soin d'éviter, à deſſein ſans doute, de colliger ſuivant l'uſage les voix des capitulaires.

Mais quand ces offres auroient été faites, par manière d'acquit, une fois ou même deux en vingt-cinq ans, ſoit en l'abſence du requérant, ſoit avant qu'il ne fût chanoine, au moins depuis quinze années que ce dernier les demande, (ces chapitres de règle) le Sr. doyen auroit-il pu en convoquer un ſeul, ſi ce n'étoit pas un parti pris, de concert avec ſes adhérants, de n'en célébrer jamais. Par droit de charge cependant il devroit les convoquer tous les ans, quand même l'oppoſition ſuppoſée du chapitre pourroit exiſter ; il le devroit pour la tranquillité de ſa propre conſcience, à moins qu'un ſerment ſolemnel, fait reſpectivement de part & d'autre, d'obſerver les ſtatuts, ne ſoit un jeu, ou une pure plaiſanterie.

Le requérant perſiſte dans ſa prière au vénérable chapitre, pour obtenir les extraits dont il a fait la demande ; le ſommant, en tant que beſoin, forcé, par les refus de M. le doyen dans ſon miniſtère, d'uſer, malgré lui, de la voie juridique, qu'il n'emploie qu'à regret. Ce qui ſera ſignifié au domicile du ſieur Eggs, receveur-ſyndic dudit chapitre, dont acte, pour le communiquer à telles fins, ſous telles réſerves & ſous telles proteſtations que de droit.

Signé : RUMPLER.

Signifié le 29 août 1782, par l'huiſſier *Tiſſerant*.

N°. 49.

DEMANDE pour avoir des extraits, faite en chapitre le lendemain du décret d'interdiction donné par l'évêque, 27 août 1782.

MESSIEURS!

PRESSÉ du beſoin que j'ai de différens extraits de vos regiſtres, j'ai été dans la néceſſité de vous les demander par acte, au refus de M. le doyen de prendre, à ce ſujet, vos ſuffrages, & de M. l'écolâtre de noter, ou même de parapher ſeulement ma demande ; très décidé (pour la plus grande gloire de Dieu, ſans doute) à ne conſigner dans vos faſtes que ce qui ſembleroit pouvoir être à ma charge.

Il n'est guère compréhensible, Messieurs, comment, pour avoir pris à cœur de soutenir votre honneur & vos intérêts, compromis & méprisés dans l'affaire des quatre enfans, dont vous vouliez tous que la fondation fût remplie, je puisse, en apparence, me voir ainsi livré par vous-mêmes, sous la conduite de mon ennemi déclaré, aux docteurs de la loi, qui depuis trop longtems ne cherchoient qu'un prétexte quelconque pour m'humilier, ou, s'ils le pouvoient, pour me .... fier.

La réponse unanime donnée, par M. le prévôt sous votre nom, au seigneur ordinaire, sur des faits dont partie d'entre vous n'a & ne peut avoir la moindre connoissance, vient d'effectuer un décret, sur le réquisitoire injurieux d'un ministre public, avec lequel je suis en procès déjà depuis un mois, pour un fait semblable, au consistoire du seigneur métropolitain. Par ce décret il est ordonné que je dois faire des excuses à M. le doyen, & m'abstenir pendant six mois de tous les chapitres, où il ne sera pas question de quelque nomination ou élection canonique, pour avoir osé dire (*contre toute vérité* suivant votre témoignage apparent, quoique rien ne fût plus vrai) que M. le doyen avoit été piqué contre vous, au point de vous menacer de ce qu'en son absence, vous aviez pris sur vous d'ordonner qu'il y auroit une augmentation de deux enfans de chœur, & pour avoir avancé en conséquence qu'il y avoit du *vice* & de l'abus dans un pareil gouvernement, qui depuis 25 ans s'y soutenoit faute de visites ou de chapitres généraux, pour y mettre ordre.

Je n'avois pas besoin de cet exemple, Messieurs, pour savoir que mon supérieur, prévenu ou surpris, pouvoit, sur des délations, ménagées avec art & insidieusement exposées, me punir quelqu'innocent que je pusse être. Je connois l'équité qui règne universellement dans ce meilleur des mondes; mais il me suffira d'opposer, à l'oppression & à la force, la vérité & la justice, qui triompheront quand il plaira à la Providence. En attendant je suivrai le conseil de l'Ecclésiaste que vous avez lu au chœur ce matin, & qui a fait ma leçon : *usque ad mortem certa pro justitiâ, & Deus expugnabit pro te inimicos tuos.*

J'ai appelé en conséquence du décret de l'Ordinaire, non pas que j'eusse la moindre rancune contre qui que ce fût, ou que je fusse éloigné de faire même des excuses à M. le doyen, si je croyois l'avoir offensé. Il peut vous dire quels sont mes vrais sentimens à son égard. Encore dimanche dernier, je les lui ai témoignés à la procession, où je me trouvois à côté de lui; mais je dois à mon honneur; je dois à la pureté de mes vues, de manifester qu'en demandant le rétablissement des chapitres généraux, je n'ai cherché qu'à remplir un devoir, dont la pratique, que nous avons jurée, ne pourra qu'être infiniment utile à notre église.

Je vous supplie donc, Messieurs, au refus de M. le doyen, d'ordonner que M. le sénior prendra vos voix, pour savoir si l'on me délivrera les extraits qui me seront nécessaires, dans la poursuite de mon objet. *Signé* RUMPLER.

N°. 50.

A LA requête de M. Louis Rumpler, ancien aumônier ordinaire du roi, chanoine honoraire de Warsovie & capitulaire de S. Pierre le jeune à Strasbourg qui fait élection de domicile en celui où il demeure.

Soit signifié à M. Zaepffel, promoteur de l'évêché de Strasbourg, &c. que le requérant n'auroit point cru que ledit Sr. Zaepffel, avec lequel il est actuellement en procès pardevant le seigneur métropolitain pour un réquisitoire injurieux qu'il a osé faire contre lui le 20 juin dernier, pût encore exercer décemment à son égard les fonctions de son ministère, sans daigner se recuser, quoique le Sr. requérant eût introduit son appel, & qu'il en eût produit au seigneur ordinaire la preuve authentiquement scellée & extraite des registres du révérendissime consistoire de Mayence; que n'ayant jamais rien eu à faire à M. Lantz, relativement à sa qualité de grand vicaire, & ne lui ayant manqué aucunement en celle de doyen de son chapitre, le requérant comprenoit d'autant moins à propos de quoi il auroit des excuses à lui faire, qu'il n'y a entr'eux aucune altération de charité fraternelle; que dimanche dernier encore ils se sont expliqués amicalement au sujet de ce qui divisoit leurs opinions, & que jamais d'ailleurs ledit Sr. doyen n'avoit porté au seigneur évêque contre lui la moindre demande en réparation; que quant à l'interdiction pour six mois de l'assistance aux chapitres ordinaires, faite au requérant, en réponse à sa requête & à ses sommations respectueuses, par lesquelles il demandoit à assister à la célébration prescrite des chapitres généraux, il ne peut se persuader qu'il ait sérieusement mérité cette peine pour avoir recherché le bon ordre & la discipline, dont il avoit juré l'observance; moins encore que ce soit manquer au respect dû à des supérieurs que d'insister près d'eux par les voies juridiques, pour parvenir aux fins de pareille demande, après avoir épuisé infructueusement pendant quinze ans toutes les autres ressources imaginables; qu'en conséquence il se portoit pour appelant de tous les chefs du décret du 26 de ce mois, qui lui font grief, pardevant son altesse sérénissime Monseigneur l'archévêque électeur de Mayence, protestant de relever son appel dans les délais ordonnés, & se réservant de se pourvoir lui-même où il appartiendra, en réparation des injures réitérées qu'il plaît audit Sr. Zaepfel de lui faire, sous les prétextes les plus frivoles, par ses réquisitoires sans exemple, ainsi que sous toutes autres réserves & protestations de droit, dont acte.

Signé RUMPLER.

Signifié, &c.

N°. 51.

LETTRE du 28 Septembre 1782, à Messieurs du Chapitre.

Messieurs,

J'AI l'honneur de vous prévenir que je suis sur mon départ pour Mayence, sans pouvoir déterminer le temps de mon retour; bien persuadé toutefois qu'en vous rapportant la preuve que ce voyage avoit pour objet l'obfervance de nos regles pour le rétabliffement des chapitres généraux que je pourfuis, toutes efpèces de préfences me feront réfervées.

Comme cependant on ne peut favoir de quelle manière pourra être interprétée par les juges fupérieurs l'oppofition de l'un ou de l'autre capitulaire, à la célébration de ces chapitres annuels, adoptés par tous fous ferment, j'ofe vous fupplier, meffieurs, de vouloir bien·délibérer, pour diftinguer nommément dans vos regiftres, les oppofants de ceux qui confentent à remplir leurs engagemens, pour que je fache diriger ma marche & mes conclufions relativement aux frais dans lefquels cette affaire doit néceffairement entraîner.

Je fuis avec refpect, &c.   *Signé:* RUMPLER.

Sur l'enveloppe eft écrit ce qui fuit :

Cette lettre étant relative à mon procès contre M. le doyen, comme l'étoit ma dernière du 14 de ce mois de feptembre, il eft prié de fe retirer ; et s'il s'obftinoit à vouloir encore diriger la délibération comme la dernière fois, le vénérable chapitre daignera, je l'efpère, inférer au protole ma proteftation.

Signé : RUMPLER.

N°. 52.
EXTRACTUS PROTOCOLLI JUDICII METROPOLITICI MOGUNTINI.

D. D. 14 Octob. 1782.

Argentinenfis.

D. Ludovici Rumpler infig. E. Collegiatæ ad S. Petrum juniorem Canonici,

C.

D. Decanum Lantz ibidem.

Pto. Negotiorum Capitularium.

(L. S.)

APPELLANS in Perfonâ exhibet extrajudicialiter humillimam fupplicam cum adjunctis A. ufque F. inclus. &c.

Decretum non obftantibus feriis, fcribatur cum acclufione exhibitorum Do. Promotori fifci Argentinenfi pro informatione, fufpenfâ interim manente fententiâ à quâ.
Signatum: C. SCHEURICH.

A LA requête de M. Louis Rumpler, chanoine

capitulaire de S. Pierre le jeune, qui fait élection de domicile en celui où il demeure à Strasbourg.

Soit dit & signifié à messieurs du vénérable chapitre de ladite église, que le requérant s'étoit présenté cejourd'hui dans leur assemblée ordinaire pour y communiquer le décret ci-dessus avec les pièces relatives aux fins d'être maintenu dans sa possession d'y assister jusqu'au jugement définitif du procès, qu'il a, par appel à Mayence contre M. Jacques Lantz son doyen, pour en obtenir la célébration des chapitres annuels, prescrits par les statuts & adoptés sous serment, lesquels, depuis vingt-six ans que duroit son décanat, n'avoient plus été convoqués; mais que celui-ci, au lieu de se retirer ainsi qu'auroit fait le requérant pour laisser aux capitulaires la liberté de délibérer sans contrainte, il les avoit au contraire excité par des clameurs à s'opposer à ce que ledit requérant proposât ce qu'il avoit à dire ou à demander, sous prétexte que le seigneur métropolitain n'avoit point qualité pour réformer le décret de l'évêque suffragant; que d'ailleurs ledit décret du consistoire de Mayence ne lui avoit pas été notifié légalement, à lui doyen, quoique le paquet qui le renfermoit, eût été dès le 22 de ce mois signifié au promoteur du diocèse, qui auroit dû en faire part là où il convenoit & que d'abondant le requérant eût déclaré qu'étant porteur d'une double expédition de ce même décret, il vouloit par déférence la présenter en personne au vénérable chapitre pour l'enregistrement.

Que, par ces procédés arbitraires & de plus en plus vexatoires, ledit Sr. doyen, sous le nom du corps, dont il enchaînoit les suffrages & dirigeoit les mouvemens, visoit à enlever absolument à sa partie adverse toute espèce de communication d'honnêteté avec ses confrères, en ce que, non content de leur avoir fait faire le 28 Septembre dernier un arrêté capitulaire, par lequel il avoit déclaré au requérant, pour eux, qu'ils ne répondroient plus à ses lettres; il veut encore aujour'dhui lui fermer la bouche, après lui avoir lié les mains, sans doute pour avoir d'autant plus facilement raison avec son adversaire qu'il lui aura plus efficacement *interdit* l'usage de ses organes & de ses facultés. Que finalement le requérant, pour obvier à des scènes peu édifiantes, s'étoit retiré de l'assemblée en protestant contre tout ce que le chapitre, présidé par ledit Sr. doyen, pourroit encore insérer dans ses registres de contraire à ses intérêts personnels, ou à ceux de son église relativement au rétablissement des chapitres généraux qu'il poursuivoit en justice, se réservant, &c. dont acte à signifier chez le Sr. Eggs, sindic & receveur, pour le communiquer sans délai.

Signé : RUMPLER.

N°. 53.

LOUIS, PAR LA GRACE DE DIEU ROI DE FRANCE ET DE NAVARRE, au premier notre huissier ou sergent sur ce requis, savoir faisons que comme ce jourd'hui vu par notre conseil souverain d'Alsace, la requête présentée en icelui par notre bien amé Louis Rumpler, notre aumônier ordinaire & chanoine de l'église collégiale de S. Pierre le jeune à Strasbourg, expositive, que convaincu de la nécessité de faire exécuter un réglement aussi salutaire que sage, fait par ledit chapitre, & dont tous les membres ont juré la religieuse observance, le suppliant auroit réclamé l'autorité de l'officialité dudit Strasbourg par une requête présentée à cette fin, dans laquelle il est inconcevable que l'on ait trouvé matière à le débouter de sa demande, à le condamner à faire des excuses publiques à qui il n'a ni manqué ni pensé d'offenser, & à l'interdire pendant six mois de l'assistance aux assemblées capitulaires, nonobstant l'appel & sans y préjudicier. Forcé de se pourvoir contre une décision aussi évidemment injuste dans tous ses chefs, le suppliant a de suite imploré l'autorité du siège métropolitain, qui, par jugement du quatorzième du courant, a reçu son appel, permis d'intimer & provisoirement suspendu l'effet de la susdite sentence. Or comme il importe au suppliant de faire intimer en vertu du susdit jugement & de jouir du bénéfice de la provision qu'il lui accorde, il a l'honneur de recourir à l'autorité de notredit conseil. A ces causes requéroit à ce qu'il plût à notredit conseil, vu les pièces jointes, permettre au suppliant de faire mettre à dûe & entière exécution dans l'étendue du ressort de notredit conseil, le jugement par lui obtenu du siège métropolitain de Mayence, le quatorze octobre dernier, à l'encontre de nos amés les prévôt, doyen & chanoines du chapitre de S. Pierre le jeune de Strasbourg & tous autres qu'il appartiendra, sans que pour ce il soit besoin d'obtenir d'autre *visa* ni *paréatis*; ordonner que les frais, coût & sceau de l'arrêt qui interviendra, seront supportés par la partie qui succombera en définitif ; ce qui sera exécuté nonobstant opposition ou appellation quelconque : ladite requète signée : SIMON, procureur du suppliant. Conclusions de notre procureur général : notredit conseil faisant droit sur la requête, a permis & permet au suppliant de faire mettre à dûe & entière exécution dans l'étendue du ressort de notredit conseil, le jugement par lui obtenu du siège métropolitain de Mayence, le quatorze octobre dernier, à l'encontre de nos amés les prévôt, doyen & chanoines du chapitre de S. Pierre le jeune de Strasbourg & tous autres qu'il appartiendra, sans que pour ce il soit besoin d'autre *visa* ni *paréatis*; ordonne que les frais, coût & sceau du présent arrêt, lequel sera exécuté, nonobstant opposition ou appellation quelconques, & sans y préjudicier, seront supportés par la partie qui succombera en définitif. Si te mandons de faire pour l'exécution du présent arrêt tous exploits & autres actes de justice requis & nécessaires, de ce faire te donnons pouvoir. Donné à Colmar au conseil souverain d'Alsace en vacations, le quatrième jour du mois de novembre l'an de grace mil sept cent quatre-vingt-deux, & de notre règne le neuvième. Collat. signé : VILLARD, avec paraphe. Par le Conseil. Collat. signé : ALBERT, avec paraphe. Scellé le 5 novembre 1782. signé : ALBERT. En marche est écrit : vu, signé : MÜNCK. Controllé, &c. signé : SIMON. Signifié au chapitre le 9 novembre 1782. &c. signé : TISSERANT, GEISVEILLER, FINANCE.

N°. 54.

Représentations faites au chapitre de S. Pierre le jeune, du 2 novembre 1782.

„ Si malè locutus fum, teftimonium perhibe
„ de malo ; fi benè, cur me cædis ? "

Meffieurs ,

Dans un fiècle philofophique fi éclairé, dont la tolérance, & l'humanité, font fi hautement prônées, il manquoit aux annales de notre fingulière hiftoire, le fait incroyable d'un miniftre public, qui s'appliquât par fon état, à requérir la prohibition des bonnes œuvres, & à profcrire le zèle & la vertu. Un fifcal, promoteur de notre diocèfe, s'eft chargé d'y pourvoir ; il a fourni l'anecdote, en portant, par fes clameurs clandeftines, le feigneur official à des condamnations à mon égard ; qui, applaudies dans votre fein, ont foulevé dans la métropole tous les cœurs.

J'avois, meffieurs, avanturé 24 à 25000 l. de mon patrimoine, pour exterminer à Coblentz un procès, entre fon fouverain, archevêque, & un marquis meftre-de-camp, qui, tous deux m'avoient prié d'être le médiateur d'un accommodement. J'ai réuffi dans ma *négociation*, qu'il a plû à mes cenfeurs de qualifier de *négoce*. Mes avances fauvées de mille différens périls, m'étant rentrées en billets de change, quoiqu'arrivées au port, y ont été pour moi perdues fans reffource, par des événemens furvenus. J'avois, par leur facrifice, procuré, entr'autres, la liberté à un prifonnier, qui, depuis quatre ans, gémiffoit dans les fers. J'ai été pourfuivi par lui, en reconnoiffance, pour un objet qu'il ne dépendoit pas de moi de lui donner ; & le vénérable confiftoire, non content de m'y condamner, m'a fait défenfes, fur les réquifitions du promoteur, de me mêler jamais de *pareils négoces*, contraires (felon lui) aux faints canons.

Peu avant cette mémorable fentence, & à propos des procédés de M. le doyen à votre égard, messieurs, voyant la dignité de notre ministère méprisée, ravalée, anéantie, j'ai, comme vous le savez, voulu vous faire rendre, à tous également, cette honnête liberté, que notre état comportoit, & qu'un gouvernement abusif nous enlevoit. Non seulement vous avez paru vous y être opposés, mais M. le prevôt, sous votre nom, a cru devoir en conscience, interprèter ma démarche & la déférer à l'évêque, comme *despectueuse* envers mes supérieurs. De-là, nouveau prétexte aux requisitions, à la persécution..... J'avois demandé le rétablissement de l'ordre dans des chapitres généraux; & le pasteur, au lieu d'y avoir égard, a préjugé par abus, pour le maintien de l'abus, en éloignant du bercail, le chien qui aboie.

Loin d'être repréhensible, j'aurois dû m'attendre, ce semble, à un applaudissement universel, n'ayant fait, par mes instances, que remplir le premier, un devoir qui nous obligeoit tous; cependant trahi, sacrifié, condamné, j'ai souffert, j'ai crié, j'ai obéi; mais le juge d'appel n'en a été que plus scandalisé de l'horrible procédure faite contre un vieux chanoine, pour une faute imaginaire, ou plutôt, dans le vrai, pour une œuvre évidemment méritoire. Il n'a pas balancé pour en suspendre l'effet, même en temps de féries, avec injonction au promoteur d'envoyer au siége métropolitain, les motifs de son acharnement.

Ce jugement du consistoire archiépiscopal, lui a été signifié mardi 22 de ce mois, suivant l'acte que j'ai eu l'honneur de vous représenter, messieurs, en vous priant de vouloir bien le consigner dans vos regiſtres, pour, en attendant la décision du fond, y servir de correctif aux arrêtés injurieux, dont il a plu à M. le doyen de les faire charger, en mon absence, dans le temps que sa délicatesse, autant que son équité, auroit dû l'éloigner lui-même de toute délibération, sur-tout après que j'avois protesté contre tout ce qui se feroit en chapitre, lui y présidant, pendant la durée de notre procès.

J'ose vous assurer, messieurs, que de toutes les suites de la vexation que j'ai éprouvée, rien ne m'a touché plus sensiblement que la partialité que vous avez paru mettre dans une affaire, où cependant, j'avois évité si scrupuleusement de vous compromettre. Encore en dernier lieu, j'ai eu l'honneur de vous faire une lettre honnête & respectueuse, pour vous prévenir, comme je le devois, d'une absence que je présumois pouvoir être beaucoup plus longue qu'elle ne l'a été en effet. J'ai pris la liberté de vous demander occasionnellement quel étoit, au vrai, le nombre de ceux d'entre vous, qui s'opposoient à la célébration des chapitres généraux, afin que je pusse connoître si, outre M. le doyen, j'aurois encore, en vous, comme chapitre, une nouvelle partie adverse; ou si le refus de ces chapitres généraux n'étoit que l'opinion privée de l'un ou de l'autre capitulaire.

NB. Les chanoines ont été unanimes à demander la reprise et la célébration annuelle des chapitres généraux. V. le discours fait à l'ouverture du premier.

Bien certainement, messieurs, je ne pouvois m'attendre à chercher ma réponse dans le protocole; moins encore à y trouver que, loin d'avoir le moindre égard à ma protestation, relative à la présence de M. le doyen, aux délibérations qui me concernoient, vous lui eussiez très unanimement fait, à ses instances, l'hommage authentique du vœu d'obéissance, pour me donner une leçon, dont vraisemblablement je ne profiterai guère. Si mon penchant m'eût porté à ce renoncement héroïque, au lieu d'embrasser mon état, je me serois fait capucin, & j'obéirois, comme un autre, à mon gardien, dans tout ce qu'il voudroit me commander. J'ai préféré d'être chanoine, non pour me soustraire à toute subordination; (vous avez la preuve que je sais me soumettre, aux ordres de mon évêque, même lorsqu'ils sont surpris) mais pour user encore, suivant les constitutions canoniques, des lumières de ma foible raison, pour la plus grande gloire de Dieu & pour l'utilité de mes frères.

NB. C'étoit le Sr. doyen avec le Sr. écolâtre qui faisoient ces arrêtés à la honte de leur corps toujours passif et muet, hormis le chanoine-neveu qui parloit pour dix.

Je révère, autant que vous, notre digne doyen; je le respecte même comme mon curé; mais je ne lui obéirai qu'autant qu'il exigera choses raisonnables & justes, tout comme il est dans la nécessité lui-même d'obéir à ma chétive voix, dès que je n'en use que pour le rappeler à ses devoirs, en esprit de charité.

En rejetant ainsi ma protestation, vous vous êtes reservé, messieurs, le droit exclusif de protester tout seuls. Vous l'avez fait valoir contre ma prétention pour les présences & le remboursement de mes frais. Comme j'ignore encore qui, du vénérable chapitre, ou de M. le doyen, me les bonifiera, & que je n'ai pas envie de les payer de mon pécule, ainsi que dans ma fatale besogne de Coblentz ; je vous prie de faire enregistrer la protestation que je fais ici contre votre protestation ; parce que pour opérer le bien de mon église, je n'ai besoin d'autre mandat que de celui de la religion & de la loi.

NB. On a voulu par la suite payer ces frais au requérant, de la mên;e capitulaire ; mais il les a refusés, n'ayant point agi contre son corps, en formant sa demande contre le Sr. doyen.

J'ai l'honneur de vous supplier finalement, messieurs, de fixer un temps à messieurs du Conte & Pallas, pour le choix des enfans de chœur, dont vous les avez chargés, afin qu'à leur défaut, on puisse y pourvoir autrement, pour remplir sans délai la fondation, ainsi que vous l'avez ordonnée.

Du 2 novembre 1782.

Je bornois là mes demandes, messieurs, mais après ce qui s'est passé dans le chapitre dernier, je ne puis me dispenser d'y ajouter quelques réflexions.

NB. Le Sr. doyen avoit dit en chapitre que le requérant ne pouvoit dire la messe sans crime, tant qu'il insisteroit pour avoir des chapitres généraux.

Si les excès, auxquels M. le doyen s'est, avec ses deux acolites, encore porté à mon égard, en s'oubliant au point de me traiter publiquement de *sacrilége*, ont de quoi vous étonner, j'ose vous protester qu'après tout ce que j'ai vu & éprouvé déjà dans la cause du monde la plus simple & la plus juste, rien n'est capable désormais de me surprendre ; & qu'en insistant pour des chapitres généraux, je ne crois point devoir m'éloigner de l'autel pour l'édification de M. le doyen.

NB. Ce sermon étoit pour le Sr. écolâtre, qui toujours prêchoit la paix par de belles sentences, en augmentant le trouble par ses faits.

Je sais que toute espèce de réforme a été, dans tous les temps, une entreprise difficile & sujette à mille contradictions. Ce n'est hélas ! que lentement & à petits pas que le bien fait sa progression, tandis que, de toutes parts, le mal nous arrive au galop. On ne peut, dans l'état de notre nature corrompue, révoquer en doute la vérité de ces maximes, depuis que la sagesse incréée, qui, par pur amour, co-habitant parmi nous, a voulu nous réformer pour nous rendre heureux ; depuis que ses prophètes, ses apôtres, ses martyrs, tous animés du même désir, ont été, également tous haïs, persécutés, lapidés, mis à mort. On n'hésite point pour porter de mes dispositions habituelles un jugement téméraire; mais si quelque chose doit nous faire trembler, messieurs, pour le jour terrible de cette justice universelle, où enfin toute prévention cessera; c'est la facilité qu'il y a, dans notre vallée de misère, de découvrir dans l'œil de notre frère ce fétu presqu'imperceptible de la parabole, tandis que la poutre qui nous aveugle échappe absolument à nos sens; c'est cet esprit d'orgueil, funeste appanage de l'espèce humaine, qui ne nous laisse voir dans les objets, que ce qui y flatte notre amour propre, ou notre vanité.... On a violé à mon égard, je ne dis pas seulement les loix de la charité, de la bienséance, de l'honnêteté; mais tous les principes de l'équité, pour me calomnier, me punir, & me déshonorer; uniquement parce que je veux le bien, que je demande le rétablissement de l'ordre, que je cherche à remplir mes devoirs; & l'on ose, en pratiquant de pareilles œuvres, invoquer la plus pure & la plus austère morale de l'évangile, pour me prêcher la paix. On exige de moi une soumission, une obéissance aveugle aux décrets de mes supérieurs; on m'invite, qui plus est, à une entière abnégation de moi-même vis-à-vis de mon doyen, &, par un contraste inconcevable, on résiste, avec violence, à l'exécution des décrets de nos archisupérieurs, que, par déférence, je voulois vous remettre en personne, au lieu de les faire signifier. Sur mes instances réitérées pour avoir des extraits, on m'a refusé l'enregistrement de mes demandes, sous prétexte qu'on ne chargeoit point nos registres de pareilles *infamies*; & on n'a pas hésité, peu après, à les souiller de tout ce que la passion & l'animosité peuvent dicter, pour diffamer un confrère aux yeux de ses contemporains, & pour entacher sa mémoire à ceux des générations futures, qui, à l'inspection du nécrologe, n'y trouvant point les termes odieux qu'on lui reproche, & y voyant au long le détail de la punition rigoureuse, qui a dû les expier, se les représenteront sous l'idée d'injures atroces, peut-être sous celle de blasphèmes horribles; & ils y seront fondés. Déja, graces aux suppôts de mes antagonistes, soudoyés pour semer les caquets scandaleux, on débite par la ville que j'étois excommunié, interdit de l'autel... On m'a demandé sérieusement à moi-même, si j'allois encore à l'église, & quel étoit mon crime? &c.

Je vous demande cependant, messieurs, si un enfant impubère, qui, à l'abri de tous préjugés, commence à sentir en lui l'impression des premiers rayons du sens commun, pourroit, dans toute la suite de mon démêlé avec M. le doyen, voir en moi autre chose qu'un homme, excité, si vous voulez, par le peu de ménagement qu'on a affecté d'avoir à son égard; mais qui, las, avec raison, de ces mépris, ainsi que d'un empire, dont le despotisme outré alloit toujours en croissant; & voulant enfin alléger le poids de ses chaînes, a failli d'en être écrasé. Je vous demande si dans la personne de M. le doyen, dans ses détours obliques, dans ses *dénégations*, & dans son tortillage, il verroit autre chose qu'un chef trop exigeant qui, se croyant humilié de ce qu'on ose le rappeler à ses devoirs, le mettre à sa vraie place, cherchoit à se maintenir dans son usurpation, en associant à sa vengeance, ceux que des intérêts divers portoient à le seconder, pour perdre ou pour discréditer, par la force, un censeur importun?

Dès que M. le doyen avoit pris conseil, et qu'il voyoit que ses prétentions étoient insoutenables, sa ressource ordinaire étoit de nier ce qu'il avoit fait en plein chapitre.

Je vous demande enfin si dans un parallèle semblable, cet enfant pourroit prendre le change pour décider où est le droit, où est la justice? Si on auroit bonne grace à lui persuader, l'évangile à la main, que le battu doit être content, & encore battu, dût-il pour se justifier avoir soutenu l'épreuve du *feu* ou de *l'eau*; qu'en matière de jurisprudence canonique, ainsi que dans le choc d'une bataille rangée, dix devoient l'emporter sur un, quoiqu'en puissent dire les loix, la règle & les constitutions; qu'il étoit convenu entre les puissances ecclésiastiques que toutes les autorités, fors les *extravagantes*, céderoient, dans tous les cas, à la gloriole d'un dignataire de chapitre, qui de droit ne pouvoit jamais être

être censé avoir tort; qu'un simple chanoine enfin, qui, voyant les flammes d'un incendie prêtes à le dévorer avec tous ses confrères, voudroit, sans sa mission, y jeter un seau d'eau, mériteroit dûment la proscription, ainsi que le profane, qui a osé soutenir l'arche chancelante, avoit mérité la mort; & qu'également sacrées l'une comme l'autre, elles ne pouvoient être touchées impunément.

Je finis, messieurs, par vous déclarer que, quoique je ne dise point la messe tous les jours, je sais pardonner les injures les plus outrées; qu'en bon chrétien, prévenu d'une infinie miséricorde, je suis persuadé que, quoique despote, M. le doyen pouvoit encore trouver grace aux yeux de Dieu & célébrer habituellement sans crime; que puisque j'ai été interdit pour lui avoir reproché, non sans fondement, un abus d'autorité, il seroit tout au moins rayé du tableau & confiné au *séminaire*, si je voulois le poursuivre pour m'avoir insulté & outragé, sans sujet, aussi grièvement & aussi inconsidérément qu'il l'a fait, en présence d'une compagnie respectable rassemblée en plein chapitre; mais je lui pardonne du fond de l'ame & je prie Dieu pour lui, afin qu'il soit éclairé sur des devoirs qu'il a négligés jusqu'ici, & qu'il se corrige.

NB. *Le doyen avoit dit que c'étoit par grace qu'il n'avoit pas fait mettre le requérant au séminaire, pour lui apprendre à demander des chapitres généraux.*

A LA requête de M. Rumpler, chanoine de S. Pierre le jeune, qui fait élection de domicile où il demeure à Strasbourg.

Soit dit à messieurs du vénérable chapitre de ladite église, qu'ayant fait lecture en leur assemblée ordinaire de ce jourd'hui des demandes & représentations d'autres parts, le requérant avoit prié MM. les capitulaires de vouloir bien en recevoir une copie & reconnoître, par la signature de M. l'écolâtre sur l'original, qu'elles leur ont été lues & communiquées; que M. le doyen s'y étant refusé, l'avoit mis dans le cas de faire appeler un huissier royal pour les faire signifier, & être témoin de la manière dont M. Lantz est en possession de mener son chapitre.

Que ledit Sr. doyen avoit prétendu qu'encore que le décret du révérendissime consistoire de

Mayence maintînt ledit requérant dans sa possession, en suspendant l'effet de celui du seigneur Ordinaire, il ne pouvoit être admis à assister aux assemblées capitulaires au mépris de l'acte d'appel comme d'abus du Sr. Zaepfel, promoteur, signifié le 31 du mois dernier ; sous prétexte que le seigneur métropolitain n'avoit point jurisdiction, en matière de discipline ecclésiastique, sur les sujets de la province. Que cependant, sur la foi des traités & sur le texte des loix canoniques, le requérant étoit persuadé que l'évêque de Strasbourg, suffragant de Mayence, devoit être subordonné à son archevêque, quoique résidant hors du royaume ; que le méconnoître de fait, étoit une entreprise (elle-même abusive & répréhensible) digne de l'attention du ministère public ; que suivant l'ordonnnance de François I. de 1539, & celle de Blois, art. 56, les appels comme d'abus n'avoient, par eux-mêmes, aucun effet suspensif, mais dévolutif seulement ; que cette jurisprudence généralement suivie, étoit connue en France du moindre clerc de procureur ; que si le Sr. Zaepfel avoit feuilleté dans son *fevret*, avant de hasarder son frivole appel, il auroit vu que ce n'étoit que dans des cas graves, publics & importans, qu'il pouvoit être interjeté, & il n'auroit point fait, de concert avec le Sr. Lantz, à son supérieur, & à celui de son évêque, l'injure de lui contester sa qualité, ou l'exercice de sa jurisdiction, dans la réforme d'un décret de l'Ordinaire, nul d'ailleurs de plein droit, & visiblement surpris à sa religion, sur une imputation factice & puérile, démentie par le fait même rapporté dans sondit décret, dont il devoit faire la base.

Qu'enfin les procédés incompréhensibles desdits Srs. Lantz & Zaepfel, députés à Nancy, dont, à leur retour, le requérant avoit cru de bonne foi, pouvoir sans conséquence critiquer la mal-adresse, lui apprenoit cependant tous les jours, combien il falloit être, dans le monde, réservé pour dire son sentiment sur une affaire délicate ; que depuis le moment de son indiscretion, on lui avoit porté des coups & si imprévus & si variés, que, pour les parer, le requérant ne pouvoit plus trouver le temps de s'occuper d'autre *négoce*, & que, *nonobstant son appel, suspensif* de la sentence qui lui défend CELUI de dépenser son bien à accommoder des procès & à délivrer des captifs, il se voyoit dans la nécessité physique d'y déférer *par provision*, à moins de vouloir, en continuant de se livrer à ses mouvemens de charité, s'exposer à être proscrit, déshonoré, & peut-être captif lui-même, s'il ne résistoit partout à ses persécuteurs, tous ministres du St. Evangile d'un Dieu de paix: dont acte.

Signé : RUMPLER.

L'AN mil sept cent quatre-vingt deux, le deuxième novembre, je me suis Dominique François Tisserant, huissier royal au conseil souv. d'Alsace, résident à Strasbourg place d'Arènes, paroisse S. Pierre le jeune soussigné, accompagné de M. le chanoine Rumpler, transporté dans l'anti-salle capitulaire de S. Pierre le jeune, où étant arrivé trop tard et voyant déjà messieurs les chanoines descendre les degrés, M. Rumpler leur a dit, en ma présence et de mes témoins, qu'il vouloit faire dresser procès verbal des refus de MM. les doyen et écolâtre à son égard, ce que j'ai fait et donné acte audit M. Rumpler pour lui servir ce que de droit ; et de suite j'ai signifié copie des présentes à mesdits sieurs du vénérable chapitre, en parlant au nommé François leur bédeau, à ce qu'ils n'en ignorent, en présence de Joseph Antoine Finance et François Müller, tous deux habitans de cette ville; témoins requis et soussignés.

FINANCE, FRANTZ MÜLLÉR, TISSERANT.

N°. 55.

PAROLES de paix, portées au vénérable chapitre de S. Pierre le jeune, par le chanoine Rumpler, le 9 novembre 1782, *lorsqu'il a été procédé à l'ouverture de sa bouche, pour le réintégrer dans son siège canonial.*

MESSIEURS,

JE sais parfaitement ce qui est dû à un corps quelconque, je n'ignore point fur-tout ce que je dois particuliérement à la compagnie refpectable, dont j'ai l'honneur d'être membre. Je crois vous l'avoir témoigné & vous en avoir donné des preuves non fufpectes dans plus d'une occafion. Si dans mon différent avec M. le doyen, on a cherché à vous furprendre pour vous infinuer que je vous avois manqué indignement, faites moi la grace de m'indiquer, s'il vous plaît, les termes de ma requête, qui peuvent avoir fervi à l'interprétation artificielle & infidieufe dont M. le prévôt a cru devoir les flétrir, pour débaraffer fon ami de ma pourfuite, & me précipiter enfin dans la foffe, qu'il creufe avec ardeur, nuit & jour, depuis mon exiftence parmi vous.

Si ces termes, déférés comme injurieux au vénérable chapitre, pouvoient préfenter un fens tant foit peu équivoque, j'ofe vous réitérer ici, meffieurs, qu'ayant toujours été très éloigné de penfer à bleffer de paroles aucun de mes confrères en particulier, je le fuis bien plus encore de vouloir les offenfer collectivement, moi qui, dans tout ce que j'ai entrepris contre nos chefs, ne cherche qu'à foutenir l'honneur même & la dignité du corps, qu'on s'efforce d'affervir de plus en plus pour me l'oppofer malgré lui, & pour lui en faire finalement partager la honte & fupporter les frais.

J'ai dû néceffairement dire, & je le repète encore, meffieurs, que le gouvernement de notre églife étoit *vicié* d'abus, comme aucun ne l'eft dans le diocèfe; & quand je ne l'aurois point dit, la chofe eft trop vifible dans tout ce qui s'y fait (principalement à mon égard dans les difcuffions actuelles) pour avoir pu échapper à la vue du public, ou pour pouvoir fe dérober aux lumières d'un juge impartial.

Mais je vous protefte, meffieurs, qu'en avançant ce fait, (l'unique objet de mon procès avec M. le doyen) non feulement je n'ai point cru vous déplaire; mais j'ai préfumé au contraire que chaque membre, intéreffé, ainfi que moi, à n'être pas traité comme le feroit un moine fous la férule de fon prieur, ou plutôt comme l'eft de droit un écolier sous celle de son régent, me verroit de bon œil prendre, à mes seuls risques, la défense de nos prérogatives communes ou individuelles.

D'après ces aveux, messieurs, & ces protestations, que je n'ai rien intenté à mon corps, ni eu envie de le faire; que je le respecte infiniment; que si je savois lui avoir donné sujet de se plaindre de moi, je n'attendrois point qu'on m'y condamnât, pour lui en faire mes excuses les plus soumises; qu'en travaillant à faire ordonner la pratique de nos réglemens négligée jusqu'ici, je croyois n'avoir fait que prévenir le vœu commun, & qu'en formant ma demande pour y parvenir, je n'avois dirigé l'action que contre celui qui par son état, dont il abusoit & méprisoit les devoirs, étoit le seul coupable aux yeux de la loi; son fauteur ou son instigateur n'agissant que sous main & hors de la scène, avec une sorte de sécurité.

D'après ces aveux, dis-je, je viens avec pleine confiance, messieurs, me remettre en possession de la place dont, par leurs intrigues, nos dignitaires étoient parvenus à m'expulser, en mésusant de votre candeur & de la foi que vous aviez à l'esprit de religion, ou d'équité, que vous supposiez à leurs vues; je viens, autorisé par arrêt, reprendre le droit incontestable que j'ai, de faire retentir à vos oreilles mes foibles accens pour essayer d'émouvoir vos cœurs; confus, pour mes persécuteurs, de m'avoir mis dans la nécessité d'implorer le secours du bras séculier pour les forcer à l'obéissance due à des supérieurs très légitimes dans l'ordre de la hiérachie; quelles que soient les grimaces & les appels qu'on puisse faire pour soutenir ridiculement le contraire. Je viens, en un mot, délibérer avec vous sur les vrais intérêts de notre église: savoir, s'il est plus expédient & plus utile de laisser son gouvernement sur le pied où il est de mémoire d'homme, ou s'il convient mieux d'y mettre ordre en exécutant nos statuts que vous avez jurés, mais que vous n'avez jamais vus; très persuadé que vos avis sages & éclairés me guideront, avec certitude, dans la poursuite d'un *négoce*, que j'ai entrepris

pour mon compte, & que je tâcherai de porter à
ſa fin, (ſans vous compromettre en rien) au plus
grand avantage de notre collégiale; uniquement jaloux de ne pas démériter dans votre eſprit par cette
démarche, & de conſerver votre eſtime, la récom-
penſe la plus flatteuſe que vous puiſſiez accorder
à mon zèle. *Signé :* RUMPLER.

N°. 56.

A LA requête de M. Jean Evangeliſte Zaepffel,
chanoine de l'inſigne collégiale de S. Pierre le vieux
en cette ville, en qualité de promoteur du diocèſe
de Strasbourg, qui fait élection de domicile en
l'étude de Mᵉ. Braconnot, procureur en conſeil
ſouverain d'Alſace à Colmar :
Soit déclaré & dûement ſignifié à M. Rumpler,
chanoine de l'inſigne égliſe de S. Pierre le jeune,
que le requérant eſt appelant ainſi qu'il appelle formellement comme d'abus pardevant noſſeigneurs
dudit conſeil ſouverain d'Alſace, du décret rendu
par la métropole de Mayence le quatorze du préſent
mois d'octobre, ſignifié tant audit requérant qu'audit
chapitre de S. Pierre le jeune, par exploits des
vingt-deux & vingt-ſix dudit préſent mois d'octobre
à la requête dudit M. Rumpler, pour cauſes, griefs,
moyens de nullité & notamment d'abus à déduire
en temps & lieu, promettant de relever ſon appel
dans le tems de l'ordonnance; proteſtant de nullité
contre tout ce qui pourroit être fait & entrepris
au mépris & préjudice du préſent appel, dont acte,
qui ſera de ſuite communiqué au chapitre de S. Pierre
le jeune, qu'il n'en ignore.
Signé : ZAEPFFEL, promoteur, avec paraphe.
Signifié le 31 octobre 1782. *Signé :* LEGER.

N°. 57.

LOUIS, PAR LA GRACE DE DIEU ROI DE FRANCE
ET DE NAVARRE, au premier notre huiſſier ou ſer-
gent, ſur ce requis, ſavoir faiſons que comme ce
jourd'hui vu par notre conſeil ſouverain d'Alſace,

la requête préfentée en icelui par notre amé le promoteur de Strasbourg, expofitive que le devoir de fon miniftère l'oblige de recourir à l'autorité de notredit confeil, pour le maintien de l'ordre, de la police, & de la difcipline eccléfiaftique du diocèfe : fa réclamation eft d'autant plus jufte, qu'elle eft fondée fur les Sts. Canons, & fur les difpofitions des ordonnances : notre amé Rumpler, prêtre & chanoine du chapitre de S. Pierre le jeune de Strasbourg, ayant cru appercevoir quelques abus dans ce corps relativement à la diminution du nombre des enfans de chœur, & à la tenue des chapitres généraux; en a fait dénonciation audit chapitre de S. Pierre le jeune qui y a ftatué. Cet eccléfiaftique a fuppofé par la fuite que notre amé Lantz, doyen du chapitre de S. Pierre le jeune, & grand vicaire du diocèfe de Strasbourg, avoit empêché l'exécution de l'arrêté capitulaire relatif aux enfans de chœur, & qu'il réfiftoit avec affectation à la tenue des chapitres généraux annuels ; partant de cette fuppofition littéralement démentie, il a préfenté requête à notre bien-amé d'Arath, official du diocèfe, dans laquelle il s'eft fervi des termes les moins mefurés, & les plus defpectueux contre ledit Lantz, & il a conclu à ce qu'il plût à notre bien-amé l'official, qui réunit à cette qualité celle de fuffragant, faire la vifite du chapitre, ou ordonner la convocation d'un chapitre général, ou enfin lui permettre de faire affigner ledit Lantz, pour voir faire droit fur les fins de fa requête, avec condamnation aux dépens. Notre bien-amé l'official n'ayant pas ftatué affez promptement au gré dudit Rumpler fur fa demande, elle a été fuivie de fommation de juger, faite par le miniftère d'un de nos huifliers. Notre bien-amé d'Arath a décreté la requête d'un foit communiqué au chapitre de S. Pierre le jeune, pour y répondre par écrit dans quinzaine : le chapitre a fatisfait au décret, & par fa réponfe appuyée de l'extrait des regiftres capitulaires, il confte que bien loin que ledit Lantz ait refufé d'accéder à l'établiffement des choriftes, il en a au contraire déféré la nomination au chapitre, quoiqu'elle lui appartint en sa qualité de doyen, en vertu du titre de fondation ; & le chapitre a attesté que ledit doyen avoit plusieurs fois offert de convoquer des chapitres généraux, & que ses offres n'avoient pas été agréés par le chapitre, parce qu'il croyoit cette convocation sans objet essentiel, l'ordre & la discipline s'observant dans son église ; c'est dans cet état que la procédure a été communiquée au suppliant par décret du vingt août dernier. Il a reconnu que les chefs de plainte dudit Rumpler, après la réponse & les pièces rapportées par le chapitre étoit sans fondement ; mais il a vu avec surprise & scandale les imputations déplacées, les expressions indécentes & despectueuses, que ledit Rumpler avoit accumulés dans sa requête contre ledit Lantz son supérieur dans l'ordre du diocèse comme vicaire général, & dans le chapitre même par sa dignité de doyen. Il a cru qu'il étoit intéressant pour le maintien de la police & de la discipline ecclésiastique, de réprimer l'insubordination & le mépris que cette requête annonçoit contre un chef respectable. Le suppliant a pris des réquisitions aux fins qu'il fût enjoint audit Rumpler de porter aux chefs du chapitre, dont il est membre, le respect qui leur est dû ; & pour y avoir manqué par l'exposé de ses requêtes, & les expressions despectueuses, dans lesquelles elles sont conçues, il lui soit ordonné d'en faire excuses en plein chapitre audit Lantz, tant en sa qualité de doyen qu'en celle de grand vicaire du diocèse ; que de plus il soit exclu des assemblées capitulaires pendant l'espace de six mois de suite, à l'exception de celles où il s'agiroit de procéder à quelque nomination, ou élection, auxquelles il auroit droit d'être appelé.

Notre bien-amé l'official a rendu jugement définitif le 26 août dernier, par lequel, sans s'arrêter à la requête dudit Rumpler, il a fait droit sur les réquisitions du suppliant ; enjoint audit Rumpler de porter respect à ses chefs & supérieurs ; & pour y avoir manqué, ordonné qu'il feroit des excuses en plein chapitre audit Lantz, tant en sa qualité de doyen qu'en celle de grand vicaire, lui a interdit l'assistance aux assemblées capitulaires pendant six mois, hors le cas des nominations & élections, auxquelles il auroit droit d'être appelé ; & il ordonne que cet interdit fera exécuté nonobſtant appel, & ſans préjudice à icelui ; quoique ce décret ſoit conforme en tous points à la juſtice & aux règles, & que l'exécution nonobſtant l'appel relativement à l'interdit ſeulement, peines canoniques pour le maintien de la police & de la diſcipline eccléſiaſtique, ſoit ordonnée par les Sts. Canons & les ordonnances ; néanmoins ledit Rumpler a porté au métropolitain un appel ſimple, & par une interverſion abſolue des principes, ce juge ſupérieur, en ordonnant l'apport des pièces de la procédure, a ſuſpendu par ſon décret du 14 octobre 1782, l'exécution du jugement rendu en l'officialité de Strasbourg. Le ſuppliant touché de la ſignification de ce décret abuſif, en a émis appel comme d'abus par acte ſignifié audit Rumpler le 31 octobre dernier : cependant ce dernier a eu l'honneur de préſenter requête à notredit conſeil, & en paſſant ſous ſilence l'appel émis, il a ſurpris arrêt le 4 du courant, qui lui permet de mettre à exécution le décret du métropolitain.

Le ſuppliant ne peut ſe diſpenſer d'y former oppoſition & d'introduire l'appel comme d'abus du décret du métropolitain, en ce qu'il ſuſpend l'exécution du jugement de notre bien-amé l'official de Strasbourg ; quant à l'interdit des aſſemblées capitulaires prononcé contre ledit Rumpler, le décret du métropolitain eſt abuſif à la forme & au fond ; à la forme il préſente un premier abus, en ce qu'il ſuppoſe par les qualités qu'il porte qu'il y a litiſpendance, & que l'appel qui lui eſt déféré, eſt agité entre ledit Rumpler & ledit Lantz ; tandis que ce dernier n'a jamais été aſſigné, qu'aucune pièce ne lui a été communiquée, qu'il n'a fait, ni été mis en même de faire aucune réponſe, ni prendre aucunes concluſions ; le décret ſur la requête n'ayant été rendu que ſur le ſoit communiqué au chapitre de S. Pierre le jeune, & ſur les réponſes données par ce chapitre, auquel même ledit Lantz n'a pas aſſiſté. Et quant à la correction impoſée audit Rumpler, elle a été ordonnée ſur les réquiſitions du ſuppliant ; c'eſt donc abusivement que ledit Rumpler, & le métropolitain après lui, ont mis en qualité ledit Lantz, qui n'est pas partie. Un second moyen d'abus à la forme résulte de ce que le métropolitain a suspendu l'exécution du jugement de notre bien-amé l'official de Strasbourg, sans connoissance de cause & sans avoir vu la procédure ; si vrai que par le décret suspensif même, il ordonne le rapport des pièces sur lesquelles le premier juge a statué ; cette précipitation évidemment contraire à l'ordre judiciaire, & au bon ordre, ne peut être approuvée. Enfin l'abus le plus sensible, est puisé dans la violation des Sts. Canons & des ordonnances ; il est incontestable que la peine de l'interdit, prononcé contre ledit Rumpler, par le décret de notre amé l'Ordinaire est purement canonique ; qu'étant motivé pour manque de respect à un supérieur dans l'ordre ecclésiastique, par l'emploi d'expressions despectueuses & injurieuses à son caractère, & contraire à la subordination, elle intéresse la police & la discipline ecclésiastique. Or les Sts. Canons ordonnent expressément, que les jugemens définitifs rendus par les diocésains en matière de correction de mœurs & de discipline, sont exécutoires nonobstant l'appel. Le chapitre dix de la session 24 du Concile de Trente *de reformat*, en fait une loi générale & expresse. Les principes de la jurisprudence françoise enseignent d'après ce texte, que l'appel en matière de discipline & de correction de mœurs est dévolutif & non suspensif. Cette maxime est tellement inviolable que par l'art. 36 de l'édit de la jurisdiction ecclésiastique, elle est étendue même à l'appel comme d'abus, qui semble d'autant plus susceptible de l'effet suspensif, qu'il ne peut avoir lieu que dans le cas des contraventions aux Sts. Canons, aux libertés de l'église gallicane, ou à nos ordonnances.

Le décret du métropolitain a donc violé les loix de l'église & celles de l'état, en privant le jugement du diocésain de l'exécution provisoire, qui lui est dûe en ce qui concerne la police ecclésiastique ; l'abus en est sensible, & d'autant plus préjudiciable, que si de pareils exemples pouvoient avoir lieu, il ne resteroit plus aux juges d'églife de moyens d'arrêter les fcandales & la défobéiffance, le mépris des inférieurs pour les chefs dans l'ordre hiérarchique ; ces excès fe perpétueroient pendant le cours des appels au détriment de l'ordre, & à la honte de la religion. C'eft d'après ces obfervations que le fuppliant prend la liberté d'obferver à notredit confeil, que le jugement de notre bien-amé l'official de Strasbourg & le décret du métropolitain étant en oppofition directe, en ce que l'une ordonne l'exécution de l'interdit nonobftant l'appel, & que l'autre en fufpend l'exécution ; ces deux décrets ne pouvant être exécutés cumulativement, il faut néceffairement que la préférence foit dûe à l'un fur l'autre ; & naturellement elle doit être accordée, comme toute autre provifion au droit le plus apparent, c'eft à dire à celui des jugemens, qui eft le plus conforme aux règles canoniques & aux loix civiles. Le fuppliant efpère donc qu'il plaira à notredit confeil, ordonner provifionellement l'exécution du décret de notre bien-amé l'official de Strasbourg, en ce qui concerne l'interdit. A ces caufes requéroit, à ce qu'il plût à notredit confeil, vu la confultation du 14 du courant, & les pièces y mentionnées, recevoir le fuppliant oppofant à l'arrêt du 4 de ce mois, & appelant comme d'abus du décret de l'official métropolitain du 14 octobre précédent, en ce que par icelui l'exécution du jugement de notre bien-amé l'official de Strasbourg du 26 août a été fufpendu, en tant qu'il interdit pendant fix mois audit Rumpler les affemblées capitulaires, hors les cas exceptés, & qu'il ordonne que cet interdit fera exécuté nonobftant l'appel : ayant égard à l'oppofition, ordonner que ledit arrêt fera rapporté, & prononçant fur l'appel comme d'abus, dire qu'il y a abus quant à ce ; ce faifant, caffer & annuller ledit décret : permettre de faire intimer fur ledit appel ledit Rumpler & tous autres qu'il appartiendroit, fauf & fans préjudice à interjeter tel autre appel comme d'abus dudit décret, qu'il appartiendroit par la fuite, & cependant par provifion & fans préjudice du droit des parties ; ordonner que le décret de notre bien-amé l'official de Strasbourg, en ce qui concerne l'interdit & l'affiſtance aux aſſemblées capitulaires pendant ſix mois à l'intimé, ſeroit exécuté ſuivant ſa forme & teneur. Ladite requête ſignée THANBERGER, procureur du ſuppliant; Concluſions de notre procureur général, ouï le rapport de notre amé & féal M. Jean Daniel du Boisgautier conſeiller, & tout conſidéré: NOTRE DIT CONSEIL vu la conſultation du quatorze courant & les pièces y mentionnées, faiſant droit ſur la requête, a reçu & reçoit le ſuppliant appelant comme d'abus du décret de notre bien-amé l'official métropolitain du 14 octobre dernier, en ce que par icelui l'exécution du jugement de notre bien-amé l'official de Strasbourg du 26 août a été ſuſpendue, en tant qu'il interdit pendant ſix mois à notre amé Rumpler les aſſemblées capitulaires hors les cas exceptés, & qu'il ordonne que cet interdit ſera exécuté nonobſtant l'appel ; en conſéquence a permis & permet au ſuppliant de faire intimer ſur ledit appel ledit Rumpler & tous autres qu'il appartiendra, à comparoir à certain compétent jour en notredit conſeil, pour procéder ſur ledit appel, & fins de ladite requête, & répondre en outre ainſi que de raiſon, aux fins des dépens ; & cependant par proviſion & ſans préjudice du droit des parties au principal, a ordonné & ordonne que le décret de notre bien-amé l'official de Strasbourg, en ce qui concerne l'interdit & l'aſſiſtance aux aſſemblées capitulaires pendant dix mois à l'intimé, ſera exécuté ſuivant ſa forme & teneur, nonobſtant oppoſition ou appellation quelconques & ſans y préjudicier. Si te mandons de faire pour l'exécution du préſent arrêt tous exploits & autres actes de juſtice requis & néceſſaires ; de ce faire te donnons pouvoir. Donné à Colmar en la première chambre de notre conſeil ſouverain d'Alſace, le 15 novembre, l'an de grace 1782, & de notre règne le neuvième, collat. ſigné : JOURDAIN avec paraphe. Par le Conſeil. Collationné, ſigné: ALBERT avec grille & p^{aphe}. Scellé le 15 novembre 1782. Signé ALBERT : avec paraphe. Et en marge eſt écrit: vu, ſigné: HOLD avec paraphe. Signifié & donné copie à M^e. Simon

procureur. A Colmar ce 15 novembre 1782. Signé :
BIECHY, avec paraphe.

N°. 58.

LE conseil soussigné, qui a pris lecture & fait l'examen d'un extrait du livre des statuts de l'église collégiale de St. Pierre le jeune de Strasbourg de l'an 1327. d'un décret donné sous le sceau du grand vicariat de l'évêché de Strasbourg le 26 août de cette année ; d'un autre décret du siège métropolitain de Mayence du 14 octobre suivant ; d'un arrêt du conseil souverain d'Alsace du 4 de ce mois, qui permet de mettre ce décret à exécution dans l'étendue de son ressort ; d'un second arrêt du 15 qui reçoit l'appel comme d'abus dudit décret en ce qu'il suspend l'exécution de celui de l'official de Strasbourg & qui cependant, par provision & sans préjudice du droit des parties au principal, ordonne que le décret dudit official sera exécuté suivant sa forme & teneur, nonobstant opposition ou appellation quelconques :

Estime que l'appellation d'abus, étant une voie extraordinaire, ne doit pas être jugée par provision, sur la requête présentée pour obtenir l'arrêt qui reçoit l'appel & permet d'intimer.

L'édit de la jurisdiction ecclésiastique, article 35, enjoint aux cours d'examiner le plus exactement qu'il leur sera possible les moyens des appellations, des ordonnances & jugemens des juges d'église, qui seront qualifiées *comme d'abus*, avant de les recevoir, & de procéder à leur jugement avec telle diligence & circonspection que l'ordre & la discipline ecclésiastique n'en puissent être altérées ni retardées, & qu'au contraire, elles ne servent qu'à les maintenir dans leur pureté suivant les SS. Canons, & à conserver l'autorité légitime & nécessaire des prélats & autres supérieurs ecclésiastiques. L'article 37 veut que les cours, en jugeant les appellations comme d'abus, prononcent qu'il n'y a abus & condamnent en ce cas les appelans en 75 l. d'amende, ou qu'elles disent, „ qu'il a été mal, nul-

„ lement & abusivement procédé, statué & or-
„ donné, &c.

Ces dispositions prescrivent trois règles. La première d'examiner scrupuleusement les moyens d'abus proposés contre les jugemens des juges d'église avant d'en recevoir les appels. La seconde, de juger avec une grande circonspection & diligence les causes d'appellations d'abus. La troisième, que, par les arrêts donnés sur ces appellations, il soit dit qu'*il n'y a abus*, ou qu'*il y a abus*.

Il est manifeste, par la manière de procéder au jugement des appellations & par la prononciation des arrêts qui les jugent, qu'on ne doit pas, sur la requête introductive de l'appel, préjuger par provision que le jugement attaqué d'abus est abusif; ce seroit ne pas avoir la circonspection recommandée par la loi; la diligence qu'elle exige consiste à placer les causes d'appellations d'abus les premières aux rôles, & à éviter les appointemens. Il ne doit pas y avoir d'arrêts provisoires dans les causes d'appels comme d'abus : il faut dire s'il y a, ou s'il n'y a abus.

Le conseil d'Alsace, par son arrêt du 15 de ce mois, a violé les deux articles de l'édit qu'on vient de rapporter; il a par cet arrêt reçu l'appel comme d'abus du décret du métropolitain, en ce qu'il suspend l'exécution de celui de l'official de Strasbourg; & cependant, par provision, a ordonné que le décret du juge inférieur, réformé par le juge supérieur sur l'appel simple qui lui a été porté, seroit exécuté selon sa forme & teneur. Dans cette partie de l'arrêt, la précipitation a été mise à la place de la circonspection; & l'injuste préférence donnée au jugement de l'official de l'ordinaire, infirmé par celui du métropolitain, altère l'ordre des jurisdictions, la discipline ecclésiastique, & détruit l'autorité légitime & nécessaire du supérieur ecclésiastique.

La clause, de „ sans préjudice du droit des parties „ au principal," est bien déplacée dans cet arrêt. Le Sr. Rumpler, condamné par provision à subir la peine à lui infligée par le juge subalterne; son grief seroit irréparable en définitif.

L'opposition à cet arrêt est interdite par cette autre claufe, *nonobftant oppofition*, ou appellation quelconques. Cet arrêt ayant été donné en contravention des règles établies par la loi de l'état pour procéder au jugement des appellations d'abus, c'eft par la voie de la caffation qu'il doit être attaqué.

On doit être furpris de l'impreffion qu'ont fait fur le confeil d'Alface les prétendus moyens d'abus expofés dans la requête, pour faire admettre l'appel. Le premier eft que le décret du métropolitain, qui reçoit l'appel de celui de l'official de l'ordinaire, fuppofe par les qualités qu'il porte que cet appel doit être agité entre le Sr. Rumpler & le Sr. Lantz doyen du chapitre de St. Pierre le jeune, tandis que le Sr. Lantz n'a pas été affigné en l'officialité de Strasbourg; que le décret a été rendu fur foit communiqué audit chapitre & fur fes réponfes, & que la correction des mœurs impofée au Sr. Rumpler a été ordonnée fur les réquifitions du promoteur.

La requête, préfentée en l'officialité de Strasbourg par le Sr. Rumpler, avoit pour principal objet l'obftination du doyen à ne pas convoquer les chapitres annuels prefcrits par les ftatuts dont les chanoines à leurs receptions ont juré l'obfervance; il a demandé la permiffion de faire affigner le dit Sr. doyen pour voir ordonner la tenue des chapitres; l'action lui étoit perfonnelle, fa citation, pour répondre en juftice, ne devoit pas être réfufée; deux actes de fommation de décréter la requête ont été inutiles; l'official, preffé, a ordonné un foit communiqué au chapitre, dont on ne fe plaignoit pas & qui n'étoit pas attaqué; & enfuite, fur les réquifitions du promoteur, il a rendu fon décret par lequel, fans s'arrêter aux demandes du Sr. Rumpler, faifant droit fur les réquifitions du promoteur, il a enjoint au Sr. Rumpler, fous les peines de droit, de porter à fes chefs & fupérieurs le refpect qui leur eft dû; & pour y avoir manqué, lui a ordonné de faire des exufes en plein chapitre au Sr. Lantz, tant en fa qualité de doyen qu'en celle de grand vicaire; lui a interdit l'affiftance aux affemblées capitulaires pendant fix mois, lequel interdit fera exécuté nonobftant l'appel & fans préjudice à icelui.

L'appel de ce décret a été porté & relevé au siège métropolitain de Mayence. Le juge supérieur est saisi de la même demande intentée en première instance, il doit prononcer si le juge inférieur a bien, ou mal jugé en ne condamnant pas le doyen à convoquer annuellement les chapitres généraux. Ledit Sr. doyen, contre lequel la demande a été dirigée en l'officialité de Strasbourg, est donc partie nécessaire en la cause d'appel. L'abus, que l'on fait résulter de ce qu'il n'a pas été assigné devant le premier juge, ne doit être attribué qu'à l'official qui, pour lui sauver la peine & le désagrément de se défendre sur une action à laquelle il paroît qu'il ne pouvoit résister, a traité la cause dans le tribunal de la jurisdiction volontaire & gracieuse, quoique de sa nature elle fut de celui de la jurisdiction contentieuse, & qu'elle y eût été introduite par la permission demandée de faire assigner *ledit Sr. doyen pardevant l'officialité.* L'official, qui est aussi grand vicaire & confrère de ce doyen, a jugé sans procédure; il a donné son décret sous le sceau du grand vicaire. Cette substitution du tribunal volontaire & gracieux au tribunal contentieux est l'abus le plus caractérisé, le plus monstrueux; & le Sr. Rumpler, au lieu de se pourvoir par appel simple, auroit été bien fondé de l'attaquer par la voie de l'appellation d'abus.

Un autre prétendu moyen d'abus contre le décret du métropolitain résulte, dit-on, de ce qu'il a suspendu l'exécution du jugement de l'official de Strasbourg, sans connoissance de cause & sans avoir vu la procédure; si vrai que, par son décret suspensif, il ordonne le rapport des pièces sur lesquelles le premier juge a statué.

Ce premier juge ayant jugé volontairement, sans procédure, sur la requête contenant les moyens de l'action, les réponses du chapitre & les réquisitions du promoteur, le juge supérieur, qui avoit cette requête sous les yeux, a eu toute la connoissance qu'il lui falloit pour, en recevant l'appel simple du décret de l'official de Strasbourg, en suspendre l'exécution jusqu'au jugement de cet appel. Il n'a pas

ordonné

ordonné à ce promoteur d'apporter des pièces nouvelles, (il n'y en a pas,) mais qu'il lui seroit envoyé copie de celles produites par le Sr. Rumpler appelant, pour lui donner connoissance de l'appel & de la suspension. *Scribatur cum acclusione exhibitorum D. promotori fisci argentinensi pro informatione.* Ce promoteur est le second adversaire du Sr. Rumpler en la cause d'appel : il s'est chargé *inconsidérément* de faire avoir au Sr. doyen une réparation qu'il ne demandoit pas ; des expressions prétendues injurieuses n'étoient pas une matière à exciter son zèle & à requérir des peines déshonorantes.

„ L'abus le plus sensible, dit le promoteur appel-
„ lant comme d'abus, est puisé dans la violation des
„ SS. Canons & ordonnances. La peine de l'interdit
„ prononcée par le décret de l'Ordinaire contre le
„ Sr. Rumpler est purement canonique; les SS. Ca-
„ nons ordonnent expressément que les jugemens dé-
„ finitifs rendus par les Ordinaires, en matière de
„ correction de mœurs & de discipline, sont exé-
„ cutoires nonobstant l'appel. „ Le chap. 10 de la session 24 du concile de Trente *de réform.* en fait une loi générale.

L'effet de l'appel est d'arrêter l'exécution du jugement dont on se plaint ; s'il s'agit d'un cas excepté de cette règle générale par les loix de l'église, ce jugement est exécutoire nonobstant l'appel relevé, ou non ; mais si le juge supérieur juge que son inférieur a excédé, en ordonnant l'exécution de son jugement; s'il suspend cette exécution jusqu'à ce que la cause d'appel soit jugée, il use de sa puissance, du droit de sa jurisdiction supérieure, à laquelle son inférieur doit obéir. Cette vérité est établie sur l'ordre des appellations & l'autorité qu'a le métropolitain de corriger les jugemens de ses suffragans. Le chap. *irrefragabili* X. *de officio judicis ordin.* tiré du concile général de Latran tenu sous Innocent III, veut à la vérité que les ordonnances des évêques, de leurs grands vicaires & de leurs officiaux, faites dans le cours des visites & pour correction de mœurs soient exécutoires nonobstant les appellations, mais il maintient leurs supérieurs dans le droit ancien & inconteftable de les réformer, s'ils y apperçoivent de l'excès, *nifi formam in talibus exceſſerint obfervandam.* Le concile de Trente n'a pas une difpofition contraire: il a ftatué que l'appel feul ne peut empêcher & fufpendre les ordonnances des évêques données en cours de vifites, ou pour correction de mœurs, *ulla appellatio, feu querela executionem eorum quoquo modo impediat aut fufpendat.*

On ne conçoit pas le raifonnement du promoteur de l'officialité de Strasbourg, qui applique à fa caufe l'article 36 de l'édit de la jurifdiction ecclésiaftique. Cette loi nationale veut que les appellations d'abus des jugemens des juges d'églife pour correction de mœurs & toutes autres chofes concernant la difcipline eccléfiaftique n'auront effet fufpenfif, mais feulement dévolutif. Cette loi feroit applicable, s'il s'agiſſoit de l'appellation d'abus de la correction de mœurs prononcée par l'official de l'évêque de Strasbourg, mais l'appellation eft du jugement du métropolitain qui, fur l'appel fimple de celui de l'Ordinaire en a, par fon autorité légitime, fufpendu l'exécution. Et fi la préférence, ou provifion eft due au droit le plus apparent, on ne peut le tirer du décret de l'official de l'Ordinaire, qui eft foumis à l'appel fimple & qui fera cenfé non avenu, s'il n'eft pas confirmé. Le jugement du métropolitain eft le feul titre exiftant; il eft le feul qui donne un droit certain. Les cours, dans certaines circonftances, donnent des arrêts de défenfes & rendent fufpenfives les appellations d'abus des jugemens de difcipline & de correction de mœurs; mais il ne leur eft pas permis de rendre ces jugemens exécutoires quand fur des appels fimples leur exécution eft fufpendue par les fupérieurs eccléfiaftiques. L'arrêt du confeil d'Alface eft le premier exemple de cette furprenante inverfion.

Délibéré à Colmar le 23 novembre 1782. *Signé:*

GEORGES DE BROUSSEY. ANTHOINE. ALBERT.

N°. 59.

Paris ce 30 décembre 1782.

À M....... MAITRE DES REQUÊTES.

Monsieur,

Vous m'avez si fort interdit en m'annonçant l'accablement d'affaires qui vous empêchoit d'expédier la mienne, que je n'ai pu, dans le trouble où j'étois, m'expliquer comme j'aurois du sur ce que vous m'avez fait la grace de me dire samedi dernier.

J'ose donc vous observer, monsieur, que s'il s'est passé quatre mois depuis le décret inique, qui a flétri mon honneur, ce n'est point faute de diligence de ma part; puisque dans cet intervalle, il y a eu trois jugemens, dont deux, en ma faveur, ont été rendus en temps de féries; celui de Mayence, dans une session extraordinaire, tenue exprès à cet effet par le consistoire, ma cause lui ayant paru exiger cette célérité; & celui de Colmar donné également en vacations pour l'exécution de celui de Mayence, *nonobstant* opposition ou appellation quelconques.

De ces quatre mois, j'en ai passé un à peu près dans mon chapitre rétabli dans mes fonctions, & cinq semaines ici à la poursuite de la cassation de cet arrêt surpris, qui m'a rejeté dans l'interdiction, au mépris de toutes les formes de l'ordre judiciaire.

Soyez persuadé, monsieur, que si je désire si ardemment de rejoindre mes confrères, réintégré dans mon état, ce n'est pas que je sois fort empressé d'assister à leurs assemblées; mais parce que je le suis beaucoup de voir abréger le terme d'un interdit, qui, dans l'esprit du public & dans le mien, m'humilie infiniment, & me rend mon existence, ici ou ailleurs, douloureuse & accablante.

Plein d'esprit & de sentimens, comme vous l'êtes, monsieur, consultez votre cœur, & jugez s'il peut m'être indifférent de me voir un mois ou six semaines de plus la victime d'un complot de persécution & d'iniquité; un membre expulsé avec l'appareil de la justice du sein de mon corps.

On m'expose à la critique, ou aux propos de toute une province. Elle ne peut que supposer une faute bien grave là, où elle voit une punition aussi rigoureuse, prononcée provisoirement par un tribunal souverain, qui, pour m'y condamner, n'a pas même daigné m'entendre.

D'après la réputation que vos lumières & votre probité vous ont méritée, monsieur, je n'ai pu qu'être infiniment satisfait de vous avoir pour rapporteur de mon affaire ; & je ne pourrois que vous témoigner les plus grands regrets, si vos occupations trop multipliées ne vous permettoient point de lui accorder cette préférence d'expédition que par la nature de son objet elle exige essentiellement ; mais comme cette promptitude est la seule chose que j'ambitionne, comme la seule qui m'intéresse, & que je dois attendre la même justice de tout homme impartial, me permettez-vous de vous avouer que la nomination d'un rapporteur moins occupé me devient, dans les circonstances, une grace que je solliciterois de M. le garde des sceaux, s'il vous plaisoit de l'agréer par un mot de réponse.

Six semaines d'humiliation sont pour l'innocence opprimée un terme qui la fait frémir. Si, par ces délais indispensables, je devois supporter ainsi en plein, l'effet d'une punition injuste, & reconnue pour telle par mon supérieur légitime, ma demande ici en cassation, n'auroit plus son objet principal, & rien au monde ne pourroit, en définitif, m'en dédommager, d'après le cas que je fais de tout intérêt pécuniaire.

Je suis avec respect, &c. *Signé* : RUMPLER.

N°. 60.

A MONSEIGNEUR

Monseigneur le Garde des Sceaux de France, &c.

LE chanoine Rumpler, ancien aumônier ordinaire de la maison de S. M. a l'honneur d'exposer très respectueusement à votre grandeur, qu'il s'est pourvu en cassation d'un arrêt sur requête, rendu, avec une précipitation inconcevable, par le conseil souverain d'Alsace, qui, en recevant, à la simple demande du promoteur de Strasbourg, un appel comme d'abus d'un décret métropolitain, a jugé provisoirement le fond, avec clause: *nonobstant opposition quelconque*, sans que l'exposant eût été entendu.

Ce jugement, monseigneur, aussi irrégulier qu'il est injuste, seroit absolument vexatoire, s'il pouvoit subsister, en ce qu'il porte sur un point visiblement irréparable en définitif.

Il flétrit la réputation intacte d'un prêtre, chanoine de cathédrale & de collégiale insigne, au mépris de la sentence de son supérieur légitime, sous le prétexte fictif d'un abus, qui n'a jamais existé, & qui n'a été préjugé ainsi, contre les formes prescrites par les loix, que pour sacrifier l'honneur du suppliant à la vanité de son doyen, notoirement coupable.

Il a plu à votre grandeur, monseigneur, de nommer, il y a six semaines, M...... pour rapporter cette affaire au conseil du roi. Et comme il importe infiniment audit suppliant qu'elle le soit avant l'expiration des six mois de *l'interdit*, (prononcé contre lui, par l'Ordinaire, & confirmé provisoirement par l'arrêt de Colmar, malgré le décret du consistoire archi-épiscopal qui l'avoit suspendu) il a jusqu'ici vivement sollicité son rapporteur, pour en obtenir cette préférence d'expédition, que sa cause par la nature de son objet, exigeoit essentiellement.

Languissant innocemment dans l'humiliation, le suppliant ose, monseigneur, implorer la protection de votre grandeur, pour parvenir à la prompte justice qu'il désire.

M..... est surchargé d'affaires; mais un mot de la part d'un chef suprême le portera à accorder quelque préférence à l'innocence outragée.

Cette grace, monseigneur, comblera les vœux du suppliant, occupé constamment à en former avec ardeur pour la conservation & la prospérité de votre grandeur.

Signé: RUMPLER, chan.

N°. 61.

BILLET *à l'adresse de M. Rumpler, hôtel S. Pierre à Paris.*

M. C.... est bien fâché d'apprendre à monsieur l'abbé Rumpler qu'il a été rendu hier, au bureau, un arrêt qui le déclare *non-recevable* dans sa demande. Cette disposition est fondée sur ce qu'il est de principe constant au conseil que la cassation est un moyen extraordinaire, auquel on ne peut être admis qu'après avoir épuisé les autres voies prescrites par les ordonnances ; & que jamais une demande en cassation d'un arrêt rendu sur simple requête, contre lequel on peut se pourvoir par la voie de l'opposition, n'a été accueillie au conseil. La circonstance de l'exécution de la peine *nonobstant* toutes oppositions, n'a pas parue devoir faire une exception aux loix & aux maximes consacrées par le conseil.

M. C.... a l'honneur de présenter ses civilités à M. l'abbé Rumpler, & de le prévenir que s'il veut retirer les pièces, il est nécessaire qu'il lui remette ou lui fasse remettre un *récépissé* de M. de M.....

N°. 62.

EXTRACTUS *Libri statutorum de anno* 1327. *insignis Ecclesiæ collegiatæ S. Petri junioris intrà Argentinam, pag.* 14.

Ut crastino *Reminiscere* statuta talia hic contenta legantur, habetur in *Pastorali* numero 13.

CUM cuilibet canonico ecclesiæ nostræ sancti Petri, in primâ sui creatione inter alia astringet se juramento statuta & consuetudines ipsius ecclesiæ servaturas, juxtà formam juramenti statuto super hoc concepto insertam, nequis occasionem ignorandi ea prætendere valeat: Nos Nicolaus Præpositus, Gœtz Decanus, totumque Capitulum providimus in hunc modum, ut consuetudines, observantiæ & statuta, prout registrata sunt in hoc libro pastorali, vel instrumento, aut Breviario nostro, aut alibi; & maximè illa in quibus major & frequentior transgressio committitur, annis singulis in crastino Dominicæ quâ cantatur *Reminiscere*, omnibus canonicis capitularibus præbendatis ecclesiæ nostræ, ab hoc specialiter in Capitulo convenientibus plenè & explicitè recitentur, &c. Collation. &c.

N°. 63.

PROTESTATION

Faite en Chapitre, à l'ouverture du Chapitre général, célébré le 17 Mars 1783.

Messieurs,

Nous voici donc enfin arrivés à un premier dénouement qui nous promet le rétablissement du bon ordre.

Falloit-il donc que le mal se fît, pour qu'il en résultât un bien ? Etoit-il nécessaire que je fusse calomnié & interdit, pour le rachat du salut commun ?

Oui ; il est plus que probable, messieurs, que sans cet enchaînement de petites causes secondaires & imprévues, que les complots de persécution ont insensiblement amenées, nous n'aurions point vu terrassé de sitôt le despotisme qui nous désoloit.

Si, malgré toutes ses plaies, il vouloit se traîner encore avec quelque reste de vie, au moins ne sera-t-il plus désormais si redoutable. Frappé d'un trait mortel, il a lancé, par un dernier effort, toute la masse de son venin sur le téméraire qui a osé le blesser.

Vous l'avez vu se replier de toutes les manières pour esquiver les coups qui lui étoient portés. Ceux-ci retomboient-ils sur moi, ils m'excitoient à redoubler de vigueur, sous l'égide de la patience.

De trois tribunaux parcourus, dans l'intervalle de quelques mois, il a fallu, pour obtenir le chapitre général que nous célébrons aujourd'hui, porter jusqu'aux pieds du trône le récit des refus obstinés qu'avoit fait, depuis son existence parmi vous, le chef qui, par son état & par son serment, auroit dû, sans se faire prier, les convoquer tous les ans, pour peu qu'il eût eu d'amour pour l'ordre, ou de respect pour sa compagnie.

Mais, après tant de résistances, messieurs, n'étoit-ce pas une vraie dérision de faire exposer au conseil de la province, que le Sr. doyen n'avoit pas été partie dans ma demande, quoique je ne l'eusse jamais dirigée que contre lui seul ? Car enfin, quels qu'eussent été le renversement des règles, le mépris des formes & l'esprit de vexation qui ont concouru à l'édifice de la procédure absurde concertée dans le secret & affichée avec éclat, pour punir en moi le zèle le plus pur, sous le nom d'un délit imaginaire ; il n'en est pas moins palpable que je ne pouvois avoir d'autre partie adverse au fond, que celle que j'attaquois.

C'étoit sans doute encore le comble de la dérision d'avoir soutenu au même conseil souverain (pour y surprendre un arrêt) que j'avois supposé de la part dudit Sr. doyen une opposition à l'arrêté capitulaire, concernant les enfans de chœur : Et ces enfans, vous le savez, messieurs, dans ce moment-ci ne sont point encore nommés, par un effet des intrigues de ce même doyen, ou par une suite naturelle de l'empire absolu qu'il a usurpé sur son corps. Les menaces qu'il vous a faites à son retour de Nancy, si vous prétendiez insister, à cet égard, pour l'exécution du vœu des fondateurs, ont été trop violentes jusqu'au moment de la présentation de ma requête à l'Ordinaire, pour que le souvenir s'en soit effacé totalement dans votre mémoire.

Désavouer ainsi devant le juge des faits publics, sous les auspices d'un protocole, qu'on dirige exclusivement par abus, c'est ou être réduit à une défense bien humiliante, ou être bien peu délicat sur le choix des moyens.

En un mot, messieurs, c'étoit se jouer de la religion & de la justice d'en avoir imposé ainsi à ce tribunal auguste, & d'y avoir fait avancer, qui plus est, même contre toute vérité, que lui doyen n'avoit jamais été contraire à la tenue des chapitres généraux, tandis que, depuis son élévation au décanat, il n'en avoit pas voulu convoquer un seul, malgré les réclamations ou les instances de toutes espèces qui avoient si souvent excités des rumeurs ou occasionnés des troubles.

On ne peut juger de l'intention des hommes que par leurs actions. Et tous ces subterfuges inventés par la chicane pour la séduction de la crédulité, ne font communément qu'une illusion momentanée. L'œil du sage, avec le temps distinguera sans efforts le vrai du faux. Un chanoine dignitaire qui est chargé par état de célébrer annuellement des chapitres de règle, & qui ne s'est jamais acquitté de ce devoir, aura toujours mauvaise grace, à ses yeux, en voulant rejeter sur les chanoines ses confrères une omission répréhensible dont lui seul est coupable.

Quand même l'aveu, supposé unanime, de la prétendue complicité de tout le corps avec le chef, seroit vrai, loin d'excuser la faute de celui-ci, il ne seroit qu'une démonstration de plus de l'ascendant qu'il auroit pris sur lui, ou un témoignage peu honorable pour ce corps de sa déférence servile aux impulsions de son chef en opposition avec la loi.

Mais la preuve de vos vraies dispositions, messieurs, à l'égard de votre attachement à vos devoirs, n'est plus ni problématique ni équivoque. Elle s'est manifestée, sans le moindre obstacle, dès qu'il a plu à M. le doyen, forcé dans tous ses retranchemens, de mettre enfin sérieusement la matière en délibération pour la première fois depuis vingt-six ans.

Toutes les voix des capitulans, à une près, se sont empressées à applaudir à la tenue de ces chapitres annuels, dont l'objet principal est la communication des statuts & la connoissance des règles pour la réformation des abus. Objet vraiment intéressant & respectable, quoiqu'il n'eût pas paru *essentiel* à M. le prévôt, lorsqu'il prit officieusement sur lui de dicter, sous votre nom, sa réponse sur ma requête à l'évèque.

Au moment, pour ainsi dire, que vous alliez, messieurs, publier le secret de votre cœur, l'affectation de M. le doyen à vouloir absolument vous inculper pour des fautes, personnelles à lui seul, s'est encore bien visiblement produite dans le chapitre d'avant-hier; mais à pure perte pour cette fois.

Cette affectation n'a pu vous échapper dans son discours, lorsque, suivant sa vieille méthode, il auroit voulu vous faire accroire, ou prétexter que l'année dernière vous vous étiez refusés à la célébration du chapitre général qu'il disoit, à demi-voix, vous avoir proposé, quoiqu'il fût intimement le contraire.

Il n'est aucun de vous, messieurs, qui ne soit enfin ennuyé de ces petites ruses, & qui intérieurement ne souffre de voir jusqu'à quel point on continue encore d'abuser du pénible silence que votre amour pour la paix vous avoit fait préférer jusqu'ici à des contestations désagréables, mais devenues de plus en plus nécessaires pour le maintien de vos réglemens, autant que pour la défense de votre honneur.

Tout porte à vous persuader que, se prévalant de votre complaisance, M. le doyen alloit vous livrer avec lui aux condamnations qu'il appréhende, si, tout bien considéré, vous n'eussiez cédé aux mouvemens de votre conscience, en dévoilant, sans détours, vos véritables sentimens, bien différens, comme il le paroît, de ceux que vous avoit prêtés la réponse insidieuse de M. le prévôt.

Très certainement M. Lantz n'a tant résisté à mes poursuites, il n'a eu recours à tant de soumissions simulées démenties par le fait, il n'a si fort désiré de n'être pas ma partie adverse, il n'a enfin si vivement imploré le secours de ses amis en place, que parce qu'il comprenoit trop bien qu'il en seroit seul pour les frais & pour les dommages-intérêts, en soutenant seul, sans conseils & sans consors, que deux & deux ne font pas quatre. Il n'a employé les ressources de la dextérité de l'un d'eux, en fait de maniement d'affaires, que pour vous embarquer dans un procès qui menaçoit d'être long & dont la perspective n'avoit rien de séduisant pour éblouir un corps sans passion.

Vous avez, messieurs, évité le piège en vôtant, suivant les principes de l'équité, pour la reprise des chapitres généraux, négligés sans votre participation, & vous m'avez sauvé par-là le désagrément que j'aurois eu d'avoir à plaider contre une compagnie dont je connoissois & respectois la droiture, la vertu & la pureté de vues, malgré tous les efforts qu'on a faits pour les ternir ou pour les rendre suspects.

Vous avez trouvé ma demande juste, puisque vous y avez déféré à la première ouverture qui vous en a été faite dans la forme usitée. Si dès l'an passé; si dès les années précédentes, M. le doyen, pour convoquer les chapitres prescrits, eût daigné recueillir vos suffrages, comme il vient de le faire, il auroit trouvé dès-lors, comme il le trouve maintenant, que, loin d'y avoir été contraires, vous ne demandiez qu'à observer une loi primitive que vous aviez tous jurée. Il pouvoit même (il le sait bien) se passer de cette cérémonie, qui n'est que de bienséance. Il devoit, en vertu des obligations de sa charge, vous assembler chaque année à pareil jour, eussiez-vous dû y résister : mais ce n'étoit pas là ce qu'il vouloit, quoi qu'il en dise aujourd'hui pour éluder la sévérité de la justice.

Je soutiens donc, messieurs, ce que vous savez tous, que ni l'an passé, où j'ai assisté continuellement en chapitre, ni depuis que je suis chanoine, M. le doyen n'a jamais proposé de tenir un seul chapitre général. Si en mon absence il l'a fait une fois, ou même deux il y a quelques années, c'étoit d'une manière informe, sans colliger vos voix, suivant que plusieurs d'entre vous me l'ont assuré. C'étoit par forme de persifflage & de mauvaise plaisanterie, pour me donner une sorte de ridicule, en me supposant seul de mon avis ; c'étoit enfin dans un temps, où, mésusant du pouvoir arbitraire qu'il s'étoit arrogé, il vous avoit proposé la chose d'un ton à vous imposer, à coup sûr, le silence complaisant qu'il désiroit de votre part.

Je proteste en conséquence de continuer mon action intentée contre lui pour récupérer les frais multipliés que son obstination dans ses refus m'a occasionnés. Refus dont l'injustice est avouée par son fait actuel & par votre unanimité.

Je poursuivrai de même contre le promoteur, ou, en sa personne, contre le seigneur évêque la juste réparation qui m'est dûe pour l'interdit injurieux qu'il a prononcé contre moi, dans des circonstances où il auroit du louer & seconder mon zèle.

J'ai l'honneur de vous en prévenir, messieurs,

afin que mes adverfaires ne puiffent point m'oppofer en juftice un prétendu acquiefcement de ma part, ou une fin de non-recevoir, fous prétexte que ma demande n'auroit plus d'objet, depuis que M. le doyen s'eft exécuté pour tenir enfin ce chapitre général, follicité depuis quinze ans. *Signé:* RUMPLER, chan.

N°. 64.

A LA requête de M. Rumpler, chanoine de l'infigne églife de S. Pierre le jeune de Strasbourg, qui élit domicile où il demeure.

Soit dit à M. Jeanjean, chanoine-écolàtre de la même églife, que le chapitre général tenu le 17 mars dernier, n'ayant pu durer que quelques heures, il n'avoit pas été poffible, fur-tout après une interruption de 28 ans, d'y traiter de toutes les parties *effentielles* qui en faifoient *l'objet*.

Que le vénérable chapitre, fentant la néceffité qu'il y avoit de le proroger, avoit arrêté que, pour régler les différens points de réformes convenables, foit dans la célébration de l'office divin, foit dans le régime de l'adminiftration, le dit chapitre général feroit continué à la fuite des affemblées ordinaires, pendant lefquelles chaque capitulant pourroit communiquer à la compagnie les obfervations qu'il auroit à faire, tant fur les objets relatifs au fervice & à la dicipline, que fur les vices dans le gouvernement, pour être le réfultat des délibérations prifes, configné dans les regiftres, & fervir ainfi de réglement aux chanoines actuels & à leurs fucceffeurs; afin que les uns & les autres puffent éviter de donner à l'avenir dans des écarts, auxquels vainement on auroit voulu remédier, fi, faute d'en avoir fait note, on ne pourroit conftater l'exiftence des décifions.

Que la fageffe des vues du vénérable chapitre, en ordonnant ainfi en général l'enregiftrement de tout arrêté paffé à la pluralité, étoit tellement fenfible, que vouloir la méconnoître feroit véritablement s'afficher; & qu'infifter pour démontrer la néceffité d'une précaution femblable, d'ailleurs univerfellement de règle dans tous les corps bien régis, seroit s'évertuer en pure perte.

Que cependant ces vues du chapitre se trouvoient directement croisées par celles de MM. les chefs, dont l'intérêt actuel étoit plus que jamais de faire apparoir finement, par *extraits*, le contraire de ce qui est; en masquant toujours le vrai, ainsi qu'ils en ont usé jusqu'ici, pour calomnier le requérant aux yeux de ses juges.

Que, parfaitement d'accord entr'eux, l'un de ces chefs avoit négligé, pour raisons connues, la convocation prescrite des chapitres annuels, dont il vouloit mal à propos rejeter l'omission sur ses confrères, quoique tous fussent très innocens de cette faute; l'autre avoit soutenu l'inutilité de ces mêmes chapitres, dans une délation de sa façon, qu'il a cru également pouvoir mettre sans scrupule sur le compte des capitulaires, pour le salut de son ami; tous deux avoient très formellement prétendu qu'il n'y avoit rien à réformer dans leur église, *où l'ordre & la discipline s'observoit*, à leur gré. Preuve précieuse qu'il s'agiroit d'acquérir, pour n'en avoir pas le démenti.

Que d'après ces réflexions M. l'écolâtre devoit voir qu'outre le motif du bien commun, le requérant avoit encore celui d'un intérêt personnel à faire conster de la vérité des faits, pour effacer au conseil de la province & ailleurs, les impressions défavorables prises par-tout sur les faux exposés, qu'on avoit eu soin d'y travestir avec artifice pour pouvoir les produire sans honte.

Que ledit requérant avoit remarqué dans ledit Sr. écolâtre, pleinement dévoué à MM. les dignitaires, une affectation particulière, pour, en éludant le vœu du chapitre, ne confier aux regittres qu'une partie des résolutions relatives aux objets dont la réforme avoit été conclue, tandis qu'une décision confirmative d'un abus existant encore (à la pluralité d'une voix seule, & qui même s'est retractée depuis) y étoit rapportée fort au long, sans ombre d'utilité; car il étoit aussi superflu de dire dans le protocole qu'on observeroit ce qui déjà s'observoit,

& faifoit règle tant qu'il n'y avoit pas eu de changement à fon égard, qu'il étoit néceffaire d'y infcrire les arrêtés qui établiffoient de nouvelles loix, contraires à des pratiques habituelles, ou à des abus réformés.

Que tels étoient entr'autres ceux que le requérant avoit déférés aux affemblées des 5 & 12 de ce mois, fur la décence dans le culte public, & lefquels avoient été unanimement décidés, favoir :

1°. Que (faute de réglement fixe, ou faute d'avoir pu le connoître depuis la ceffation des chapitres généraux, plufieurs des chanoines s'étant jufqu'ici tenus debouts à l'office, pendant que les autres étoient partie affis, partie à genoux,) il n'y auroit plus, au chœur, à l'avenir de difparités de pofitions; qu'à cet effet le tableau préfenté par le requérant, lu & examiné par le chapitre, avoit été approuvé, avec la feule réferve que l'on continueroit à refter debout pendant le *Gloria* & le *Credo*, au lieu d'être affis, comme le marquoit ledit tableau.

2°. Que déformais l'on ne préfenteroit plus le goupillon dans l'églife aux perfonnes du fexe, filles ou femmes.

3°. Que MM. les dignitaires, ni autres chanoines, ne monteroient plus fur le haut des bancs pour s'y affeoir, en habits de chœur, fur la tablette fupérieure, comme ils avoient fait jufqu'à préfent, depuis une vingtaine d'années, aux rifques de s'eftropier, ou de donner du moins matière à rire au peuple.

Qu'aucun de ces trois articles n'ayant été mis en écrit par M. l'écolâtre, quoiqu'arrêtés pour être exécutés, lus au bas chœur, & tranfmis aux fucceffeurs, comme réglemens fermes & ftables, ledit requérant, pour l'intérêt qu'il y a, croyoit devoir le prier &, en tant que befoin, fommer de vouloir bien en faire mention, non dans les regiftres ordinaires, mais dans le cahier particulier qu'il avoit formé exprès pour les réfolutions prifes au chapitre général, & defquelles déjà lecture avoit été faite, proteftant que, jufqu'à ce qu'il feroit jugé fi M. l'écolâtre y infcriroit, ou non, les arrêtés de règle, le requérant continueroit, à fon refus, de donner ainfi lui-même, par la voie juridique, une existence légale à ceux, concernant la réforme, qui pourroient servir à sa cause.

Qu'enfin si ledit Sr. écolâtre entendoit continuer à insérer dans le regiftre ordinaire les délibérations qui auroient rapport au chapitre général, ainsi qu'il avoit fait de son chef, pour les deux objets réglés en dernier lieu, le requérant lui déclaroit que, comme il avoit été arrêté, à la pluralité, que l'ensemble de ces objets réunis seroit mis sous un même point de vue, aux fins de pouvoir être lu de suite dans les chapitres généraux futurs, à l'instar des statuts, il feroit, pour parvenir auxdites fins, ses représentations, ou ses instances, là où il appartiendroit. Dont acte, avec invitation de le communiquer au chapitre.

Signé: RUMPLER.
Signifié le 2 mai 1783.   *Signé* : TISSERANT.

N°. 65.

Colmar le 24 Septembre 1783.

MONSIEUR,

UNE absence que j'ai été obligé de faire pour mes propres affaires, est la cause du retard de la réponse que je dois à votre lettre du 14 de ce mois. Je crois avoir eu l'honneur de vous mander que, sur la requête du promoteur du métropolitain, il y a un arrêt de simple *viennent les parties* à l'audience pour plaider sur l'intervention & l'opposition; cet arrêt de viennent les parties, est au bas de la requête qui a été signifiée au procureur de votre adversaire. Il n'y a donc rien d'intéressant à présent ; il faut plaider ; & la cause sera mise au rôle du mois de janvier prochain.

Vous pouvez poursuivre votre appel simple, faire intimer le Sr. doyen & le promoteur du juge inférieur : sur cet appel la cause doit être présentée dans les mêmes termes qu'elle a été traitée en première instance. La soumission tardive du doyen à convoquer un chapitre, justifie votre action ; & il ne s'agira plus de la part du juge supérieur que d'ordonner la tenue des chapitres annuels, en conformité du statut.

Les officiers publics, tels que sont les promoteurs, ne sont pas dans le cas de la prise à partie quand ils ont agi sur la plainte d'un particulier offensé; c'est ce particulier qui est le véritable adversaire. Mais si un promoteur, sans être excité par un plaignant, ou la disposition de la loi, s'avise de requérir des peines, il est obligé de comparoir sur l'intimation; ce n'est pas proprement une prise à partie, puisque lui seul est la partie nécessaire pour soutenir le jugement donné sur ses réquisitions. Vos conclusions contre le promoteur de l'officialité de Strasbourg seront, à ce qu'il soit dit qu'il a été mal, nullement & sans cause requis, statué & jugé par le jugement dont est appel; lequel sera cassé & annullé, & ledit promoteur condamné solidairement avec le Sr. doyen en vos dommages-intérêts, à donner par déclaration & aux dépens de la cause d'appel.

J'ai l'honneur, &c. *Signé :* GEORGES DE BROUSSEY.

N°. 66.

Monsieur,

Je vous adresse la consultation que &c.....

L'opposition à l'arrêt surpris par le promoteur, est l'affaire principale sur laquelle il y a assignation à toutes les parties. Ce ne peut donc être que lorsque cette cause sera placée au rôle que l'on introduira votre appel comme d'abus, par une requête qui sera signifiée aux procureurs : ce seroit une affectation & une irrégularité, de donner de nouvelles assignations aux domiciles des parties pour une appellation d'abus qui sera incidente à l'opposition. M. Marquaire & votre procureur même, ont bien conçu que telle est la forme que nous devons observer, sous peine des dépens & sous une plus grande peine encore qui seroit celle d'être réputés ignorer les règles de l'ordre judiciaire. Vous savez que votre requête d'abus est faite; un peu de patience; c'est une vertu nécessaire aux plaideurs......

J'ai l'honneur, &c. *Signé* : GEORGES DE BROUSSEY.
Colmar le 18 *mars* 1784.

N°. 67.

A MONSEIGNEUR,

MONSEIGNEUR L'ÉVÊQUE D'ARATH, &c.

SUPPLIE très humblement Louis Rumpler, chanoine de S. Pierre le jeune, difant : que fon chapitre ayant unanimement arrêté il y a un an, ou environ, que les deux enfans de chœur, qui manquoient dans fon églife, feroient nommés, fans délai, au vœu de la fondation, & M. Lantz, doyen, s'y étant oppofé, avec force & menaces, ainfi que le fuppliant a eu l'honneur de l'expofer, par fa requête du mois de juin dernier ; M. le prévôt de Regemorte, pour éluder cet arrêté capitulaire & *arranger l'affaire* au gré dudit Sr. doyen, avoit cru devoir lui confeiller d'abandonner au chapitre même la nomination des fujets, bien perfuadé que celui-ci, pour échapper à de nouvelles menaces, renonceroit à fon opinion, ou n'en pourfuivroit pas l'objet.

Qu'enfuite, pour faire punir le fuppliant de fon entêtement à vouloir lutter feul contre fes chefs, ledit Sr. prévôt, fous le nom de tout le corps, fuppofé unanime, avoit eu la prudence de déférer ladite requête à votre grandeur, comme *defpectueufe*, & même comme calomnieufe, par la précaution qu'on avoit prife de faire parler, non les chanoines capitulans, mais leurs *regiftres*.

Que fur le vu des *extraits*, la peine défirée avoit été infligée audit fuppliant, (qui en pourfuit la réparation) mais que, lui bien puni, la fondation dont s'agiffoit n'en étoit pas mieux remplie.

Qu'enfin le fuppliant avoit, dans le chapitre général, célébré le furlendemain de fon retour de Paris, reproché encore audit Sr. doyen, d'avoir fait expofer, contre toute vérité, au confeil fouverain de la province (pour y furprendre un arrêt) que, lui doyen, n'avoit jamais été contraire à l'exécution de ladite fondation, tandis qu'elle n'étoit, dans le fait, empêchée que par lui feul ; mais que ces nouvelles tentatives n'avoient pas eu plus de fuccès que les précédentes.

Cependant, monseigneur, comme ces enfans sont d'une nécessité vraiment urgente, & comme il existe d'ailleurs un décret de la dernière visite épiscopale, qui ordonne formellement leur rétablissement;

Il plaira à votre grandeur, ce considéré, PRIER M. le doyen Lantz de vouloir bien joindre enfin sincèrement son suffrage efficace à ceux de ses confrères, sans que cela puisse tirer à conséquence pour ses prétentions quelconques; & dès l'instant même le choix de ces enfans ne souffrira pas plus d'obstacles que n'en a éprouvé la tenue d'un chapitre général dès la première proposition sérieuse qui en a été faite. Et ferez justice. *Signé*: RUMPLER, chan.

N°. 68.

DOUZE articles pour la cinquième session du chapitre général, présentés en chapitre le 21 juin 1783, et remis à mon retour des eaux de Spa, 9 août.

Benefacite his qui oderunt vos.
Luc. c. 6. v. 28.

Messieurs,

DEPUIS trois mois, ou environ, on ne s'est plus occupé de remplir le vœu de votre arrêté en prolongeant, pour la réforme des abus, vos séances ordinaires par manière de continuation du chapitre général. Tantôt M. le doyen est appelé ailleurs pour affaires particulières; tantôt, rebuté d'un travail, qui n'entre pas dans ses vues, il cherche à terminer les sessions & à rompre à dessein l'assemblée; souvent aussi le courant des affaires du dehors trop multipliées, absorbe tout votre temps, & éloigne votre objet, ainsi que je vous avois prédit que cela arriveroit nécessairement, si vous différiez de passer en revue pendant 8 ou 10 jours de suite & vos statuts, que vous n'avez jamais lus, & vos usages locaux ou distinctifs, qui peut-être y sont contraires.

Cependant, messieurs, il n'est aucun de vous qui ne soit intimement persuadé de la nécessité qu'il y a de rétablir l'ordre, du moins dans les différentes parties où les écarts font le plus nuifibles au bien général; en attendant qu'on puiffe étendre fucceffivement fes foins fur des objets ou moins urgens, ou moins intéreffans, quoiqu'également fufceptibles d'une réforme fage & judicieufe.

Plufieurs même d'entre vous m'ont fait l'honneur de me dire qu'ils connoiffoient certains articles fur lefquels il étoit du plus grand avantage de la compagnie d'avifer inceffamment pour y ftatuer. Ils les propoferont quand ils le jugeront à propos. J'en ai noté pour ma part une trentaine, dont je vais, fi vous le permettez, vous expofer ici quelques chefs des plus preffans, avec prière de vouloir bien en faire aujourd'hui le fujet de vos délibérations.

1°. En conféquence de la déclaration faite par MM. Jeanjean & Meyer qu'ils ne pouvoient plus fuivre la commiffion particulière, dont ils s'étoient chargés, de veiller à la parfaite exécution des greniers que nous élevons; je crois qu'il eft de la plus grande importance pour le bien de notre collégiale, que vous nommiez fans délai, pour la direction, non feulement de cette nouvelle conftruction, mais de tous les bâtimens en général, un chanoine, qui, ainfi que cela fe pratique dans tous les corps, aura foin fpécialement de vérifier, le cas échéant, la néceffité des réparations quelconques; de faire exécuter les plans & devis arrêtés par le chapitre; d'examiner les matériaux & de prévenir, autant qu'il fera poffible, la fraude familière plus que jamais aux ouvriers de toute efpèce.

S'il eft très difficile, meffieurs, d'échapper à leurs tromperies en les obfervant de près, combien plus doit-il l'être en abandonnant toute l'année à leur difcrétion feule, ou à celle d'un receveur trop occupé d'ailleurs, toutes les fortes de reconftructions qui fe préfentent prefqu'à tout inftant.

Sans vous rappeler ici la tour de Griesheim écroulée lorfqu'elle fembloit achevée; la nôtre qui depuis peu vous a coûtée un millier d'écus à pure perte, pour favorifer un protégé de M. le prévôt; la nef, où fi fouvent il y a à refaire; des facrifties, des maifons curiales caduques & ruineufes, quoique reconstruites à neuf; tant d'autres réparations récentes, aussi chèrement payées que mesquinement faites, je vous prie de vous ressouvenir seulement que, pleins d'une confiance insolite, vous avez, l'année dernière, donné jusqu'à des 25 louis de gratification, sous le nom de prétendue indemnité; & vous ne serez pas surpris de ce qu'on revienne de nouveau, abusant de votre facilité, profiter de l'ignorance absolue où vous êtes de la situation des choses, & vous extorquer encore un semblable dédommagement, pour des murs prétendus non-compris dans l'accord que vous aviez fait; murs détruits d'autorité privée, sans examen & sans qu'on ait daigné prendre préalablement vos ordres.

Loin de s'occuper de la solidité de l'ouvrage, affoibli à plusieurs égards, ainsi que je vous l'ai observé dernièrement, on ne s'attache au contraire qu'à augmenter votre dépense, sans s'inquiéter du produit.

Peut-être ce pignon démoli étoit-il plus de résistance que ne le sera celui qui doit lui avoir été substitué. Il n'est personne qui ne sente que laisser ainsi au caprice des ouvriers d'abattre, de reconstruire à leur gré, c'est se mettre visiblement à la merci de leur cupidité. Aussi nous arrive-t-il assez souvent de payer deux fois le même ouvrage. Témoins les corniches faites en dernier lieu au chœur, lesquelles il a fallu recommencer sur un autre plan, après qu'elles avoient été posées, &c.....

Vous voyez donc, messieurs, combien il vous importe de procéder incessamment au choix d'un capitulaire pour la direction dont il s'agit; dussiez-vous être dans le cas d'y affecter quelqu'honoraire, si personne ne vouloit s'en charger gratuitement.

Il est bien étonnant qu'avec l'esprit de parcimonie qui dirige les opérations du corps dans les détails les plus minutieux, toute spéculation économique échappe si fréquemment aux auteurs de ces mêmes opérations, dès qu'il s'agit de quelque dépense en grand.

On prête des sommes considérables sans autre sûreté, pour le remboursement, que la conservation hypothétique des jours d'un débiteur. On prodigue les louis à des moines mendiants, venus de deux mille lieues; on fait des marchés en gros avec des entrepreneurs qui, en eftropiant leur befogne, trouvent le fecret de nous piller impunément *en gros*; tandis qu'en faifant travailler à la journée, vous êtes affurés que vos matériaux font employés utilement; que la folidité devient naturellement un objet combiné fur l'intérêt refpectif des uns & des autres, & que néceffairement la dépenfe totale fera diminuée de tous ces profits exceffifs, facilités par les entreprifes, & calculés d'avance par ceux qui s'en rendent les adjudicataires.

2°. Vous pourriez, meffieurs, en faire une fois du moins l'expérience, ainfi que vient de l'effayer la ville dans la démolition d'une tour & la conftruction d'un pont, dont les frais n'ont pas excédé les deux tiers de la dernière enchère au rabais. Ce que vous n'avez pas voulu tenter pour vos greniers, bâtis fous vos yeux, faites-le pour la facriftie qui vous refte à faire, & dont il vous fera fi aifé de fuivre les progrès. Vous connoiffez tous la néceffité qu'il y a de mettre enfin la main à une œuvre fi fouvent projetée, & toujours arrêtée par les contrariétés de M. le doyen.

Différens plans vous ont été préfentés. S'ils ne conviennent point, on peut les rectifier, ou en commander d'autres; mais ce qu'on ne peut point, c'eft fe paffer plus longtems d'un lieu décent, pour fe préparer au facrifice & ferrer les ornemens. Plus le nombre des fidèles augmente, moins vous avez de place, pour pénétrer, à travers la foule, dans le fombre paffage qui forme actuellement ce que vous appelez votre facriftie, toujours remplie de filles & de femmes, & fouvent inabordable. On y vole d'ailleurs les furplis, les chapeaux, & jufqu'aux vafes facrés, en plein jour. Plufieurs chanoines, même des plus anciens, n'y ont pas feulement d'armoires à pouvoir y mettre en fureté leur attirail de chœur. En un mot, il n'y a pas de curé de campagne, bien moins de chapitre quelconque, qui, fans fabrique & fans fond, éprouve la gêne & les privations auxquelles le nôtre est réduit avec de l'argent & des ressources. Il est, je crois, très superflu d'insister davantage pour vous persuader, ce que vous avez reconnu plus d'une fois vous-mêmes, que cet article est un de ceux qui doit souffrir le moins de difficulté ou de retard pour l'exécution.

3°. Il en est à peu près de même pour les baux des terres & les adjudications des dixmes, qui ne se font jamais que sur le rapport du receveur. Parcourez vos registres, vous n'y trouverez pas, je le parierois, qu'aucun membre du chapitre ait jamais été député sur les lieux depuis 25 à 30 ans. Communément un père de famille prudent donne à ses descendans, avec la connoissance de ses biens, la méthode la plus sage pour les administrer utilement : suivant notre régime au contraire, il semble que cette connoissance de nos terres, & de la valeur où elles peuvent être portées, sans fouler le paysan, doive être pour vous, messieurs, quoiqu'enfans légitimes de la maison, un mystère semblable à celui de vos statuts, qu'on affecte, depuis l'époque reculée de la dernière élection au décanat, de vous laisser absolument ignorer. Vous êtes obligés par état de veiller aux uns, & d'observer les autres ; mais vous n'avez jamais vus ni les uns, ni les autres.

Si j'ai pu vous faire remarquer l'année dernière qu'en défrichant 125 arpens de bois dépouillés, qui ne vous rapportoient rien, vous augmenteriez vos revenus d'une cinquantaine de sacs de froment, c'est que par hasard je m'étois trouvé dans ces bois à considérer les terres de nos voisins plus actifs que nous. Tant que vous n'irez pas vous-mêmes de temps à autre à la campagne, pour voir le local & converser avec les cultivateurs, vous ne pourrez jamais porter un avis sensé, avec connoissance de cause, lorsqu'il s'agira de procéder à des admodiations & à des renouvellemens de baux.

Vous ordonnerez donc, j'ose l'espérer, que désormais ces objets ne seront plus adjugés que par des députés, anciens & jeunes, pour que chacun s'instruise.

4°. Vous avez, messieurs, quantité de vieilles

exstances fur lefquelles on s'endort fans fcrupule. Des intérêts accumulés cependant n'améliorent pas les titres. Une action, négligée dans le temps, s'anéantit à la longue par mille autres événemens, que par la prefcription.

Vos juftes prétentions fur Hoffen & Büren, vos contrats fur la maifon d'Autriche, fur la Suabe, fur des abbayes, &c., & différens objets également intéreffans, méritent de votre part la plus grande attention. Si, au lieu de vous compromettre, il y a deux ans, par des offres peu réfléchies, (qui, loin de vous fervir, comme le prétendoit M. le prévôt, ont fournies des armes contre vous au duc des Deux-Ponts) vous euffiez dès-lors pourfuivi vos droits irréfragables, vous jouiriez actuellement d'un bien que rien au monde ne pouvoit vous enlever, en bonne juftice, que votre inaction, ou votre indifférence.

Si de même, en réfiftant aux infinuations, femées par une petite jaloufie, vous euffiez accepté la foumiffion, que je vous avois faite par écrit, de faire rentrer à mes frais vos créances fur l'empereur, je fuis perfuadé que depuis trois ou quatre ans l'affaire feroit terminée par les bons offices que vouloient me rendre à cette cour quelques feigneurs dans le miniftère, & fur-tout un parent qui y étoit dans la plus haute faveur, en qualité de fecrétaire du cabinet de S. M. I. Mais j'ai l'honneur de vous déclarer que dans ce moment-ci, quand même vous voudriez me donner encore cette confiance, vue dans le temps de fi mauvais œil, je ne pourrois plus me charger de pareille négociation, malgré l'envie que j'aurois toujours de travailler pour l'avantage de notre églife. L'évêque & le promoteur, à l'inftigation d'un ou de deux de mes frères, m'ont, par leurs perfécutions à jamais mémorables, taillé tout autant de befogne qu'il m'en faut, pour confumer, à la défenfe de mon honneur, & à certains égards du vôtre, tout le temps, que j'aurois voulu de préférence n'employer que pour vos intérêts plus directs, fi le plan d'adminiftration exclufive, qui avoit prévalu jufqu'ici, dans votre corps, fur toute considération du bien commun, n'y eût été consttamment opposé.

J'ose donc attendre de votre zèle, que vous aviserez aux moyens les plus propres pour faciliter enfin les recouvremens de tant d'objets oubliés. Il semble même qu'on veuille les abandonner absolument, depuis les dernières remontrances que j'ai eu occasion de vous faire à leur sujet, pour vous démontrer combien ils étoient liquides. On s'appercevoit dès-lors que la partie *dominante* du chapitre craignoit d'autant plus de voir réussir la rentrée de ces différentes créances, d'après mes représentations & mes offres; que je venois tout récemment de recouvrer une quarantaine de mille livres sur des titres bien moins solides.

Ce n'étoit pas par mauvaise humeur contre la mense qu'on avoit cru devoir, à son préjudice, en user ainsi, en s'abstenant de prendre là-dessus vos suffrages; mais parce que la passion, ordinairement zélée pour les intérêts communs, se trouvoit un peu subordonnée, par événement, à celle d'un intérêt plus cher; l'amour propre blessé.

Faites vous représenter, messieurs, les mémoires que j'ai déposés ici dans ce temps-là, pour être joints à votre protocole, sur les refus qui m'avoient été faits de mettre l'affaire en délibération; & vous découvrirez facilement que le vrai motif de ces refus étoit le même que celui qui a fait éclore depuis les allégations fausses ou insidieuses, & les inculpations fictives, déférées à l'évêque pour me flétrir.

C'est ainsi qu'il est de ma destinée sans doute que le prix de mes actions & de mes intentions les plus pures, toujours déterminé par des vues qu'on n'oseroit avouer, doit être nécessairement, en raison inverse de leur mérite, celui du crime.

5°. Vous avez éprouvé souvent, messieurs, les inconvéniens qu'il y avoit de ne pas signer vous-mêmes les arrêtés capitulaires inscrits sous votre nom, sur-tout lorsqu'ils intéressoient directement l'un ou l'autre des membres de la compagnie. Vous devez avoir observé pareillement de quelle conséquence il étoit que ces arrêtés ne fussent point inscrits sur des feuilles volantes, ou dans des cahiers détachés. Il seroit donc nécessaire que vous fissiez à cet égard un réglement conforme à ce qui se pratique dans tous les corps, en ordonnant qu'il seroit formé un regiſtre relié, dont les feuillets seroient cottés, paraphés & visés authentiquement par le chapitre; qu'outre M. le doyen & M. l'écolâtre, deux chanoines, pris alternativement, ou successivement selon le rang d'ancienneté, signeroient les délibérations à l'issue de chaque assemblée, & que les résolutions importantes seroient même signées, sinon par tous les vôtans, du moins par ceux dont les opinions auroient formé l'arrêté.

Par-là vous obviez à ces discussions désagréables sur l'esprit, sur la vraie teneur, ainsi que sur l'exactitude de chaque enregistrement. Il n'arrivera plus de révoquer en doute, d'un chapitre à l'autre, (comme il vient d'arriver à M. Pallas:) si telle conclusion a été faite de telle manière ou dans le sens contraire. On ne pourra point non plus par la suite dire encore, dans un acte capitulaire, qui tendroit à compromettre l'état & l'honneur d'un confrère, que tel fait, ou tel autre, a été *unanimement* reconnu pour vrai ou pour faux, à moins que tous les capitulaires présens, sans exception, ne puissent avec vérité, & ne veuillent, pour la constater, munir cet acte de leurs propres signatures; ce que très certainement ils se garderoient bien de faire, si, loin d'avoir connoissance de ces faits, on pouvoit leur opposer une impossibilité physique qu'ils en eussent même la moindre notion; ainsi que cela se fera lorsqu'il sera temps de discuter enfin, ou de disséquer, cette artificieuse réponse de M. le prévôt, laquelle, donnée sous le sceau du corps (qui ne pensoit à rien moins qu'à me diffamer) a induit cependant en erreur & l'évêque & le conseil de la province, en les portant à des condamnations manifestement injustes à vos yeux instruits, ainsi qu'ils le seront aux leurs, dès qu'une fois, comme vous, ils verront la vérité dépouillée de son voile, & qu'ils connoîtront la valeur spécifique de ces extraits de protocole qui ont déterminé leurs jugemens.

6°. Attendu que M. le doyen avoit soutenu très-sérieusement que lui seul pouvoit & devoit proposer en chapitre, non seulement les affaires générales & communes, mais encore toutes celles qui étoient personnelles à chaque membre en particulier ; qu'il avoit donné une si prodigieuse extension aux prérogatives de sa place, que déjà plusieurs chanoines, peu difficiles sans doute, étoient allés chez lui, conséquemment à ses ordres, remettre entre ses mains la note de ce qu'ils avoient à proposer au corps, concernant leurs bénéfices ; qu'exigeant de ma part la même obéissance à sa voix, & me trouvant plus ferme à soutenir la dignité de mon état, il m'avoit largement accablé du poids de sa disgrace ; parce que j'avois osé, du moment de mon début ici, refuser net d'employer son organe pour parler à mes confrères de ce qui touchoit mes intérêts individuels : Et comme, par la suite, il pourroit lui revenir en tête, ou, dans les siècles futurs, à l'un ou à l'autre de ses successeurs, organisés comme lui, de renouveller encore la même prétention, au mépris du bon ordre & de la décence ; quoique, pour sa part, il parût y avoir tacitement renoncé, (ainsi qu'il s'étoit vu insensiblement obligé de le faire à l'égard de vingt autres usurpations, à peu près du même genre, dont il jouissoit encore glorieusement, il y a une douzaine d'années) vous voudrez bien, messieurs, en restraignant, d'après la règle, les bornes des fonctions décanales, statuer que tout chanoine capitulaire pourroit, sans médiation & par lui-même, proposer, dans les chapitres ordinaires, les demandes ou observations qu'il auroit à y faire, concernant sa personne ou les dépendances de sa prébende ; & sur-tout que M. le doyen, chargé par état de rapporter fidélement toutes les affaires externes, ne pourroit plus désormais, suivant sa méthode habituelle & abusive, refuser les requêtes adressées au chapitre, sous le prétexte de la connoissance précise qu'il avoit d'avance de toutes vos intentions, pour se rendre ainsi exclusivement juge arbitraire de tels objets, ou même de telle partie d'administration qu'il lui plairoit de soustraire, en silence, à vos délibérations.

7°. C'est par une suite de cette même persuasion où il est que lui seul équivaut au chapitre entier, qu'il s'est mis en possession d'ouvrir toutes les lettres & les paquets adressés à la compagnie. Il y répond même souvent de son chef, & quelquefois vous vous êtes vus compromis & humiliés par son fait, sans en avoir été consultés. Rien cependant n'est plus facile que de vous communiquer les dépêches qui vous viennent. Trois fois par jour on s'assemble au chœur; M. le doyen pourroit donc trois fois par jour, à l'issue de chaque office, décacheter vos lettres en votre présence, pour vous les lire dans la sacristie & y prendre vos avis sur les réponses que M. l'écolâtre auroit à y faire.

8°. Il est réellement indécent que, tous les ans, à l'approche de la Fête-Dieu, la première collégiale du diocèse aille par-tout à l'emprunt, pour former ce qu'on appelle un reposoir. Votre bédeau va régulièrement huit jours avant la fête mettre les voisins à contribution pour obtenir les meubles nécessaires à la décoration de l'autel & des entours. (Cette ressource qui, ménagée par des disciples de S. François, ne paroît pas surprenante, devient à juste titre mésédifiante, pratiquée par des bénéficiers grassement rentés.) D'ailleurs la charpente qui y sert, outre qu'elle est toute usée, peut passer pour un modèle fait en dépit du bon goût. Son architecte devoit avoir des vues aussi étroites que mesquines; puisque d'une niche avantageuse, & proportionnée, qu'offroit par lui-même le portail de l'église, il a su en former une chapelle chétive & écrasée.

Je vous avois, il y a quelques années, messieurs, proposé de faire construire une façade de bonne architecture peinte, qui, sans mélange de tableaux, ni autres ornemens étrangers, eût formé une décoration digne de son objet: je voulois même y contribuer de vingt-cinq louis; mais M. le doyen étant contraire au projet, a usé de son moyen ordinaire pour le faire avorter. Il s'est abstenu de prendre là-dessus vos voix; & l'on continue à quêter tous les ans des tapisseries, des peintures, des étoffes, pour se faire huer de tout le quartier scandalisé de notre magnificence mendiée.

Vous voudrez donc bien, messieurs, faire éclater plus noblement votre zèle pour la gloire du Seigneur, & *interdire* à jamais cette vieille charpente, pour lui en substituer une autre plus honnête, avec des ornemens qui dispensent de recourir désormais à la dépouille des maisons particulières du voisinage.

9°. Il m'a toujours paru humiliant pour le chapitre de ce que ses membres soient dans le cas de salarier de leurs poches un serviteur du corps, qui naturellement devroit être à ses gages. Il n'existe point de bénéficier dans la province, & peut-être n'en est-il point dans le monde chrétien, auquel les grains, fruits de son titre, ne soient livrés francs chez lui. S. Pierre le jeune est l'église unique, qui se soit mise sur le pied de faire payer à ses titulaires 4 s. par sac, afin de se décharger de l'entretien d'un mesureur pour soigner ses greniers.

Ce ne peut être là qu'un abus, quel que puisse être la loi qui l'a établi. Abus d'autant plus honteux, qu'il nous dégrade en nous assimilant à tout marchand forain, qui viendroit acheter des grains de la mense commune. Si celle-ci étoit insuffisante pour supporter cette charge, il seroit facile de retrancher à chacun de nous quelques sacs annuellement, pour y faire face ; & au cas contraire, je ne doute point que vous ne fassiez cesser cette ignominie dans votre régime, en assignant au mesureur un équivalent pour sa besogne.

10°. Une autre servitude non moins révoltante & qui n'est pas mieux fondée, c'est la sujétion précaire d'acheter de M. le prévôt la jouissance de nos habitations, qu'il lui a plu, ou à ses prédécesseurs, de taxer à 240 l. comme s'il étoit le propriétaire & le *maître* de toutes les maisons du chapitre. Il ne lui est dû cependant que 40 l. pour droit d'investiture, & tout ce qu'il prend au-delà est sujet à restitution. Voyez vos registres tom. 16, page 90. C'est à vous, messieurs, de préserver pour l'avenir vos successeurs de pareille servitude. Elle est d'autant plus odieuse que déjà, par un autre abus, on laisse à votre seule charge toutes espèces de réparations à faire dans vos maisons canoniales, même la reconftruction totale en cas d'incendie, de vétufté, ou de tel autre événement deftructif; charge, qui bien certainement n'a été ainfi impofée aux particuliers que dans des temps où la menfe fe trouvoit infuffifante pour y fournir, & qu'on laiffe fubfifter, tant que perfonne ne s'en plaint, quoique cette même menfe, depuis un fiècle, regorgeât graduellement, tous les ans, en proportion des retranchemens faits, pour fon profit, aux dépens de fes adminiftrateurs.

Quel que fût le titre de M. le prévôt pour exiger dix louis d'une maifon du chapitre, il ne peut qu'être abufif, dès que cette impofition doit être prife de la poche des chanoines; tandis que la *maffe* commune ne fait que faire de fes fonds. Les miniftres d'une églife bien dotée, qui a des maifons de refte, doivent être logés fans frais, fi la dotation peut y fuffire fans gêne, &c.

11°. Pour ne pas trop accumuler les matières à la fois, je ne ferai plus, pour ce chapitre, que deux petites obfervations relatives au fervice du chœur. Il m'eft arrivé plufieurs fois déjà (& je penfe de même à d'autres) d'être marqué fur le tableau pour faire, à la même meffe, prêtre, diacre, & foudiacre. Vous me difpenfez fans doute de faire ici de grands raifonnemens pour prouver que cela ne fe peut exécuter par le même individu. Il faut donc chercher une méthode mieux digérée ou plus fagement calculée pour diftribuer ces différentes fonctions.

12°. Nos vicaires ont imaginé auffi de donner au public un fpectacle qui n'eft pas des plus édifians, en ce qu'il n'annonce pas l'efprit de charité qui devroit régner éminemment dans une fociété de miniftres des autels. Ne voulant pas dire, les uns pour les autres, les prières des femainiers, ils font la navette, en quittant leurs places pour paffer dans les ftalles oppofées aux leurs. Par-là il arrive que de cinq prébendiers qu'ils font, quatre fe trouvent d'un côté & un feul de l'autre.

Cette défertion, contraire aux règles & à la décence, eft encore une de ces pratiques qui ne fe voient que dans notre églife. Vous la profcrirez, meffieurs, je n'en doute point, ainfi que tant d'autres, qui ne nous diſtinguent point à notre avantage. Vous le ferez, à moins qu'on ne continue toujours à mettre des entraves à ces opérations, pour leſquelles M. le doyen a conſtamment témoigné une ſi forte répugnance.

Il n'a pu ſe contraindre plus longtems dans l'avant-dernier chapitre. Préſumant encore en faveur de l'aſcendant qu'il avoit pris ſur la majeure partie de ſes confrères, il lui eſt échappé de manifeſter la peine qu'il éprouvoit à la vue des atteintes que le chapitre général portoit néceſſairement à ſes prétentions. Il a invoqué votre appui, meſſieurs, pour anéantir ce que vous aviez unanimement réſolu.

Sur ce que j'avois demandé que les chapitres des veilles de grandes fêtes, ſupprimés par lui, ſans votre aveu, fuſſent reſtitués, ou transférés à d'autres jours, dont les offices feroient moins longs, afin que l'on pût trouver enfin du temps, pour reprendre les affaires de la réforme interrompues depuis pluſieurs mois, il a prétexté occaſionnellement que ces affaires commençoient à vous ennuyer & qu'on me défendroit, ſur ſa parole, de propoſer à l'avenir ce que j'aurois à ſoumettre à votre déciſion relativement à ladite réforme. C'eſt à dire, (& c'eſt comme s'il l'avoit dit) qu'on a bien voulu célébrer un chapitre général pour la lecture des ſtatuts & le rétabliſſement de l'ordre, mais qu'on ne vouloit, dans le fait, ni lire ces ſtatuts, ni rétablir cet ordre, quoique dans ce chapitre ſolemnel on eût applaudi à l'un & à l'autre objet, très unanimement.

Voilà comme les contradictions de M. le doyen prouvent par elles-mêmes ſon injuſtice à mon égard. Forcé par-tout à déſavouer ſes actions publiques, pour ne pas ſuccomber à la honte du ridicule, ſes défenſes n'ont été juſqu'ici qu'un cercle de bravades & d'échappatoires, de commandemens abſolus & de rétractations ſimulées. L'expoſition ſimple de ſa conduite, de ſes propos, de ſes prétentions, ſuffit-elle ſeule pour en montrer les inconféquences, & me juſtifier ſur les reproches qu'il n'a ceſſé de me faire; quoiqu'il n'eut jamais pour cela d'autre ſujet que mon oppoſition aux progrès de ſon despotisme & des abus que ce despotisme a engendrés ?

C'est ainsi qu'après avoir lutté avec moi pendant 15 à 16 ans, pour ne pas convoquer un chapitre général ; serré de trop près & forcé de se rendre, il a rejeté sur vous sa persévérance dans ses refus, quoiqu'il connût toute votre innocence à cet égard.

C'est ainsi qu'après s'être élevé hautement contre votre arrêté pour l'augmentation des enfans de chœur ; après les menaces les plus vives faites contre tout le corps, il a avancé cependant qu'il n'y avoit point été contraire, quoiqu'en même temps qu'il renonçoit par écrit à son droit de nomination, pour se mettre en garde contre mes poursuites, il eût empêché de toute manière jusqu'à ce moment-ci, que cette fondation ne fût remplie.

C'est ainsi qu'après avoir arraché à l'évêque un décret d'interdiction contre moi, pour lui avoir manqué, disoit-on, par des termes prétendues *despectueux*, (mais qu'on n'a osé articuler parce qu'ils étoient imaginaires) il s'est oublié jusqu'à dire en chapitre, sans égard pour la compagnie, que c'étoit par pur ménagement qu'il ne m'avoit pas fait mettre au *séminaire* ; & que, huit jours après, poussé sur cette arrogance indécente d'une partie qui s'érigeoit en juge dans sa propre cause, il avoit été réduit à se dédire & à se repentir, en apparence, de sa forfanterie.

C'est ainsi qu'après trois requêtes que j'ai présentées contre lui, & après autant de dénis de justice, qu'il avoit sollicités, comme dûs à sa qualité de grand vicaire, exempte de toute subordination, il a soutenu qu'il n'étoit pas ma partie adverse, quoiqu'il eût été dûement intimé à Mayence ; que l'on n'y eût pas cru que son titre de vice-gérent dût l'exempter de la soumission dûe aux loix.

C'est ainsi enfin qu'actuellement encore après avoir conclu avec vous, messieurs, à ce que le chapitre général du 17 mars dernier fût continué à la suite des assemblées ordinaires, jusqu'à ce que chaque capitulant eût fini d'y communiquer ses observations sur les redressemens à faire, il s'est imaginé pouvoir remettre en problème si cette résolution capitulaire feroit exécutée ou ne le feroit pas ; parce qu'il s'étoit apperçu, à la tournure que prenoient ces chapitres, qu'elle ne feroit point au profit de fon fyftème ; mais qu'au contraire elle alloit détruire de fond en comble toute l'illufion qu'avoient caufée les faits fpécieux, expofés témérairement & dans la réponfe à l'évèque & dans la requète au confeil, l'une de la fabrique de M. le prévôt fon complice, l'autre le fruit des œuvres de fes champions furpris & féduits.

Pardonnez, meffieurs, fi, en agitant des queftions fur nos intérèts communs, une fenfibilité trop vivement bleffée me ramène toujours à ce qui n'eft perfonnel. *Ex abundantiâ cordis, os loquitur.* Cela ne doit point diminuer dans votre efprit la valeur de mes réflexions fur les objets qui vont vous occuper.

Puiffe M. le doyen furmonter généreufement fon averfion pour tout ce qui vient de moi ! puiffe-t-il concourir avec vous à opiner fans prévention & fans réfiftance ! L'honneur, le bien du chapitre, l'union même & la concorde fraternelle en feroient bien certainement le fruit falutaire que j'ambitionne plus que perfonne.

Note des articles remis pour être difcutés & arrêtés dans le chapitre général prochain, avec quantité d'autres, que préfenteront MM. mes confrères.

1°. Accorder à tout chanoine entrée & voix aux affemblées capitulaires, s'il eft dans les ordres facrés, l'exclufion de trois années eft abufive.
2°. Loger le dernier chanoine, dont la maifon eft louée à des laïcs, par le chapitre, qui en met les loyers dans fa menfe.
3°. Décharger les maifons canoniales des redevances exigées abufivement par les chapelains.
4°. Rendre aux chanoines cuftos, chantre & célérier l'exercice libre & entier de leurs offices aux termes des ftatuts.
5°. Abolir les carences, & le préfent forcé que chaque titulaire donne à la facriftie, puifque l'état de fituation le permet.

6°. Enjoindre

6°. Enjoindre à M. l'écolâtre de faire mention des protestations dans les registres, à la simple demande de l'un ou de l'autre des capitulaires.
7°. Changer la forme des comptes qui sont en désordre, de même que les feuilles des quartiers, pour ne signer qu'une fois au lieu de trois.
8°. Charger quelqu'un du bas chœur pour veiller sur les enfans de chœur; leur enseigner le chant & les cérémonies, &c.
9°. Ordonner que tout le monde prenne le ton du chœur pour éviter les cacophonies des hauts & bas discordans & ridicules; dispenser de la psalmodie ceux à qui la nature auroit refusé une voix mâle.
10°. Défendre de faire sonner la clochette aux messes basses qui se disent pendant la grande messe conventuelle, derrière le maître-autel; ce qui trouble le chœur & les fidèles.
11°. Arrêter que les chanoines ne feroient point leurs préparations ou les graces à genoux pendant l'office; pour l'uniformité de position.
12°. Ne pas quitter son stalle sans aumusse. Ne pas présenter du tabac, ni faire la conversation, sur-tout avec des laïcs, pendant le service canonial.
13°. Ne pas se lever, moins encore s'agenouiller, pendant l'office, lors de l'élévation, aux messes basses qui se disent à l'autel de Ste. Colombe; ni rester debout pendant la lecture du martyrologe ou des leçons.
14°. Ne plus aller aux enterremens de chaque bourgeois, en habit de chœur, sous la croix & la bannière du curé, à la demande des dignitaires, amis des défunts.
15°. Rétablir les chapitres des veilles de grandes fêtes abolis par le doyen.
16°. Donner aux chanoines domiciliaires les deux coups d'encens dûs à leur état.
17°. Couvrir les hauts stalles d'un tapis aux fêtes solemnelles, & ôter ceux qui y sont journellement, & qui n'en couvrent qu'une partie.
18°. Envoyer les quartiers en argent aux chanoines chez eux.

19°. Commencer les chapitres ordinaires par la prière de *Veni Sancte*, &c.
20°. Saluer les chanoines en arrivant au chœur, & non les femmes ni les filles. *Il y a déja un statut pour cela*, V. protocole 15.
21°. Faire ôter de l'almanac la note sur la prévôté, qui est fausse. Cette dignité est élective suivant le concordat. Elle n'a cessé de l'être, par abus, qu'à la fin du siècle précédent, où M. Tual suffragant, l'ayant, à la mort du prince de Lœvenstein dernier titulaire élu, demandé en cour de Rome, il l'y obtint tout comme il auroit pû obtenir l'évêché de Strasbourg. *Valeat in tantùm quantùm*. Elle a continuée depuis sous le règne de Louis XV. à servir d'appanage aux grands vicaires, qui sans doute continueront de la demander à Rome, tant que le chapitre restera passif.
22°. Décider que l'on s'asseoiroit, pendant la psalmodie, lors de l'élévation d'une messe privée, qui se diroit même au maître-autel. Le 5 mars 1784, le Sr. curé disant la messe, plusieurs chanoines étoient debouts, pendant que des chapelains & autres étoient à genoux, & la majeure partie assise. Cela arrive souvent; il faut de l'uniformité.
23°. Le Sr. doyen rédigera en cahiers les réglemens & statuts faits par le chapitre, pour les lire à l'assemblée, de trois en trois années, suivant qu'il est prescrit.
24°. Dispenser de lire des leçons ceux des vicaires avancés en âge ou péchants par la vue; afin qu'on puisse entendre ou comprendre ce qu'on lit.
25°. Que tous les ans en automne il y ait une visite générale des bâtimens du chapitre; notamment des tours & églises, pour examiner les objets sujets à réparations, & obvier aux grands dégats.
26°. Indiquer le chapitre général dans le directoire, ou dans l'almanac, conjointement avec S. Pierre le vieux; sinon faire écrire des lettres d'invitation aux chanoines absents.

27°. Défendre la fonnerie continuelle pendant l'orage, de crainte du tonnerre.

28°. Rehauffer le prix des places du cimetière dans la ville, pour porter le commun des fidèles à faire inhumer leurs morts hors des murs.

NB. Il a été décidé fur les fix premiers articles dans le chapitre du 9 août 1783, et fur un autre, propofé par M. Pallas, pour la reddition des comptes de la cave, qui n'avoient pas été rendus de mémoire d'homme.

Au chapitre du 23 août, l'ufage abufif de la pointe pour les malades, qui avoit été confirmé, fur les prières de M. le doyen, dans la première féance du chapitre général, à la pluralité de 6 voix contre cinq, a été unanimement aboli comme contraire aux règles, à la décence, et à la pratique générale de toutes les églifes du diocèfe ; M. le doyen fe trouvant abfent lors de cette dernière décifion.

Il a été décidé encore que tout le chœur fe tiendroit debout pendant la communion du prêtre, et non à genoux, ainfi qu'il le faifoit par abus.

Qu'on ne fe préfenteroit plus au chœur en habit de couleur.

Qu'il feroit payé 12 liv. de préfences à chaque chanoine, pour fon affiftance au chapitre général, fuivant l'ufage ancien.

Il eft fous-entendu que le Sr. doyen payeroit de fon pécule les arrérages de vingt-fept ans, dont il a fait tort aux capitulaires.

Voyez les autres décifions mentionnées aux actes fignifiés au Sr. écolâtre qui, à l'inftigation du doyen, ne les avoit pas voulu enregiftrer.

Une décifion effentielle étoit, que l'on liroit, à chaque féance ordinaire, un ou deux articles du livre des ftatuts, pour les couler ainfi à fond ; mais dans le fait cela n'a pas eu lieu une feule fois pendant toute l'année ; tant M. le doyen eft attentif à faire exécuter les règles.

N°. 69.

A LA requête de monsieur Rumpler, chanoine de l'insigne église collégiale de S. Pierre le jeune à Strasbourg, qui élit domicile où il demeure :

Soit signifié à monsieur Jeanjean, chanoine écolâtre de ladite église, que M. Lantz, doyen, ayant prétendu, depuis vingt-six ans, que rien ne pouvoit être communiqué au chapitre que par son organe, & ayant, pendant cet intervalle, contesté même, à différentes fois, aux Srs. custos & chantre le droit d'y présenter les demandes qui avoient rapport à leurs offices respectifs, le requérant avoit exposé l'injustice de ces entreprises, dans la dernière assemblée du chapitre général, pour obtenir une décision qui rétablît l'ordre & la règle à cet égard.

Le vénérable chapitre a répondu à son attente en arrêtant que, sans médiation, chaque capitulaire proposeroit désormais lui-même ce qui concerneroit sa personne ou son bénéfice; ou ce qui auroit trait à la partie d'administration dont il seroit spécialement chargé.

Mais M. le doyen, depuis qu'il a été actionné par le requérant, pour abus de pouvoir & pour usurpation d'autorité exclusive, a senti qu'il étoit prudent de se ménager des échappatoires, soit en disconvenant de ses faits, malgré leur notoriété reconnue, soit en les déguisant par des arrêtés captieux, qu'il signe lui seul avec le Sr. écolâtre; il a cru en conséquence devoir faire ajouter à la conclusion capitulaire que *l'usage* du chapitre avoit toujours été de proposer ainsi les objets sans lui. Ce qui sembleroit insinuer que la résolution dont s'agissoit, n'auroit eu aucun but, & n'auroit fait que confirmer sans motif un usage toujours suivi.

Or, comme il importe au requérant que cette fausse insinuation ne puisse induire en erreur le juge qui doit prononcer sur le fond de sa contestation avec ledit Sr. doyen; ainsi qu'il lui est arrivé plusieurs fois déjà sur des arrêtés semblables, également louches & ambigus; il a protesté contre l'addition de cette clausule : *ut moris est*, en tant que par elle on voudroit faire entendre que cet usage a été constamment observé pendant le décanat du Sr. Lantz ; ce qui n'est pas, & ne peut avoir été, l'intention des membres du chapitre ; puisque plusieurs d'entr'eux, de même que le requérant, ont eu des scènes très vives avec ledit sieur, au sujet de ses excessives prétentions, en sa qualité de doyen, ainsi qu'ils en déposeront en temps & lieux.

Dans ces circonstances, le requérant, sur le refus du Sr. écolâtre, de recevoir sa protestation, a prié le vénérable chapitre de vouloir ordonner qu'elle seroit consignée dans les registres. L'ordre donné, elle l'a été, mais d'une manière à laisser ignorer absolument sur quoi elle devoit tomber ; ou à présenter même le sens contraire à celui de son objet, ainsi que l'a fort bien observé un capitulaire quoique des plus jeunes.

C'est donc pour obvier aux fausses interprétations & pour se mettre à l'abri des nouveaux coups qu'on pourroit vouloir lui porter à la faveur de ces rédactions amphibologiques, où de ces arrêtés équivoques, dont les copies colationnées, signées Jeanjean, lui ont été jusqu'ici si funestes, qu'il prie ledit Sr. écolâtre, & qu'il le somme, en tant que besoin, d'ajouter à sa protestation les présentes, pour expliquer les motifs qu'il avoit eus en protestant ; dont acte.

Signé : RUMPLER.

Signifié & délivré copie de l'acte ci-dessus à M. Jeanjean, chanoine écôlatre de l'insigne église collégiale de S. Pierre le jeune de Strasbourg, en son domicile en cette ville, parlant à la nommée Marie-Anne sa servante pour qu'il n'en ignore, par moi Dominique François Tisserant, huissier royal au conseil souverain d'Alsace, résidant à Strasbourg, place d'armes, paroisse S. Pierre le jeune, soussigné, ce douzième septembre mil sept quatre-vingt trois.

Signé : TISSERANT.

Nota. Après la lecture de cet acte, faite en chapitre par M. l'écolâtre, M. le doyen Lantz a fait un beau discours pour engager les capitulaires à consigner dans les registres, qu'il n'avoit jamais abufé de fa qualité de doyen, foit pour en étendre fes prérogatives, foit pour ufurper celles qui ne lui appartenoient pas; mais le chapitre lui ayant refufé un certificat pareil, il s'eft remis à folliciter les fuffrages, et à faire violence (fuivant fa méthode) à la liberté des vôtans; ce qui a engagé le chanoine Rumpler à lui obferver l'injuftice et l'indécence de fon procédé..... Là-deffus le doyen s'eft levé pour impofer filence à celui-ci, en difant, qu'il *le lui ordonnoit en fa qualité de grand vicaire*.... Et les chanoines de rire à gorge déployée.... Et ledit doyen de protefter avec l'écolâtre, proteftant de compagnie;... et le requérant de fe taire, eu égard au *grand vicariat*, fans même reproteſter..... Ainfi finit le chapitre du 13 feptembre 1783.

N°. 70.

A MESSIEURS,

Meffieurs les prévôt, doyen, chanoines & chapitre de l'infigne églife collégiale de S. Pierre le jeune à Strasbourg.

> Si peccaverit in te frater tuus, increpa illum; et fi pœnitentiam egerit, dimitte illi. Luc. 17. 3.

MESSIEURS,

LOUIS Rumpler, chanoine capitulaire de votre églife, a l'honneur de vous expofer que, de retour de Mayence, s'étant préfenté dans les deux affemblées ordinaires, tenues depuis fon arrivée, M. Blampain, également capitulaire, avoit ufé à fon égard de voies de fait fi indécentes & fi odieufes, que, ne pas les relever, feroit l'enhardir dans fon audace, & l'engager à lui manquer encore; & que n'en exiger aucune efpèce de fatisfaction, feroit s'avilir à vos yeux & fe rendre indigne de fiéger parmi vous, honoré de votre eftime.

Dans l'avant-dernier chapitre, messieurs, ledit Sr. Blampain, rompu en matières de jurisprudence canonique, (à l'en croire sur sa parole), a voulu sans doute vous faire entendre que le feu de son brillant génie éblouiroit l'exposant par son éclat, en même temps que le flux rapide de sa langue viendroit à l'étourdir par sa volubilité, pour confondre publiquement ou l'ignorance crasse, ou l'effronterie dudit exposant, d'avoir pris confiance dans le décret métropolitain dont il étoit porteur.

Il s'est levé, messieurs, sans que l'exposant l'y eût excité par le moindre mot désobligeant, & avant qu'aucun de vous, excepté M. le doyen, eût encore prononcé une parole. Ses yeux étincelans suivoient, en pirouettant, les mouvemens précipités de sa langue, &, avec des grimaces affectées & la face rubiconde, il a apostrophé l'exposant si vivement, qu'il lui a lancé, dans la figure, l'écume dont ses lèvres blanchissoient; le tout pour lui dire, d'un ton de docteur, & lui répéter dix fois dans deux secondes, ,, que *personne au monde ne pouvoit le rétablir, pour* ,, *s'asseoir à sa gauche, que le seigneur évêque; parce* ,, *que*, crioit-il, *c'étoit par le seigneur évêque qu'il en* ,, *avoit été déplacé.* Tel est, mot pour mot, l'oracle qu'il a rendu dans sa sainte fureur.

Au chapitre de samedi passé il a porté plus loin ses téméraires entreprises. Seul, il s'est obstiné à rester sur son siège pour repousser l'exposant de sa place, sans égard à l'honnêteté, avec laquelle celui-ci l'avoit prié de vouloir bien reculer un peu. Il l'a forcé par ses rebuffades à aller se tapir ailleurs; & loin d'être confus par la modération du vaincu, il s'est applaudi de son triomphe, en ricanant sans pudeur, comme auroit pu faire un imbécile infatué de son mérite; quoiqu'il ne soit ni l'un ni l'autre, comme vous savez.

Pareilles voies de fait, messieurs, seroient prohibées par la bienséance, quand même elles ne le seroient pas par les loix, qui, sous les peines les plus sévères, en interdisent l'exercice, plus punissable dans la personne d'un prêtre, que dans celle d'un laïc; sur-tout si ce prêtre en use pour insulter, sans motif, à son ancien, qui, pour l'âge, pourroit être son père.

L'exposant ignore absolument, messieurs, ce qui peut avoir poussé ce chanoine, neveu de M. le prévôt, à l'outrager avec une passion aussi marquée. Il est difficile de pouvoir se persuader que son cher oncle l'ait chargé du soin de sa vengeance personnelle, pour des prétendus torts, reprochés avec aigreur lors des élections orageuses, qui, divisant le chapitre, l'en avoient éloigné jusqu'ici, qu'il y a reparu pour de nouveaux troubles. Mais il est très présumable que, lié intimement, de cœur & d'esprit, de caractère & de sympathie, avec le Sr. Zaepffel, ennemi de l'exposant, il en a été gagné pour le seconder dans sa persécution réquisitoriale. Cela est d'autant plus probable que ce promoteur, connoissant la vaste érudition de son ami l'assesseur, a eu recours à ses lumières, comme on l'a su depuis, pour dresser, charger & faire éclater le judicieux appel comme d'abus, qui a été lancé le 31 du mois dernier, (qu'il vous a été communiqué, messieurs) & qui, mettant S. A. E. de Mayence aux prises avec S. A. S. le cardinal-évêque, donne à tout le clergé du diocèse un exemple, dont il fera son profit, de même que la justice séculière.

Dans ces circonstances, messieurs, instruit que ce n'est point de votre aveu que ces excès ont été hasardés, l'exposant, pour éviter de donner nouvelle matière à des propos dans le public, par une demande juridique en réparation d'honneur, avec dommages-intérêts; ose avec confiance implorer votre équité, pour qu'il plaise au vénérable chapitre, usant de son autorité pour le maintien de la discipline intérieure, relative à ses membres, ordonner à M. Blampain, sous peine d'être mulcté, ou même de se voir exclus pour un temps des assemblées capitulaires, non de faire des excuses humiliantes à l'exposant, qui lui pardonne du fond de son cœur ses indignes procédés, mais de déclarer en plein chapitre, qu'il n'a pas eu intention, en les pratiquant, d'offenser ledit exposant, ni S. A. E. de Mayence.

Signé RUMPLER.

N°. 71.

A MONSEIGNEUR,

Monseigneur l'évêque d'Arath, suffragant vicaire général et official de l'évêché de Strasbourg, &c.

Monseigneur,

Cæsarem appello.

„ Plus periculi est in insidiatore
„ occulto, quam in hoste manifesto.
S Leo p.

Supplie humblement Louis Rumpler, chanoine capitulaire de S. Pierre le jeune, disant que, par un effet de sa malheureuse étoile, il a fallu qu'il eût un démêlé avec une partie adverse tellement revêtue de charges & de dignités différentes, qu'alternativement & de droit, elle devenoit contre lui, dans la même affaire, délateur, témoin, juge & partie; qu'ayant voulu rappeler à ses devoirs un confrère son *doyen*, qui usurpoit sur son chapitre un pouvoir arbitraire, il avoit été condamné à lui faire des excuses publiques pour avoir, par cette démarche, manqué de respect à un *grand vicaire* son supérieur: que demandant à donner son suffrage, une fois l'an seulement, dans des chapitres généraux, suivant d'anciens statuts faits pour le plus grand bien de son église, il lui avoit été défendu de vôter, pendant six mois complets, dans les assemblées ordinaires, pour lui apprendre à respecter la possession d'un doyen, qui depuis son existence n'avoit pu être forcé à célébrer même un seul de ces chapitres annuels, eu égard à sa qualité de *vice-gérent*; que pour opérer ces condamnations & ces défenses, ledit Sr. doyen, ne faisant qu'un avec le Sr. de Regemorte, prévôt de la même église, son commensal; & dirigeant son vénérable chapitre suivant les lumières & le gré de celui-ci, avoit cru devoir se faire renvoyer cette *affaire*, sous son nom, pour *l'arranger* en chapitre; en interprétant les instances du suppliant, & en les déférant à votre grandeur comme *despectueuses*, en ce qu'elles étoient attentatoires à une possession d'autorité absolue, commune entre eux deux.

Que cette ruse, finement combinée & concertée par lesdits deux chefs, ayant produit l'effet qu'ils en attendoient, le suppliant s'étoit trouvé d'autant plus éloigné de son objet, qu'au lieu de lui accorder, comme dit est ci-dessus, un chapitre par an de plus, (que son devoir & son serment l'avoient porté à demander,) votre grandeur surprise par ce stratagème, lui en avoit retranché 25 à 30, au moyen d'un décret qui fortifioit & consolidoit, sans qu'elle le voulût, le vice invétéré d'un gouvernement *abusif* dans toute la force du *terme*.

Que le despotisme décanal enfin, s'étant ainsi maintenu par un effet de son excès même, qui avoit donné sujet, & aux plaintes & au décret qui les a suivi, le suppliant s'étoit vu dans la nécessité d'implorer la justice du seigneur métropolitain pour le faire réformer; & que, pour n'être pas absolument nul au bien de sa collégiale, en attendant qu'il soit jugé si le Sr. Lantz, son doyen, convoqueroit, ou ne convoqueroit pas les chapitres de règle, il avoit conclu à pouvoir jusques-là continuer encore à délibérer avec ses confrères, tant sur les intérêts communs que sur les avantages individuels, en assistant, comme du passé à leurs assemblées capitulaires, qui venoient de lui être interdites; ce qui lui avoit été accordé par le révérendissime consistoire dudit seigneur juge d'appel, même en temps de féries, dans une session extraordinaire, suivant son décret du 14 octobre dernier.

Que porteur d'une double expédition de ce décret dûment signifié à toutes les parties intéressées, le suppliant avoit présumé pouvoir, avec quelque confiance, se représenter à l'assemblée du 26 dudit mois, pour l'y communiquer d'abondant, & y reprendre son rang; mais que le Sr. Blampain chanoine, neveu de M. le prévôt Regemorte, & ami intime du Sr. Zaepffel promoteur, s'étoit imaginé qu'il y alloit de son honneur de défendre, même par des voies de fait, le bien-jugé du décret de votre grandeur, soit pour seconder, sans discrétion, les vues de son cher oncle, soit pour faire valoir, sans discernement, un jugement rendu sur le réquisitoire de son ami.

Que, non content d'avoir, dans ce premier chapitre, craché au visage du suppliant, en lui criant, de toute la capacité de ses poumons, " qu'*ayant été déplacé par le seigneur évêque, il ne pouvoit être replacé que par lui;* " il avoit dans l'assemblée suivante, du 2 du mois de novembre, porté sa témérité au point de le repousser indignement, sans daigner reculer son siège, pour laisser approcher le suppliant de la table; qu'il avoit affecté au contraire, de s'y cramponer indécemment, en répétant toujours que ledit suppliant *n'avoit aucune qualité pour siéger à son côté;* quelles qu'eussent été ses instances modestes pour *conjurer* sa colère.

Qu'humilié & confus de tant d'avanies, le suppliant avoit exposé ces faits au vénérable chapitre, le 9 novembre, en réclamant sa justice pour en obtenir seulement la plus foible des réparations, suivant le placet dont copie est ci-jointe; mais que le Sr doyen, par l'habitude qu'il avoit contractée de faire parler son corps, ou de parler pour lui, avoit annoncé d'avance, & avant même qu'il eût consulté là-dessus aucun des capitulaires, que très décidément le chapitre n'en feroit rien; comme en effet il n'a rien fait, & n'a rien voulu statuer sur ladite demande, sans doute pour ne pas donner un démenti mortifiant à son chef; que cependant ledit Sr. Blampain interpellé de sortir, pour laisser toute liberté aux vôtans, s'y étoit opposé de toutes ses forces, en s'agitant ridiculement de ses membres, jetant les plus hauts cris, & soutenant, toujours encore, que le suppliant n'avoit pas le moindre droit, malgré son décret métropolitain, d'assister au chapitre, & qu'il ne pouvoit y rentrer que par ordre de votre grandeur; que c'étoit pour cette raison qu'il l'avoit repoussé de sa place au chapitre précédent, &c. Que M. le doyen avoit beau lui souffler sa leçon pour lui faire dire qu'il n'avoit ainsi résisté au suppliant que parce que le chapitre étoit fini, (comme si dans un chapitre dissous & levé, supposé qu'il l'eût été, les places auroient pu être plus rares que dans un chapitre séant); mais que le trouble & l'agitation où se trouvoit ledit Sr. Blamplain, ne lui permettoient point de mettre à profit une défaite fondée sur une contrevérité, dont d'ailleurs, fut-elle puisée dans le vrai, animé comme il l'étoit, il n'auroit, même de sens froid, tiré aucun avantage ; parce que, heurtant de front son amour propre, elle légitimoit trop visiblement la prétention de son antagoniste.

Qu'enfin après avoir, dans le paroxisme d'un de ses accès, jeté au loin le bonnet quarré du suppliant, en frappant avec violence sur la table & sur le papier qu'il tenoit à la main, criant sans cesse à toute voix, & répétant vingt fois de suite ces deux paroles : SOUVERAIN MÉPRIS, SOUVERAIN MÉPRIS, il étoit parvenu à faire gagner la porte audit suppliant, qui, quoique muni d'un arrêt, que tant de résistances l'avoient forcé de prendre au conseil pour l'exécution de son décret provisoire, n'avoit pas voulu assister plus longtemps au spectacle pitoyable & révoltant de pareilles scènes, pour y essuyer si constamment des affronts publics aussi peu mérités.

Cependant, monseigneur, ces excès étant manifestement contraires aux loix, & formellement injurieux, dans le cas particulier, à l'autorité de jurisdiction que l'ordre de la hiérarchie donnoit incontestablement au seigneur archevêque de Mayence, outre que, pratiqués dans la salle & dans l'assemblée capitulaire, ils étoient *despectueux* à l'égard du vénérable chapitre, *même vis-à-vis de son digne doyen*, qui auroit dû les *blâmer*, quoiqu'ils ne semblassent entrepris que pour sa défense ; parce que des *invectives, pour ne pas dire injures*, capables de blesser un corps, devoient nécessairement offenser le chef *auquel ce corps étoit subordonné* :

Le suppliant ose encore implorer l'équité de votre grandeur pour qu'elle daigne lui permettre de faire assigner au vénérable consistoire ledit Sr. Blampain, aux fins de s'y voir condamner, avec dépens, à lui faire des excuses en plein chapitre, & y déclarer qu'il n'a pas eu intention, en usant desdites voies de fait, d'insulter au suppliant; & si, en cas de dénégation, elle jugeoit à propos de vérifier les faits, par le témoignage du chapitre, elle veuille ordonner que les Srs. prévôt & doyen n'y présideroient point pour cette fois; bien entendu que, dans le cas où le délit seroit jugé de nature à exiger l'intervention du ministère public, sa justice la porteroit à nommer un promoteur d'office; le suppliant ayant des raisons, aussi notoires que légitimes, pour récuser le Sr. Zaepffel, de même que les dignitaires de son église. Et ferez bien.

Signé : RUMPLER.

N°. 72.

Note pour la consultation à faire au sujet de la réparation exigée du Sr. Blampain.

M. L'ÉVÊQUE d'Arath a eu ma requête dès le mois de novembre avant mon départ pour Paris.

J'y ai joint un placet, pour demander que l'Ordinaire daigne nommer un avocat d'office, parce que tel est, dit-on, l'usage quand il s'agit d'attaquer un des juges.

M. Humbourg veut plaider ici ma cause à l'officialité, dès qu'il sera nommé d'office.

M. l'évêque d'Arath cependant refuse de décreter mon placet, sous prétexte qu'il n'y a point d'avocat qui ait signé, & reconnu que ma demande étoit fondée.

C'est donc pour couper court à cette chicane que je désirerois avoir un avis un peu raisonné.

Tout ce qui est exposé dans mes deux requêtes, est exactement vrai. Le Sr. Blampain disconvient seulement de m'avoir craché au visage. Le fait est, que, dans son emportement déplacé, sa salive s'échappoit, peut-être à son insu, & sans doute sans qu'il le voulût ; toutefois est il que je m'en suis senti souillé, quoique personne ne l'eût peut-être remarqué.

L'extrait ci-joint prouve que le chapitre, à la sollicitation du doyen, n'a rien voulu statuer ou arrêter pour ma satisfaction ; mais quand il s'agira d'en venir à une information, tous les capitulaires affirmeront que les faits font tels que je les ai expofés.

M. de Brouffey eft prié de vouloir bien faire mention dans le vu des pièces de cette décifion capitulaire.

Elle n'eft point abfolument exacte. je n'ai pas eu le temps de la copier de mot à mot; c'eft au moins, quant aux fens, tout ce qu'elle renferme.

Je réitère ma prière pour le renvoi le plutôt poffible. *Signé* : R.

Le conseil fouffigné qui a pris lecture des obfervations ci-deffus, enfemble des deux requêtes; l'une préfentée au chapitre de S. Pierre le jeune, la feconde à M. l'official & d'un extrait du protocole dudit chapitre.

Eftime qu'il paroît par les termes de cet extrait, que le chapitre de S. Pierre le jeune a trouvé que le débat d'entre MM. Rumpler & Blampain ne devoit pas éclater par une action en juftice. Cette opinion a été prife dans les principes de la charité; mais elle ne prive pas le Sr. Rumpler du droit de fe plaindre de l'offenfe que lui a faite ledit Sr. Blampain, & d'en demander la réparation. C'eft ce qu'il a fait par fa requête à l'official, à qui la connoiffance des injures entre eccléfiaftiques appartient. Le prétexte de ce juge, pour ne pas décreter cette requête, peut être envifagé comme un déni de juftice. Dans les officialités, il n'y a pas d'avocats ni de procureurs créés en titre d'office; il fuffit donc que les requêtes foient fignées des parties, & il leur eft libre de plaider leurs caufes elles-mêmes, ou par des mandataires. La requête du Sr. Rumpler étant fignée de lui, l'official auroit dû la répondre d'un décret de permiffion d'affigner. Son refus eft un véritable déni de juftice, qui autorife le plaignant de lui faire deux fommations de huitaine en huitaine; & fi le refus continue, il fera fondé d'appeler comme de déni de juftice, & de prendre l'official à partie. Pour les dénis de juftice des juges eccléfiaftiques, on peut prendre la voie de l'appel fimple, ou celle de l'appellation d'abus, parce qu'il n'y a pas d'abus plus caractérisé que celui que produit le déni de justice, qui est une vexation.

Délibéré à Colmar, le 20 mars 1783.

Signé : GEORGES DE BROUSSEY.

N°. 73.

A LA requête de M. Rumpler, seigneur de Rorbach, anc. aumônier ordinaire du roi, chanoine de Warsovie & de S. Pierre le jeune à Strasbourg, qui fait élection de domicile où il demeure en cettedite ville :

Soit dit & signifié à M. Blampain, docteur & chanoine de ladite église de S. Pierre que, depuis neuf mois qu'il est appelé en justice, l'entêtement du Sr. requis à ne faire aucune espèce de réparation au Sr. requérant, après l'avoir si grièvement offensé, étoit vraiment, dans le fait, une satyre peu *respectueuse* du procédé de Mgr. l'évèque d'Arath à l'égard dudit requérant.

M. Jacques Lantz, doyen, notoirement en faute, avoit, comme on le sait, excité son zèle par des refus également injustes & opiniâtres. Traduit devant l'official par une requête, dont l'exposé rappeloit fidélement les faits qui l'inculpoient, ce doyen étoit parvenu à la faire mettre au rebut ; mais il n'avoit témoigné par aucune démarche qu'il se crût offensé des *termes* de cette requête : cependant monseigneur, sur les insinuations artificieuses d'un tiers partial, qui lui avoit donné son sentiment personnel pour celui de la compagnie qu'il dirigeoit, avoit cru entrevoir que ces *termes* étoient *despectueux*. Sommé à deux reprises pour déni de justice, sur un objet qui intéressoit tout le corps, il s'est occupé d'office à venger de préférence une prétendue injure particulière, résultante de ces *termes*; il a rendu un décret pour enjoindre au requérant de faire en plein chapitre des réparations solemnelles audit Sr. doyen Lantz, qui n'en demandoit aucune.

Ce dernier avoit compris sans doute, que si les termes employés eussent été plus respectueux, ils n'auroient point rendus avec la même vérité les choses qu'il s'agissoit d'exposer. C'étoit le ridicule & les faits en eux-mêmes & non les mots pris pour les exprimer, qui pouvoient paroître plaisans ou déplaisans.... Personne ne connoissoit mieux que lui avec quelle exactitude les expressions critiquées avoient retracés ses prétentions & ses refus ; aussi s'étoit-il bien gardé de s'en plaindre.... Et c'étoit ce ridicule des prétentions décanales qu'on punissoit d'office dans celui qui en étoit offensé ; qui le relevoit avec qualité, & qui, par conséquent, avoit lui-même droit de s'en plaindre & d'en exiger réparation.

D'après cet exemple de sévérité, il est inconcevable comment le Sr. Blampain peut se flatter d'échapper à la condamnation, lui qui non seulement a fait, par ses cris, par ses contorsions, par ses grimaces & par son *souverain mépris*, une injure marquée au requérant demandeur en réparation ; mais qui n'a pas eu honte d'user à son égard de voies de fait odieuses, en le repoussant indécemment de son siège, en jetant loin de lui son bonnet quarré, & en le couvrant d'opprobres de toute manière.

Si quelquefois un vice de tempérament emporte le Sr. docteur Blampain au-delà des bornes de la modération ; si souvent un penchant irrésistible le presse de donner l'essor à un flux de paroles peu réfléchies ; ses retours sur lui-même le portent assez communément aussi à en témoigner son repentir & à reconnoître ses torts. Il vient même tout récemment d'en donner une preuve.

Il avoit grièvement offensé le Sr. Meyer, en l'appelant *un traître*, devant tout le chapitre assemblé. Il avoit qualifié ainsi cet ancien chanoine, parce que celui-ci avoit opiné, avec la pluralité, contre le vœu du doyen, à ce qu'il fût permis au requérant de proposer encore, à son retour des eaux de Spa, les articles de réforme qu'il n'avoit pu communiquer en plein à la compagnie dans le chapitre général du 17 mars dernier & jours suivans : mais à peine ledit Sr. Blampain étoit-il sorti de l'assemblée, que, menacé d'avoir une nouvelle affaire au consistoire,

toire, il fut trouver chez lui ledit Sr. Meyer pour lui faire les excuses convenables & pour en obtenir le pardon demandé, d'après les sages conseils d'un oncle prévoyant, qu'il avoit eu la prudence de consulter pour son salut.

N'est-il pas bien étonnant, à la vue de pareils traits, que ledit Sr. requis soit tellement obstiné à l'égard du Sr. requérant, pour ne lui faire aucunes excuses, qu'il préfère l'humiliation de s'y voir contraindre par sentence, à la gloire de se rendre justice à lui-même, en reconnoissant généreusement que c'étoit à tort qu'il lui avoit insulté?

C'est pour parvenir d'une manière ou de l'autre aux fins de ses requêtes que le requérant somme derechef ledit Sr. requis de comparoître au tribunal de l'officialité le 21 août prochain.

Protestant &c.... il persiste dans ses conclusions prises, &c. dont acte.   *Signé* : RUMPLER.

Signifié au Sr. chanoine Blampain, docteur, &c.
   Signé : TISSERANT.

N°. 74.

EXTRAIT des regiſtres de l'officialité de l'évêché de Strasbourg, du jeudi vingt-un août mil ſept cent quatre-vingt trois.

L'OFFICIAL général de l'évêché de Strasbourg à tous ceux qui ces présentes verront, salut.

Savoir faisons qu'entre M. Louis Rumpler, prêtre & chanoine de l'église collégiale de S. Pierre le jeune de cette ville, demandeur en réparation d'injures suivant sa requête du vingt-six mars dernier, & exploit d'assignation du vingt-deuxième avril aussi dernier, comparant par M^e. Humbourg, son avocat & procureur, nommé d'office, d'une part:

Et M. Pierre Blampain, prêtre & chanoine de la même église, défendeur comparant par M^e. Rame, son avocat & procureur, d'autre part:

Après que M^e. Humbourg pour le demandeur a conclu aux fins de sa requête, à ce qu'il nous plût condamner le défendeur à lui faire des excuses en plein chapitre & y déclarer qu'il n'a pas eu intention, en ufant des voies de fait contre lui, dans l'affemblée capitulaire du vingt-huit octobre dernier, d'infulter au demandeur, & qu'au cas de dénégation, dans lequel il écherroit d'en faire la preuve par le témoignage du chapitre, ordonner que les Srs. prévôt & doyen n'y préfideront point pour cette fois; bien entendu que dans le cas où le délit feroit jugé de nature à exiger l'intervention du miniftère public, il nous plût nommer d'office un promoteur, le demandeur ayant des raifons auffi notoires que légitimes pour récufer celui qui eft en exercice, de même que les dignitaires de fon églife, & condamner ledit défendeur aux dépens :

Et que M^e. Rame pour le défendeur a dit, que l'action portée par le demandeur devant notre tribunal, n'étoit plus dans le cas d'être répondue ni jugée ; que celle-ci ayant été introduite au chapitre, premier juge de la difcipline du corps & de la police intérieure entre confrères, elle y auroit été jugée & terminée par arrêté capitulaire du 9 novembre dernier, par lequel il eft dit, que *du vu & fu du chapitre & de fes membres, il ne s'étoit rien paffé entre les parties qui ait pu donner matière à une jufte plainte*; que de cet arrêté capitulaire, qui fait foi en juftice, il réfultoit évidemment, que le demandeur fe plaignoit fans raifon, & qu'au furplus étant déjà jugé, il étoit non recevable dans fa demande; qu'au refte ledit défendeur étoit incapable d'offenfer le demandeur, qu'il n'en auroit jamais eu l'intention, & que lorfque dans l'affemblée capitulaire du *vingt-huit* octobre de l'année dernière il n'avoit pas voulu lui céder fon rang ordinaire, il l'auroit fait par un fentiment de *zèle pour le bon ordre*, ignorant encore parfaitement, ainfi que tous fes confrères, au moment que ledit demandeur s'étoit préfenté en chapitre, la teneur du décret provifionnel, qu'il venoit d'obtenir à l'officialité métropolitaine de Mayence ; croyant au contraire, que celui du feigneur Ordinaire, rendu contre ledit demandeur le vingt-fix août précédent, & qui lui interdifoit l'affiftance aux affemblées capitulaires pendant l'efpace de six mois, subsistoit encore dans toute sa vigueur. Qu'enfin le défendeur pour confondre l'animosité de son adversaire, & lui donner l'exemple de la charité & de la modération qui doivent animer tout chrétien, & plus encore les ecclésiastiques, & lui montrer, que *l'esprit de vengeance n'est pas de son fait*, il se contentoit de lui en accorder le *pardon*, & qu'il abandonnoit la réparation due aux supérieurs respectables offensés, à ceux qui pour raison de leur ministère sont dans le cas de la poursuivre, ainsi qu'il appartient; partant concluoit à ce qu'il nous plût déclarer le demandeur non recevable en sa demande, subsidiairement renvoyer le défendeur de l'assignation à lui donnée, & dans l'un ou l'autre cas condamner ledit demandeur aux dépens.

gratias!

Vu la requête introductoire du demandeur; notre décret de permis d'assigner mis au-bas d'icelle le vingt-six mars dernier, duement signifié le vingt-deux avril suivant, celle présentée par ledit demandeur audit chapitre de S. Pierre le jeune, signifiée au défendeur le vingt-cinq même mois, extrait du protocole dudit chapitre du neuf novembre de l'année dernière, signifié au demandeur *avant l'audience*, portant que celui-ci ayant donné lecture au chapitre assemblé, de sa requête de plainte contre le défendeur, & ayant demandé à ce que le chapitre y fît droit, il a été répondu par ledit chapitre, *qu'aucun capitulaire n'avoit vu ni entendu quelque chose qui ait pu donner matière à une juste plainte entre des personnes qui aiment la paix;* sentence du premier mai dernier, par laquelle, du consentement des parties la cause à été continuée au mois, dépens reservés; acte à venir & de sommation de comparoître *à l'audience de ce jour*, dument signifié audit défendeur le seize du courant : Tout vu & considéré; parties ouïes & les conclusions de promoteur, de l'avis de nos assesseurs, sans nous arrêter aux fins de non-recevoir, proposées par le défendeur, l'avons renvoyé de l'assignation à lui donnée, & condamné le demandeur aux dépens liquidés à la somme de........ y compris le coût des présentes, sauf au promoteur son action & ses réquisitions pour raison des *termes despectueux*, renfermés dans lesdites requêtes du demandeur & dans son acte à venir, à l'effet de quoi ordonnons que lesdites requêtes & acte à venir *resteront déposés au greffe* de l'officialité pour y avoir recours au besoin. Fait & jugé au prétoire de l'officialité les jours & l'an que dessus. *Signé* : † L'ÉVÊQUE D'ARATH, *Official*. (L. S.) Collationné. *Signé* : WEINBORN. *Greffier*.

N°. 75.

A LA requête de M. Rumpler, seigneur de Rorbach, ancien aumônier ordinaire du roi, chanoine de S. Jean de Warsovie & de S. Pierre le jeune de Strasbourg, qui fait élection de domicile où il demeure, & encore en l'étude de Me. Hubert, son procureur à Mayence :

Soit signifié à M. Blampain, docteur & assesseur de l'officialité, son confrère au chapitre de ladite église de S. Pierre, que le Sr. requérant, par des vues de modération & de charité, quoique grièvement injurié dans trois assemblées capitulaires, s'étoit borné à demander simplement pour toutes réparations, que ledit Sr. Blampain soit condamné, ou se soumît de lui-même à dire, qu'en usant des voies de fait pratiquées à son égard, il n'avoit pas eu intention de lui insulter.

La sentence de l'official du 21 de ce mois d'août, qui renvoie triomphant ledit Sr. assesseur de l'assignation à lui donnée, en condamnant le demandeur aux dépens, de quelque manière qu'on l'envisage, fait grief au requérant, & ne peut se soutenir.

Si le juge a reconnu l'existence des différens excès posés en fait, comme avoués ou non désavoués par le Sr. Blampain, qui dans ses défenses ne feint de s'excuser que sur un seul ; dès-lors approuvant le refus de celui-ci de convenir, qu'il n'avoit pas voulu insulter en les commettant tous, il préconise sans équivoque l'assertion contraire, & il annonce implicitement que ledit Sr. Blampain avoit eu réellement le dessein de faire une insulte suivie, de huit jours en huit jours, pendant trois semaines consécutives.

Si au contraire il supposoit par sa sentence, que les voies de fait détaillées n'avoient pas eu lieu, il inculperoit de calomnie le requérant, qui cependant en cas de dénégation avoit invoqué le témoignage du chapitre, sans en excepter même le Sr. écolatre, qui avoit signé l'extrait des regiſtres concernant l'arrêté équivoque qu'on lui opposoit.

Et si enfin le seigneur official avoit prétendu juger qu'intentionné d'insulter ou non, ledit Sr. Blampain avoit qualité & droit, pour le maintien *du bon ordre*, de repousser le requérant de son siège, de faire sauter son bonnet, & de lui crier vingt fois en face, qu'il avoit pour lui un *souverain mépris*, de ce qu'il prétendoit faire valoir un décret du consistoire métropolitain, contre un décret antérieur du vicariat épiscopal, &c. Dans ce cas, sa sentence attaqueroit non seulement l'honneur du requérant, mais encore la supériorité ou l'autorité incontestable du seigneur archevêque sur son suffragant.

Ainsi de toutes les faces imaginables, que peut présenter le jugement qui vient d'être rendu, aucun n'est susceptible de quelqu'apparence d'équité. Toutes au contraire constatent une nouvelle injure, plus formelle que la première, en ce qu'elle semble plus combinée & plus réfléchie.

Il paroît d'ailleurs à l'inspection de la sentence, que ni le seigneur official, ni ses deux assesseurs n'ont fait attention, qu'il s'y étoit glissé quelques erreurs de *calcul*, *d'omissions*, *de faux & de double emploi*, contre lesquels on revient en tout temps.

Le Sr. Blampain par exemple, pose son refus du fauteuil qu'il occupoit, au chapitre *du 28 octobre* (il vouloit dire *du 26*) qui étoit celui, dans lequel il s'étoit levé seul tout enflammé *de zèle pour le bon ordre*, roulant ses yeux & faisant mille grimaces pour rendre son oracle & lancer sa salive au nez du requérant. C'est cependant huit jours après seulement, & au chapitre *du 2 novembre*, qu'il a repoussé ledit requérant de son siège, & c'est à celui *du 9 de ce mois*, qu'il l'a couvert de son souverain mépris.

en lui jetant son bonnet au loin ; le tout suivant l'exposé fidèle des requêtes présentées, signifiées, & séquestrées par la sentence.

Au premier de ces trois chapitres, à celui *du 26 octobre*, le requérant a produit & lu son décret de Mayence, dont dès le 31 du même mois le Sr. Zaepffel, à la sollicitation de l'oncle & du neveu, avoit déjà appelé comme d'abus ; & au chapitre suivant (à celui s'entend *du 2 novembre*, où s'est passée la scène du fauteuil enlevé) le Sr. neveu ignoroit encore parfaitement, disoit-il, *ainsi que tous ses confrères*, la teneur de ce décret, quoiqu'il eût crié dix fois dans le chapitre précédent, que l'archevêque n'avoit pas le moindre droit de réformer un décret provisionel de l'évêque.

Si les erreurs de ces différens *calculs* sautent aux yeux, les *omissions* dans la sentence sont également remarquables.

Cette replique étoit sans replique.

1°. Le greffier a oublié d'y rappeler la replique de l'avocat du requérant, relative à l'arrêté du chapitre du 9 novembre, contre lequel il avoit été protesté. 2°. Cette replique avoit été suivie de la lecture des nouvelles conclusions par écrit, signées & remises au greffe, mais *omises* dans le *vu* des pièces. 3°. Elle avoit été précédée de celle d'une consultation de Colmar, qui renversoit toutes les inductions qu'on tiroit dudit arrêté, rédigé d'ailleurs par le Sr. doyen, sous le nom du corps, & sur des feuilles volantes, qu'on appelle protocole à S. Pierre le jeune, quoiqu'elles ne soient ni cotées, ni paraphées, ni signées d'aucun des capitulaires, hormis le Sr. écolâtre. Ladite consultation déposée pareillement au greffe, *n'est pas plus citée dans la sentence*, que ne le sont les conclusions susdites. Celle-là comme celle-ci cependant avoient été produites pour servir de replique.

Le faux, matériel sans doute, s'y présente en apparence à l'égard de la signification de l'extrait dudit protocole de S. Pierre ; en ce qu'il est dit, qu'il a été signifié avant l'audience du 2 mai, quoiqu'il ne l'eût été, & à dessein, qu'avant l'audience dernière du 21 août, distinguée nommément de la première, dans ledit vu, par ces mots : audience *de ce jour*.

Et finalement le même extrait d'arrêté, se trouvant deux fois transcrit tout au long dans la sentence, y forme un *double emploi* d'autant plus préjudiciable au requérant, que soutenu des omissions relevées, & à la faveur des transpositions ou erreurs de dates & d'époques, il jette un air louche & problématique sur la bonté de sa cause.

Déjà pareil extrait d'une réponse soi-disant du chapitre, également rédigée & dictée par le chef qui le maîtrisoit, avoit dès l'origine de la demande pour les chapitres généraux séduit de même les juges, & opéré des punitions aussi injustes que rigoureuses.

Quant au dépôt des requètes & actes ordonnés à l'effet d'un nouveau réquisitoire pour des *termes* toujours prétendus *despectueux*, parce que toujours ils exprimoient trop fidèlement ce qu'ils devoient exposer; le requérant a trop de confiance dans la justice & dans la douceur de son évèque, pour se persuader qu'il veuille sérieusement établir encore une procédure sur un prétexte semblable. Il s'attend bien moins à voir agir ministériellement contre lui un promoteur trois fois récusé, comme injuriant lui-même, & sa partie adverse à deux différens tribunaux.

En tout cas, pour ces raisons (dites surérogatoirement d'avance, parce qu'on y va de bonne foi) & pour autres moyens à déduire en temps & lieu, le requérant se porte pour appelant de ladite sentence du 21 de ce mois pardevant le révérendissime consistoire de la métropole de Mayence, protestant contre tout ce qui pourroit être entrepris au préjudice du présent appel, qu'il relevera incessamment. Dont acte à signifier tant au Sr. chanoine Blampain, qu'au greffe de l'officialité, pour y être communiqué au promoteur.

Signé : RUMPLER.

Signifié le 29 août 1783. &c.

Signé : TISSERANT.

N°. 76.

REMONTRANCES AU CHAPITRE DE S. PIERRE LE JEUNE.

Messieurs,

JE suis dans la nécessité de vous exposer un événement que la Providence a ménagé sans doute, pour vous faire enfin ouvrir les yeux sur les iniquités qu'on vous prête à la faveur des extraits de votre soi-disant protocole.

M. Blampain a produit avant-hier à l'audience, l'acte capitulaire, contre lequel j'ai protesté dans le temps, en ce qu'il avoit été concerté par M. le doyen, ma partie adverse à Mayence, & rédigé, sans votre participation, huit jours après ma demande en réparation.

Il a plaidé avec assurance, que par cet arrêté vous aviez reconnu qu'il n'avoit pas refusé de quitter mon fauteuil pour me faire place ; qu'il n'avoit point fait sauter mon bonnet quarré ; qu'il n'avoit point crié à plusieurs reprises : *souverain mépris, souverain mépris*, &c. ni soutenu qu'il n'appartenoit qu'à l'évêque & non à l'archevêque de me rétablir en chapitre.

Sous prétexte de l'inexistence de ces faits, les juges, persuadés que la pièce captieuse produite les démentoit effectivement, ont trouvé fort inutile d'ordonner une information pour laquelle j'insistois ; ils m'ont débouté de ma demande & m'ont condamné aux dépens, comme un imposteur, suivant toute apparence.

Cependant, messieurs, si l'honneur d'un citoyen, d'un prêtre intacte, est à compter pour quelque chose, votre intention ne peut être qu'on abuse ainsi constamment de votre nom, pour induire en erreur & les juges & le public, en me prostituant à leurs yeux.

Il n'est pas à présumer qu'une compagnie respectable de ministres du Dieu de vérité veuille, par des réticences combinées, ou par des expressions ambigues & équivoques, trahir cette vérité sainte, pour infinuer artificieufement le menfonge ; & vous comprenez fans doute, après ce nouveau trait, combien j'avois fujet de relever, dans le chapitre général, l'ufage abufif où nous fommes de n'avoir pour regiftres que des feuilles volantes non fignées des capitulaires.

J'ofe donc, meffieurs, efpérer de votre équité autant que de votre amour pour le vrai, que vous voudrez bien, en interprétation de l'arrêté dont s'agit, déclarer que le chapitre n'a point entendu, par lui, nier l'exiftence des faits articulés ci-deffus, pour, par ladite déclaration, réparer au moins, autant qu'il dépend de vous, mon honneur doublement compromis.

S'il l'eft peu par l'injure qui m'a été faite, il l'eft infiniment aujourd'hui par le démenti qui m'a été donné en plein confiftoire, fur une conviction apparente d'impofture, d'après l'extrait de vos prétendus regiftres.

Ce que j'ofe vous demander, meffieurs, eft un acte de juftice & non une faveur. Je le demande à votre religion, & non à votre amitié. Traitez-moi comme vous traiteriez un payen, votre ennemi qui invoqueroit la vérité au tribunal de vos confciences. *Signé* : RUMPLER, chan.

23 août 1783.

N°. 77.

MESSIEURS,

„ *Magifter. Scimus quia verax*
„ *es & non curas quemquam ;*
„ *nec enim vides in faciem ho-*
„ *minum, fed in veritate* .....

J'AI eu l'honneur de vous prévenir hier que je renonçois à l'objet de la demande que j'avois faite en explication de votre conclufion capitulaire, & que je m'étois décidé à employer un autre moyen pour établir, fans obftacles, une vérité connue de dix témoins qui appréhendoient de fe compromettre en lui faifant hommage.

Plufieurs de vous, meffieurs, m'ont affuré que fi j'euffe demandé votre interprétation avant la fentence du feigneur official, on n'auroit pu me la refufer. C'étoit me faire entendre qu'il n'y avoit qu'un temps pour être jufte & vrai; lequel paffé, il étoit permis de nuire fciemment à fon femblable, en infinuant le faux, plutôt que de s'expofer à humilier peut-être un fupérieur abufé, ou induit en erreur, parce qu'il eft homme.

Meffieurs! aux yeux de l'Eternel cette politique mondaine ne pourra être admife pour excufe d'une injuftice qui enlève à votre frère ce qui lui eft plus précieux que fa fortune & fa vie.... *l'honneur.*

Je ne connois dans la morale que les grands principes : vérité, droiture, équité : ne point faire à d'autres ce que je ne voudrois pas qui me fût fait. Et jamais des confidérations humaines, des acceptions de perfonnes, des relations d'intérêts quelconques ne m'empêcheront de parler, ni d'être véridique, dès que mon filence pourra faire tort à mon prochain; duffé-je par-là m'attirer la haine d'un côté & l'ingratitude de l'autre.

Un défaut effentiel que j'ai fans doute, (d'après les maximes de défiance préconifées dans le fiècle à la honte de l'humanité) c'eft que je ne préfume jamais dans autrui, ce que je ne fens pas en moi. Toujours duppe de ma bonne foi, de ma confiance, rarement je me mets en garde contre la fourberie, contre l'iniquité. Le grand nombre, dans la fociété, appellera cette habitude imprudence, le petit la nommera candeur.

Ainfi conftitué je n'ai pu prévoir qu'un prêtre, docteur ès lois divines, nieroit, à l'auditoire de la juftice, différens faits, qu'il avoue intérieurement & dont tout un chapitre a été témoin. Je n'ai pu m'attendre que ce prêtre autoriferoit fon mandataire à foutenir, à la faveur d'un arrêté dont le fens étoit équivoque, que ce même chapitre difconvenoit de l'exiftence de ces faits. Je n'ai pu davantage me perfuader que priant les rédacteurs de cet arrêté de vouloir bien dire, non ce qu'il devoit fignifier, mais feulement ce que, dans le vrai, il ne fignifioit pas, (l'inexiftence des faits expofés à l'official) je puiffe éprouver des difficultés relatives à des vues dont je ne croyois pas qu'un corps d'eccléfiaftiques dût être fufceptible.

Du moins ce qu'il y a de confolant pour moi, dans mon nouveau combat, c'eft qu'à l'inftar de celui que j'ai à terminer avec M. le doyen, je me trouve, quoique calomnié & condamné, pleinement lavé & juftifié à vos yeux.

Forcés tous deux à difconvenir de leurs faits publics, ils conviennent dès-lors même que ces faits étoient repréhenfibles.

Je voulois fimplement qu'on dife, qu'en les pratiquant, on n'avoit pas eu intention de m'offenfer; mais foutenir aux pieds du juge qu'on ne les a pas pratiqués, n'eft-ce pas, à l'appui d'un menfonge folemnel, dire clairement qu'on s'en repent? n'eft-ce pas rougir en fecret des excès reprochés, dès qu'on n'ofe les avouer à la face de ceux mêmes qui les ont vus commettre? *Si fecifti nega.*

Refte à favoir s'il eft plus humiliant, ou de faire des excufes d'honnêteté en difant qu'on n'a pas voulu injurier, ou d'affronter la pudeur publique en calomniant l'offenfé, pour échapper ainfi à un acte de juftice & de chriftianifme, par une baffeffe criminelle.

En attendant, meffieurs, j'ai appelé au S. fiège métropolitain de la fentence de l'official, parce qu'il ne me fuffit point aujourd'hui que vous foyez convaincus du tort qu'on a eu d'ufer de mauvais procédés à mon égard; il faut encore que l'évêque & fon confiftoire apprennent que je n'ai expofé dans mes requêtes que la vérité pure, & qu'il a eu tort lui-même de fe laiffer furprendre, en refufant, fur le vû de votre arrêté, d'ordonner l'information, qui auroit repouffé l'inculpation d'impofture.

Signé: RUMPLER.

du 24 août 1783.

N°. 78.
LETTRE AU VÉNÉRABLE CONSISTOIRE DE STRASBOURG.

Judices Sanctæ Moguntinæ Sedis, univerfis & fingulis Ecclefiarum Rectoribus, Plebanis, Vice-Plebanis, Capellanis, Altariftis, Notariis

& Tabellionibus publicis quibuscumque per civitatem & Diœcesin Argentinensem, ac aliùs archi-Diœcesin Moguntinam ubilibet constitutis, Salutem in Domino.

Quæ Canonicus Rumpler ad judicium hocce Metropoliticum deduci fecerit gravamina exhibet ejus supplica sub litterâ A. hic adjuncta. Mirati fuimus causam hanc, unico decidendam ac sopiendam verbo, formaliter adhibitis etiam causæ patronis, ventilatam fuisse; & magis mirati fuimus, Canonicum Blampain, simpliciter absolutum, Canonicum Rumpler è contrà in expensas condemnatum fuisse, cum ille confessus fuerit, sedile ac locum huic competentem se occupasse, nec recedere ipsi voluisse, quod oppido inconveniens ac objurgatione dignum erat, qualemcumque demum certaminis hujus causam prætexere Canonicus Blampain velit; idcircò & Canonicus Rumpler justam quærulandi causam habebat, & habet etiamnum oblatam contra ipsum sententiam verè gravantem; ejus tamen momenti litem hanc non judicavimus, ut ad tollendum gravamen interponere authoritatem suam debeat judicium Metropoliticum.

Decrevimus igitur communicationem exhibitorum ad effectum partes amicabiliter componendi. Compositionem hanc vos non tentaturos modò, sed & effectum speramus.

Quæ data sunt Moguntiæ die Decembris 1783.

Ex mandato Dominorum Sanctæ Moguntinæ sedis judicum, signatum: FRANCISCUS ANTON. BENDER, Assessor & Secretarius.

N°. 79.

A MONSEIGNEUR ET MESSIEURS L'ÉVEQUE D'ARATH, official et grand vicaire; d'Eymar, vicaire général, et Hüffel, assesseurs au vénérable consistoire, tous commissaires du S. siège métropolitain à l'effet d'un accommodement.

Monseigneur & Messieurs,

LE chanoine Rumpler a l'honneur de vous exposer respectueusement que le révérendissime consistoire de Mayence, fur l'examen de fes griefs réfultans de la fentence que vous avez rendue le 21 août dernier en faveur d'un de vos affeffeurs, a jugé qu'il eût été de la dignité de votre état & de la fageffe de votre miniftère, que vous euffiez évité de donner à la caufe dont il s'agiffoit, la publicité qu'elle avoit acquife par les plaidoiries refpectives; qu'ayant préféré cette voie contentieufe, fi propre à aigrir les efprits, à celle de la conciliation, fi précieufe, & fi chère à la tendreffe des pafteurs, fur-tout dans une affaire qui dès fon origine auroit dû, par un feul mot, être totalement affoupie; vous aviez paru à fes yeux n'avoir pas abfolument faifi le véritable efprit des SS. Canons; mais que donnant un peu trop à la bonté, dans une pofition critique, vous vous étiez occupé uniquement des intérêts preffans de votre collègue qui, traité avec une plus jufte rigueur, n'auroit pu décemment continuer à l'être.

Que cependant, comme cette attention pour un membre de votre compagnie avoit fon principe dans un fentiment non indigne de vos cœurs, il n'étoit point échappé à la fagacité des juges métropolitains que ce fentiment, moins vif, pourroit céder à celui d'un défir plus efficace, que n'avoit été le premier, de connoître enfin la vérité autant qu'elle demanderoit à être connue, pour éclairer votre religion.

Que dans ces vues, ils avoient, de leur côté, (peut-être également, par des égards particuliers dûs à la confraternité) cru devoir empêcher que votre fentence ne fe répandît & ne fît un plus grand bruit, en paffant dans d'autres tribunaux, où elle auroit pu compromettre vos vertus, fi elle n'étoit redreffée; & par une confiance abfolue dans celles-ci principalement dans votre amour pour l'équité, pour la paix, pour la charité, ils n'avoient pas balancé de fubftituer à votre première qualité d'arbitres de la loi, épuifée par ladite fentence, celle d'amiables compofiteurs; renonçant ainfi eux-mêmes, en votre confidération à l'exercice de leurs fonctions légitimes de juges fupérieurs, pour reporter dans vos mains partie de cette autorité plénière qui leur étoit dévolue par l'appel:

Qu'enfin ce témoignage de la plus haute estime de la part de l'illustre & révérendissime tribunal archi-épiscopal donnoit à comprendre jusqu'à quel point, dans d'autres circonstances différentes, vos lumières l'avoient frappé; jusqu'à quel dégré, en général, vos sentimens de droiture lui étoient connus & l'avoient charmé; puisqu'il attendoit & des unes & des autres (malgré votredite sentence, présumée avec raison avoir été surprise & arrachée par l'importunité des chefs de S. Pierre) que, très éloignés de toute acception de personnes, & pour l'avantage réciproque de deux parties, vous ne tenteriez pas seulement, sans l'accomplir, mais que vous consommeriez effectivement, suivant les principes de cette justice universelle écrite dans tous les cœurs, l'accommodement si important à l'honneur d'un injurié *souverainement* méprisé sans sujet, débouté & condamné aux dépens sans motifs.

C'est, monseigneur & messieurs, pour parvenir à cet objet vraiment inappréciable pour lui, que l'exposant, après avoir supplié déjà le seigneur Ordinaire par des instances particulières, ose encore réitérer sa très humble prière pour l'effet voulu par le décret métropolitain du 10 novembre dernier, remis contre *recépissé* au secrétaire de votre siège le 29 du mois de décembre aussi dernier.

Il a l'honneur de vous observer finalement que M. Pallas (cousin-germain de M. le doyen Lantz,) ayant assisté au jugement de l'officialité épiscopale dont étoit appel, la connoissance de l'affaire paroissoit lui être envoyée ainsi qu'à vous, monseigneur & messieurs, aux fins de la composition amiable en question, & qu'il pourroit peut-être vouloir continuer à délibérer encore avec vous pour l'accommodement désiré.

Or, comme ce chanoine-curé, doit son état à l'exposant, qui, dans un partage de voix très opiniâtre, a eu la satisfaction, par son suffrage, de pouvoir seul, fixer & déterminer sa nomination, pour donner ainsi à son évêque & à son doyen, qui le désiroient ardemment, une preuve non équivoque de son entier dévouement; & comme depuis, il a eu le bonheur de décider tous ses confrères à accorder à ce même curé, tant au chœur qu'en chapitre, le rang d'ancienneté, qu'aucun de ses prédécesseurs n'avoit eu avant lui, quoique pour l'obtenir ils eussent fait toutes les tentatives imaginables; ledit exposant a trop bonne opinion des qualités de son cœur, pour n'être pas persuadé que les sentimens de sa reconnoissance pourroient, par un mouvement naturel, l'emporter, contre sa volonté, sur ce qu'il devroit à une impartialité parfaite; il croit en conséquence devoir lutter de générosité avec lui, & récuser, pour son arbitre, ou pour son amiable compositeur, un confrère, que sa gratitude avoit porté déjà à vouloir être son juge dans des circonstances, où d'autres considérations l'invitoient si visiblement à s'en abstenir.

L'exemple de M. du Conte, qui n'avoit pas cru manquer aux devoirs de l'amitié en se récusant, auroit pu à cet égard éclairer la délicatesse de M. le curé, qui, (quelque bonne envie qu'il eût d'obliger son bienfaiteur) ayant été un de ses juges en première instance, comme chanoine capitulaire, ne pouvoit plus décemment coopérer au jugement de l'official & auroit dû s'en éloigner.

D'ailleurs le nombre parfait de trois semble véritablement être celui de tous, qui convient le mieux pour former une assemblée de juges de paix; au moins l'exposant a-t-il dans ce nombre, plus encore dans les qualités éminentes de ceux qui le composent, la juste confiance qu'elles lui inspirent, dans l'espoir que ces Triumvirs concilians daigneront, par leur jugement, le mettre dans le cas de n'être plus traité désormais comme le rebut de son corps, à moins que, par ses procédés ou par son inconduite, il ne s'y soit lui-même exposé.

Signé : **RUMPLER.**

Strasbourg ce 20 Janvier 1784.

N°. 80.

À MONSIEUR RUMPLER, CHANOINE, AUMONIER DU ROI, &c.

Monsieur,

Après mes dernières, j'ai pris l'occasion de voir les actes, comme aussi le protocole *in causâ* C^a. M. Blampain, où j'ai vu que vous avez raison, & que votre vicariat a écrit à celui d'ici avant que le vicariat d'ici avoit aftreint le vôtre d'accommoder votre affaire avec M. Blampain. Dans cette lettre vous êtes fort mal *détaillé*; & j'ai d'abord demandé par un récès l'inspection & copie ; mais le Secrétaire ne l'ose pas donner, &c..... *Signé :* J. C. HUBERT.
à Mayence le 15 juin 1784.

N°. 81.

A MONSEIGNEUR,

Monseigneur l'évêque d'Arath, suffragant, grand vicaire & official général de l'évêché de Strasbourg, &c.

Termes de S. Paul au G. P. Ananie, mis là pour le promoteur. } Percutiet te Deus, paries deaibata... qui contrà legem me jubes percuti! Act. Ap. C. 23. v. 1.

SUPPLIE humblement Louis Rumpler, chanoine de S. Pierre le jeune, disant : qu'obligé, pour la défense de son honneur, d'implorer derechef la justice de votre grandeur, il est fort embarrassé sur la manière dont il s'y prendra pour lui exposer sa douleur & ses griefs. Sa position est tellement originale & sans exemple, qu'il ne lui est même plus possible de la rendre. Il n'ose employer les *termes* qui y seroient propres ; parce qu'en usant de ces termes significatifs de la chose, il est continuellement en danger de blesser la sensibilité de ses censeurs, qui, laissant là la chose, affectent de ne s'attacher qu'aux termes pour en provoquer la punition.

Cependant, monseigneur, on ne voit pas que des
plaideurs

plaideurs soient dans la nécessité, aux risques de nuire à la fidélité de leurs exposés, d'affoiblir des détails; de mitiger des raisons ou d'user, en soutenant leur cause, de ces ménagemens de politique, reçus de convention dans la société, qui en connoit la valeur. La justice doit être instruite du vrai, tel qu'il est; & des expressions qui établissent une vérité fâcheuse, sont toujours dures aux oreilles de ceux que cette vérité choque. D'ailleurs celles du suppliant prétendues repréhensibles, ne lui étant point nommément désignées; il ignore si leur censure tombe en général sur leur ensemble, ou si elle porte seulement sur quelques-unes particulières, lesquelles il expliqueroit, si elles lui étoient connues, pour en faire sentir la propriété, la justesse & l'innocence.

Il vient, monseigneur, de retracer, par requêtes, avec une scrupuleuse exactitude, des excès commis à son égard par le Sr. Blampain assesseur, qui, pour soutenir l'autorité de votre grandeur contre celle du seigneur métropolitain, avoit cru pouvoir user de voies de fait, qu'on s'abstiendra désormais de qualifier. De son côté le Sr. doyen de son église, cité par le suppliant au révérendissime consistoire de Mayence, avoit pris sur lui de masquer ces procédés par un arrêté de sa façon, inscrit sous le nom du chapitre, dont il dirigeoit les mouvemens ainsi que les registres; ou plutôt dont il nécessitoit l'inaction, en dictant, quoique récusable & récusé, une conclusion équivoque & captieuse, à la place de celle que le Sr. écolâtre avoit minutée sur le plumitif, d'après la résolution & le vœu des capitulaires.

Il copioit en cela la marche du Sr. prévôt, lequel, peu avant, avoit ainsi *arrangée* une réponse au nom de la compagnie, qui ne se doutoit pas plus de l'effet qu'elle devoit produire par son ambiguité & par sa rédaction sub- & obreptice, qu'elle ne s'étoit attendue pour cette fois à voir l'abus qu'on feroit encore de cette nouvelle conclusion équivoque.

Mais comme rien au monde n'étoit plus constant que l'existence des délits posés en fait, encore que ledit Sr. doyen eût évité si officieusement de les confier au protocole, qu'il eût même essayé d'y inſinuer le contraire, le ſuppliant a conclu à l'audience à ce qu'il plût à votre grandeur ordonner une information par commiſſaire.

Si elle n'a pas jugé à propos de vérifier ainſi les faits articulés, c'eſt que le Sr. Blampain ne les a pas déſavoués ſans doute; & ſi elle a cru devoir renvoyer ledit Sr. de l'aſſignation & condamner le demandeur aux dépens, ce ne peut être que parce qu'elle n'a pas jugé ces faits de nature à pouvoir offenſer; elle a trouvé au contraire que les *termes* employés pour les expoſer étoient *deſpectueux* & dignes de l'attention du miniſtère public, dont la ſollicitude vigilante pour le maintien de l'harmonie ſociale, devoit être allarmée; elle a ordonné en conſéquence que les requêtes & actes du ſuppliant, nullement injurié, ſeroient dépoſés au greffe, à l'effet d'un réquiſitoire contre lui, comme injuriant dénoncé & reconnu pour tel.

Il n'eſt pas à douter, monſeigneur, que par ce zèle paſtoral pour la vindicte publique, votre grandeur n'ait en vue le plus grand bien de l'ordre; mais il doit répugner à ſon équité naturelle de livrer une troiſième fois l'honneur du ſuppliant à la diſcrétion de ſon ennemi déclaré, de ſon adverſe partie à deux différens tribunaux & de ſon diffamateur manifeſte, le Sr. Zaepffel, qui auroit dû s'abſtenir enfin par ſentiment de pudeur, quand même il n'auroit pas été formellement récuſé.

Or le ſuppliant, monſeigneur, vient d'être aſſuré par différentes perſonnes, de la conduite odieuſe qu'a tenue à ſon égard & en ſon abſence ledit Sr. Zaepffel, pour le perdre au moins de réputation, s'il ne le pouvoit autrement.

L'exceſſive animoſité de ce promoteur l'a porté à abuſer des fonctions de ſon miniſtère au point qu'elle jette le ſuppliant dans la dure néceſſité de préſenter contre lui cette requête de plainte, pour mettre fin une fois à l'inquiſition, au ſcandale, à la perſécution, & pour en obtenir la réparation convenable.

Après deux réquiſitions qu'il avoit faites, l'une pour provoquer des défenſes injurieuſes, à propos d'un accommodement de procès, dont la négociation, auſſi diſpendieuſe qu'honorable, avoit coûté au ſuppliant plus de vingt mille livres de ſon patrimoine; l'autre pour faire flétrir celui-ci par une interdiction de ſix mois, en punition de ce qu'il avoit oſé s'élever avec zèle contre un deſpotiſme avéré, qui, depuis vingt-ſix ans, réduiſoit ſon chapitre à une ſorte de ſervitude & d'inertie; ledit Sr. promoteur, ayant ſenti la frivolité de ces prétextes pour diffamer impunément, & ayant reconnu leur inſuffiſance pour le laver du reproche de vexation, a imaginé de couvrir l'injuſtice de ſes réquiſitoires par le fruit qu'il ſe promettoit d'une prévarication plus révoltante encore.

Pour trouver des accuſateurs ou des témoins complaiſans, qui vouluſſent ſervir ſa paſſion, il a attaqué dans la ville pluſieurs perſonnes honnêtes, cherchant à les gagner par différens moyens dans la vue de les porter à des dépoſitions contre les mœurs, ou contre la régularité du ſuppliant, qui pour lors (dans le courant de l'hiver dernier) ſe trouvoit à Paris.

Il avoit déſigné celui-ci comme une victime dévouée; mais il falloit, pour conſommer le ſacrifice & pour opérer la proſcription réſolue, du moins quelqu'ombre de délit, & il ne s'en trouvoit aucune.

Tout le fruit de ſes ſollicitations clandeſtines & de la recherche illégale qui s'eſt faite, a été d'exciter l'indignation dans les ames vertueuſes, de ſcandaliſer les citoyens des deux religions & de livrer la perſonne intacte du ſuppliant aux caquets & à la haine de ſes ennemis, & aux cenſures d'un public toujours avide pour préſumer le mal, toujours diſpoſé à accueillir la calomnie, par une ſuite de cette fatalité attachée à la nature humaine, que le menſonge ſéduit plus facilement que la vérité.

Cependant, monſeigneur, le moindre ſoupçon d'inconduite ſuffit pour ternir la réputation d'un miniſtre des autels. L'honneur d'un prêtre proſtitué ainſi par de ſemblables perquiſitions ſourdes, devenues publiques, ne peut être vengé que par une procédure & une ſentence juridique. Il eſt, cet honneur, sous la sauve-garde de votre grandeur. C'est elle qui, en élevant au sacerdoce le suppliant, & en lui confiant le soin des ames, lui a garanti sa protection & son appui contre tout ce que l'iniquité pourroit vouloir tenter pour lui ravir l'estime publique. C'est elle qui, l'ayant suivi dans ses différentes fonctions eccléfiastiques, l'a constamment honoré, pendant trente années consécutives, d'une bienveillance toute particulière, & qui vraisemblablement, sous les bruits calomnieux semés par le fait du Sr. Zaepffel, &c., la lui continueroit encore. C'est elle en tout cas qui, pour effacer l'opprobre dont ce promoteur a couvert le suppliant dans l'esprit de ses concitoyens, daignera enfin, par un effet de sa justice, en nommer un d'office à la poursuite de la réparation qui lui est due.

Ce considéré, monseigneur, & en attendant que le juge d'appel puisse prononcer sur les différens objets portés à son tribunal, il vous plaise donner acte au suppliant de la plainte ci-dessus, & lui permettre de faire informer des faits contenus en la présente requête, circonstances & dépendances, pour l'information faite & rapportée, être ordonné ce qu'il appartiendra. Et ferez bien.

Signé : RUMPLER.

N°. 82.

LETTRE A MGR. L'ÉVÊQUE D'ARATH, envoyée le 12 septembre 1783, avec la requête de plainte contre le promoteur.

Monseigneur,

IL falloit que votre grandeur eût de bien puissans motifs pour s'écarter à mon égard de cette douceur de caractère & de cet esprit de charité qui la distinguent, & qui lui ont toujours concilié, je dirois presque, l'universalité des cœurs.

Je ne perdrai de ma vie le souvenir de ce qu'elle m'a fait la grace de me dire, lorsque, tout flétri par sa première sentence, j'ai été me précipiter dans son sein paternel, pour y répandre les larmes, que l'humiliation arrachoit au sentiment de mon innocence. Elle m'a témoigné, qu'obsédée, par ceux qui l'entouroient, de mille rapports sur mon compte, elle avoit cru devoir enfin, (sans même me prévenir d'aucune monition privée,) me faire ces défenses judiciaires qui, en me couvrant de honte, me déchiroient l'ame.

Mais, j'ose vous assurer, monseigneur, que, dans cet excès de ma douleur, rien ne m'avoit affecté plus vivement que la perte de votre estime. Je voyois dans mon évêque l'image de la Divinité. Ni l'envie, ni la calomnie n'avoient jusques-là pu, par leur acharnement, troubler ma sérénité ; & je touchois à l'instant où j'allois m'ensevelir dans mon désert, satisfait d'emporter dans ma retraite le suffrage d'un supérieur, pour lequel j'avois eu, depuis mon existence la plus tendre & la plus haute vénération ; lorsque, frappé de ce coup funeste de son animadversion, la nécessité d'une défense légitime pour mon honneur, a bouleversé tous mes projets.

Si donc aujourd'hui, monseigneur, je cherche par tous les moyens imaginables de mettre ma vie au creuset ; si je provoque mes détracteurs clandestins à scruter publiquement ma conduite ; si enfin je les défie à soutenir, par des combats solemnels, ce qu'ils osoient semer en secret dans le silence des ténèbres ; c'est principalement, je le proteste, pour me justifier aux yeux de votre grandeur, & finir ma pénible carrière, sinon avec la gloire d'avoir recouvré son ancienne bienveillance, au moins avec l'avantage reconnu de n'avoir jamais cessé de la mériter. Objet de la requête ci-jointe, lequel se remplira si, comme je l'en supplie, elle trouve bon de la décréter.

Je suis, &c.   *Signé* : RUMPLER.

N. 83.

Strasbourg ce 15 décembre 1783.

À MONSEIGNEUR L'ÉVÊQUE D'ARATH, &c.

BONNE brebis revient toujours gaiement à son

pasteur, qui, bon lui-même par excellence, la reprend volontiers, fût-elle un peu galeuse. Quoique tondu, exclus & battu, je n'ai pu encore gagner sur moi de n'aimer pas mon évêque. Qu'il se soit un peu laissé aller à la prévention, ce n'est pas là chose tellement unique, que l'histoire ancienne ou moderne n'en fournisse quelqu'exemple ; car enfin le souverain pontificat même ne dépouille pas le promu totalement de la nature humaine ; mais, monseigneur, que votre grandeur ne réponde plus du tout ni à mes lettres, ni à mes remontrances, ni *à mes plaintes, quelqu'importantes qu'elles soient;* voilà ce qui doit me paroître désolant, dans la persuasion où je suis que, d'après les apparences, son ancienne estime pour moi ne peut plus qu'être, en raison inverse de ma vieille tendresse pour elle, à peu près nulle.

Monseigneur ! C'est dans le sein d'Abraham, que V. G. verra un jour quelle étoit originairement l'innocence & la pureté de mes motifs, puisqu'elle refuse de s'en convaincre ici bas. En attendant, quoique mon pécule soit écorné d'une vingtaine de mille livres, graces à mon beau *négoce* de Coblentz, j'ai cru devoir retirer du commerce l'effet ci-joint, malgré la défense qui m'a été faite de me mêler désormais de tout ce qui auroit rapport à pareilles œuvres. Et voici mes raisons : 1°. Sous l'aspect de l'ordre & de la décence, ma folie d'habitude, &c.,.....

J'ai voulu, la semaine dernière, le remettre à M. le greffier de l'officialité pour cinquante écus qui lui revenoient de droits d'expéditions envoyées à Mayence ; il n'a pas trouvé à propos de s'en charger, ce qui me met dans le cas de l'envoyer directement à votre grandeur, qui voudra bien m'en faire parvenir le montant par mon domestique porteur des présentes.

J'ai l'honneur de vous prévenir aussi, monseigneur, qu'on m'a mandé de la métropole, qu'avant de juger légalement dans mon affaire avec M. Blampain, on alloit la renvoyer au consistoire de V. G. pour qu'il l'accommode à l'amiable : *Scribatur*, est-il dit dans le décret du 12 du mois passé, *ad Reveren-*

dissimum Consistorium Argentinense ad effectum ut partes amicabiliter componat. Sans doute que ce juge d'appel veut, avant de prononcer en pareille matière, avoir épuisé, suivant l'esprit des SS. Canons, toutes les voies de douceur & de conciliation, si recommandées aux évêques par le concile de Trente.

Votre grandeur daignera donc, pour qu'elle puisse composer les différens intérêts respectifs, avec pleine connoissance de cause, se faire représenter les feuilles du chapitre appelées protocole. Elle y verra les deux arrêtés, dont le dernier, façonné par M. le doyen, signé *Jeanjean*, a été produit à l'audience ; & pour s'assurer de la vérité des faits, je la supplie de prendre au moins les dépositions des quatre plus anciens chanoines présens à la scène, MM. du Conte, Meyer, de Salomon, & Schvendt. Il n'est personne qui ne sache que deux témoins qui affirment *de visu*, en disent plus que cinq cent mille qui déclareroient n'avoir rien vu, *nil vidisse quod* &c., ainsi que le porte cet extrait d'arrêté captieux soi-disant du chapitre.

Si j'en ai imposé, monseigneur, dans la moindre des circonstances, je me soumets à être expulsé de toutes assemblées pour le reste de mes jours ; si au contraire j'ai été indignement & sans raison bafoué & vilipendé par le plus mince sujet de la compagnie, votre grandeur voudroit-elle donc que j'y existasse, ce même le reste de ma vie, couvert de ce nouvel opprobre ajouté à toutes les flétrissures précédentes, provoquées par l'agent de notre prévôt, moteur secret de toutes les persécutions que j'ai éprouvées ?

Faudra-t-il donc que, parce que j'ai refusé dans le temps à celui-ci, comme je le devois, un *pour boire* de trente louis, qu'il appeloit *castor*, lorsque j'avois acheté de bonne foi sa charge au conseil, que je sois éternellement tourmenté par les manœuvres & les calomnies de toutes espèces, qu'il n'a cessé de pratiquer & de semer par la province, depuis mon existence dans cette ville ?

Mieux vaut-il, monseigneur, être rangé tout bonnement dans la cathégorie des trépassés, que de traîner ici trois fois par jour, dans l'assemblée des vivans, une existence méprisée & avilie.

Je ne connois point de sentiment plus digne du cœur humain que celui de l'honneur, source de toutes les vertus. Si mon ennemi parvient, par ses intrigues, à me le ravir; si la justice vient à son appui pour y imprimer un caractère de blâme, par une sanction juridique; dès-lors je m'estime moins heureux que si j'en étois assassiné. On suppose toujours le crime, là où l'on voit la punition. On mesure son énormité sur la rigueur de la peine qui a dû l'expier.... Voyez donc, monseigneur, où j'en serois, si toutes les sentences surprises à votre équité pouvoient être confirmées.

J'avois différé jusqu'ici d'appeler comme d'abus du décret de V. G. donné sur ma requête pour les chapitres généraux, contre l'avis de MM. Piales, Elie de Beaumont, Gerbier, &c. qui le vouloient ainsi, par leur consultation. Je comptois qu'à Mayence on jugeroit sur le fond; mais comme j'avois mandé à S. A. E. que mon doyen s'étoit enfin exécuté sur les différens chefs de ma demande, elle n'a plus voulu admettre ma requête. On me marque qu'elle la décretera néanmoins si j'y insiste encore; qu'elle paroissoit vouloir ne s'y prêter que forcément: cependant, monseigneur, ces délais pourroient me mener loin encore, & au bout de ma victoire je pourrois retrouver un second appel *d'abus* de la part de ma partie adverse; je prie donc V. G. de ne pas trouver mauvais que, poursuivant mon instance dans la métropole, je me rende à l'avis de mes conseils pour les mêmes poursuites, à Colmar. Il m'assure d'ailleurs la rentrée certaine, outre mes dommages-intérêts, d'un millier d'écus de frais, que déjà les faiseurs d'arrêtés vouloient me payer de la *masse*; mais que j'ai refusés avec indignation, n'ayant pas agi contre, mais pour le bien de mon église.

Depuis ma requête de plainte, présentée contre le Sr. Zaepffel, promoteur, pour fait de prévarication dans son ministère, il est mort un de mes meilleurs témoins que je comptois faire ouïr: je supplie donc V. G. de ne pas différer davantage pour donner un décret sur ladite requête.

Je suis avec respect, monseigneur, &c.

Signé: RUMPLER.

N°. 84.

Lettre a S. A. S. Mgr. le Cardinal
à Saverne, du 2 novembre 1783.

Monseigneur,

Quoique, ceux qui ont la confiance de votre altesse éminentissime pour le gouvernement de son diocèse, paroissent avoir *infiniment à cœur* l'observance des *règles* & des *SS. Canons*, en se distinguant par un zèle vraiment *actif* pour le maintien du *bon ordre*; il se passe néanmoins dans l'église dont j'ai l'honneur d'être membre, des choses si étranges & si comiques de la part de nos chefs, qu'à moins d'être absolument inanimé & dépourvu de tout sentiment, il n'est guère possible d'en être le témoin sans rire, ou sans en être affecté de quelqu'autre manière.

Nous avons à la vérité, monseigneur, dans un chapitre général de plusieurs séances, remédié à un bon nombre d'abus; (comme étoient entr'autres ceux de présenter le goupillon dans l'église à des dames, à des demoiselles; de voir grimper nos dignitaires sur la tablette supérieure des bancs de la nef, pour s'y asseoir, *en cérémonie*, pendant la bénédiction des fonts; de n'observer aucune uniformité de positions au chœur, où l'on voyoit, habituellement & en même temps, les chanoines, les prébendiers & les chantres, partie assis, partie debouts & partie à genoux, &c.) mais il en reste un bien plus grand nombre encore à réformer. Ce qui auroit eu lieu si M. le doyen n'eût témoigné que ces *innovations* lui déplaisoient, & s'il eût insisté moins vivement pour clorre ce chapitre général; l'unique depuis vingt-six ans, époque de sa promotion au décanat.

Cependant, monseigneur, la dignité de notre état, la sainteté de notre ministère, la décence du culte, tout exigeoit, qu'au défaut de M. le doyen & de M. le Sénior, je dénonçasse, comme plus ancien dans l'assemblée capitulaire, une nouvelle singularité pratiquée depuis quelque temps par M. le prévôt de Regemorte, qui, en compromettant tout le corps, donnoit matière à la critique & au persiflage des plaisans de la ville.

Dans une de ces circonstances, où il lui importoit que personne ne resistât à ses volontés arbitraires, il avoit annoncé en chapitre que, seul, il étoit, (après Dieu s'entend) le *maître de la maison* à S. Pierre le jeune. Sur ce principe & en sa qualité, il croit devoir faire, dans l'église, les honneurs du Souverain *Maître* qui y réside.

En conséquence toutes les fois que madame la marquise de...... arrive dans la nef, pendant l'office canonical, M. le prévôt lui rend le salut qu'elle fait à l'autel, en s'inclinant si profondément que souvent il donne de la tête contre les basses stalles; quelquefois même il la prévient & lui fait ainsi sa respectueuse révérence, sans que cette dame pieuse, uniquement occupée de l'objet divin qu'elle vient adorer, paroisse y faire la moindre attention. Cette scène muette amuse le public; mais ce n'est pas là tout.

Si M. le marquis est lui-même au chœur, à la place du gouverneur de la province pour le roi; dès que l'office est fini, M. le prévôt, à la tête de sa compagnie, & en présence de tout le peuple, dont l'église est pleine, s'arrête devant le fauteuil de ce commandant, pour le prier de vouloir bien sortir le premier du chœur. Celui-ci, qui n'est pas en retard de politesses, refuse de passer devant le chapitre dans le sanctuaire même de sa collégiale : le cérémonial continue de part & d'autre par nouvelles instances, par refus réitérés, pendant que tout le clergé est à en attendre la fin, rangé autour de l'autel, comme des figurans purement passifs. Ordinairement après ces protestations, d'usage *en bonne société*, & à la suite d'une petite conversation *d'amitié*, M. le prévôt se rend par *capitulation*, & donne ainsi au corps la liberté de se retirer avec lui; ce qui a eu lieu encore hier, jour de la Toussaint.

J'ai voulu, monseigneur, relever, au chapitre dernier, l'indécence de cette espèce d'étiquette particulière, insolite dans tout corps dirigé par des règles fondées fur des principes conféquens. Dès mon début, M. le doyen s'eft levé en jetant les hauts cris. Il a effayé par deux fois de rompre l'affemblée, fortant de la falle & y rentrant, tout ému, pour exciter les capitulaires à le fuivre ; mais voyant qu'aucun d'eux ne fe mettoit en mouvement pour le feconder, il a pris le parti, pour troifième tentative, de refter dehors ; &, le receveur appelé, le chapitre a continué & terminé fa féance.

J'ai cru, monfeigneur, devoir, avec cette bonne foi que je profeffe, faire part de ces détails à votre alteffe Eminent^e., uniquement pour qu'elle foit inftruite du vrai, bien perfuadé qu'on cherchera en les dénaturant *fuivant l'ufage*, à me dénigrer encore dans fon efprit.

Je ne peux plus m'adreffer à M. l'évêque d'Arath ; ce fupérieur met tout uniment au rebut tout ce qui lui vient de ma part, depuis que j'ai ofé lui faire des fommations, *quoique refpectueufes*, pour obtenir ce chapitre général, qui m'a coûté fi cher ; mais dont nous avions fi grand befoin.

Chef fuprême du facré miniftère dans la province, votre alteffe Eminent^e. daignera, fuivant fa prudence, donner les ordres que fa haute fageffe lui dictera pour l'édification des fidèles autant que pour l'honneur du facerdoce. Je fuis avec un profond refpect, &c. *Signé*: RUMPLER.

P. S. Si V. A. E. vouloit douter de la vérité des faits, elle pourroit s'en informer près M. de ...... exemple de toutes les vertus, il eft éminemment digne de foi.

N°. 85.

17 janvier 1784.

A MESSIEURS,

Meffieurs du vénérable chapitre de S. Pierre le jeune, &c.

MESSIEURS,

{ On emploie les manœuvres pour amener les injuftices ; et enfuite on fe prévaut du fuccès des injuftices, pour juftifier les manœuvres. }

Il m'eft bien douloureux, après toutes les avanies

qui m'ont été faites déjà par les intrigues de nos chefs, quoique j'eusse triomphé jusqu'à présent de presque toutes leurs calomnies, de me retrouver dans la triste & dure nécessité d'ajouter encore à mes demandes, liées à différents tribunaux, la nouvelle plainte que j'ai à vous porter contr'eux.

Si peut-être, lorsque M. le doyen s'étoit oublié au point de m'apostropher en chapitre, comme un prêtre célébrant les saints mystères en état habituel de péché, sous prétexte que je n'avois pu, en bonne conscience, lui demander l'exécution de la règle & des statuts, je me fusse aussitôt pourvu pour le faire condamner à quelque peine, je ne serois point aujourd'hui dans le cas d'implorer votre justice pour de nouveaux excès, dignes de la plus sévère répréhension.

Il paroît, messieurs, que c'est décidément un parti pris de la part des dignitaires de notre église, (en haine de ce que j'ai osé m'élever, avec zèle, contre les abus de toutes espèces, dont leur administration exclusive se trouvoit viciée) non seulement de rompre à mon égard tous les liens de la charité fraternelle; mais de braver même les loix primitives de la décence publique, de cette politique humaine, qui prescrit à tous les membres de la société ces égards mutuels ou respectifs, dont le refus caractérise essentiellement le mépris & en nécessite la juste vengeance.

Pour complaire à M. le prévôt, qui depuis trop longtemps se fait une étude sérieuse d'imaginer & d'employer tous les moyens propres à opérer ma diffamation, M. le doyen a cru avant-hier devoir encore entrer dans ses vues, pour essayer derechef de m'avilir à vos yeux, malgré que vous eussiez désavoué bien suffisamment tout ce que, de concert avec son collègue, il vous avoit prêté jusqu'ici relativement à vos dispositions à mon égard, & que vous m'eussiez même donné vingt fois (depuis ces imputations factices, qu'on vous attribuoit si gratuitement) les témoignages les plus flatteurs de votre estime, de votre confiance, &, le dirai-je?.... oui, de vos regrets de n'avoir point, dès le principe de ma persécution, pris ouvertement ma défense, au lieu de tenir cette conduite passive, que votre aversion pour les débats vous avoit fait préférer pour-lors, ne pénétrant pas dans les suites funestes qu'elle devoit avoir.

Jeudi dernier, messieurs, lorsque M. le doyen vous avoit assemblés dans la sacristie pour procéder à la nomination des chanoines députés, qui devoient faire compliment au commandant de la province sur l'insigne décoration dont S. M. venoit de récompenser son mérite; il a, d'un ton d'autorité, vraiement despectueux & sans égards pour le vœu de sa compagnie, interrompu vos suffrages, qui me nommoient à cette commission, pour vous observer, à votre grand étonnement, & au scandale d'une dixaine d'étrangers, présens & attentifs à la scène, que vous ne pouviez me charger de cette députation; parce qu'il savoit, disoit-il, très positivement que ma personne étoit *désagréable* à ce chef de la province. Et sans daigner recueillir ultérieurement vos voix (ainsi que je l'en avois prié, avec protestation de me pourvoir incessamment pour raison de cette nouvelle injure) il a continué de soutenir & le propos inconsidéré qu'il venoit de lâcher, & sa résistance formelle à mon admission, en persévérant toujours dans son insulte, qu'il croyoit couvrir ou autoriser par le poids de sa qualité de grand vicaire, dont il affectoit mal à propos de prôner l'étendue.

Ensuite, au mépris de l'ordre & de la liberté du choix, il a fini par se nommer lui-même votre député, sans le concours d'aucun de vous, Messieurs, & uniquement pour me donner l'exclusion en se mettant à ma place; quoiqu'il eût déclaré peu avant, que se trouvant obligé d'assister au consistoire de l'officialité, il ne pourroit, pour cette fois, être du nombre des députés à élire par le chapitre.

Il a, qui plus est, messieurs, dans le même instant, & toujours sans vous consulter, choisi, pour l'accompagner, MM. Jeanjean & Meyer, qui s'y sont prêtés, non sans répugnance pour la manière despotique avec laquelle la chose s'étoit traitée ; ce dernier d'ailleurs ayant déjà précédemment donné ses excuses, qui avoient été agréées par le chapitre pour l'en dispenser.

Vous êtes, messieurs, trop pénétrés vous-mêmes du sentiment de l'honneur, pour avoir vu d'un œil indifférent l'atteinte téméraire portée au mien, dans des circonstances où, par ma retenue, je n'avois pas même témoigné que je voulusse accepter celui que vous veniez de me faire, en me nommant de préférence, lorsque le Sr. doyen, sans attendre ma réponse a osé prendre sur lui de me traiter impitoyablement comme le rebut de votre corps, pour n'avoir pas voulu être plus constamment son esclave.

Si cependant il est doux, à un membre injustement humilié, de voir ses confrères partager sa peine, j'ai tout lieu de me féliciter de l'intérêt que la plupart d'entre vous avez bien voulu prendre à la singularité de ma position.

O vous ! ames généreuses ! qui, à la sortie de cette assemblée, flétrie par les outrages de notre chef, êtes venus, sous la sauvegarde de votre vertu, consoler chez lui un ami indignement déshonoré ! Recevez ici l'hommage de ma vive reconnoissance pour cette attention, dont mon ame sensible ne perdra jamais le souvenir.

Votre démarche charitable étoit d'autant plus noble & plus distinguée, qu'elle heurtoit les préjugés reçus dans la classe des esprits vulgaires.

Un citoyen dénoncé publiquement comme *désagréable* au représentant de son roi, est dès-lors reputé, dans l'opinion commune, pour un homme suspect & noté ; un être à fuir, à déférer à la police, pour des faits graves sans doute, ou censés bien prouvés ; n'étant point présumable que ce représentant du prince se soit laissé aller à la prévention, pour accabler de sa disgrace, sans l'entendre, un ecclésiastique en place, & décoré, *pour services rendus*, par brevet de son souverain même ; moins encore que, sans certitude physique de son démérite dûment constaté, le vice-gérent de son diocèse, le chef de son chapitre ait pu vouloir, de sang froid, prostituer ainsi un de ses plus anciens confrères, à la face de tous les capitulaires, des membres du bas chœur, de deux moines, des sacristains, bédeau, valets, &c. &c. qui se trouvoient là présens.

Mais pour vous faire connoître, messieurs, sur quoi étoit fondé le procédé inouï de M. Lantz, je dois vous apprendre qu'après avoir exposé en chapitre mes réflexions sur les révérences déplacées auxquelles M. de Regemorte avoit accoutumé vos yeux, lorsque, de son stalle, il saluoit bonnement les fidèles dans la nef, je m'étois vu dans la nécessité, pour la dignité du corps, d'en instruire S. A. E. Mgr. le cardinal, afin qu'elle y remédiât suivant sa prudence; parce que M. le doyen, au lieu de délibérer avec vous sur les représentations qu'il eût été convenable de faire à cet égard à M. le prévôt, avoit préféré de quitter votre assemblée, en vous annonçant qu'il déclaroit le chapitre fini; suivant la méthode qu'il avoit adoptée & fait valoir, depuis bien du temps, pour vous mettre de toutes manières pleinement dans sa dépendance.

Ma lettre au prince évêque, ayant interrompu le cours de ces complimens, avoit choqué celui qui les avoit imaginés, sans l'aveu de son corps compromis par leur usage indiscret. Elle étoit conçue dans les termes les plus honorables pour les personnes qualifiées, de l'un & de l'autre sexe, auxquelles ces salutations insolites étoient adressées; mais comme il importoit à M. de Regemorte de détourner de lui le ridicule, dont ce raffinement de courtoisie auroit pu le charger, il a fait repandre *sagement* dans le public que, par mes remontrances, j'avois manqué grossièrement à ces mêmes personnes vertueuses & respectables, dont au contraire j'avois fait l'éloge qui, à tant de titres, étoit dû à leur mérite.

Il avoit cru par-là avoir associé à sa rancune un commandant chéri de toute la province & l'avoir indisposé contre moi; sur-tout après m'avoir largement dénigré dans son esprit, en envenimant ses actions, même les plus louables; suivant qu'il en a usé jusqu'ici à l'égard des chefs qui l'avoient précédés, ainsi que de tous ceux de la ville, qui ont bien voulu prêter l'oreille à ses éternelles dilacérations.

Je vous laisse ici, messieurs, copie de cette même lettre pour vous convaincre de la fausseté des inductions que malignement on a voulu en tirer; & MM. les députés pourront vous dire si l'accueil que m'a fait, en leur présence, M. le marquis de ...... lors qu'après les différens corps, je lui ai témoigné à mon tour, comme ancien officier du roi, la part que je prenois, en mon particulier, à la joie générale; si, dis-je, son accueil étoit celui d'un supérieur qui auroit eu devant lui un objet peu agréable à sa vue, ou si sa reponse honnête & obligeante n'étoit pas visiblement l'expression sincère d'un seigneur, qui connoissant le cœur humain, ne croit que ce qu'il voit & sait le cas qu'il doit faire de tous ces vils caquets, avortons méprisables de l'envie ou de la haine.

Enfin, messieurs, très certain que M. de ...... donnera le démenti à tous ceux qui voudroient le mettre en avant pour hasarder de me diffamer sous ses auspices, je ne balance point pour dire que non seulement j'ai été insulté par le Sr. doyen dans les propos qu'il a tenus, pour me priver honteusement de l'effet de vos suffrages; mais que le prétexte même dont il s'est servi est une calomnie atroce.

Sa qualité de vice-gérent, toujours dans sa bouche, à chaque séance capitulaire, loin de le rassurer sur la satisfaction qu'il me doit, ne peut que rendre au contraire sa faute moins excusable & l'offense d'autant plus grave.

L'honneur spécial d'un sujet quelconque est aussi précieux aux yeux du prince & de la loi, que l'est l'honneur spécial d'un des premiers de l'état. Chaque individu n'a que le sien. Et quelle que soit la distance infinie d'un vicaire général *effectif*, recteur *magnifique* d'université, à un chanoine *honoraire* de cathédrale, *simple* aumônier de S. M.; quelle que soit

soit auſſi celle d'un doyen de collégiale, à un capitulaire de la même égliſe, il ne s'enſuit pas que l'un ait droit d'injurier l'autre impunément; moins encore qu'il puiſſe le couvrir d'opprobre en plein chapitre, ſur des fictions ou des délations calomnieuſes.

Un archevêque même, avec un million de rente, ne déshonoreroit pas injuſtement, ſans conſéquence, le moindre acolyte de ſon clergé; cet accolyte fût-il reduit à vivre d'aumône.

Les ſupérieurs *majeurs* doivent à leurs inférieurs *mineurs* l'exemple des vertus, & non du mépris & des inſultes, ſi ces inférieurs ſont à leurs devoirs.

Je ne finirois point, meſſieurs, ſi je voulois me livrer à tous les raiſonnemens que mes moyens & mes griefs contre l'attentat du Sr. doyen viennent offrir en foule à l'appui de ma cauſe.

J'abrège donc pour conclure à ce qu'il vous plaiſe, meſſieurs, enjoindre à M. Lantz, ſous peine d'excluſion, pour un temps, de vos aſſemblées, ſauf celles, où il s'agiroit d'élections ou de nominations aux bénéfices:

1°. Qu'il ait à s'expliquer, avant tout, ſur les qualités, en vertu deſquelles il s'eſt cru en droit de me faire l'affront public dont vous avez été témoins, & de m'enlever ſeul, d'autorité privée, le fruit de votre vœu.

Savoir ſi c'eſt comme vicaire général ou comme vice gérent, ainſi qu'il ſembloit le faire entendre; ou ſi c'eſt comme doyen, qu'il a prétendu me ravaler auſſi ignominieuſement, qu'il l'a fait, afin que je ſache diriger ma marche en conſéquence.

Et ſi M. Lantz refuſoit de s'ouvrir ſur cette alternative, je ſupplie le vénérable chapitre de vouloir l'y aſtreindre pour l'honneur même de la compagnie; parce que ſi c'eût été comme doyen qu'il en eût agi de la ſorte, j'oſe eſpérer que déſapprouvant hautement toute audace contraire aux SS. Canons, vous réprimeriez ſon entrepriſe pour votre propre ſureté.

2°. Qu'il ſoit tenu en quelque qualité qu'il ait agi, de déclarer ſi c'étoit d'après une commiſſion particulière de M. le marquis de ...... ou si c'étoit de son propre mouvement qu'il m'a dénoncé comme incapable de pouvoir porter à ce commandant les félicitations du chapitre.

Car, dans ce premier cas, il est de mon honneur de prier ce chef de la province de vous certifier le contraire de ce qu'on auroit eu la témérité de lui prêter; & dans le second, je vous défère, sans autre préalable & dès ce moment même, le fait du Sr. Lantz, pour que vous daigniez délibérer de suite sur la réparation, que vous jugerez m'en être dûe, suivant votre sagesse; & l'y condamner par un effet de votre équité, autant que de votre amour pour la paix; afin d'éviter que le scandale n'aquière une plus grande publicité.

3°. Qu'il lui soit fait défenses de récidiver sous les peines les plus sévères, & qu'il lui soit enjoint, de même qu'à M. le prévôt, de mettre fin une fois au concert de diffamation qu'ils ont formé contre moi. *Signé*: RUMPLER.

N°. 86.

20 *Février 1784.*

A MONSEIGNEUR,

*Monseigneur l'évêque d'*ARATH*, grand vicaire & official général de l'évêché de Strasbourg, &c.*

Quod nusquam feci, id me fecisse aiunt;
Quod faciunt illi, ultor ego. Sen.

SUPPLIE humblement Louis Rumpler, chanoine de S. Pierre le jeune, disant: qu'il se croiroit indigne de l'estime de votre grandeur, s'il se montroit moins sensible, qu'il ne l'est aux atteintes multipliées, que l'on ne balance de porter audacieusement à son honneur, depuis que le promoteur du diocèse a donné le signal à ces incursions, à ces assauts, par ses réquisitoires violens & injurieux.

Excité par un ancien ennemi, qui, par principes ne frappe jamais que médiatement, ce ministre public, surpris ou séduit, a préparé sa persécution contre le suppliant, par des calomnies clandestines, qu'il a accréditées sans scrupule, croyant faire sa charge.

Ces insinuations sourdes vous ont disposé, monseigneur, à faire violence à la douceur de votre caractère, pour flétrir, sans l'entendre, vers la fin de sa carrière, un prêtre qui, depuis un demi-siècle, s'étoit appliqué de son mieux à remplir dignement ses devoirs, & qui même depuis près de vingt ans, que la Providence l'avoit raproché de son évêque, s'étoit fait une étude particulière de lui plaire, & d'imiter ses vertus.

C'est ainsi que, privé avec éclat de la bienveillance de son pasteur, & dès-lors errant comme une ouaille réprouvée, le suppliant a vu tout à coup fondre sur lui les associés & les commensaux de ce même ennemi *vétéran*, qui ne se cachoit plus pour le diffamer, depuis qu'il avoit osé hasarder de se produire sur la scène, & que pour l'inculper à tort, il y avoit dicté, sous le nom d'un chapitre subjugué & abusivement asservi, sa réponse ambigue & captieuse, sur cet envoi de requête inoui, que lui-même avoit malignement imaginé, combiné & concerté.

Chacun de ces commensaux en particulier s'étoit persuadé qu'on pouvoit impunément accabler d'injures & de mépris une victime dévouée à l'opprobre, à la proscription, par des supérieurs respectables; & les jugemens, dont les cris de cette victime ont été successivement suivis, ne démontroient que trop combien la prévention générale avoit, par ses funestes progrès, affermi le commun des esprits dans cette persuasion.

Si une ligne suffit pour accuser, il faut des volumes pour justifier. C'étoit sans pitié, comme sans sujet que préliminairement on avoit commencé par déchirer en secret le suppliant, sur ces bruits dont la vibration radicale étoit partie du *foyer* de S. Pierre; & plus on s'étoit obstiné à vouloir le déshonorer ainsi gratuitement, plus celui-ci en avoit témoigné de mépris par un noble & généreux silence, jusqu'à cet instant fatal où les formes juridiques étoient intervenues pour préconiser ces détractions ténébreufes. Alors il a bien fallu de toute nécessité opposer le tableau de la vérité à ces essais de calomnies.

On a tenté de le faire, par des écrits pressans & variés ; mais toujours en vain. La censure, dénuée d'autre objet, se rejetoit sur la valeur interprétative des termes que l'oppression arrachoit à l'innocence ; & blâmant, sans les spécifier, ces expressions mêmes, qui devoient l'éclairer, elle donnoit à comprendre que la connoissance du vrai n'étoit pas ce qui au *fond* l'intéressoit le plus.

Enfin, monseigneur, il a résulté de ces vexations, & il en résulte encore tous les jours que, quoique poursuivant sans relâche la réparation des insultes, qui lui sont faites, le suppliant se voit exposé néanmoins à une continuité d'outrages excessifs, que son étrange position semble autoriser, à la honte du cœur humain.

M. Lantz, son doyen, vient, monseigneur, de lui en donner une nouvelle preuve, en interrompant le cours des suffrages du chapitre, qui le nommoit à une députation vers M. le marquis de ...... Usant de l'empire qu'il a usurpé sur son corps, il a pris de lui-même la place du confrère qu'il venoit d'humilier ; il a désigné seul, & d'autorité privée, les chanoines qu'il vouloit s'associer comme prétendus députés ; & il a cherché à couvrir ainsi le suppliant de confusion à la vue de vingt témoins, sous le prétexte odieux que celui-ci étoit *désagréable* à ce commandant de la province.

Le fait est circonstancié avec la plus scrupuleuse exactitude dans les représentations ci-jointes, lues le surlendemain de la scène, dans l'assemblée ordinaire du chapitre, où le Sr. Lantz a persisté indécemment à soutenir *qu'en sa qualité de doyen*, il avoit pu traiter ainsi, avec ignominie, un capitulaire irréprochable, qui, de même que tout le chapitre, tomboit des nues de voir à quoi l'état de chanoine exposoit, même les plus pacifiques, sous un pareil décanat.

Ce trop terrible chef auroit cependant voulu, malgré sa singulière prétention, trouver quelqu'excuse à un procédé, pris, ce semble, dans les mœurs des puissances si formidables vers les côtes de Barbarie, qui encore le désavoueroient peut-être. Ne trouvant rien qui pût en atténuer la grossièreté, il a essayé *finement* d'envelopper sa faute de la forme d'un syllogisme. Il a prétendu prouver, par une *majeure* & par une *mineure*, (c'étoient là ses termes) que le suppliant avoit eu tort de se croire offensé d'une exclusion semblable. Sa *majeure*, disoit-il, lorsqu'il s'étoit opposé à ce que celui-ci fût député à M. le marquis, avoit été : qu'il convenoit d'envoyer à ce commandant un chef qui ne lui fût pas *désagréable*. La *mineure* qu'auroit posée ensuite tout autre qu'un recteur d'université, eût été: *Atqui* vous, qu'on propose pour y être envoyé, lui êtes notoirement *désagréable*; & la conséquence *ergò* vous n'irez pas vers lui; & M. le doyen, qui connoit le vice constitutif de votre incapacité, & qui répond de l'aversion qu'on a pour vous, y ira plutôt lui-même, pour vous en éloigner, par un effet de son autorité décanale; encore qu'il eût prévenu tout le chapitre qu'il ne pourroit, pour cette fois se charger de la visite dont s'agissoit.

Mais ce n'étoit pas ainsi que sonnoit la *mineure* du Sr. Lantz. Or, disoit-il, je veux croire que le suppliant ne soit pas intrinséquement désagréable; il auroit pu toutefois être repoussé par ce chef de la province; &, insulté ainsi publiquement, il auroit compromis le corps entier qu'il eût représenté; donc il convenoit que, comme doyen, je me misse à sa place pour lui sauver cette honte.

Des raisonnemens de ce genre, des complimens de cette espèce, attribués sérieusement, non à des Iroquois, ni même à des Hurons, mais à un dignitaire de chapitre françois, né au centre de l'Alsace, pourroient paroître fabuleux, si le suppliant ne prévenoit que tous les détails, tels qu'ils sont rapportés dans cette requête, ont été lus par lui dans la dernière assemblée du 14 de ce mois de février; afin qu'ainsi constatés de l'aveu de tout le corps, avant d'être présentés à votre grandeur, ils ne soient plus exposés à être contredits par aucun de ses membres, dans le cas d'un renvoi au chapitre pour y être vérifiés, M. le prévôt y présidant, ou y *dictant*.

Et pour mieux faire comprendre à quels titres

M. Lantz prétendoit sauver au suppliant, comme il le disoit, la honte idéale ou l'affront chimérique d'un rebut imaginaire, par l'affront réel d'une exclusion effective & avilissante, il est bon d'observer encore qu'indépendamment de sa qualité de doyen, M. le vice-gérent, loin d'être *désagréable*, croyoit devoir être personnellement d'autant mieux accueilli de M. le marquis, que, depuis plusieurs années, il étoit habituellement à ses ordres pour les fonctions de chapelain ; ce qui, outre le mérite, devoit, à son compte, donner visiblement du relief & de la considération, & à lui & à tout le chapitre, quand même la plus saine partie de ce chapitre pourroit ne le pas voir de bon œil.

Cependant, monseigneur, cet ergotage informe, n'ayant fait que confirmer dans l'esprit des capitulaires l'intention décidée qu'avoit le Sr. doyen d'avilir la personne du suppliant, en la représentant comme propre à attirer une insulte publique à sa compagnie, il a par une *conséquence tirée des prémices*, nécessité de plus en plus la réparation exigée, à si juste titre, du Sr. *Argumentant*.

Aussi le suppliant insistoit-il à ce que M. le doyen sortît avec lui, de l'assemblée, pour laisser, suivant la règle & l'usage, pleine liberté aux vôtans ; mais comme ce dernier lisoit sur les visages une décision qui ne lui eût pas été fort *agréable* ; & comme d'ailleurs il n'avoit point, dans ce moment, M. de Regemorte, son émule, prêt à le remplacer pour décomposer toutes ces physionomies, & se les rendre plus propices par son art oratoire ; il ne voulut, à aucun prix, abandonner son fauteuil ; soutenant tout de bon qu'il ne devoit se retirer que dans le cas où le chapitre l'en chasseroit par acclamation..... pratique trop mal-honnête, pour qu'elle puisse être adoptée à S. Pierre le jeune, où cette voie tumultueuse est si peu connue, que pour les moindres objets ; même pour donner un écu aux pauvres ; chaque capitulant n'y opine qu'à son tour & sur l'interpellation particulière du président de l'assemblée.

Si le Sr. doyen avoit voulu sincérement que le chapitre s'expliquât, il eût sans doute quitté la salle capitulaire, avant qu'on le lui dît; ainsi qu'il l'avoit fait précédemment, dans d'autres occasions, où il avoit su d'avance s'assurer de l'événement. Il connoissoit mieux que personne la méthode usitée. Il est même présumable qu'il auroit refusé par sentiment d'honneur, de présider à une délibération, ou il se fût agi de juger sa propre cause; supposé que le chapitre eût pu l'autoriser à y assister, au mépris des règles & de la décence.

Sans attendre qu'on le lui ordonnât, le suppliant, moins ferme sur son siège, a cru devoir se retirer, en protestant néanmoins qu'il feroit à votre grandeur ses remontrances sur cette interversion de l'ordre, sur cette transgression des règles, sur cette continuité de despotisme de la part de son chef.

Connoissant cependant, monseigneur, la délicatesse de votre grandeur, autant que son attachement pour le coopérateur de ses travaux dans le gouvernement du diocèse, il évitera, si elle le désire, de l'importuner pour la décision du fond de sa demande; sur laquelle ses confrères pourroient peut-être, par déférence, ne pas vouloir délibérer eux-mêmes.

Il implorera la justice de S. A. E. le prince évêque, pour en obtenir par commission un official *ad hoc*, si le chapitre lui refusoit de prononcer contre un supérieur; & si votre grandeur pouvoit répugner à juger dans cette affaire.

Mais afin de mettre au moins son corps dans le cas de pourvoir vôter librement pour prendre un parti quelconque, le suppliant ose, monseigneur, réclamer votre équité, pour qu'il lui soit permis d'asigner à votre consistoire ledit Sr. Lantz, aux fins de s'y voir condamner, avec dépens, à s'abstenir, suivant l'usage généralement pratiqué, conformément aux règles canoniques, de présider désormais aux assemblées, dans lesquelles il s'agiroit d'affaires à lui personnelles; & notamment à la séance où il sera question de statuer sur la réparation par lui dûe au suppliant: & à cet effet, il vous plaira aussi, monseigneur, lui nommer, le cas échéant, un avocat d'office. Et ferez bien.   *Signé*: RUMPLER.

NB. Cette requête a été répondue d'un
    soit communiqué au chapitre.

N°. 87.

Reponse du chapitre du 13 mars 1784.

Le chapitre de S. Pierre le jeune, après avoir pris lecture de la requête présentée par M. Rumpler chanoine, contre M. Lantz le doyen, avec le décret du seigneur Ordinaire de soit communiqué, daté de Marienthal le 11 du mois de mars, a l'honneur de répondre que, sans entrer en détail *ni convenir de l'exposé* de ladite requête, le chapitre voit avec peine les querelles qui divisent le Sr. Rumpler & les chefs du corps; qu'à la vérité M. le doyen avoit dit qu'il ne falloit pas députer à M. le marquis de . . . . . une personne qui lui étoit désagréable & que M. Rumpler lui étoit *désagréable*; mais comme M. le doyen dans le chapitre suivant avoit déclaré qu'il n'avoit pas eu intention d'offenser & de mépriser pour ce propos le Sr. Rumpler; le chapitre a cru que celui-ci devoit se contenter de cette déclaration & ne pas donner de suite à cette plainte; qu'ainsi le chapitre *souhaite* & prie le seigneur Ordinaire de vouloir bien *renvoyer* la partie plaignante & *rétablir par ce moyen la paix* & l'union dans le chapitre.

Il en étoit convenu dans l'assemblée précédente.

N°. 88.

Le chanoine Rumpler, capitulaire de S. Pierre le jeune, sur le rapport qui vient de lui être fait de ce qui s'est passé dans la dernière assemblée du 13 de ce mois, au sujet de la demande en réparation qu'il avoit formée contre M. le doyen Lantz, & qu'il a introduite à l'officialité, pour y faire juger le refus que faisoit ce dernier de se retirer de la séance où l'on délibéreroit là-dessus, croit devoir déclarer au vénérable chapitre que, n'ayant jamais exigé dudit Sr. doyen, pour l'insulte que celui-ci lui avoit faite, d'autres excuses que celles que MM. ses confrères jugeroient eux-mêmes suffisantes pour le laver à leurs yeux du blâme d'une distinction injurieuse, dont il n'avoit pu qu'être très offensé; il se contentoit d'autant plus de celles portées par leur réponse envoyée au seigneur Ordinaire, (si M. le doyen les avouoit par son adhésion) que dans le principe même de sa demande, il avoit annoncé hautement qu'il en feroit pleinement satisfait, dans le cas où ledit Sr. doyen consentiroit à ce qu'elles lui fussent données par écrit ; ce que ledit Sr. avoit refusé pour lors.

Que si au contraire M. Lantz vouloit démentir cette réponse du chapitre, ou disconvenir d'avoir donné au chanoine soussigné la satisfaction portée par ladite réponse; celui-ci protestoit de continuer à poursuivre son action par devant le seigneur official, dont il ne comptoit pas être *renvoyé* déshonoré, (comme on paroissoit le *souhaiter*) sans avoir été entendu contradictoirement dans ses défenses, après qu'il y aura porté ses conclusions pour le fond; encore que ce *moyen* d'un renvoi illégal & prématuré eut paru très efficace aux rédacteurs d'arrêtés, pour ramener la paix & l'union dans le corps.

S'il ne s'agissoit que de renvoyer les plaignans pour assurer la concorde, nos législateurs auroient bien en vain perdu leurs veilles & leur temps à établir des formes pour proscrire l'injustice & protéger l'innocence.

Ce *moyen* merveilleux, s'il existoit dans la nature, mériteroit d'autant plus d'être généralement connu, & recommandé aux juges, par degrés, d'un tribunal à l'autre, que ce seroit infailliblement la voie la plus courte & la plus facile pour amener enfin le genre humain au bien si précieux de cette paix stable & universelle, le rêve, ainsi que le *souhait* le plus ardent du bon *Abbé de St. Pierre*.

Plaise en conséquence au vénérable chapitre, joindre les présentes déclarations & protestations au depôt de ses actes. Strasbourg ce 15 mars 1784.

Signé : RUMPLER.

A LA requête de M. Rumpler, chanoine de S. Pierre le jeune, qui élit domicile où il demeure.

Soient les présentes signifiées à M. Jeanjean, chanoine écolâtre de ladite église, pour les communiquer à la compagnie aux fins y mentionnées ; ledit Sr. écolâtre ayant refusé de recevoir pour signifiée la copie que le requérant lui en avoit présentée. Protestant, &c. dont acte. *Signé :* RUMPLER.

Signifié, &c. *Signé :* TISSERANT.

Envoyée le
21 mars 1784

N°. 89.

A MONSEIGNEUR,

Monseigneur l'évêque d'Arath, &c.

Supplie humblement Louis Rumpler, chanoine de S. Pierre le jeune difant : que, fur le compte qui a été rendu, au chapitre dernier du 20 de ce mois de mars, de la délibération du précédent tenu le 13 dudit mois, dont le réfultat a été envoyé à votre grandeur, il avoit été fait lecture par M. l'écolâtre de l'arrêté ci-joint à lui fignifié de la part du fuppliant aux fins de déclarer à MM. les capitulaires qu'il fe contentoit d'autant plus, conformément à leur vœu, des excufes prétendues à lui faites par la déclaration attribuée à M. le doyen, qu'il n'en avoit jamais exigées d'autres que celles qu'ils jugeroient eux-mêmes convenables.

Mais comme il manquoit une petite formalité à la décifion du vénérable chapitre pour être pondérative & fatisfaifante, qui étoit qu'elle fut reconnue vraie par la partie intéreffée à la contredire ; ledit vénérable chapitre n'ayant pas plus qualité pour faire parler M. le doyen fans lui, ès chofes à lui perfonnelles, que celui-ci n'en auroit d'obliger la compagnie à payer des dettes qu'il auroit contractées, fous le nom du corps, par fa fignature privée ; le fuppliant a demandé acte au chapitre de l'aveu ou du défaveu dudit Sr. doyen de ladite réponfe des capitulaires confignée dans leurs regiftres & envoyée à votre grandeur.

Cependant, monfeigneur, il fembloit que M. Lantz appréhendât de compromettre fa dignité s'il faifoit de bonne foi un acte d'équité à l'égard d'un de fes plus anciens confrères qu'il avoit très grièvement injurié, ou s'il avouoit explicitement n'avoir voulu ni l'offenfer, ni le méprifer, dans le temps qu'il étoit préfumable qu'il avoit eu intention directe de faire l'un & l'autre.

Il a jugé qu'il étoit au-deffous de l'état d'un vice-gérent de réparer, même foiblement, le tort qu'il auroit fait à l'honneur d'un *fubalterne*, qui avoit ofé quelquefois le rappeler à fes devoirs ; &, au mépris du témoignage unanime de tout un corps, il a, (fuivant les principes qu'il avoit adoptés à l'égard dudit fuppliant dans d'autres difcuffions précédentes) cru devoir préférer de donner un démenti formel à ce même corps, plutôt que de paroître avoir fait un feul pas en arrière, pour remplir un devoir de juftice & de chriftianifme.

Il a en un mot refufé de convenir fans détours, qu'il eût déclaré en chapitre n'avoir pas eu deffein d'offenfer, ni de méprifer le fuppliant par le propos qu'il avoit tenu, en préfence de vingt perfonnes fcandalifées de fon indécence.

Ce confidéré, monfeigneur, vu que le dire d'un tiers ne peut effectivement ni imputer valablement des faits, ni prêter à jufte titre des intentions à quiconque difconviendroit & des uns & des autres; & attendu que le fuppliant fe trouveroit, par le défaveu du Sr. Lantz, n'en avoir pas obtenu la fatisfaction que fes confrères avoient jugée néceffaire à la réparation de fon honneur; celle-ci étant abfolument dépendante de la déclaration prétendue donnée, qu'ils ont fait valoir dans leur réponfe, comme devant fuffire audit fuppliant pour le rétablir dans leur efprit & dans celui du public, & pour le laver de l'infulte odieufe qui lui avoit été faite:

Il plaira à votre grandeur permettre audit fuppliant de faire affigner au vénérable confiftoire ledit Sr. Lantz pour fe voir condamner avec dépens, à dire s'il convient ou s'il difconvient de la fidélité de l'expofé contenu dans la réponfe du chapitre du 13 du préfent mois, pour en cas d'aveu lui en être donné acte; & en cas de défaveu par lui, prendre par ledit fuppliant telles autres conclufions qu'il appartiendroit. Plaife auffi à monfeigneur, nommer à la défenfe des droits de ce dernier un avocat d'office. Et ferez bien. *Signé:* RUMPLER.

N°. 90.

COPIE d'une lettre a M. le marquis de.....
du 16 mars 1784.

Monsieur le marquis,

Comme vous n'avez aucune connoissance du fond de mon démêlé avec les chefs de mon corps, je prends la liberté de vous envoyer la confultation ci-jointe, qui vous en donnera une teinture suffisante, pour vous faire comprendre combien il m'importoit de faisir les occasions propres à faire remarquer les abus & les indécences, dont le régime de mon église se trouvoit vicié, par l'ignorance ou par la négligence de ceux qui la gouvernoient; & qui, pour éluder la célébration des chapitres généraux & pour me faire punir, avoient exposé à l'évêque & au conseil que la plus exacte discipline s'y observoit ainsi que la règle; quoiqu'on n'y connût pas l'une, & que personne n'eût jamais vue l'autre.

Si donc j'ai cru, monsieur, devoir instruire S. A. S. & E. Mgr. le cardinal de la nouvelle étiquette que M. le prévôt de Regemorte y introduisoit, sans le concours & sans l'aveu du chapitre, je n'ai fait que remplir le devoir d'un capitulaire, ami de l'ordre, zèlé pour la majesté du culte public, pénétré de la dignité de son ministère; & qui d'ailleurs, dans la position où il se trouvoit, avoit des raisons particulières pour relever ce qu'il observoit de contraire aux règles généralement d'usage.

Je présume que personne ne révoque en doute que les complimens de M. le prévôt ne fussent déplacés dans le lieu & dans les circonstances où il les faisoit. Si la question pouvoit paroître problématique; si même vous pouviez, monsieur, vouloir prétendre ces distinctions insolites, comme dûes à votre place, je produirois les preuves les plus complètes pour démontrer la justesse de mon opinion, conforme au surplus à celle de la plus saine partie de mes confrères.

Or la chose prouvée par des autorités & par des raisons irréfragables, voudriez-vous croire, monsieur le marquis, que, par ma démarche, j'eusse pensé un instant à vous offenser personnellement ? Ah ! vous êtes trop éclairé ; vous savez trop rendre justice aux vrais sentimens d'un cœur droit, pour n'avoir pas distingué les miens, & pour n'avoir pas reconnu en moi, dans plus d'une occasion la haute vénération que j'avois & pour vous & pour tous ceux qui appartiennent à votre illustre maison.

Cependant, monsieur, j'ai vu avec douleur qu'abusant de votre bonté, on visoit malignement à vous rendre partie dans mon affaire actuelle avec mon doyen ; que, pressé sans doute par les importunités de mes persécuteurs & de leurs fauteurs, vous aviez cru pouvoir écrire à M. d'E.... une lettre ostensible, qui paroissoit démentir la franchise de vos procédés publics à mon égard ; & qui en insinuant que ces démonstrations n'avoient pas été sincères, annonçoit que véritablement vous auriez pu prendre contre moi de l'humeur, de ce que j'aurois critiqué la conduite du prévôt de mon chapitre.

Il est palpable qu'on ne cherche qu'à vous faire donner dans un piége, en se prévalant de votre nom & de votre prétendue connivence à une réprobation injurieuse ; afin de sauver, s'il étoit possible, à un grand vicaire la contrainte *désagréable* de la réparer comme il le doit. C'est dans cette vue que son collègue au vicariat a cédé aux importunités de mes chefs, pour vous faire prendre intérêt dans le fond de la contestation sur ce cérémonial singulier, pratiqué par M. le prévôt de son autorité privée. On feint de n'être pas convaincu de l'indécence de ce fait ; on affecte d'inculper à vos yeux un censeur, qu'on suppose ou passionné ou indiscret ; on fait en même temps de vains efforts, pour imposer silence au cri de la vérité & de la persuasion intime ; mais votre sagesse, monsieur, s'opposera à la séduction, quand vous vous serez apperçu que celle-ci n'est qu'insidieuse. Vous m'avez fait l'honneur de me marquer dans une de vos lettres que : *„ vous pouviez quelquefois vous laisser aller „ à la prévention ; mais que vous en reveniez lorsque „ la vérité vous éclairoit...* Consultez-la cette vérité fainte, avant de compromettre la dignité de votre rang ; & voyez si par une complaisance, qui auroit des suites funestes pour l'honneur d'un prètre sans reproche, vous ne répugneriez point à vous rendre personnellement son adversaire, en confessant que, dans le poste éminent, que S. M. vous avoit confié pour protéger la justice & la vertu, vous auriez voulu, (pour venger un petit ressentiment particulier,) faire, ainsi qu'on vous l'imputoit, un outrage public à un chanoine véxé, qui remplit ses devoirs & qui, n'ayant jamais eu pour vous que des sentimens pleins de respect, se seroit présenté, au nom de sa compagnie, pour vous en faire un double hommage.

Si vous pouviez, monsieur le marquis, vouloir applaudir au fait de mon doyen, (qui, pour l'excuser a prétendu que vous eussiez été capable de me faire un pareil accueil ;) vous sembleriez dès-lors avoir concerté avec lui l'affront sanglant qui en a résulté pour moi en plein chapitre. Ce qui n'est pas plus présumable de la part du chef suprème d'une province au nom d'un roi très chrétien, père de son peuple ; qu'il ne l'est qu'un seigneur plein de religion, d'équité, de charité, veuille au mépris de toutes ces vertus, enfreindre les loix les plus sacrées, pour opprimer sourdement l'innocence outragée.

Je soutiens avec assurance, monsieur, que quand même vous auriez expressément chargé mon supérieur de me faire une insulte aussi odieuse que l'étoit celle de l'exclusion avilissante dont je me plains ; il n'auroit pu, sans se rendre coupable envers moi, exécuter des ordres qui, loin de légitimer son entreprise, n'eussent fait que m'ouvrir une double action pour obtenir le rétablissement de ce que tout homme honnête a de plus précieux dans la vie.

Pour avilir & déshonorer, à la face de son corps

& à celle du public, un ministre des autels, en punition de son zèle pour l'ordre & pour la décence dans son église, il faut d'autres formes que celles d'une délation clandestine fondée sur une rancune pitoyable, dont on n'oseroit ni avouer le principe, ni soutenir les injustes motifs; comme le font les chefs de S. Pierre.

J'ose donc espérer, monsieur, que vous voudrez bien me continuer la bienveillance dont il vous a plu m'honorer dans le long entretien que nous avons eu ensemble en dernier lieu; & que vous dédaignerez prudemment de prendre part à nos querelles de rubriques & de cérémonies d'église; plus encore de figurer dans nos débats sur la réparation qui m'est due.

Oserois-je vous supplier de me renvoyer, s'il vous plait, la consultation, dès que vous l'aurez lue? parce que je ne la publierai en Alsace, qu'après que j'en aurai présenté des exemplaires à mes juges de Colmar. Je suis avec tout le respect possible, &c. *Signé*: RUMPLER.

P. S. Je vous dois aussi mes justes remercimens, monsieur le marquis, pour la lettre de madame la marquise de B...... votre tante, que vous avez eu la bonté de m'envoyer la semaine passée. C'étoit un second reproche d'amitié que sa sensibilité l'avoit portée à me faire de ce que je la laissois si longtemps sans lui donner de mes nouvelles; mais ma réponse à sa première étoit partie déjà et aura croisé cette dernière.

N°. 91.

A M. RUMPLER, CHANOINE, &c. A STRASBOURG.

A Carlsruhe le 12 juillet 1784.

Monsieur,

J'AI reçu la lettre dont vous m'avez bien voulu honorer. Il m'est tout à fait impossible de remplir les arrangemens que j'ai contractés avec vous. J'ai non seulement des défenses d'imprimer vos mémoires , malgré la censure qui y est jointe ; mais j'ai reçu ordre d'un de nos ministres de S. A. S. Mgr. le margrave, au lieu de l'impression, d'être obligé d'extrader le manuscrit, si vous ne faites lever ces défenses par M. votre prévôt.

J'espère que vous voudrez bien me dédommager pour la quantité considérable de grand papier que j'ai acheté, & dont je ne peux me servir pour le courant de mes affaires. J'ai l'honneur d'être d'un respect profond, monsieur, &c.

Signé : MÜLLER l'aîné.

N°. 92.

EXTRAITS de diverses lettres de Mgr. l'évêque D'ARATH à M. le chanoine Rumpler, prises à différentes époques.

Strasbourg du 5 novembre 1761.

Monsieur,

QUOIQUE votre lettre que, &c. . . . .
Soyez au reste, monsieur, très tranquille sur les soupçons de rapports faits contre vous ; je n'en ai entendu que du bien. La phrase de ma dernière lettre qui vous les a fait naître, étoit un simple conseil d'ami, & rien autre chose. S'il se passoit quelque chose de plus que des propos perdus, ou des scènes comiques, & qui vous parût porter atteinte à votre administration ou à mon autorité, ayez la bonté de m'en instruire, & soyez sûr d'être soutenu. Vous savez que rien n'est plus à craindre que le *poltron révolté* ; & en vérité je ferois feu de toutes flèches. Je m'abstiens encore de parler à M. de Lucé du ridicule que s'est donné, &c.

Signé : † L'ÉVÊQUE D'ARATH.

Strasbourg le 13 mars 1770.

Monsieur,

LA confiance que vous m'avez toujours marquée & l'intérêt sincère que vous m'avez inspiré pour tout ce qui vous touche, me mettent la plume à la main.

Il est question de terminer la difficulté qui subsiste entre votre chapitre & vous. M. Laquiante votre beau-frère, dans les lumières & les sentimens duquel vous devez avoir la plus grande & la plus juste confiance, vient de me communiquer un projet qui concilie, &c.

Comme je connois toute votre religion, je ne m'étendrai point sur les motifs étrangers qui pourroient néanmoins déterminer votre consentement, tels sur-tout, &c.

J'ai confiance, monsieur, que vous reconnoîtrez dans le conseil, que je prends la liberté de vous donner, la pureté de l'intention qui le légitime, & qu'elle ne vous fera voir qu'un *ami sincère*, qui veut vous donner une preuve de véritable attachement, &c.

Signé : † L'ÉVÊQUE D'ARATH.

Saverne le 7 juillet 1771.

Monsieur,

La confiance dans les témoignages *d'amitié* que vous m'avez donnés *constamment*, m'inspire de vous adresser une recommandation particulière en faveur de l'abbé Pallas, pour la cure de S. Pierre le jeune. Je vous demande avec instances votre suffrage pour ce digne ecclésiastique, dont la capacité & la piété reconnues sont si propres à rassurer une conscience aussi timorée que la vôtre. Un tel choix autorise mes sollicitations, & vos bontés m'en font espérer le succès. Je les réclame dans cette occasion avec la plus vive instance ; je tiendrai le service fait à moi-même ; & ma reconnoissance, occupée d'un retour bien sincère, se joindra à tous les sentimens de l'attachement & de la vénération parfaite avec laquelle j'ai l'honneur, &c.

Signé : † L'ÉVÊQUE D'ARATH.

Moutzig le 30 juillet 1771.

Monsieur,

Rien de plus aimable que votre invitation ; je meurs d'envie d'y faire honneur ; mais environné de chaînes, je ne puis aisément les rompre. Si j'acquiers un moment de liberté, vous me verrez courir avec empreſſement à cette Rupertzau champêtre pour y jouir de vous & de l'aimable compagnie que vous m'y annoncez. Je ſais, mon cher chanoine, tout ce que je vous dois dans la dernière promotion curiale ; *& manebit altâ mente repoſtum*....... &c.

Signé : † L'ÉVÊQUE D'ARATH.

Strasbourg le 1 juin 1774.

Monſieur,

NE trouvez pas mauvais que je ne me charge point de remettre l'incluſe à Mgr. le cardinal. Premièrement parce que S. A. Em. ne m'a point parlé de votre demande pour M. votre frère. Secondement parce que j'ai été moi-même dans la néceſſité & le devoir de lui faire la même demande pour d'autres ſujets. Ma vérité & ma franchiſe doivent exclure dans votre eſprit tout ſoupçon & dépoſer en faveur de mes ſentimens d'attachement pour vous, &c.

Signé : † L'ÉVÊQUE D'ARATH.

Saverne le 25 novembre 1775.

Monſieur,

JE loue votre charité ; mais permettez-moi de vous demander un peu de diſcrétion. Vous devez ſentir où en iroit la choſe, ſi on étoit facile à accorder de ces permiſſions particulières de quêter. Je veux croire que de bonnes raiſons militent pour votre protégé, & vous trouverez, au certificat ci-joint de M. le curé, le peu de lignes qui font l'objet de votre demande ; cependant je ne vous diſſimulerai point que, pour des motifs qui méritent conſidération, il m'en a coûté pour y accéder, &c.

Signé : † L'ÉVÊQUE D'ARATH.

NB. La permiſſion que j'avois demandée n'étoit que pour être montrée au chapitre, qui, à ma prière, avoit voulu faire une charité à un pauvre vieillard, porteur de chaiſes. Des jambes de 90 ans ne vouloient plus ſe prêter à l'exercice de ſon métier de cheval. Il ne pouvoit plus, pour gagner ſa miſérable vie, ſe charger, comme il l'avoit fait depuis le règne de Louis XIV, du transport délicat de toutes les petites maîtresses fringantes et de leurs jeunes courtisans, ses anciennes pratiques. Cependant M. le doyen seul s'étoit opposé à cette aumône, sous prétexte que le malheureux invalide, quoique muni d'un certificat du curé, devoit pour pouvoir l'obtenir, être autorisé par le seigneur Ordinaire. On a vu qu'en toute occasion, lorsque M. le vice-gérent avoit parlé, il ne restoit plus aux chanoines qu'à se taire et à le laisser faire suivant qu'il l'entendoit. C'est ce qui m'a mis dans le cas d'importuner monseigneur d'une pareille misère; non tant pour faire triompher le vœu du chapitre, que pour donner à mon doyen une preuve de ma déférence à ses volontés : et la charité se fit.

J'aurois pu rapporter ici diverses autres lettres des plus flatteuses que j'ai reçues de mon évêque, à Lièvre, à Haguenau, à Versailles, à Strasbourg ; mais il seroit superflu d'en charger inutilement ce volume.

N°. 93.
À M. RUMPLER, CHANOINE, &c.
Paris ce 23 avril 1771.

CE n'est plus à moi, monsieur, à connoître de l'indult que vous avez obtenu de sa sainteté, & comme son effet n'intéresse que votre chapitre, c'est auprès de lui que vous devez en faire usage ; cependant je n'en reconnois pas moins l'attention que vous avez eue de m'en faire part; & je vous prie d'être aussi persuadé du gré que je vous en sais que de la vérité avec laquelle je vous suis attaché. Soyez persuadé, monsieur, qu'on ne peut vous honorer plus parfaitement que je fais.

Signé : **LE CARDINAL DE ROHAN.**

N°. 94.
EXTRAITS de deux lettres à M. Rumpler, aumônier du ROI, à la cour.

Monsieur & très cher confrère,

Nous avons lu dans le chapitre d'aujourd'hui la lettre dont vous nous avez honorés. Nos messieurs m'ont chargé de vous témoigner combien ils sont sensibles aux vœux & aux sentimens qui y sont exposés ; ils vous assurent d'une parfaite réciprocité de leur part, & nous sommes bien charmés d'avance que vous veniez augmenter notre petit nombre pour chanter les louanges du Seigneur ; mais ils ont pourtant ajouté que leur plaisir de vous revoir chez nous seroit encore bien plus grand si vous renonciez entiérement à la qualité d'aumônier ordinaire, &c.

Quant à moi en mon particulier, monsieur, je suis bien flatté de la confiance que vous me témoignez ; j'espère que vous ne vous en repentirez pas & qu'au contraire plus que nous nous connoîtrons, que nous nous aimerons & estimerons toujours davantage, &c.

Signé : LANTZ, doyen de S. Pierre le jeune.

Strasbourg ce 2 janvier 1768.

P. S.

M. F.... agit bien mal ; il fait comme un homme qui renonce pour le reste de ses jours à Strasbourg.

Monsieur & très cher confrère,

JE sens que la lettre dont vous venez de m'honorer est une lettre de pure amitié ; c'est pourquoi elle me fait un plaisir infini. J'ai communiqué à nos messieurs ce qui regarde le retard de votre arrivée ; ils sentent tout comme moi la justice du motif qui vous retient à Versailles, ainsi quelqu'empressement que nous ayons de vous revoir, nous voyons bien qu'il n'y a pas de votre faute, si vous arrivez plus tard que nous ne le désirerions, &c. *Signé* : LANTZ.

Strasbourg ce 23 janvier 1768.

N°. 95.

A M. RUMPLER, aumônier du Roi, chanoine, &c.

Fontainebleau 5 novembre 1771.

J'AI reçu, monsieur, la lettre que vous vous êtes donné la peine de m'écrire, & je suis fort étonné de la difficulté que votre chapitre fait à M. l'abbé F... Elle n'a pas le moindre fondement, puisque pendant le quartier dernier il étoit véritablement de service auprès de madame, & de madame Elifabeth, fœurs de M. le dauphin ; & qu'il a fallu qu'il fe foit fait remplacer pour aller au mois de feptembre prendre des bains néceffaires pour fa fanté. La retenue que *quelques-uns* de vos meffieurs veulent lui faire, eft donc contre tout principe. Vous pouvez leur communiquer cette lettre, & je me flatte qu'elle les fera changer d'avis. Ne doutez pas de tous les fentimens avec lefquels je fuis, monfieur, votre très-humble & très-obéiffant ferviteur,

Signé : † L'ARCHEVÊQUE DUC DE RHEIMS.

N°. 96.

À M. LE CHANOINE RUMPLER À STRASBOURG.

J'AI reçu votre lettre & vos préfens, monfieur l'abbé ; je fuis honteufe d'être encore à vous en faire mes remercîmens. Mes affaires, ma fituation & le dérangement extrême de ma fanté m'ont empêchée de vous répondre auffi-tôt que je l'aurois voulu. Jolivet qui a prefque toujours été abfent pour mes affaires n'a pas pu non-plus vous écrire. Madame la dauphine a été enchantée de tous les préfens des dames de S. Etienne : j'en ai encore parlé à cette princeffe depuis notre retour, & elle s'eft rappelée avec reconnoiffance les magnificences de ces dames. Je vous prie, cher abbé, de ne pas le leur laiffer ignorer, ainfi que la fenfibilité de M. le comte & de madame la comteffe de Noailles, qui ont été l'un & l'autre très touchés de tout ce que ces dames leur ont donné. M. l'abbé Faure eft à Compiègne ; le faint père Placide eft refté à Verfailles. J'y fuis auffi ; ma fituation ne me permettant pas d'être à la cour. Si vous perfiftez dans votre voyage de Rome, mandez-moi le temps auquel vous partirez ; je veux vous envoyer une lettre de recommandation pour M. le cardinal de Bernis. Le faint père Placide dit, d'après l'imitation de Jefus-Chrift, que rarement font fanctifiés ceux qui fi fouvent pélerinent. Je vous remercie d'avance de la meffe que vous avez la bonté de me promettre fur les tombeaux des faints apôtres.

Chargez-vous, je vous supplie, de cent mille remercîmens, complimens & assurances d'amitiés pour ces dames, sur-tout pour madame de Rumpler. Vous ne sauriez trop leur dire combien je suis ravie d'avoir fait connoissance avec elles. Je me recommande à leurs prières & aux vôtres. Je les mérite par tous les sentimens avec lesquels personne n'est plus parfaitement que moi, monsieur l'abbé, votre très humble & très obéissante servante,

Signée : NOAILLES DUCHESSE DE VILLARS.
Versailles le 12 août 1770.

À M. LE CHANOINE RUMPLER.

JE vous remercie, monsieur l'abbé, de l'image que vous avez eu la bonté de m'envoyer : elle est charmante. Voilà la lettre que je vous avois promise pour M. le cardinal de Bernis. Je suis ravie de trouver cette occasion de vous être utile. J'espère qu'elle aura le succès que je souhaite. Chargez-vous de cent mille choses pour madame de Rumpler & pour toutes ces dames de la Visitation : je les aime beaucoup & je ne les oublierai jamais ; faites-leur, je vous prie, tous mes remercîmens de la commission qu'elles veulent bien faire pour moi ; elle me portera sûrement bonheur. Le saint père en Dieu est bien sensible aux marques de votre souvenir ; il vous fait mille complimens & vous souhaite, ainsi que moi, un heureux voyage. Il se recommande non seulement à vos prières, mais à celles de madame votre sœur & de toutes ces dames pour lesquelles il a la plus haute vénération. Soyez persuadé, mon cher abbé, de tous les sentimens, &c. &c.

Signé : NOAILLES DUCHESSE DE VILLARS.
Versailles le 2 septembre 1770.

À M. RUMPLER, CHANOINE, &c.

A Rome ce 24 avril 1771.

JE suis très reconnoissant, monsieur, du souvenir & de l'attention que vous m'avez témoigné par votre lettre du 1 de ce mois, & par l'envoi des fleurs qui y étoient jointes. Je ferai toujours le plus grand cas de la recommandation de madame la duchesse de Villars; j'ai été aussi, & je serai toujours très aise d'avoir des occasions de vous prouver, monsieur, que j'ai pour vous la considération que vous méritez personnellement, &c.

Signé : LE CARDINAL DE BERNIS.

N°. 97.
À M. RUMPLER, CHANOINE, &c.

A Versailles le 20 juin 1777.

J'ai reçu, monsieur, la lettre que vous m'avez écrite le 8 de ce mois en faveur du nommé B.... du lieu d'I...... juridiction de S....... je suis très touché, comme vous, du sort de son malheureux père; mais les circonstances du délit pour lequel il est condamné ne me permettent pas d'implorer la clémence du roi. Il résulte des éclaircissemens qui m'ont été donnés que ce délit porte des caractères, &c. &c. *Signé :* MIROMENIL.

N°. 98.
À M. RUMPLER, CHANOINE, &c. À MANHEIM.

Monsieur & cher confrère,

Nous sommes charmés d'apprendre par votre lettre d'avant-hier que notre affaire prend un bon train. Vous nous demandez nos ordres pour savoir si vous devez rester à Manheim, ou poursuivre votre voyage de Paris. Vous vous rappellerez, monsieur, que vous vous êtes offert de vous charger de cette commission *sans prétendre aucune dépense de la part du chapitre pour vos voyages,* ainsi nous ne vous donnerons aucun ordre à ce sujet & nous vous laissons entièrement libre de continuer votre voyage de Paris. Vous pourriez prier un de vos amis de nous donner avis, si la cour se déterminoit à quelque parti; & si l'affaire réussit, vous pouvez compter sur les sentimens de reconnoissance du chapitre, &c.

Ni ma lettre ni ma pensée n'avoient visé au moindre remboursement; mais il paroît qu'on en a eu la peur.

Signé : LES PRÉVOT, DOYEN, CHANOINES ET CHAPITRE DE S. PIERRE LE JEUNE : JEANJEAN, chanoine écolâtre.

Strasbourg ce 11 mars 1773.

A M. RUMPLER, CHANOINE &c. A PARIS.
Strasbourg ce 28 janvier 1776.

Monsieur & très cher confrère ,

LE chapitre me charge de vous répondre à la lettre que vous nous avez écrite le 17 du courant & que M. le doyen nous a lue. Votre réponse au caissier de Neubourg a été adoptée & envoyée à son adresse.... Pour ce qui concerne le, &c..... *On ne veut absolument point de service simultané*, &c.

Signé : JEANJEAN, chanoine écolâtre, par commission du chapitre.

N°. 99.

LETTRE DE MADAME LA BARONNE DE FERRETTE, née baronne de Venningen, à M. le chanoine Rumpler.

Carspach le 1 septembre 1783.

JE suis enchantée, monsieur, que vous me fournissiez l'occasion de vous obliger & je la saisis avec empressement. Vous trouverez ci-jointes les deux lettres que vous désirez ; l'une à l'électeur, l'autre à ma cousine de Gudenhofen. Il seroit bon que cette dernière présentât la lettre, que j'écris en votre faveur, elle-même à l'électeur ; je l'en prie. Muni de cette recommandation, je crois que celle à M. de Heimes est inutile. Et puis, je ne le connois pas du tout. Vous aurez la bonté de détailler votre affaire à ma cousine ; car n'en ayant aucune idée, je n'ai pu la mettre qu'au fait du grand cas que je fais de vous.

Je désire fort, monsieur, la réussite de votre affaire. Je crois que l'électeur est à sa campagne d'Aschaffenbourg : la date des lettres me l'annonce : madame de Gudenhofen s'y trouve.

C'est à moi, monsieur, à me souvenir des beaux desseins dont vous avez bien voulu vous priver pour moi à Manheim, &c.

Signé : VENNINGEN DE FERRETTE.

NB. Ces deux lettres ont été envoyées dans le temps à M. le baron de G... j'ignore si elles sont parvenues à leurs adresses.

N°. 100.

N°. 100.

CARTE DE VISITE DU JOUR DE L'AN 1784.

EXPLICATION DE LA CARTE.

Les flambeaux de l'honneur & de la réputation, éteints au bruit de la *creſſelle*, y ſont ſuſpendus au haut d'un drap mortuaire relevé en feſtons, où les *fiochi* ſont figurés par des férules & par des verges actives & paſſives.

Cette draperie en forme de rideau garnit les angles & les deux côtés, de ſes plis, auxquels ſont attachés, à droite l'acte de la négociation faite pour rétablir la paix, par l'extinction de deux procès ; & à gauche la grace obtenue pour la liberté d'un priſonnier : opérations qui ont coûté au négociateur les vingt mille livres tout au moins, marquées ſur les lettres de grace, & ſorties de ſa poche pour n'y plus rentrer.

Ces deux pièces ſont repréſentées déchirées, ainſi qu'elles l'ont été par la ſentence de l'official, à la réquiſition de ſon promoteur docteur, &c., qui les lui avoit déférées comme ſouillées d'un *négoce* contraire aux SS. Canons.

P

Une oreille lacérée de la première retombe fur le mot *négociation*, pour n'en laiffer appercevoir que le NÉGOC eftropié, auquel le vengeur des Canons n'avoit plus qu'un E muet à ajouter pour obtenir le mot qu'il cherchoit.

A terre fe voyent les trophées de la flétriffure : un pot de fleurs fannées renverfé ; le fauteuil du chapitre culbuté ; le bonnet quarré jeté au loin ; les provifions d'aumônier étendues dans un coin ; les armoiries & la décoration de Warfovie giffants *defpectés* au milieu de tout ce bouleverfement.

On lit dans l'écuffon ces deux paroles devenues célèbres : SOUVERAIN MÉPRIS, prononcées vingt fois dans deux fecondes, par un autre docteur de la même églife *latine*, à la fuite d'un oracle qu'il avoit rendu dans fa fainte fureur, portant qu'*il n'appartenoit qu'à l'évêque & non à l'archevêque de rétablir fur fon fiège un chanoine débufqué*.

Ces deux mots : SOUV. MÉP. ont été adoptés depuis, pour fa devife, par le capitulaire outragé.

Funefte creffelle aux faux bruits !.... quel fracas tu as caufé là !

NB. Ces cartes ont été diftribuées, aux vifites du jour de l'an, en guife de précis des procès de Mayence, dont les neuf dixièmes de la fociété ne connoiffoient pas le fujet ; ou n'en favoit que le faux par les bruits ; comme ça va dans ce bas monde depuis Noé, et peut-être depuis Adam ; et comme ça ira, fuivant toutes apparences jufqu'à *l'antechrift* inclufivement.

Elles font fignées, R... chan. ARCHI-*capitulaire*, non feulement parce qu'il n'avoit jamais opiné que pour le plus grand bien de fon corps ; mais parce qu'exclus du chapitre par le feigneur évêque, il y avoit été reftitué par le feigneur ARCHévêque.

N.º 101.

FONDATION
D'UNE MAISON D'ORPHELINES, ET D'UNE ÉCOLE FRANÇOISE.

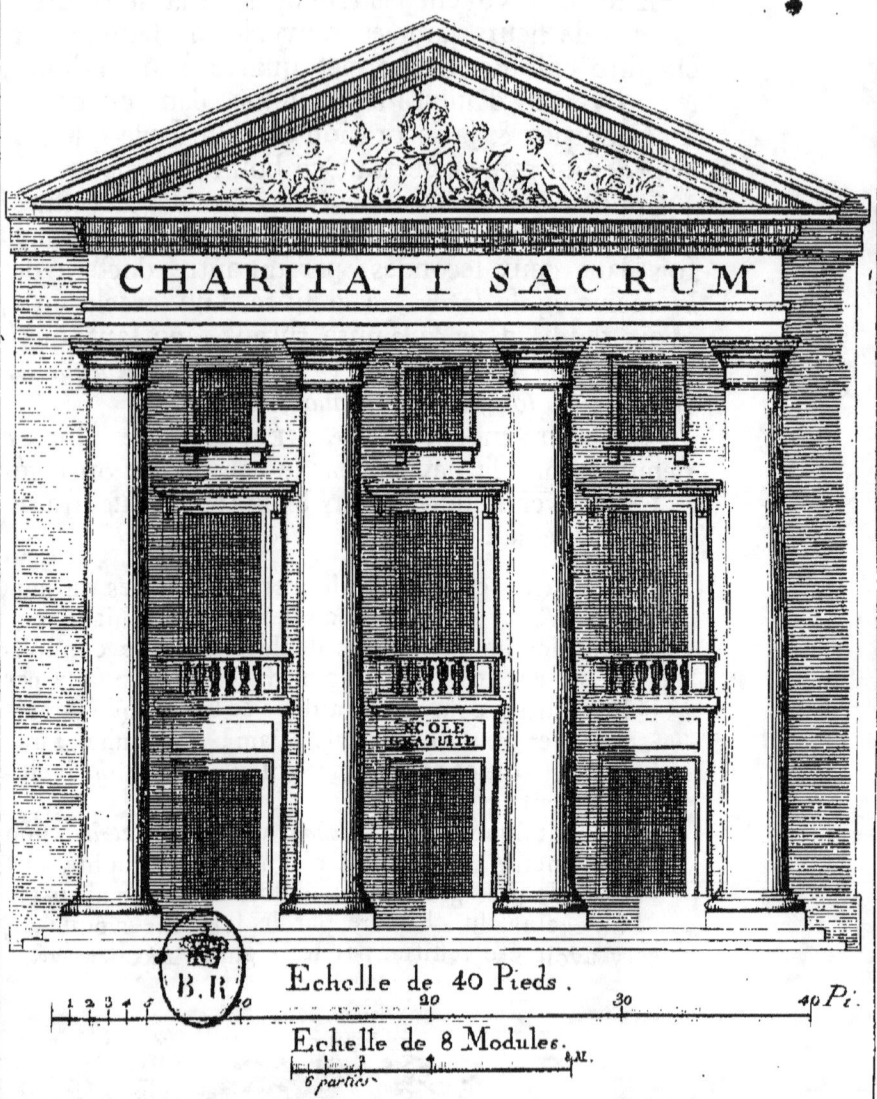

CHARITATI SACRUM

Echelle de 40 Pieds.

Echelle de 8 Modules.

Faite à Ober-Ehnheim par un testateur agé de 40 ans, qui, mieux avisé à l'age de 53, s'est nommé lui-même son exécuteur testamentaire.

Rumpler Can. comp.   Vaulrin de S.ᵗ Urbain del.   Durig Sculp.

TABLE DES MATIÈRES.

LIVRE PREMIER.

CONSIDÉRATIONS ou réflexions générales. *page* 3
Division. 8
Naissance 8
Généalogie 9
Caractère 14
Enfance 15
Ruses de régens 16
Adolescence. 18
Beau sexe affiché. 19
Animal-bête. 20
Voyage à Londres 23
Ou boire ou se battre. 23
Préteur à imiter. 24
Prédicateur du coin. 26
Mains refusées. 27
Commissaire honnête. 28
Perte douloureuse. 29
Séminaire 30
Fat puni. 32
Voyages en Hingrie 33
Chanoine à Haguenau. 35
Maison à mille écus 36
Administration de cure. 38
Castor refusé. 41
Huissier non exploitant. 44
Marquis sommiers. 46
Voyage à Francfort. 47
Filouteries de Germanie. . . . 49

TABLE DES MATIÈRES.

Aumônier du roi.	page 52
Louis aux Lorrains.	53
Louis Dorfener.	56
Banqueroute d'un chrétien.	57
Amis de vue.	58
Joueufe dormante.	60
Pippeur à la cour.	61
Permutation canonique.	63

LIVRE SECOND.

Permution.	66
Retraite de la cour.	68
Génie excluant.	71
Docteurs en ac.	72
Docteurs défobftruants.	73
Voyage en Italie.	74
Comte véritable.	75
Courtier des chevaux.	76
Converfazioni.	80
Audience du pape.	82
Voyage d'Italie. Lorette.	85
Dalmatie	86
Tramontane adriatique.	87
Venife.	88
Schiaffo al mufo.	89
Illuftriffimo.	90
Padoue.	91
Refus des préfences.	92
S. Pierre qui jure.	94
S. Paul qui triomphe.	95
Scribe au collet.	96
Voyage à Paris.	102
Baronne de mon pays.	106

TABLE DES MATIÈRES.

Blanchisseur larron.	page 113
Fiacre conseiller.	115
Galériens délivrés.	118
Maison de campagne.	119
Parcimonie.	121
Canonicat-cure.	122
Canonicat de Warsovie.	225
Nominations de chanoines.	128
Quatre contre six.	129
Quatre contre cinq.	131
Quadruple mandant.	135
Double batterie.	136
Voix perdues retrouvées.	137
Coup fin manqué.	138
Prophétie accomplie.	140
Les Comment.	141
Pollicitation à rien.	142
Statut visigoth.	144
Bail de neuf ans.	146
Pillage de meubles.	148
Meubles de hasard.	150
Coup de mort.	152
Général prévenu.	154
Dame charitable.	155
Femme du bon ton.	156
Perçant au travers.	159
Locataire peu poli.	159
Débiteur poursuivant.	160
Pêche copieuse	162
Intrigant fieffé.	165
Chanoinesse de St. Pierre.	167
Négoce manqué.	168
Voyage à Paris.	171
A cent pistoles la grace.	172

TABLE DES MATIÈRES.

Usurier tout bas.	page 173
Service désagréé.	175
Rencontre heureuse.	176
Epitaphe comme çà.	179
Bas-Breton rue d'enfer.	181
Emprunteur éconduit.	183
Table égyptienne.	184
Wisth à quatre nations	187
Rafleur de terres.	191
Acquisition de hasard.	196
Plancher enfoncé.	197
Tartare de la grande.	199
Voyage à Vienne.	205
Ratisbonne.	207
Doyen à un écu.	209
Connoissance funeste.	214
Deux chanoines négocians.	219
Transaction.	221
Mine éventée.	223
Montres en cailloux.	225
Escrocs honnêtes.	227
Perte négative.	229
Montre d'ingratitude.	230
Syndic pour lui.	232
Négociateurs faciles.	236
Testament solemnel.	238
Testament exécuté.	240
Négoce.	242

LIVRE TROISIÈME.

Lion pour l'honneur.	249
Vertus punies.	251
Monologue chrétien.	253

TABLE DES MATIÈRES.

Prévôt tout prêt.	page 255
Manège fuggéré.	258
Revenant qui fait peur.	260
Reprifes qui font rire.	263
Mort par provifion.	265
Gracieux difgracieux.	268
Arrêt non-obftant.	270
Gain d'une porte.	273
Voyage d'un défunt.	277
Eplucheur de formes.	278
Non-recevable non-obftant.	280
Les Que.	281
Peur d'enfant.	284
Peur d'interdit.	286
Aéro-fuge auro-phage.	288
Chapitre général.	291
Voyage à Mayence.	293
Protocole *invéridique*.	295
Neveu efcamoteur.	297
Défi folemnel.	299
Vengeur pris au criminel.	301
Promoteur indifcret.	302
Promoteur defpectueux.	304
Gallia teftis.	305
Prévôt poli.	307
Doyen impoli.	310
Cartel donné.	312
Moyens du fens commun.	315
Moyens de droit.	320
Apoftrophe aux concitoyens.	325
Serviteur hypocrite.	327
Ballon en *flagrant* délit.	330
Doyen gauffeur.	334
Prote à l'épreuve	337

TABLE DES MATIÈRES.

Cresselle menteuse	338
Oracle de Portail	342
Certain babillard	344
Fouetté qui raisonne	345
Plagiat qui va	350
Conjuration ingénue	353
Désespoir d'un retour	355
Dénouement touchant	359
Implorations	360
Invitation aux belles ames	362
Invocation aux cœurs nobles	364
Prière aux ames sensibles	366

F I N.

ERRATA.

Enfin mon typographe veut abſolument qu'il y ait un peu de tout dans mon *hiſtoire véritable*. Malgré mes cris il a fait ſon poſſible pour me fournir matière à un *léger errata*, comme il l'appeloit. J'ai eu beau peſter & proteſter contre ; il l'a emporté ſur moi. Après qu'à force de corriger je me ſuis crevé les yeux au point que, de cette affaire là, les lunettiers ont eu dans ma perſonne une bonne pratique de plus ; il a fallu finalement céder au torrent.

S'il eſt écrit, diſois-je à mon *errateur*, que ſans ceſſe j'aurai de tous côtés à lutter pour *l'ordre*, & que toujours le déſordre me domptera par-tout ; rendons-nous.

Agréez donc, mon cher *bénévole*, ce petit *errata*, comme une généroſité que mon vainqueur m'a faite par-deſſus les conventions de notre marché ; pour me tenir lieu d'un *caſtor*, en reconnoiſſance de ce que je lui ai fait gagner une couple de mille francs. Je vous le laiſſe au prix qu'il me coûte, qui eſt de réformer des *abus*, de redreſſer des bévues, ou de corriger des fautes. Il eſt tel lecteur cependant qui pourra ſe paſſer de la plupart de ces corrections, s'il le veut. Sa ſagacité y ſuppléera de reſte. J'en excepte celles des deux premières pages, qu'on n'auroit pu deviner facilement.

AU TITRE.

Ligne première hiſtoire véritable, *liſez* très-véritable, & peut-être la ſeule hiſtoire *profane* vraiment véritable, qui ait été écrite en Europe, depuis Hérodote juſqu'à Voltaire ; la ſeule vraiment ingénue qu'on ait vue de nos jours à Paris, depuis le règne *des Pantins* juſqu'à celui de *Jeannot* incluſivement.

Ligne 5. vit *liſez* vivote.

Ligne 6. écrite *ajoutez* en partie.

Ligne 7. Dieu lui faſſe paix, *ajoutez* : le plutôt ſera le meilleur : *ou bien*, dans le ſein de ſon égliſe, *ou encore*, en ce monde & en l'autre.

Au bas de la page: mettez le nom de telle ville d'Allemagne, & de tel imprimeur du St. Empire qu'il vous plaira. On n'a pas voulu le mettre pour en fouftraire le vent aux nez des *fondeurs* d'un *certain* oncle de *certain* neveu.

Page 2. N°. I°.

PORTRAIT. Il eſt à préſumer qu'il eſt tiré d'après un *original ſans copie*. De ſix qui ont été faites aucune n'a réuſſi. Celle-ci quoique *revue & corrigée par l'auteur*, n'en eſt pas beaucoup meilleure pour cela.

PERRUQUE. En Allemagne, *laiſſez-la* comme elle eſt: en France, *mettez-y* un toupet trois fois plus haut, *à la grecque*. Couronnez-la d'une calotte de ſix pouces de diamètre, qui couvre tout l'occiput de la tête à perruque & qui, fortant de deſſous le toupet, aille tomber ſur la nuque; mais qu'elle ne foit pas luſtrée comme le font celles de la rue St. Honoré, ni de ce vernis de Martin dont l'éclat radieux éblouit trop la vue. L'auteur déteſte ces brillants réverbères ſur les crânes des docteurs de l'égliſe militante; à plus forte raiſon fur la tonſure modeſte d'un prédicateur de la vérité opprimé par ſes frères, pour n'avoir pas voulu être ni *gradué* ni *dégradé* par eux.

SOURCILS. *Arrangez-les* en forme de croiſſant. Le déſordre qui y règne donne à la figure un air rébarbatif que l'original n'a pas.

NEZ. *Otez-en* un petit bout. Il ne l'a pas ſi long, qu'on voudroit bien qu'il l'eût.

BOUCHE. *Faites* rentrer un peu la lèvre ſupérieure qui avance trop. Elle eſt plus *riante* qu'elle n'eſt marquée là.

MACHOIRE. *Avancez* l'ombre qui eſt près de l'oreille, pour la rapprocher de la joue: il y aura moins de ſérieux & plus de vérité.

RABAT. *Coupez-en* 2 ou 3 doigts ſur la longueur.

LICOU. *Otez* les faux plis qui s'y voyent. Il n'y a rien de *faux* dans l'original.

CORDON DU MANTEAU. *Effacez-le*. Suſpendez le petit manteau à deux petits boutons: *c'eſt la mode*.

SOUTANELLE. En Allemagne, *laissez-la* comme elle se trouve: en France, *ôtez* les gros boutons qui y sont. *Mettez-en* de très-petits & très-près les uns des autres: ou n'en *mettez pas* du tout; c'est plus court. C'est même le dernier goût, pris des anabaptistes.

VERS AU BAS DU PORTRAIT.

Ligne première. ZÉLÉ, *lisez* ARDENT, PLAISANT, FAMEUX, PITEUX si vous voulez; tout cela peut aller, mais non pas *despectueux*, qui est un très-vilain mot, en vers tout comme en prose, & qui, outre les deux pieds qu'il a de trop, ne va pas du tout à un réformateur.

Lig. 2. ENVIÉ, *ajoutez à la marche*, PAR DES S... SANS LE SAVOIR, HAINEUX PAR JALOUSIE PURE.

Si vous dînez chez mon prévôt *lisez* INTRIGANT au lieu d'ENVIÉ: il y aura dans le vers une rime de plus & une vérité de moins. Vous lui ferez votre cour.

Lig. 3. NÉGOCIATEUR *lisez* NÉGOCIANT si, à la table prévôtale, vous vous trouvez placé près du requérant pour la vindicte publique. Vous détruirez *le vers*, vous corromprez *le sens*, c'est égal: tenez-vous en au NÉGOCE; le mot lui plaît sans *rime* ni *raison*.

Lig. 4. INTERDIT, *ajoutez avec parenthèse* (& du négoce & du chapitre) afin qu'on n'aille pas confondre ce terme avec *abasourdi*. SANS ADVERSAIRE, *ajoutez par note:* Depuis que les différens coups ont été portés au prétendu *despectueux*, toutes ses parties adverses se sont sagement retirées.

L'official, son promoteur, le prévôt, son neveu, le doyen, son avocat, tous sont d'accord pour s'esquiver; aucun ne veut tenir tête en justice à un pauvre interdit & réinterdit.

Page 11. *lig.* 3. autre *lisez* autres.

P. 13. *lig.* 20. & *lisez* ou.

P. 20. *lig.* 2. arrahée *lis.* arrachée.

P. 32. *lig.* 15. joué *lis.* jouée.

P. 41. *lig.* 17. veut. *lis.* ; *punctum cùm virgulâ.*

P. 49. *lig.* 18. gens *lif.* grecs ; cela n'eſt pas encore généralement reçu pour ſynonime.

P. 52. *lig.* 16. charder *liſez* chander.

P. 58. *lig.* 16. quelquefois, *ajoutez :* j'ai ſouvent demandé, ſoit pendant mon ſéjour à Verſailles, ſoit depuis mon établiſſement à Strasbourg, des graces qui m'ont été accordées pour différentes perſonnes de mérite. Je n'ai pas voulu en parler, non plus que de pluſieurs actions louables, paſſées ſous ſilence à deſſein, pour ne pas perdre leur plus belle valeur, en cherchant à les prôner.

Cependant des amis, qui ont parcouru les épreuves de mes feuilles imprimées, s'étant apperçu de ces omiſſions, m'ont obſervé que dans la poſition où j'étois, on excuſeroit d'autant plus facilement cette petite vanité apparente, que j'avois à faire voir à mes juges, en quoi conſiſtoient & à quoi avoient buté les *intrigues* que mes détracteurs me reprochoient en général, ſans rien ſpécifier.

Sur un mémoire que j'ai préſenté à la reine, j'ai obtenu pour le monaſtère des religieuſes de la congrégation à Strasbourg, une penſion de 600 liv., dont ces dames jouiſſent encore par un effet des bontés de S. A. R. madame Adélaïde, héritière des vertus de feue ſon auguſte mère.

J'ai, par le même canal, obtenu des graces plus conſidérables en faveur des religieuſes de Joinville, dont je conſerve, dans ma collection, les lettres les plus expreſſives d'une reconnoiſſance véritablement ſentie.

De plus, les miniſtres de la guerre touchés par les motifs expoſés dans mes requêtes, m'ont accordé ſucceſſivement des gratifications de 300, de 500 liv. &c. ſur le quatrième denier, pour des pauvres veuves d'officiers majors. J'ai encore les lettres qui accompagnoient les ordres de payemens que ces ſeigneurs ont bien voulu m'adreſſer.

J'ai procuré la liberté à un gentilhomme de Chambéri, ancien capitaine au ſervice de France, qui croupiſſoit dans les priſons de Verſailles. J'ai délivré en différents temps une douzaine d'autres captifs, &c. Et c'eſt à quoi j'employois les amis

& les protecteurs que je m'étois faits à la cour Si mon lecteur pouvoit lire dans mon ame au moment que j'écris ces notes, il y verroit la violence que je fais à ma retenue, en les traçant. Qu'il ne m'en crût pas sur ma parole, cela ne seroit point surprenant; mais, en tout cas, je préviens l'avocat du diable qu'elle n'en est pas moins vraie; s'il s'avisoit un jour de vouloir rayer cette modestie du nombre de mes petites vertus.

P. 63. lig. 20. permuter, *ajoutez*: avec moi.

P. 65 lig. 23. le mérite, *ajoutez*: d'être vraiment honnête homme; (si vous prétendiez que j'eusse voulu m'appliquer ce passage dans toute l'étendue de sa signification.) Etre ennemi du crime, ami de la droiture & de la vérité, mère de toute justice, est le seul mérite que je me flatte d'avoir. En est-ce un bien grand de n'être pas un misérable digne de l'expulsion du sein de sa compagnie? J'ai ce grand mérite là. *C'est en ça que je vaux, si je vaux quelque chose.*

P. 77. lig. 23. redimendù venà, l. *redimendà vexà.* Le réviseur teuton ou lapon, qui a laissé ces fautes, n'a pas fait ses études à l'université de Heidelberg. Il ne se pique pas plus de latin que de françois.

P. 78 & 79. titre: Coutier de chevaux, *lisez*: comte véritable.

P. 79. lig. 19. l'art, *lis.* l'état; ce qui n'est pas tout-à-fait la même chose.

P. 50. lig. 9. Villars, *ajoutez* V. N°. 96.

P. 85. lig. 16. musse *lis.* messe.

P. 88. lig. 17. ouvragan, *ôtez l'*v.

P. 93 lig. 16. Me. Jacques, *lis.* M. Jacques.

P. 97. lig. 24. jours: *ajoutez* V. la bulle d'Innocent IV. de l'an 1246. donnée à l'église de Paris, &c.

P. 103. lig. 17. Cathédrales. *ajoutez*: Tel chanoine auvergnat me doit depuis dix ans l'aumusse que, trois fois par jour, il se met sur le corps, sans se rappeler que c'est moi qui l'ai payée pour lui chez le pelletier Strohl. *ajoutez encore*: je le prie d'en donner le prix aux pauvres de son église: le présent *errata* lui vaudra quittance.

P. 113. *lig.* 9., *lif.* c. à d. mettez un point en place de la virgule; ſi mieux vous n'aimez gratter ſa queue, & vous n'aurez rien à mettre; le point ſe trouvera tout fait. Il eſt dans mes principes d'employer toujours, pour produire les effets voulus, les moyens les plus expédients & les moins diſpendieux.

P. 113. *lig.* 10. fait *l.* faiſ.

P. 124. *Coupez* la phraſe où, & comme vous voudrez, pour pouvoir prendre haleine.

P. 133. *lig.* 4. gouvernoient. *Ajoutez :* le prudent doyen, avant de remettre la tenue du chapitre à ſix ſemaines de prolongation, avoit eu la malice de me faire exhiber le plein-pouvoir authentique que j'avois de mon parent le chapelain du roi. Je l'ai fait de bonne foi, & par une ſuite de cette confiance ingénue, dont toute ma vie j'ai été dupe. Il l'a pris de devant moi pour le lire; l'a fourré dans ſa poche & ne me l'a plus rendu, quels qu'euſſent été mes cris & mes proteſtations contre une pareille violence. Il avoit prévu qu'en me le laiſſant entre les mains, nous aurions de ſuite procédé à la nomination, à nous cinq, malgré la prorogation réſolue & arrêtée peu après par les quatre. Il ſavoit très-bien d'ailleurs que ſi je l'euſſe actionné en reſtitution devant l'official, celui-ci n'auroit point décrété une requête, préſentée contre le vice-gérent en perſonne, & qu'en attendant ſon co-dignitaire au chapitre auroit eu tout le temps de manœuvrer à Paris, pour m'enlever un ami & ſon ſuffrage; comme il l'a fait.

P. 153. *lig.* 11. vas *l.* vais.

P. 189. *lig.* 19. raccuſe *l.* réaccuſe.

P. 195. *lig.* 9. puiſſent *l.* puſſent.

P. 196. *lig.* 6. rance. *Ajoutez :* Pour retourner dans ma réſidence, j'ai pris mon chemin par la rue des prêtres, comme l'a nommée le philoſophe ſans ſouci : je voulois aſſiſter à l'élection du nouvel archevêque électeur, qui devoit ſe faire à Mayence.

Graces aux bontés de M. le baron de Kerpen, grand-chanoine de la métropole, qui m'a placé au chœur à côté de lui, j'ai eu le plaifir de voir au mieux toute la cérémonie, & de jouir d'un fpectacle aufli attendriffant que pompeux.

La joie vive & vifiblement vraie que tout le public a témoignée à la proclamation de l'illuftre, & (plus que cela) du *bien-aimé* capitulaire élu, étoit fi générale & fi touchante, qu'un cœur de marbre fe feroit amolli pour en partager le fentiment. Le beau nom de *Vallée-d'honneur* a donné enfuite matière à mille penfées ingénieufes, dont les expreffions ornoient avec goût l'illumination de la ville.

P. 219. *lig.* 29. laiffer *l.* laiffé.

P. 221. *lig.* 27. ait *l.* fait.

P. 230. à la marge : *montre*, on peut y ajouter un S, fi l'on veut, fans bleffer la vérité.

P. 246. *lig.* 12. répondre *l.* répandre.

P. 247. *lig.* 23. peu *l.* peut.

P. 273. *lig.* 11. récufer. *Ajoutez à la marge* : Cela n'eft pas vrai. M. le premier a affifté au jugement. Je n'ai appris le vrai de cette circonftance qu'à mon dernier voyage de Colmar, vers la fin de feptembre 1784, & je me hâte de rectifier l'erreur, ne voulant pas qu'il y ait la moindre fauffeté dans mon *hiftoire véritable*, qui à tous égards doit être non-feulement véritable, mais *très*-véritable, mais exactement véritable, mais fcrupuleufement véritable. Je ne faurois trop infifter fur cette fingularité, qui diftingue mon hiftoire de toute autre hiftoire, afin qu'on n'aille la confondre avec le commun de ces hiftoires prétendues véritables, dont le monde eft plein.

P. 302. *lig.* 20. *prenez* la virgule qui eft placée mal à *propos*, pour la mettre à la fuite de l'*official*, où elle doit être.

P. 365. *lig.* 5. d'Oberkirch. Quoique j'euffe été lié d'amitié avec feu M. le baron fon père, & principalement avec feu M. fon oncle, feigneur du fief & du château d'Oberkirch, fitué à la porte d'Oberné, ma ville natale, où il avoit paffé fa vie; le neveu poffeffeur actuel du fief, depuis quinze ans mon ami & mon voifin à Strasbourg, fe trouve avoir dans ce moment, fur le derrière de fa basse cour, un locataire *petit* neveu de *certain* grand oncle, qui n'est rien de moins que mon ami. En conséquence M. le baron, mon bon voisin, après m'avoir permis d'enfler de son nom mon *histoire véritable*, est venu chez moi m'observer amicalement que, toutes réflexions faites, il vaudroit mieux que je le laissasse dehors, pour ne pas le compromettre avec l'oncle de son locataire. La précaution paroît sage; partant *effacez* M. le baron d'Oberkirch, qui m'a averti trop tard.

Je prie occasionnellement tous ceux ou celles qui, pour raisons que j'ignore, voudroient également être effacés du catalogue de ces anciennes connoissances que je respecte, de m'en faire prévenir; j'aurai soin de les satisfaire par des cartons.

P. 314. lig. 14. contredits, *lisez* contredites.
P. 336. 334. *lisez* 336. lig. 26. la, *lisez* le.
P. 364. l. 1. cœurs nobles.

NOTA : Cette noblesse de cœur, cette beauté, cette sensibilité d'ame doit s'entendre généralement de toutes les personnes de différents états, que j'ai pris la liberté de nommer : J'attends également de toutes qu'elles daigneront, par un effet de leur générosité, s'intéresser à soulager mes peines.

Page dernière. ligne *avant-dernière*, avocat, *ajoutez par note* : Il ne consulte que pour ses amis intimes, & ne plaide que pour ses *frères* en chapitre.

N°. 81. des pièces, *à l'épigraphe* : mis là pour, *ajoutez* : instruire.

TABLE DES MATIERES P. 3. lig. 2. Fiacre conseiller, *lisez* conseillé. C'est une lourde ineptie d'un de ces compositeurs, demi-savants pour le françois, qui régentent en Allemagne. Croyant que j'avois oublié l'*r*, il s'est avisé de vouloir corriger mon manuscrit, sans se douter que par un pareil *qui pro quo*, il me feroit paroître coupable de ce péché de *despect* qu'on ne me reproche déjà que trop; mais j'ai fait ma protestation. *page* 339.

Si je savois que ce fut par malice qu'il eût voulu me jouer ce tour, je lui retrancherois tout au moins les trois quarts de son *pour boire*.

ERRATA de l'Errata.

TITRE, ERRATA, *ajoutez* : raisonné.

Pag. 1. lig. 16. générosité, *ajoutez* : le typographe, qui entend son négoce, n'entend pas de donner gratuitement des Erratas raisonnés par-dessus le marché.

Mettez en marge : Je l'ai payé sur le pied convenu pour le prix du texte.   FIN.

INVENTAIRE
DES PIÈCES NUMÉROTÉES,
FORMANT LE DOSSIER,

N°. 1. Copie défectueuse de l'original prétendu defpectueux.

N°. 2. Lettres confirmatives des *quartiers* de fa nobleffe.

N°. 3. Atteftation de la magiftrature exercée par fes ayeux.

N°. 4. Epitaphe de fon grand-père.

N°. 5. Epitaphe de fon père.

N°. 6. Avis au public, qui affiche le beau fexe.

N°. 7. Lettre de l'intendant au magiftrat d'Oberné.

N°. 8. Traité funefte d'une charge de confeil^r. clerc.

N°. 9. Lettre du chan^e. à M. le prévôt Régemorte.

N°. 10. Lettre de M. le prem. préfident de Klinglin au chanoine.

N°. 11. Provifions pour fon père du chap. S. Léon^d.

N°. 12. Protection accordée au chanoine par la cour Elect. Palatine.

N°. 13. Prémices d'un verfificateur fans prétentions.

N°. 14. Permiffion de pipper dans le parc de Verfaill,

N°. 15. Lettre de M. B.... à M. F....

N°. 16. Lettre de B. à F., fuivie d'une autre au chan.

N°. 17. Placet du chanoine au chapit. pour le ftage.

N°. 18. Actes relatifs aux refus des gros fruits.

N°. 19. Lettre au chap. concernant le même objet.

N°. 20. Extrait des regiftres du chapitre fur cette affaire avec le chanoine.

N°. 21. Offres par lui faites au chapitre pour la paix.

N°. 22. Brevet de permiffion pour aller à Rome.

N°. 23. Offres pieufes du chanoine au chapitre.

N°. 24. Lettre du roi de Pologne au chanoine.

*

Inventaire des pièces numérotées,

N°. 25. Brevet de Louis XV pour la croix de Warsovie.
N°. 26. Demande au chapitre pour voir les statuts.
N°. 27. Explication des mots : *refuser par habitude.*
N°. 28. Actes signifiés au chap. au sujet d'un libelle.
N°. 29. Requête à l'évêque, suite de cette tracasserie.
N°. 30. Autre requête, touchant le même objet.
N°. 31. Représentations concernant le notaire du chapitre.
N°. 32. Lettre au prévôt sur sa pollicitation *à rien.*
N°. 33. Extr. de deux lettres du baron de S... au chan.
N°. 34. Mauvaises excuses du prévôt au chanoine.
N°. 35. Instructions pour le chan. député à Manheim.
N°. 36. Nomination d'une chanoinesse à St. Pierre.
N°. 37. Requête comique du Sr. Kaüffer au chap^e.
N°. 38. Pièce probante, qui ne prouve guère.
N°. 39. Billet envoyé au curé avec vingt-cinq louis.
N°. 40. Billet au Sr. S..... prébendier.
N°. 41. Certificat du comte de C.... & de son barbier.
N°. 42. Sentence à queue, de négoce prohibé.
N°. 43. Attestation de l'appariteur Annion.
N°. 44. Acte d'appel soufflé de chez l'appariteur.
N°. 45. Autre acte d'appel substitué au précédent.
N°. 46. Décret du for gracieux qui disgracie le chan.
N°. 47. Lettre à l'évêque pour avoir audience.
N°. 48. Représentations au chapitre sur la réponse du prévôt.
N°. 49. Demande au chapit. pour avoir des extraits.
N°. 50. Acte d'appel du décret du for gracieux.
N°. 51. Lettre du chanoine à son vénérable chapitre.
N°. 52. Décret métropolitain qui rétablit le chanoine sur son siège.
N°. 53. Arrêt du conseil d'Alsace sur l'exécution de ce décret.

FORMANT LE DOSSIER.

N°. 54. Représentations *ad hominem*, faites au chap.
N°. 55. Paroles de paix au chapitre, à l'ouverture de la bouche du chanoine.
N°. 56. Appel *d'abus* du promoteur Zaepffel.
N°. 57. Arrêt sur req. qui reçoit & juge l'appel *d'abus*.
N°. 58. Consultation des avocats de Colmar contre cet arrêt sur requête.
N°. 59. Lettre à M.... maître des requêt. rapporteur.
N°. 60. Placet à Mgr. le garde des sceaux.
N°. 61. Billet du sécrétaire du rapporteur au chan.
N°. 62. Extrait du statut de 1327. sur les chap. gén.
N°. 63. Protestation faite à l'ouverture du chap. gén.
N°. 64. Acte signifié à l'écolâtre, n'enregistrant que pour le doyen.
N°. 65. Lettre au chanoine, de son avocat de Colmar.
N°. 66. Autre du même au même, sur l'appel d'abus.
N°. 67. Requête à l'évêque, pour avoir enfin des enfans de chœur.
N°. 68. Douze articl. pour la 5ᵉ session du chap. gén.
N°. 69. Acte signifié à l'écolâtre à la requête du chan.
N°. 70. Placet au chapitre contre un chan. doct. &c.
N°. 71. Requête à l'évêque contre le même docteur.
N°. 72. Note & consultation au sujet du même.
N°. 73. Acte d'avenir raisonné, à lui signifié.
N°. 74. Sentence qui renvoie le docteur de l'assignation avec dépens.
N°. 75. Appel au métropolitain, de ladite sentence.
N°. 76. Remontrance au chapitre sur l'abus fait de son arrêté.
N°. 77. Autre du lendemain, sur le même sujet.
N°. 78. Leçon du consistoire de Mayence à celui de Strasbourg.
N°. 79. Suppliq. du chan. aux triumvirs concilians.
N°. 80. Lettre au chanoine *mal détaillé*, de son procureur de Mayence.

INVENTAIRE DES PIÈCES NUMÉROTÉES, &c.

N°. 81. Requête de plainte du chanoine contre le vengeur des canons.

N°. 82. Lettre à l'évêque jointe à cette requête.

N°. 83. Autre au même, relative à ladite plainte.

N°. 84. Lettre du chanoine à Mgr. le cardinal contre des complimens.

N°. 85. Placet au chapitre contre un doyen impoli.

N°. 86. Requête à l'évêque contre le même, *argumentant* mal.

N°. 87. Réponse du chap., désavouée par son doyen.

N°. 88. Déclarat. du chan. au chapit. sur ce désaveu.

N°. 89. Requête à l'évêque pour faire assigner le vice-gérent.

N°. 90. Lettre du chanoine à M. le marquis de ....

N°. 91. Lettre de l'imprimeur Müller au chanoine sur ses mémoires dénichés à Kehl.

N°. 92. Extraits de diverses lettres de l'évêque au même chanoine.

N°. 93. Lettre de Mgr. le cardinal au même.

N°. 94. Extraits de 2 lettres de M. Lantz audit chan.

N°. 95. Lettre de Mgr. le grand aumônier au même.

N°. 96. Lettres de Mad. la duch. de Villars au même.

N°. 97. Let. de Mgr. le garde des sceaux, aussi au même.

N°. 98. Lettres du chapitre, toujours au même.

N°. 99. Lettre de Made. la baronne de Ferrette, encore au même.

N°. 100. Carte de visite du jour de l'an 1784. expliquée.

N°. 101. Façade de la maison des orphelines d'Oberné.

Supplément aux Fautes à corriger dans l'Histoire.

Page 107. lig. 13. vent. *lis.* veut. pag. 111. lig. 15. n'aurois *l.* n'avois. pag. 148. lig. 28. enlevé, *lis.* enlevée. pag. 222. lig. 4. un. *lis.* une. pag. 225. lig. 3. m'en *lis.* n'en. pag. 228. lig. 1. délivrés *l.* délivré. pag. 229. m'avoit *lis.* m'avoient. pag. 230. lig. 16. avoit *lis.* avois. p. 236. lig. 15. forcé *lis.* forcés. p. 241. lig. 5. n'entende *l.* n'entendit. p. 305. lig. 17. idendité *l.* identité. p. 309. l. 7. parlamentant *lis.* parlementant. pag. 359. lig. 29. que je *lis.* que ne. pag. 364. lig. 14. Bithienville *lis.* Pithienville.